SOMMAIRE

© ZZZZ17 - FOTOLIA

© TRABANTOS - ISTOCKPHOTO.COM

9 PAYS ROCHELAIS
13 : La Rochelle
48 : Balnéaire proche

55 ÎLE DE RÉ
59 : L'île de Ré

91 PAYS D'AUNIS
95 : Le Marais Poitevin

103 ROCHEFORT OCÉAN, LE PAYS DE FORT BOYARD
107 : L'Estuaire de la Charente
125 : Ile d'aix

127 PAYS DE MARENNES-OLÉRON
131 : Ile d'Oléron
155 : Marennes

157 PAYS ROYANNAIS
161 : La Côte de beauté

191 LA SAINTONGE
195 : La Saintonge Romane
201 : La Saintonge dorée
205 : La Haute-Saintonge
222 : Index

© PAUL - STOCK.ADOBE.COM

DÉCOUVREZ **LA CHARENTE-MARITIME À VÉLO !**

n famille, en couple ou entre amis, le vélo st le moyen idéal pour découvrir la Charente-Aaritime et son patrimoine. De nombreuses pistes yclables et véloroutes traversent ce territoire our longer la façade atlantique de La Rochelle Royan ou explorer les terres jusqu'aux monts u Périgord.

es itinéraires vélo charentais vont vous entraîner travers une mosaïque d'espaces naturels réservés où vous sentirez la douceur du climat ur les belles plages de sable fin et profiterez les diverses activités proposées par les stations alnéaires. Faites escale sur l'île de Ré et l'île l'Oléron pour découvrir les bassins ostréicoles, aractéristiques de cette région. Visitez le phare le Chassiron ou montez à bord du petit train le Saint-Trojan qui vous conduira jusqu'aux onfins sauvages du Pertuis de Maumusson vec ses paysages magnifiques de sable fin et es pinèdes inaccessibles par la route.

a Charente-Maritime c'est aussi l'occasion le faire une pause gastronomique et déguster les huîtres, pur produit du savoir-faire local, lont la grande qualité est liée au mélange des aux douces et salées, ainsi qu'à l'affinage en aux claires. Et si vous êtes plus sucré que salé, ptez pour le melon charentais qui saura vous afraîchir après une journée à vélo !

Entre mer et terre avec Veloenfrance.fr

a Fédération française de cyclotourisme vous ccompagne en Charente-Maritime avec le ortail *veloenfrance.fr* qui vous fera profiter de ircuits spécialement conçus pour leurs attraits ouristiques. Ce site gratuit et simple d'accès assemble plus de 4 000 circuits route et VTT lans toute la France. Vous y trouverez un large hoix d'itinéraires plus ou moins longs ainsi que lusieurs bonnes adresses pour se restaurer et oûter les spécialités culinaires de la région !

a Charente-Maritime vous propose plus de 54 ircuits : chacun trouvera donc la formule qui orrespond à son niveau et à ses envies entre ner et terre.

Le port de La Rochelle

Estuaire de la Seudre

Circuit : En suivant l'estuaire de la Seudre

Route — **05:30**

Saujon — **Difficile**

82 km — **223 m**

Charente-Maritime (17)

Cette promenade va vous permettre de découvrir les marais salants avec les cabanes colorées des ostréiculteurs ainsi que les monuments des villages qui bordent la Seudre. Le port de Saujon est le premier point de départ de l'estuaire puis la route vous mènera à Mornac-sur-Seudre, petit village d'artistes et d'artisans d'art, avec des halles du XVIIe siècle, son église fortifiée, son port et ses ruelles. Le passage sur le pont de la Seudre, pour rejoindre Marennes, vous permettra d'apercevoir l'île d'Oléron et son pont, comme une jolie carte postale. C'est ensuite à Marennes et son port de la Cayenne que vous découvrirez le monde de l'élevage de l'huître. La poursuite du parcours vous fera passer devant l'église Saint-Pierre-de-Sales où son clocher haut de 85 mètres permet de découvrir le bassin de Marennes-Oléron d'une manière originale. Avec le passage de Nieulle-sur-Seudre vous pourrez sentir l'importance de la religion protestante dans le marais de la Seudre. Enfin, des petites routes vous font revenir sur Saujon.

Sur veloenfrance.fr, vous pouvez aussi trouver les contacts des clubs qui sauront vous conseiller et vous accompagner pour rouler toute l'année à vos côtés.

COMITÉ DÉPARTEMENTAL DE CYCLOTOURISME 17
279 avenue Denfert Rochereau,
17000 - La Rochelle
05 46 43 28 33
arachmuhl@gmail.com
www.cyclotourisme17.fr

FÉDÉRATION FRANÇAISE DE CYCLOTOURISME

VERSION NUMÉRIQUE OFFERTE

Obtenez votre guide numérique en scannant ce QR code

ou rendez-vous sur le site **www.ebookfute.com** avec le code avantage

EDLS4U

OFFRE VALABLE JUSQU'À L'ARRÊT DE COMMERCIALISATION DU TITRE EN FRANCE MÉTROPOLITAINE ET DANS LE MONDE ET SOUS RÉSERVE QUE LE NOMBRE DE TÉLÉCHARGEMENTS SOIT INFÉRIEUR OU ÉGAL AU NOMBRE D'EXEMPLAIRES DE GUIDES PAPIER IMPRIMÉS. FORMATS DISPONIBLES POUR

PAYS ROCHELAIS

Le Pays rochelais, formé autour de sa capitale et préfecture La Rochelle, regroupe 28 communes soit 3 % du département de la Charente-Maritime. Les principales sont Aytré, Marsilly, Bourgneuf, Saint-Vivien, et bordées par l'océan Atlantique, depuis la limite de Fouras au sud jusqu'à Esnandes, non loin du département vendéen. Cette partie du département se caractérise par de faibles altitudes et avec des falaises de calcaire au nord et au sud de La Rochelle. Au large, et reliée par le pont, se trouve l'île de Ré Patrimoine remarquable, paysages maritimes dépaysants, ambiances chaleureuses et une gastronomie terre et mer caractérisent cette partie du département. Pour un séjour 100 % évasion, retrouvez dans cette édition nos coups de cœur et bons plans pour des balades vivifiantes, des découvertes inspirantes ou encore des visites culturelles. Une région qui ne peut laisser indifférent, où la nature est plus importante que tout !

Anse de
l'Aiguillon
Réserve Naturelle de
la Baie de l'Aiguillon
D105
D106 E2
ESNANDES
D202 E1
D10
D106
Nantilly
MARSILLY
D106
D105
D106 E3
Lauzières
L'aubrecay
NIEUL-SUR-MER
D107
SAINT-
XANDRE
D9
D105
D106
L'HOUMEAU
LAGORD
Le
Branc
La Motte-la
Vallée
PUILBOREAU
D106
D104 E2
Beaulieu
Chagnolet
N237
D735
N11
Rompsay
D108
LA ROCHELLE
PÉRIGNY
Océan
Atlantique
N137
D108 E4
AYTRÉ
E602
D13
Pays Rochelais
CHÂTELAILLON-
PLAGE

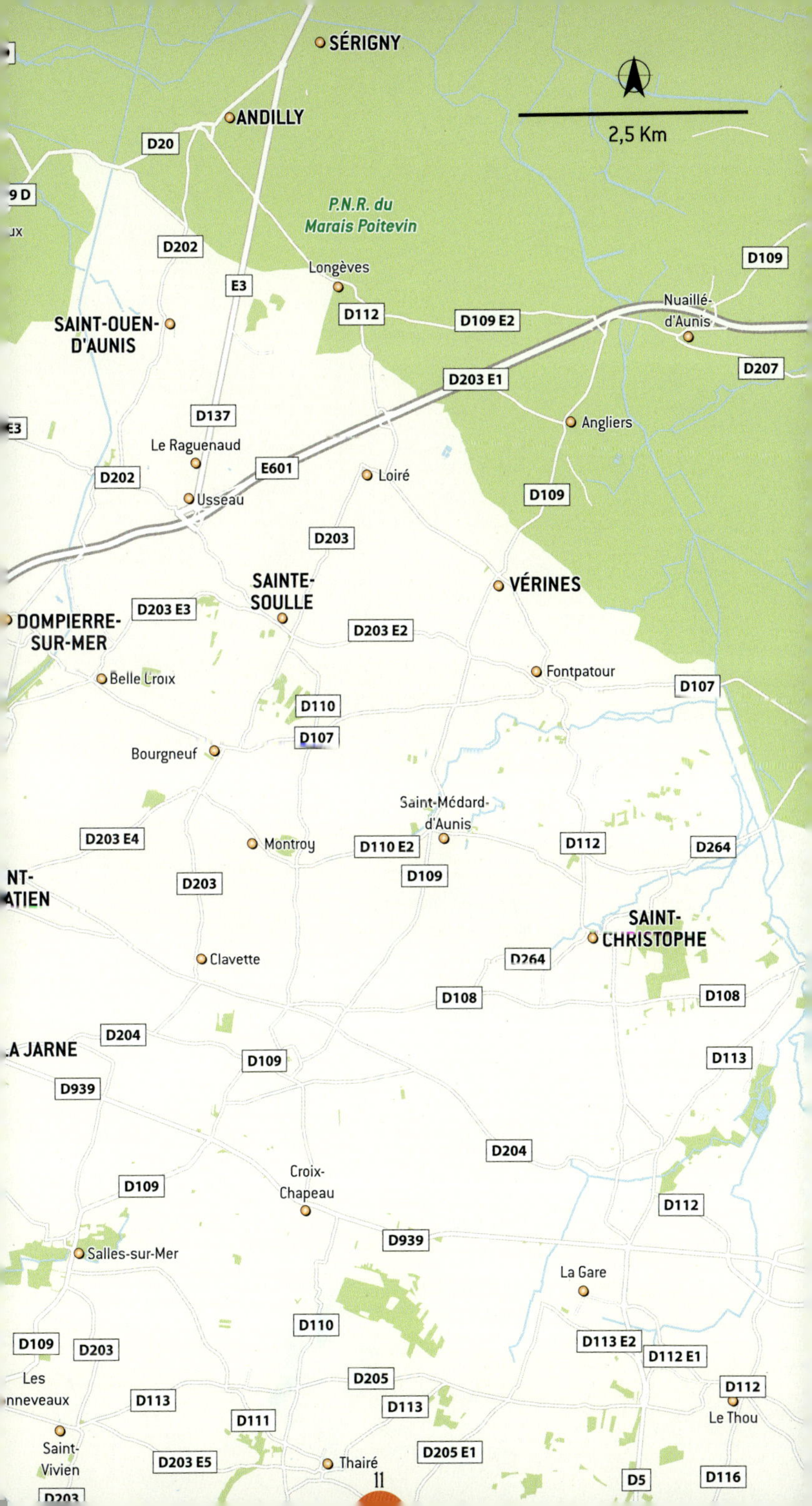
SÉRIGNY
ANDILLY
2,5 Km
D20
9 D
UX
D202
P.N.R. du
Marais Poitevin
Longèves
E3
D109
D112
D109 E2
Nuaillé-
d'Aunis
SAINT-OUEN-
D'AUNIS
D207
D203 E1
Angliers
D137
E3
Le Raguenaud
E601
Loiré
D202
Usseau
D109
D203
SAINTE-
SOULLE
VÉRINES
D203 E3
DOMPIERRE-
SUR-MER
D203 E2
Belle Croix
Fontpatour
D107
D110
D107
Bourgneuf
Saint-Médard-
d'Aunis
D203 E4
Montroy
D110 E2
D112
D264
D109
NT-
ATIEN
D203
SAINT-
CHRISTOPHE
Clavette
D264
D108
D108
D204
LA JARNE
D109
D113
D939
D204
Croix-
Chapeau
D109
D112
D939
Salles-sur-Mer
La Gare
D110
D113 E2
D112 E1
D109
D203
D205
Les
nneveaux
D113
D113
D112
D111
Le Thou
Saint-
Vivien
D205 E1
D203 E5
Thairé
D5
D116
D203

PASSPORT

LA ROCHELLE

© GEMADRUN - ISTOCKPHOTO.COM

Ensoleillée, belle rebelle… La Rochelle cumule les adjectifs. Il fait bon se balader dans les ruelles du centre-ville, humer cette atmosphère particulière d'une cité tournée vers l'océan qui a connu une histoire tourmentée. Située au fond d'une baie, la cité est abritée des ravages de l'océan et protégée par les îles de Ré et d'Oléron. Du Moyen Âge à la Renaissance, du XVIIe au XXe siècle jusqu'à la période contemporaine, la ville vous livre à ciel ouvert toute la richesse de son patrimoine architectural. Châteaux, églises, rues à arcades, maisons à pans de bois, grands hôtels d'armateurs, belles demeures bourgeoises… témoignent d'un passé glorieux. Lieu incontournable au cœur de la ville, le marché des Halles où l'on trouve les meilleurs produits terre et mer de la région. Ville festive aussi toute l'année qui vibre au rythme d'un agenda riche et éclectique avec les Francofolies, le Grand Pavois, le festival du cinéma (FEMA), etc.

SE REPÉRER SE DÉPLACER

Pour préparer votre séjour touristique, rendez-vous à l'Office du Tourisme ou sinon téléchargez depuis chez vous les nombreuses brochures ciblées sur la ville et ses alentours. Pour des vacances sans stress, vous trouverez à La Rochelle tous les modes de transport ! Véritable précurseur en la matière, la municipalité a misé sur le transport à énergie électrique. Voitures comme vélo, c'est depuis plus de trente ans qu'elle est un modèle, voire une référence en la matière. Aménagements, voies réservées, pistes cyclables... Aujourd'hui, mettez-vous au « vert » en vous déplaçant sans la voiture grâce au train, au bus qui vous dépose sur le lieu de votre destination ou encore aux nombreux services de location tout genre. Se déplacer par la mer est tout autant possible grâce aux nombreuses navettes et autres bus de mer. Le transport façon mini croisière ! Rendez-vous sur le site du réseau des transports rochelais Yélo.

LE PASSEUR

www.yelo-larochelle.fr

Basse saison : ouvert 7j/7 de 7h30 à 20h. Haute saison : 7j/7 de 7h30 à 0h. Du 1er avril au 31 mai : de 7h30 à 22h.

Les Rochelais ont de la chance, non seulement ils peuvent se rendre en ville en empruntant l'une des pistes cyclables, mais ils ont également la possibilité de s'offrir une mini croisière ! Deux bateaux à propulsion électro solaire les accueillent, Volta et Ampère. Ecologique et confortable, chaque embarcation permet de relier en seulement 5 minutes le bassin du Vieux port et l'avenue Michel Crépeau. Si vous partez du centre-ville, rendez-vous au cours des Dames, près de la tour de la Chaîne. L'occasion idéale de se rendre sur l'autre rive avec son cabas.

BUS DE MER

Vieux Port de La Rochelle

www.rtcr.fr

Haute saison : ouvert tous les jours de 8h30 à 23h30. Départ toutes les 30 minutes. 3 € le trajet pour 20 min.

Si les Rochelais aiment le vélo, ils ont aussi un lien très fort avec l'océan qui les incite à prendre le bateau. Si beaucoup empruntent le passeur pour gagner du temps et s'épargner quelques minutes de marche, d'autres utilisent le bus de mer pour se rendre dans le quartier des Minimes. Depuis plus de 10 ans, cette navette électro-solaire effectue le trajet entre le Vieux port et le port de plaisance. On se laisse bercer par les flots oubliant l'agitation du centre-ville et profitant de cette petite croisière pour admirer le parc d'Orbigny et la plage.

LIBRE-SERVICE VELOS

https ://yelo.agglo-larochelle.fr/velo/fonctionnement-libre-service

Vélos en libre-service 24h/24, 7 jours/7. Utilisation gratuite la première 1/2h. Caution (non encaissée) : 200 €.

Avec près de 100 km de pistes et bandes cyclables, La Rochelle est l'une des villes les plus agréables pour les cyclistes. La municipalité a créé le système de Vélos Jaunes et les touristes de passage peuvent acheter un abonnement à l'une des 3 stations accessibles par carte bancaire (Gare SNCF, Office du tourisme ou Place de Verdun). Une fois abonné, il est possible d'emprunter un vélo dans l'une des 49 stations disséminées sur le territoire de l'agglomération. Et si aujourd'hui, vous laissiez votre voiture au garage ? Où que vous soyez, vous trouverez un vélo !

LES CARS RÉGIONAUX DE NOUVELLE-AQUITAINE

https ://transports.nouvelle-aquitaine.fr/cars-regionaux

Ticket unitaire (valable 2h) 2 €. Ticket aller-retour (journée) 3,60 €. Carnet 10 voyages 16 €.

Avec 240 lignes régulières, la Région Nouvelle-Aquitaine offre des facilités de déplacement en car sur l'ensemble de son territoire. Ces lignes relient Pau, Bordeaux, Limoges, Biarritz, Mont-de-Marsan, La Rochelle… et irriguent aussi les zones rurales. Avec une gamme tarifaire attractive valable dans toute la région. Les tickets peuvent s'acheter dans les cars, en ligne ou sur votre smartphone selon les départements. Connectez-vous sur modalis.fr pour trouver votre itinéraire.

Ma nouvelle ligne de conduite.

LA ROCHELLE
↓↑
ÎLE DE RÉ

CARS RÉGIONAUX

Un aller – retour

3€60 *

*A/R dans la journée. Aller simple 2€

érez vos déplacements avec

MODALIS

RÉGION Nouvelle-Aquitaine

La Région vous transporte

Tous les horaires sur

» **transports.nouvelle-aquitaine.fr**

À VOIR / À FAIRE

La Rochelle, cité millénaire tournée vers l'océan avec sa forte activité portuaire depuis le Moyen Age, poursuit son développement inexorablement. Entre les balades pleines de charme sous les arcades et son vieux port emblématique, les points d'intérêt foisonnent : les majestueuses tours, gardiennes de la cité qui témoignent de sa richesse, les parcs et jardins, le cloître des Dames Blanches, les Halles, véritable poumon de la ville, ses églises, ses musées, comme son Musée maritime ou encore son Museum d'histoire naturelle... La Rochelle, festive toute l'année, vie au rythme des grandes compétitions nautiques, des festivals de musiques (les Francofolies...), de danse, de cinéma et de... nautisme avec le Grand Pavois qui est une référence internationale pour les passionnés (plus de 100 000 visiteurs chaque année). Découvrez aussi avec l'un des plus grands aquariums privés européens, la biodiversité des océans.

AUX'TOURS DE LA VILLE

✆ 06 85 49 94 19
www.auxtoursdelaville.com
Formules « box » de 50 à 180 €. Coffrets adaptés à un couple, pour une famille ou entre amis. Également en anglais.

Alexandre a créé une visite guidée de La Rochelle. Nul besoin de suivre un groupe ou un guide, c'est vous qui fixez le rythme ! A deux, entre amis ou en famille, vous aurez le loisir de découvrir la cité portuaire grâce au coffret de visite autonome conçu pour une à six personnes. Amateur de chasse au trésor, vous passerez assurément un bon moment ! Mais au fait, il y a quoi dans le sac ? Un parchemin avec un plan de la ville et des indices pour vous guider dans le centre-ville. La visite est ludique, car à chaque fois vous découvrez un lieu... et une récompense !

FORTIFICATIONS MARITIMES DE LA ROCHELLE

✆ 05 46 41 74 13
Ouverture toute l'année. Gratuit et accessible à tous.

Les forteresses qui verrouillent la mer des pertuis charentais – la meilleure rade du littoral atlantique, paraît-il, abritée par les îles de Ré et d'Oléron – protégeaient les anciens ports de guerre de La Rochelle, Brouage puis Rochefort. Outre le fait que vous pouvez les découvrir les unes après les autres, toutes ces forteresses – à l'exception de quelques-unes, comme le fort Boyard qui n'est pas ouvert à la visite – font l'objet de circuits organisés, réalisables en une journée.

LES CROISIÈRES INTER-ILES

Vieux Port, cours des Dames et Esplanade Saint-Jean-d'Acre
✆ 0 825 135 500 (0,15 € la min)
www.inter-iles.com
Fermé de décembre à mars. Adulte : à partir de 20.50 €, 4 à 17 ans : à partir de 13 € et Enfant de - 4 ans : 4 €

© LES CROISIÈRES INTER-ILES

Si l'envie vous prend de vous offrir une croisière, le Petit Futé a trouvé la compagnie idéale. Il suffit de se rendre au Vieux port, à quelques mètres des rues piétonnes. L'occasion est belle de s'offrir une escapade marine à la découverte des plus belles îles de l'archipel Charentais. Trois îles sont accessibles depuis La Rochelle : l'île d'Aix fait figure d'exception, l'île de Ré qui est depuis longtemps la chouchoute des touristes et Oléron qui a conservé son côté sauvage.

AQUARIUM LA ROCHELLE ★★★

Quai Louis-Prunier
✆ 05 46 34 00 00
www.aquarium-larochelle.com
Haute saison tous les jours de 9h à 23h. Adulte : 17,50 €. Enfant de 3 à 17 ans : 12,50 €.

C'est un lieu unique et emblématique. Installé à proximité du Vieux Port, l'aquarium attire tous les passionnés d'océan. Le voyage dure plus de 2h, auprès de 12 000 animaux marins de 600 espèces originaires de toutes les mers. Si la serre tropicale est étonnante, c'est bien le Théâtre des Requins qui fascine toujours le public. Attention, l'aquarium est souvent pris d'assaut en été lorsque la pluie s'invite dans le ciel rochelais. Allez-y en soirée pour profiter d'une atmosphère unique. Au deuxième étage se trouve un restaurant.

LES ARCADES

Ouvert toute l'année. Accès gratuit et pour PMR.

C'est l'une des attractions du centre-ville. Si les Rochelais ne les regardent plus, ils sont bien heureux de les trouver notamment quand le temps tourne à l'averse. Elles font le bonheur de tous, ravis d'être abrités le temps d'un shopping. Leur création est ancienne, elles servaient au Moyen Age de protection pour les commerçants soucieux de préserver leurs étals. La rue du Palais est sans doute la plus empruntée, faisant le lien entre la place de Verdun et le Vieux port, la rue Saint-Jean-du-Pérot, la plus gourmande avec ses nombreux restaurants.

MUSEUM D'HISTOIRE NATURELLE ★★

28, rue Albert-Ier
✆ 05 46 41 18 25
www.museum-larochelle.fr
HS : du mardi au vendredi de 10h-19h, le week-end et jrs fériés de 14h à 19h. 1er dimanche du mois : 10h-19h (gratuit).

© MUSÉUM LA ROCHELLE

Les 2 300 m² d'exposition du Muséum d'histoire naturelle offrent un magnifique voyage au cœur du patrimoine naturel et culturel : près de 10 000 objets issus des collections naturalistes et ethnographiques. Entre autres découvertes, le cabinet d'histoire naturelle de Clément Lafaille et les trouvailles d'explorateurs comme Pierre Loti forment une collection magnifique. Le Muséum propose une muséographie moderne et interactive. Le Jardin des plantes présente des collections végétales originales.

LE BUNKER DE LA ROCHELLE

8, rue des Dames ✆ 05 46 42 52 89
www.bunkerlarochelle.com
Fermé en janvier. Haute saison : ouvert tous les jours de 10h à 19h. Gratuit jusqu'à 5 ans. Adulte : 8 €.

C'est dans une petite rue paisible que se trouve l'un des lieux les plus secrets de La Rochelle. Ce bunker de près de 300 m² est ouvert à la visite. Iil vous faudra descendre quelques marches pour vous rendre compte de la grandeur du lieu. Construit en 1941, le bunker doit servir d'abri à l'amiral commandant la base sous-marine en cas de bombardement. Mais aucune bombe ne viendra l'endommager. Oublié durant 40 ans, le bunker est acheté par J. Luc Labour dans les années 1980 mais n'est ouvert que ponctuellement au public notamment durant la célèbre Ronde de nuit.

LE CLOCHER SAINT-BARTHÉLEMY

Rue Aufredy
Ouvert toute l'année.

En passant par la rue Aufrédy, levez les yeux ! Vous serez sans doute surpris de distinguer un clocher au beau milieu des habitations ! C'est le dernier vestige de l'église Saint-Barthélemy. Il est aujourd'hui encore le témoin des tensions entre catholiques et protestants car il est le seul à avoir survécu à la démolition de l'église par les protestants en 1568. Il a conservé son rôle de clocher pour un autre édifice religieux, la cathédrale Saint-Louis située toute proche.

CATHÉDRALE SAINT-LOUIS ★

Place de Verdun

Messe à 18h30 (du lundi au samedi). Accès gratuit.

Après la victoire des catholiques sur les réformés en 1628, il fut décidé de doter la cité rebelle d'une cathédrale. La première pierre fut posée en 1742, d'après les plans des architectes Jacques et Jacques-Ange Gabriel, à l'emplacement de l'ancien temple protestant, opportunément détruit par un incendie. Le manque d'argent interrompt les travaux à plusieurs reprises et ce n'est qu'en 1784 que l'édifice put enfin être consacré, sans d'ailleurs que sa façade soit terminée. Vue de l'extérieur, cette cathédrale a quand même des faux airs… de temple protestant. Serait-ce là une forme de revanche prise par les bâtisseurs de l'époque, peut-être d'anciens Protestants reconvertis « de force » au catholicisme ? Allez savoir ! Tout aussi étrange, le monument n'a pas de clocher ! Si c'est pas un signe, ça ! Heureusement pour elle, le clocher Saint-Barthélemy, situé à quelques mètres seulement remplira cet office. A l'intérieur, ne ratez pas les peintures de la coupole de la chapelle absidale : elles ont été réalisées par le peintre rochelais William Bouguereau (1825-1905). Mais la vieille dame de pierre vieillit mal. Depuis 2011, elle montre quelques signes de vieillesse à l'image d'un morceau de pierre qui s'est détaché de la corniche. Après pose de filets de protection et examen de la bâtisse, les premiers travaux débutent en 2012 sous l'égide de l'architecte des Bâtiments de France. Débarrassée de sa prison de fer, la cathédrale brille aujourd'hui pour le plus grand plaisir des passants. Visite incontournable !

JARDINS DU MAIL

Ouvert toute l'année.

A côté du parc Charruyer se trouve un espace vert qui offre aux Rochelais une vraie bouffée d'oxygène. On y vient en quelques coups de pédale depuis le centre-ville, profitant de ce vaste espace arboré pour faire une pause ou admirer l'océan. Jadis, lieu de fête et de réjouissance populaire, le Mail n'a en rien perdu son rôle ! Les Rochelais s'y pressent au moindre rayon de soleil, avides de flânerie. Chacun y trouve son bonheur ; regarder voguer les voiliers, se balader, s'enlacer sur un banc… La balade est océanique, bercée par le bruit des vagues.

L'ÉGLISE SAINT-SAUVEUR

Rue Saint-Sauveur

Ouvert du mardi au samedi de 10h à 12h30 et de 14h30 à 18h. Le dimanche de 16h à 19h15.

Au côté des tours, majestueuses, c'est l'un des bâtiments qui se montrent au regard du promeneur. On l'aperçoit depuis le Gabut. Un premier édifice est construit par les moines de l'île d'Aix avant d'être ravagé. Reconstruit, il est une nouvelle fois détruit en 1568 par les protestants rochelais. Ne reste que la rosace de style gothique. Une troisième église est construite avant d'être, encore une fois anéantie par un incendie. C'est cette quatrième église édifiée en 1718 et rouverte depuis 10 ans qui s'offre à la visite et révèle quelques trésors architecturaux.

LA GROSSE HORLOGE ★★

Quai Duperré

Ouvert toute l'année.

C'est l'autre édifice qui, avec les tours, symbolise le Vieux port. Véritable porte d'entrée de la vieille ville, la Grosse Horloge a perdu sa fonction principale, mais beaucoup l'admirent encore. Ancienne porte d'enceinte au XIIe siècle, elle accueille une horloge au XVe siècle, permettant aux habitants d'avoir l'heure. Deux arcades ont permis la circulation des attelages jusqu'en 1672. Plus tard, les toits à poivrières originels sont remplacés par un dôme orné. Plus surprenant encore, des tramways l'empruntaient pour se rendre jusqu'au quartier de La Pallice.

MUSÉE DU NOUVEAU MONDE ★

10, rue Fleuriau

✆ 05 46 41 46 50

https ://museedunouveaumonde.larochelle.fr

Le lundi, du mercredi au vendredi 9h30-12h30/13h30-17h, week-end et jours fériés 14h-18h. 6 €, gratuit moins de 18 ans.

Entrez dans le cadre prestigieux de l'hôtel particulier d'Aimé-Benjamin de Fleuriau. Créé en 1982, le musée nous fait découvrir les relations qui unissent la France avec les Amériques depuis le XVIe siècle. Se présente à nous une collection thématique faite de peintures, gravures, dessins, sculptures, cartes anciennes et objets d'art décoratif liés au thème du Nouveau Monde, des Antilles à la Nouvelle-France et à la conquête de l'Ouest et du monde amérindien. Pour les familles, le Sac Muséojeux permet de découvrir les lieux de manière vivante.

MUSÉE MARITIME DE LA ROCHELLE ★

Place Bernard-Moitessier
✆ 05 46 28 03 00
www.museemaritimelarochelle.fr
Tous les jours 10h-18h30 du 1er avril au 2 novembre (dernière visite à 17h30). Adulte 9 €.

Le Musée maritime met en avant une large collection de bateaux : espaces ludiques, scénographie travaillée avec soin, le tout accompagné de maquettes, photos, gravures et d'objets reflétant l'histoire portuaire de La Rochelle. Vous passerez du port de Rupella à celui des Minimes, de la pêche à la plaisance. Après la visite, rendez-vous au Bar du France 1 : rencontres musicales, vue imprenable sur les tours, produits de la mer version tapas, et une cuisine de type brasserie le midi.

MUSÉE ROCHELAIS D'HISTOIRE PROTESTANTE ★

2, rue Saint-Michel ✆ 05 46 50 88 03
www.protestantisme-museelarochelle.fr
Ouvert de fin juin à fin septembre. Sur rendez-vous hors période d'ouverture. Ouvert du lundi au samedi de 14h30 à 18h.

Ce musée évoque l'histoire du protestantisme de la ville depuis l'acquisition par la cité de son statut de ville libre au XIIe siècle jusqu'à l'édit de Tolérance de 1787. On peut voir un exemplaire de la confession de foi de La Rochelle – 1571 –, une bible imprimée à La Rochelle – 1606 –, une table et une chaire entièrement démontables - datant de la période entre 1685 et 1787, un tableau en tapisserie des Dix Commandements daté de 1779. Le musée est équipé d'une bibliothèque.

PARC CHARRUYER

Chemin des Remparts
Ouvert toute l'année. 7j/7 et 24h/24.

Véritable poumon vert de La Rochelle et trait d'union entre le centre-ville et l'océan, ce parc a été conçu entre 1887 et 1890 sur d'anciens terrains militaires. Il propose une balade d'environ 2 km sur une surface totale de 40 hectares. Les amateurs de promenade et de flânerie arpentent les allées fleuries depuis la plage de la Concurrence jusqu'à la piscine municipale, que l'on rejoint en traversant une voie ferrée, tandis que les cyclistes roulent le long des allées fleuries pour s'offrir une pause bucolique. Les enfants y disposent de plusieurs aires de jeux.

PORT DE PÊCHE DE LA ROCHELLE ★★

Bâtiment administratif
✆ 05 46 41 14 68
www.port-peche-larochelle.com
Tous les jeudis du 13 juin au 19 septembre à 5h. Gratuit -12 ans. Ateliers « Comme un mareyeur » 8h30.

De passage à La Rochelle, vous aurez sans doute envie de vous ressourcer au Vieux-Port, de prendre un café à la terrasse d'un des bars. Mais le Petit Futé vous propose de tenter une visite pour le moins insolite, celle de la criée de La Rochelle. Alors oui, c'est vrai, il faudra vous lever tôt, mais l'occasion est belle d'en savoir un peu plus sur le trajet du poisson que vous dégusterez, du quai de débarquement jusqu'à l'expédition. Deux activités ont été préparées : les visites de la criée à l'heure de la vente accompagné par un guide spécialisé, vous débutez dès 5h par une visite des installations de la criée. A 6h, sonne l'heure de la vente aux enchères des produits de la mer. En observateur, vous assistez en direct aux achats des produits que vous pourrez retrouver le même jour au marché central de La Rochelle. La seconde activité est d'apprendre à reconnaître les poissons des étals et réaliser par soi-même les filets, tous les jeudis matin de juillet à août, durant 3 heures, vous enfilez tablier et bottes et vous vous placez derrière les planches pour apprendre à réaliser des découpes comme des professionnels. En plus, vous repartez avec un poisson fraîchement découpé. Attention à bien prévoir des vêtements chauds et des chaussettes. Instant mémorable où professionnels, pêcheurs et acheteurs se côtoient dès l'aube dans une ambiance conviviale. Et le résultat se mérite pour avoir le meilleur des produits. Fraîcheur et souvenirs garantis !

TOURS DE LA ROCHELLE ★★

Place de Barentin
✆ 05 46 34 11 81
www.tours-la-rochelle.fr
10h-13h et 14h15-17h30 (jusqu'à 18h du 15 juin au 30 septembre). Fermé premier lundi du mois. 9,50 € (gratuit -18 ans).

Ces trois monuments constituent le symbole intemporel du Vieux port. Construite au XIVe siècle, la tour Saint-Nicolas a servi à la fois d'arsenal et de prison. Fragilisée et soumis à l'effet d'érosion de la mer, elle a subi des travaux de consolidation avant de rouvrir au public, lui permettant de jouir de cette vue unique sur la cité. En face, se distingue la tour de la Chaîne qui doit son nom à cette chaîne qui barrait l'entrée du port. L'autre tour se situe proche du chemin de ronde. Rénovée avec soin, elle se distingue avec sa robe couleur éclatante.

LA ROCHELLE

SE LOGER

L'offre d'hébergement pour une nuit, un week-end où pour un plus long séjour est prolifique et s'adresse à tous les budgets. A proximité du Vieux port ? Au cœur de la vieille ville ? Avec une belle vue sur l'océan ? Choisissez ce qui vous correspond le mieux pour un séjour idéal. Entre les hôtels de famille, parfois avec prestations comme les spas pour un séjour détente, et à proximité de la plage, des restaurants et des loisirs pour profiter pleinement de La Rochelle, en passant par les locations meublées, les gîtes, les fermes avec tout le confort nécessaire pour un séjour de charme, les campings pour ceux qui préfèrent être en plein air, ou encore les chambres d'hôtes pour un séjour authentique, chacun trouvera au fil de ces pages une sélection pour être au plus proche de ses envies. Attention à anticiper sa réservation, car la demande est de plus en plus forte pour les destinations France.

ACCOSTAGE HOTEL** €

6, avenue Coligny ✆ 05 46 66 21 31
www.accostage-hotel.fr

Ouvert toute l'année. Chambre double à partir de 65 € ; chambre triple à partir de 90 €. Petit dej : 8 €.

Cet hôtel constitue une halte délicieuse pour tous les voyageurs désireux de découvrir La Rochelle. Avec son emplacement dans une rue paisible du quartier du casino, vous n'aurez plus besoin de votre véhicule. Surtout, la balade de quelques minutes se déroule le long de l'océan. Florence et Guillaume sont aux petits soins, proposant un accueil chaleureux et se montrant toujours disponibles, donnant volontiers des conseils pour les visites. En posant vos valises dans l'une des chambres, vous constaterez la propreté, le design moderne et la literie de qualité.

CAMPING LE BEAULIEU**** €€

PUILBOREAU ✆ 05 46 68 04 38
www.camping-la-rochelle.com

En saison : lundi, mardi, jeudi, vendredi et dimanche : 9h-13h et 14h-19h / Samedi et mercredi : 8h-20h.

Ce camping a l'avantage d'être à proximité immédiate de nombreux commerces mais aussi d'une piste cyclable pour rejoindre le centre-ville et la rocade. L'accueil est sympathique et l'on se plaît à installer sa tente sur des emplacements délimités ou prendre possession d'un des 95 hébergements proposés à la location. Tous bénéficient de nombreux équipements offrant un séjour de qualité : terrasse avec salon de bois, plaques de cuisson et chambres séparées. Placée sous une bulle et dotée d'un toboggan, la piscine chauffée est l'attraction principale du camping.

LE CARRÉ 1705 €€

Les Pas-des-Eaux - **ANGOULINS**
✆ 06 09 41 09 10
www.lecarre1705.fr

Ouvert toute l'année. 5 chambres. Chambre double de 130 € à 180 €. Petit déjeuner inclus. Terrasse.

Karine Favier et son époux David sont heureux de vous accueillir dans cette superbe ferme de 1705, à l'intérieur moderne. Les cinq suites ont toutes un thème précis : des accents finlandais, masculins, féminins ou bien une ode à l'agriculture... Dans tous les cas, vous prenez place dans des espaces au haut niveau de confort dans lesquels on se sent bien. Dans la cour se trouvent une belle piscine et un terrain de pétanque. Notez aussi le grand préau Lounge d'extérieur équipé d'une cuisine d'été avec plancha. Cuisine et réfrigérateurs sont accessibles aux clients.

CENTRAL PARK - HÔTEL & SPA**** €€

4, avenue Jean Guiton ✆ 05 46 66 06 06
www.hotelcentralpark.fr

Chambre double de 80 € à 200 €. Suite de 110 € à 240 €. Petit déjeuner à 15 €. Parking : 12 €. Bain bouillonnant, sauna.

Cet hôtel vous surprendra d'abord par son entrée inédite : deux grands oliviers qui vous invitent à pénétrer dans une allée végétale. Vous pourrez vous offrir une balade bucolique pour rejoindre l'océan, en marchant quelques minutes à peine pour découvrir le vieux port et le centre-ville. Vous serez séduits par l'accueil d'un personnel aimable et attentionné qui ne manquera pas de vous divulguer les bonnes adresses rochelaises. Ouvert il y a peu, l'hôtel offre un design contemporain.

HÔTEL KYRIAD LA ROCHELLE CENTRE €€

38, rue des Sauniers
✆ 05 46 27 31 31
www.kyriad-la-rochelle-centre.fr

Chambre double à partir de 75 € ; Triple à partir de 99 €. Petit déjeuner : 10,90 €. Parking fermé.

Cet hôtel profite avant tout d'un bel emplacement, un peu à l'écart du centre-ville et proche du canal de Rompsay. Le Vieux-Port est à 10 minutes de marche, une balade citadine le long d'un canal mais aussi d'autres services : fleuriste, chocolaterie, boulangerie. Vous bénéficierez d'un accueil agréable et souriant et de quoi admirer un hall ensoleillé ainsi que la petite terrasse extérieure. Après avoir emprunté le grand escalier central, entrez poser vos valises dans votre chambre.

HÔTEL LA FABRIQUE €€

Rue de la Fabrique
✆ 05 46 41 45 00
www.hotellafabrique.com

Accueil 24h/24. 58 chambres. Chambre double à partir de 70 €. Petit déjeuner : 12 €, 8,50 €/enfant.

Cet hôtel profite avant tout d'une situation idéale pour tous ceux qui souhaitent visiter La Rochelle. Installé au cœur de la place de la Motte-Rouge, il permet à tous les voyageurs de trouver un endroit ravissant où poser leurs valises, à proximité de la gare mais aussi du vieux port et de la rue Saint-Nicolas qui permet de rejoindre le centre-ville en seulement quelques minutes. En entrant, vous serez charmés par l'accueil agréable et que dire du patio ? Situé au rez-de-chaussée le lieu a gardé trace de l'ancienne activité qui se déroulait ici.

HÔTEL LES BRISES*** €€

Rue Philippe-Vincent
✆ 05 46 43 89 37
www.hotel-les-brises.com/fr

Chambre double à partir de 70 €. Petit déjeuner de 13 € à 14,50 €. Soirée étape à partir de 80 €.

C'est assurément l'un des hôtels rochelais proposant la plus belle vue sur l'océan. En arrivant, vous serez séduits par un personnel très accueillant. Quel plaisir de poser ses valises avant de profiter d'un panorama d'exception sur l'océan et ses îles connues de tous. Vous profiterez pleinement de ce moment sur la terrasse, en écoutant le bruit des vagues. Récemment rénové, l'hôtel est idéal pour une escapade à deux, les chambres offrant tout le confort nécessaire pour une nuit ou plus. Chacune des 48 chambres dispose d'une décoration personnalisée.

HÔTEL SAINT-NICOLAS LA ROCHELLE*** €€

13, rue Sardinerie ✆ 05 46 41 71 55
www.hotel-saint-nicolas.com

Accueil 24h/24. 86 chambres. Chambre double 68 € ; chambre triple 98 €. Petit déjeuner buffet ou en chambre : 14,95 €.

Cet hôtel a pris le nom d'un des quartiers bien connus des Rochelais. Installé en plein cœur de ville et disposant d'un garage privé, il permet aux voyageurs de stationner leur véhicule et de découvrir la ville en marchant. En seulement quelques minutes, vous rejoindrez le Vieux-Port et les lieux de visite comme la tour Saint-Nicolas, l'Aquarium et accéderez à de nombreux cafés et restaurants. L'accueil est sympathique et les chambres apportent un vrai moment de confort.

UN HÔTEL EN VILLE €€

20, place du Maréchal-Foch
✆ 05 46 41 15 75
www.unhotelenville.fr

Ouvert toute l'année. Chambre double de 63 € à 176 €. Chambre supérieure : de 81 € à 240 €.

Ne pensez pas trouver là un simple hôtel, mais plutôt une adresse délicieuse pour séjourner au cœur de La Rochelle. L'emplacement est idéal, proche d'une rue reconnue pour abriter quelques adresses culinaires. Posez ses valises ici, c'est non seulement s'offrir une pause confortable dans le centre-ville, mais aussi rejoindre le Vieux port rapidement. Sophie et Laurent ne manqueront pas d'attentions pour que votre séjour se passe pour le mieux. L'hôtel est un vrai havre de paix, tout a été pensé pour le confort de chacun, aménagé avec goût, décoré avec soin.

EDEN OUEST €€€

33, rue Thiers
✆ 06 82 62 68 97
https ://edenouest.com

1 chambre (et 4 suites). Studio / appartement de 115 € à 255 €. Petit déjeuner inclus. Lit supplémentaire : 25 €.

Eden Ouest constitue une véritable bulle de bien-être. Il suffit d'entrer dans cet hôtel particulier du XVIIIe siècle avec sa cour intérieure arborée pour s'en convaincre. L'accueil est charmant et donne envie de poser sa valise dans l'une des quatre chambres ou dans la suite pour profiter d'un espace unique. La chambre Ocre jaune est idéale pour 2 personnes, bénéficiant comme toutes les autres d'une magnifique baignoire en bois de mélèze, d'un hammam privé et d'un coin salon ouvert sur la terrasse. Deux appartements sont également disponibles.

ENTRE HÔTES €€€

8, rue Réaumur
✆ 05 16 85 93 33
www.entre-hotes.com
Chambre simple à partir de 108 €, chambre double à partir de 125 €, chambre « insolite » à partir de 160 €.

Située au cœur de la ville, à quelques pas seulement du Vieux port, cette demeure constitue un cadre rêvé pour une escale. Olivier ne manquera pas de vous accueillir de la meilleure des façons vous montrant la chambre réservée. Chacune offre une vue ravissante sur le jardin, un havre de paix à l'abri des regards. Toutes proposent une atmosphère différente à l'image de la Stone avec son mobilier patiné et ses tons gris et bleu, la Dune et son ambiance chaleureuse. L'Insolite, située dans une ancienne cave voûtée, porte bien son nom !

HÔTEL BEST WESTERN MASQHOTEL**** €€€

17, rue de l'Ouvrage-à-Cornes
✆ 05 46 41 83 83
www.masqhotel.com
Ouvert toute l'année. Accueil 24h/24. 76 chambres. Chambre double à partir de 123 €.

Cet hôtel est inédit à La Rochelle. Nul besoin de voiture, le centre-ville est facilement accessible et il est même possible de louer des vélos ! Mais c'est sans nul doute sa décoration qui ravit les voyageurs. Après un accueil résolument agréable, ponctué de commentaires avisés sur les bonnes adresses rochelaises, vous prendrez possession de l'une des 76 chambres. L'hôtel met aussi à disposition quatre salles de réunion high-tech pouvant accueillir jusqu'à 120 personnes.

HÔTEL FRANÇOIS 1ER** €€€

13-15, rue Bazoges
✆ 05 46 41 28 46
www.hotelfrancois1er.fr
Chambre double dès 89 €, triple dès 115 €, suite dès 195 €. Petit déjeuner 6,50-12 €. Parking 15 €.

Le cadre de cet hôtel est idyllique pour tous ceux qui veulent séjourner à La Rochelle. L'hôtel prend place au cœur de la vieille ville, dans une bâtisse de caractère du XVIe siècle où souffle l'esprit de la pierre et de la musique. En entrant, vous serez charmé par l'accueil. Si la façade a su garder de jolis détails du passé, l'intérieur respire la modernité. Le propriétaire a su donner un nouvel élan au lieu avec des tableaux contemporains qui mettent en valeur la musique, la photographie, la peinture... Les chambres, dont deux pour PMR, sont volontiers design.

HÔTEL LA MONNAIE ART & SPA**** €€€

3, rue de la Monnaie ✆ 05 46 50 65 65
www.hotelmonnaie.com
36 ch : double 99 €-259 € ; triple 179 €-309 € ; suite 309 €-459 €. Petit déj 18 €. Soirée-étape dès 109 € la ch.

Ce n'est pas un simple hôtel, mais un lieu résolument charmant où il fait bon s'installer lors d'un séjour à La Rochelle. Vous aurez tout loisir de rejoindre la plage, le casino, mais aussi quelques-uns des meilleurs restaurants. Laissez-vous charmer par l'accueil professionnel et par un édifice remarquable du XVIIe siècle mélant architecture ancienne et art contemporain. Poser vos valises dans l'une des 38 chambres ou offrirez-vous une nuit dans l'une des trois suites exceptionnelles.

HÔTEL LE CHAMPLAIN*** €€€

30, rue Rambaud ✆ 05 46 41 34 66
www.hotelchamplain.com
Toute l'année. Tarif individuel : Élégance de 64 € à 124 €, Tradition de 89 € à 179 € et Prestige de 129 € à 214 €.

Cet hôtel particulier constitue une adresse prisée des voyageurs désireux de séjourner au cœur de La Rochelle. Il offre une ambiance élégante avec des portes travaillées, moulures et lustres en cristal. L'hôtel appartient à la même famille et les propriétaires cultivent le sens du bon goût. En entrant, vous serez charmés par l'atmosphère et par l'accueil d'un personnel. Les chambres et suites, la plupart rénovées, sont spacieuses, un cadre charmant pour un séjour romantique. Vous pourrez profiter du jardin intérieur dans lequel sont servis les petits déjeuners.

LA MAISON DU PALMIER €€€

23, place du Maréchal-Foch
✆ 05 46 50 31 96
www.lamaisondupalmier.com
Ouvert toute l'année. 3 chambres (dont 2 suites). Chambre double 108 €, suite 118 €. Petit déjeuner inclus.

Le premier atout de cette chambre d'hôtes est sa situation au cœur du centre-ville, à proximité à la fois du Vieux-Port. A la seule vue de cette demeure du XVIIIe siècle et de son magnifique patio, le charme opère. Angélique se montrera attentionnée vous guidant vers l'une des trois chambres disposant chacune d'une salle de bains privative. La chambre double porte le joli nom de « Voyageur », les 2 suites de plus de 20 m² offrent un confort très appréciable. Angélique vous fera découvrir ses adresses favorites à La Rochelle, de quoi agrémenter votre balade.

SE RÉGALER

Se régaler est un euphémisme dans une région tellement prolixe en produits de la mer, de la terre et notre inventaire est loin d'être exhaustif ! L'océan d'abord avec la fraîcheur de ses fruits… de mer, entre les huîtres de Marennes, les coquillages, moules, langoustines, homards et autres crustacés… divinement ou simplement élaborés telle à la plancha, en éclade, au four… Tout cela grâce aux savoir-faire de nos agriculteurs de la mer et aux nombreux chefs étoilés ou non. Côté terre, grattons, farci, fagot charentais, pâtés aux herbes, agneaux de lait, etc. régalent le palais. N'oublions pas la traditionnelle galette charentaise déclinée en une multitude de goûts, et les nectars de la vigne ; cognac, pineau, vins... Retrouvez ces produits aux Halles de La Rochelle et dans les marchés paysans qui sont la vitrine du terroir. Table d'exception aussi avec nos ambassadeurs du goût et des saveurs qui jouent le match de l'excellence.

Eglades de moules.

LE BISTROT DE MÉMÉ €€

27, bis avenue des minimes
✆ 05 46 41 18 38
www.bistrot-de-meme.com

Ouvert toute l'année. Du mardi au samedi le midi et le soir. Menu unique à 17,50 € (sauf le samedi soir).

En arrivant, ne soyez pas surpris de rencontrer des serveurs vêtus d'un tablier de mémé ! C'est le concept de ce bistrot, vous ramener dans l'univers des années 80. Et c'est réussi ! Autour d'une table revêtue de la fameuse toile cirée à fleurs, on se plonge dans l'ambiance en admirant la décoration, un joyeux bric-à-brac. Mémé propose une cuisine volontiers familiale à déguster dans une ambiance conviviale ou sur la grande terrasse. A l'étage avec vue imprenable sur les bateaux, préférez Chez Pépé pour la retransmission de vos matchs autour d'un repas convivial.

© DR

© YVAN LHOTE

LES 4 SERGENTS €€€

49, rue Saint-Jean-du-Pérot
✆ 05 46 41 35 80
www.les4sergents.com

Du mardi au dimanche le midi et le soir. Réservation recommandée. Menu : 39 €

Plus qu'un simple restaurant, c'est un lieu unique qui ne cesse d'émerveiller tous ceux qui le fréquentent depuis plus de 40 ans. Il suffit de pousser les portes pour être fasciné par un cadre exceptionnel, cette grande verrière d'une hauteur de 10 m fabriquée dans les ateliers de Gustave Eiffel et ornée de son immense yucca. Le rez-de-chaussée est idéal pour les familles qui prendront place autour de tables rondes tandis que le premier étage, plus intimiste, fera le bonheur des amoureux. C'est le chef Sylvain Proust qui officie préparant des plats authentiques.

L'ARDOISE DES CLOUTIERS €€

7, rue des Cloutiers
✆ 05 46 45 37 98

Du lundi au samedi le midi, le samedi soir. Menu unique à 22 €.

C'est l'un des restaurants que vous trouverez dans le quartier du marché. Installé dans cette petite rue connue des amateurs de gastronomie, l'Ardoise des Cloutiers mérite assurément une visite. Il fait bon prendre place sur la minuscule terrasse pour ressentir toute l'effervescence de la ville ou s'installer dans la petite salle tout aussi vivante. Isabelle et Philippe concoctent une carte où fleurent bon les produits locaux. Quel plaisir de s'offrir ici une pause déjeuner avec une formule très agréable. Un seul regard sur la grande ardoise vous donnera envie.

L'ARMATEUR €€

14, rue Eugène-Dor
✆ 05 46 37 85 80

Lundi au samedi midi ; du vendredi au samedi le soir. Bar à vin mercredi et jeudi soir jusqu'à 20h. Formule : 17 €-23 €.

Cet établissement offre la possibilité de déguster de bons petits plats, mais aussi de trouver quelques jolies bouteilles de vin. Ne vous fiez pas à la façade, l'Armateur cache bien son jeu ! En entrant, vous serez charmés par une salle à la décoration moderne mais aussi par la terrasse ombragée qui donne envie. La carte propose une formule qui permet de se régaler autour d'assiettes joliment présentées. Le service se veut souriant par un personnel chaleureux et la cuisine raffinée avec toujours une petite touche d'exotisme et un large choix de vins au verre.

LE BISTROT D'LA CHAÎNE €€

16, rue de la Chaîne
✆ 05 46 34 96 59
Lundi et mardi de 19h à 22h ; le mercredi et du vendredi au dimanche de 12h à 14h et de 19h à 22h. Menu 29,90 €.

Ce restaurant porte bien son nom. On y vient déguster une cuisine de produits frais à deux pas de tour de la Chaîne. Vous aurez envie de vous installer sur la petite terrasse. La salle ne manque pas de charme avec son ambiance cosy et sa décoration agréable. L'accueil est chaleureux avec un patron qui connaît ses plats et qui apporte des conseils souvent judicieux. Les produits qui garnissent les plats sont frais et de saison. Il ne reste plus qu'à faire votre choix sur la petite ardoise. Côté desserts, les fruits s'offrent une belle alliance avec le chocolat.

LE BISTROT DES BONNES FEMMES €€

5, rue des Bonnes-Femmes
✆ 05 46 52 19 91
www.lebistrotdesbonnesfemmes.com
Ouvert du lundi au samedi le midi et le soir. Menu unique à 33 € (3 plats). Plat du jour : 14 €

Ce restaurant, très prisé des Rochelais, installé au cœur du quartier du marché est idéal pour se faire plaisir autour d'une cuisine de produits frais en provenance directe du marché. On vient ici s'offrir une pause bistronomique en s'installant dans une jolie salle à la décoration moderne ou dans le patio, très agréable pour déjeuner au calme et au soleil. La fraîcheur est de mise et le soir, elle s'étoffe avec une cuisine toujours pleine de saveurs avec des cuissons maîtrisées.

LE BOUILLON €€€

15, rue Du Docteur-Bigois ✆ 05 46 42 05 29
www.le-bouillon-larochelle.fr
Ouvert toute l'année du lundi au vendredi le midi, puis jeudi vendredi et samedi le soir. Menus de 22,50 € à 89 €

Jouxtant la place du marché de La Pallice se cache cet étonnant « bistrot chic ». L'ambiance est conviviale : le regard plonge ici dans la cuisine façon verrière, et une longue table en bois permet de partager un repas. Ancien bras droit de Ducasse, le chef Jemmy Brouet est un passionné qui a œuvré notamment au Jules Verne, au deuxième étage de la Tour Eiffel. La carte, évolue au fil des semaines, proposant une cuisine de saison raffinée. On pense ici aux végés et aux sans gluten, et les vendredis et samedis soir, le chef propose une véritable valse des saveurs !

MOULES BROTHERS €

Port de Pêche de Chef de Baie
✆ 06 40 33 84 16
Fermé de janvier à Pâques. Barquettes de moules / Assiettes d'huîtres / frites maison. Terrasse.

Cette cabane, posée au cœur du port de Pêche, est un lieu unique ! On y vient pour savourer de délicieux fruits de mer. Les frères Durivaud élèvent depuis près de 20 ans des moules. Ce produit bio, d'une qualité rare, est à déguster en 2 formules : des barquettes de 500 g ou 700 g servies avec du pain, du beurre et l'inévitable verre de blanc. Les moules sont cuisinées au naturel avec quelques herbes. C'est de cette façon qu'elles dévoilent tout leur arôme. On peut les accompagner de frites maison, mais aussi déguster des huîtres 100 % naturelles ou des crevettes.

© ERIC LAJAURIE

© SYLVIE CURTY

LA ROCHELLE

LE BOUTE-EN-TRAIN €€

7, rue des Bonnes-Femmes
✆ 05 46 41 73 74

Du mardi au samedi midi et soir. Menu unique à 31 €. Menu enfant : 10 €. Formule du midi : 18 €. Du mardi au vendredi.

Il vous faudra arriver tôt pour avoir la chance de prendre place sur l'une des rares tables de la terrasse. Sinon, rendez-vous dans la salle à la décoration épurée pourvue de tables suffisamment espacées. L'accueil est chaleureux, le service très agréable et la carte présentant des produits soigneusement préparés. Le soir, nombreux sont ceux qui s'attablent pour déguster une cuisine française. Tatin d'andouillette et son confit d'oignons, œufs pochés et émulsion de pommes de terre ou une note de fraîcheur avec un délicieux tartare de daurade aux algues et pesto...

CHRISTOPHER COUTANCEAU €€€

Plage de la Concurrence
✆ 05 46 41 48 19
www.coutanceaularochelle.com

Du mardi au samedi le midi et le soir. Réservation impérative. Menus de 90 € à 210 €. 3 étoiles Michelin.

Christopher Coutanceau et Nicolas Brossard se sont vus attribuer depuis 2020 leur 3e étoile au guide Michelin, faisant de ce restaurant un endroit incontournable à La Rochelle. Il suffit d'y pénétrer pour comprendre pourquoi le titre de cuisinier pêcheur a été affublé à Christopher Coutanceau. Ici tout est propice à l'océan. Depuis plus de 10 ans, Christopher Coutanceau s'inspire de l'océan pour proposer des plats novateurs et toujours d'une qualité rare. Nicolas Brossard, le chef de salle, surveille un service à la hauteur, efficace, attentif et discret.

BRASSERIE JEAN €€

10, avenue Jean Guiton
✆ 05 46 69 52 10

Ferme le lundi soir et mardi. Menus 26 € à 37 €. Spécialité côte de bœuf : 56 €/2 personnes.

Cette grande brasserie créée par Caroline et David est installée à proximité des parcs. En entrant dans ce grand bâtiment, vous découvrirez non pas un simple restaurant, mais un endroit ravissant. Tables bistrotières, banquettes confortables et des bouteilles de vin exposées en vitrine. Nul doute, la décoration se veut tendance et l'accueil très convivial ! Profitez-en pour faire votre choix dans une carte variée. Ici, on se régale entre autres avec les pizzas au feu de bois, moules en saison aux différentes recettes et les inévitables côtes de bœuf.

LE COMPTOIR DE WALTER €

45, rue Saint-Nicolas
✆ 05 46 50 67 71
www.lecomptoirdewalter.fr

BS : lundi-samedi midi ; jeudi-samedi soir. HS : lundi-samedi midi et soir. Formule 10 € (11 € le soir).

Au Comptoir de Walter, on composera votre assiette devant vous à déguster sur place ou à emporter. Chacun peut ainsi manger vite et bien ! Vous trouverez toujours une viande : poulet fermier « label rouge » ou jambon à l'os ou bien un poisson saumon fumé bio ou sauvage. Chaque jour différents plats à base de légumes sont préparés pour les accompagner. On aime la variété des salades qui permet à chacun de trouver son bonheur tout en mangeant sainement : taboulé, pâtes courgettes carottes, tomates à l'ancienne basilic, dattes, figues et abricots secs...

BRASSERIE LA-HAUT €€

Quai Louis-Prunier
✆ 05 46 50 17 17
www.brasserie-la-haut-la-rochelle.com/

Tous les jours de 10h à 20h. Terrasse fumeurs. Menu unique à 25 €. Terrasse.

Située au dessus de l'aquarium cette belle brasserie permet aux visiteurs de s'offrir une pause gourmande avec une vue exceptionnelle et panoramique sur la ville. On apprécie la serre tropicale qui offre un cadre surprenant et une ambiance à la fois chaleureuse et délicate, mais aussi la salle entièrement refaite. Côté gastronomie, l'esprit se veut celui d'une brasserie avec une cuisine généreuse. Le chef Julien Conca marie voyage autour du monde et tradition française. Les assiettes ont pour but de recréer « l'univers graphique et coloré de l'Aquarium ».

LES COPAINS D'ABORD €€

28, Quai Duperré
✆ 09 54 97 68 12

Ouvert tous les jours de 9h à 2h. Salades repas 14 €, Moules frites de 12 € à 14 €, Plat du jour 13,50 €. le soir tapas

Georges Brassens aura sans aucun doute aimé prendre place dans ce bistrot. Il faut dire que tout ici invite à passer un bon moment, la petite terrasse située face aux tours et l'accueil chaleureux de Franck et Noemy. On s'installe le matin pour un petit déjeuner en plein cœur du Vieux port, on revient le midi pour déguster un plat du jour préparé à base de produits frais et de saison. La carte est courte, gage de fraîcheur, présentant quelques plats typiques d'une brasserie. Le soir, changement d'ambiance. Le bar devient le rendez-vous des copains.

LA GRAND'RIVE €€€

24, quai Duperré ✆ 05 46 41 44 53
www.lagrandrive.com
Basse saison : tous les jours de 7h30 à 0h.
Haute saison : tous les jours de 8h à 2h. Plateau fruits de mer : 44,50 €.

C'est un des lieux qu'affectionnent les Rochelais qui prennent place sur la grande et belle terrasse, chauffée ou brumisée selon la saison et offrant une vue magnifique sur les deux tours. Le lieu est idéal pour s'offrir un café, déjeuner ou dîner avec une carte qui met à l'honneur poissons frais et fruits de mer : huîtres charnues de David Hervé, couteaux de la mer et plateau côtier. L'ambiance se veut lounge et cosy, chaque assiette est décorée avec soin et générosité. La Grand' Rive possède un large choix de desserts, tous faits maison, de la panna cotta vanille Bourbon au macaron pistache et framboise.

© DR

© DR

LES HEDONISTES €€

24, rue Verdière
✆ 09 53 09 55 05

Ouvert du lundi au vendredi midi et soir. Sur place / à emporter/ livraison.

Un tout nouveau restaurant situé juste derrière la Coursive, dont la cuisine généreuse d'Elisa ravira vos papilles. Les pâtes, tajines, couscous et autres plats en sauce sont, entre autres, les spécialités. Ce restaurant concocte une cuisine méditerranéenne, tout est frais et maison. La patronne est italo-française et le cuisinier, Jamel, est algérien. Son associé est passionné de vin et déniche des pépites de producteurs. La carte change en permanence et vous aurez l'impression de voyager. Les sensations gustatives pour un hédonisme de circonstance.

© DR

© DR

© DR

LA CÔTE RÔTIE €€€

2, boulevard du Maréchal-Lyautey
✆ 05 46 44 04 19
Du lundi au vendredi le midi, le vendredi et le samedi le midi et le soir, le dimanche de 10h à 15h. Menu unique à 34 €.

Osez sortir du centre-ville et avancez jusqu'à La Pallice pour venir déguster la cuisine de ce restaurant qui se trouve à deux pas de la place du marché. Vous apprécierez l'accueil chaleureux de Christophe et Oksana les propriétaires ainsi que les différents espaces proposés : la grande pièce lumineuse et la terrasse volontiers colorée. On se plaît à admirer la cave dans laquelle sont exposées de nombreuses bouteilles de vin, mais c'est la carte qui attire bien des regards. Le chef travaille des produits de saison au travers d'une cuisine à l'esprit bistronomique.

L'ENDROIT €

Parc de La Pergola
✆ 09 52 13 13 31
lendroit-Larochelle.com
Ouvert de mars à octobre. Haute saison : ouvert tous les jours. Tous les dimanches : Brunch 20 €. Plat du jour : 16 €.

Cette sympathique paillote compte de nombreux fidèles. La nouveauté, côté cuisine, c'est qu'elle propose un service du midi à l'assiette, et non plus seulement au bar. On déguste donc ici de vrais plats, amoureusement préparés par Armelle à partir de produits frais. Tout est fait maison, et les pains – dont celui des fameux burgers – sont livrés chaque matin par un vrai boulanger. On est donc très loin de l'esprit fast-food, et le fait de pouvoir se régaler dans un cadre aussi agréable que celui du parc de la Pergola ajoute encore au plaisir des convives.

LA FLEUR DE SEL €€

45, rue Saint-Jean-du-Pérot
✆ 05 46 41 17 06
www.lafleurdesel-larochelle.com
Ouvert toute l'année. Basse saison : du mercredi au lundi. Haute saison : tous les jours. Menus de 22 € à 31 €.

C'est l'une des adresses bien connues des gourmets. Installé à deux pas du Vieux port, le restaurant est d'abord couru pour sa terrasse. En salle, la décoration est à la fois sobre et chic. Plusieurs menus sont proposés et la formule du midi, idéale pour se faire plaisir. Nul doute, ici on prête attention aux clients et ça se ressent. Vous aurez le choix entre le filet de cabillaud piqué à la saucisse de Morteau, la côte de cochon à la plancha ou une dorade cuite sur peau. Les desserts sont agréables comme la mousse au caramel fleur de sel et son cœur coulant.

LES FLOTS €€€

1, rue de la Chaîne
✆ 05 46 41 32 51
www.les-flots.com
Tous les jours de 12h15 à 14h et à partir de 19h30 (dernier service à 21h30). Menus de 33 € à 79 €.

Cet ancien estaminet du XVIIIe siècle, paisiblement installé au pied de la tour de la Chaîne, n'est pas que le protecteur des géants de pierres, il est aussi le gardien de la gastronomie. Tenu depuis 1997 par Grégory Contanceau, le restaurant mérite son nom, mettant en avant une cuisine de la mer et un service irréprochable. C'est le lieu idéal pour déguster une cuisine raffinée en amoureux ou en famille, vous serez séduit par une carte qui met en valeur des produits frais sélectionnés avec soin. L'atmosphère de la salle permettent de passer un joli moment.

LABEL FABRIQUE €€

16, rue Cordouan
✆ 05 46 41 05 44
Du mardi au samedi le midi ; du jeudi au samedi le soir. Menu enfant 10 €

Ce restaurant est installé à proximité immédiate du marché dans une rue paisible du centre-ville. On apprécie l'accueil toujours chaleureux, la salle lumineuse et colorée à la décoration simple. L'avantage de ce restaurant c'est que vous aurez tout le loisir d'observer le chef travailler des produits frais. Au déjeuner, prenez le temps de regarder l'ardoise du jour qui propose deux entrées, trois plats et trois desserts, de quoi se faire plaisir ! Le week-end, le restaurant est ouvert le soir, pour un dîner avec une carte proposant quelques plats supplémentaires.

LEROUGE AUX LÈVRES €

4, rue des Cloutiers
✆ 05 46 50 08 17
www.lerouge-auxlevres.fr
Ouvert du jeudi au lundi toute la journée. Restauration à partir de 12h et 19h.

Ce petit restaurant-cave à vins est situé dans une ruelle à côté du marché. En entrant vous serez séduits par un accueil chaleureux et une décoration cosy. Stéphane, sommelier qui a œuvré au sein de restaurants étoilés, vous proposera de jolies rencontres autour de vins bio, biodynamiques qu'il a sélectionnés. Ce passionné aime faire partager ses découvertes et propose une cuisine de marché qui met à l'honneur des producteurs connus comme les Serres de l'Anglois ou l'Epicurium. La formule du midi est séduisante, l'occasion de se faire plaisir autour d'un plat.

LE MAIL €€

16, Allée du Mail
✆ 05 46 34 12 52
www.restaurant-le-mail.com

Du lundi au samedi midi et soir ; dimanche midi. Menus de 22 € à 32,60 €. Menu enfant : 12,90 € (moins de 11 ans).

Ce restaurant dispose d'un emplacement de choix. En entrant, vous serez marqués par la décoration soignée et l'accueil irréprochable d'un personnel à l'écoute. Cette sensation de bien-être se poursuit une fois assis, profitant des grandes baies vitrées pour admirer l'océan et déguster une cuisine bistronomique qui évolue au gré des saisons. La carte est allechante et les assiettes sont à la hauteur. Chaque plat est soigneusement cuisiné avec des cuissons maîtrisées (poisson et viande sont cuits à la plancha) offrant une multitude de saveurs.

LA MARINIÈRE €

13, rue Gambetta
✆ 05 46 41 23 84

Ouvert du lundi au samedi midi. Du jeudi au samedi le soir. Formule 22,50 €. Plat du jour 18,50 €. Tapas et planches.

Déjà un an que Philippe et François se sont installés au cœur du quartier du marché. Tout invite à passer un moment depuis l'accueil chaleureux et jusqu'à l'installation sur la terrasse ensoleillée. Le lieu est idéal pour déjeuner ! La carte est courte, mais chaque plat est soigneusement réalisé avec des produits frais en provenance directe des halles. Nul doute, on se sent bien à la Marinière, notamment à midi pour déguster poissons snackés à la plancha et viandes de qualité. Le soir et le week-end, on vient ici entre amis pour dévorer de succulentes tapas.

LA MÈRE TOMINE €€

90, Avenue Jean Guiton
✆ 05 46 42 51 42

Ouvert du lundi au samedi midi, le jeudi et vendredi soir. Formule du midi : 15 € ou 19 €.

Installé un peu à l'écart du centre-ville, quartier de la Genette, ce restaurant ne manque pas d'atouts pour séduire. On apprécie l'accueil souriant et les trois espaces proposant chacun un cadre différent pour déguster une cuisine de qualité. La salle offre une vue sur le chef, la terrasse un espace extérieur et le patio un peu d'intimité. Ouvert le midi en semaine, la Mère Tomine propose une formule d'un bon rapport qualité-prix avec deux plats, tous préparés avec des produits de saison. L'ambiance est conviviale, on se plaît à discuter avec son voisin...

MOLY €€

49, Boulevard Cognehors
✆ 06 22 27 88 24
www.moly-la-rochelle.eatbu.com

Ouvert du lundi au samedi de 11h à 16h ; le vendredi de 11h à 16h et de 19h à 22h. Menu à 23 €.

Situé le long d'un boulevard, Moly est dédié à ceux qui souhaitent se régaler autour d'un déjeuner de qualité à quelques pas du centre-ville. Plusieurs espaces s'offrent à vous : la jolie salle lumineuse avec cuisine ouverte, la terrasse ombragée ou le patio, un lieu résolument charmant. Service et accueil se font avec le sourire et les plats sont aussi colorés que riches en saveurs. Le chef cuisine des produits locaux qui prennent place dans une carte courte dédiée au goût. La formule propose un bon rapport qualité-prix et on notera une belle carte de vins.

NOMAD €

33, rue des Dames
✆ 06 33 04 05 25

Du lundi au samedi de 9h à 18h. Plat du jour 10 €, Formule complète 16,50 €.

Après avoir voyagé à l'autre bout du monde et travaillé dans des maisons étoilées, Céline et Antoine ont posé leur valise à La Rochelle pour le plus grand bonheur de ceux qui veulent s'offrir un déjeuner de qualité. A deux pas des halles, Nomad propose une cuisine moderne qui fait la part belle aux produits frais. Chacun prend un plateau et choisit d'y déposer ce qu'il souhaite déguster. Les gourmands opteront pour une formule complète dégustant entrées et desserts présentés dans des bocaux. Le plat, apporté par le chef est aussi coloré que savoureux.

LE P'TIT NICOLAS €€€

6, rue Chef-de-Ville
✆ 05 46 41 01 14

Du mardi au samedi le midi et le soir. Le midi formule à partir de 14,50 €. Menus de 24 € à 32 €.

Ce restaurant profite d'un emplacement agréable et propose de ravissants plats bistronomiques. On apprécie de s'installer en terrasse ou dans la petite salle, se laisser porter par un service professionnel et souriant pour découvrir la cuisine tout en subtilités de Nicolas Pocher. Le chef, un vrai passionné, se plaît à travailler des produits frais et de saison, proposant un menu du jour abordable, idéal pour déjeuner en ville. Le soir, la cuisine se veut inventive avec un joli mariage des saveurs avec toujours cette pointe d'originalité qui fait la différence.

LA ROCHELLE

© SYLVIE CURTY

© MAGALIE DURIF

L'HYSOPE €€€

25, rue de l'Aurore ✆ 05 46 68 52 21
www.lhysope.fr

1 Michelin. Fermé dimanche soir, lundi toute la journée et mercredi soir. Menus de 18 € à 125 €. Formule midi.*

Ce restaurant gastronomique est l'une des meilleures tables de la région. On comprend pourquoi le chef Nicolas Durif, a obtenu une première étoile en 3 ans. On découvre une cuisine raffinée, mêlant produits de la mer et du terroir agrémentés de fleurs et d'épices. Le midi, la formule du marché offre un excellent rapport qualité-prix. Au dîner, l'ambiance cosy invite à tenter le menu dégustation en 8 plats riches en originalité selon l'humeur du Chef. Les desserts sont confectionnés par le chef pâtissier à la manière d'un bijou que l'on contemple comme une œuvre.

© SYLVIE CURTY

© SYLVIE CURTY

© SYLVIE CURTY

LES P'TITS LOUPS €€

20, Quai Georges Simenon
✆ 05 46 30 27 59

Ouvert du mardi au samedi de 9h30 à 20h. Restauration : le midi uniquement.

Ce bar à manger profite d'un emplacement tout à fait agréable face au bassin des grands yachts au Gabut, à deux pas de l'aquarium. L'occasion est belle de s'installer ici, dès le matin pour siroter un café bio tout en admirant les voiliers. Au déjeuner, sous les parasols ou dans une salle cosy, on piochera dans l'ardoise pour se régaler autour de plats bistrotiers. Optez pour la spécialité des P'tits loups : le fameux tartare de bœuf/parmesan/tomates séchées coupé au couteau préparé par Thierry. Après un dessert gourmand, place à la balade le long du port.

RESTAURANT HANGAR 27 €

31, boulevard du Maréchal-Lyautey
✆ 05 46 37 37 37
www.hangar27.fr

Ouvert toute l'année à partir de 5h. Fermé samedi sauf groupe et réservation. Formule : 14 €. Ouvert le dimanche midi.

Ce restaurant est une vraie bonne adresse pour tous ceux qui veulent se faire plaisir à un prix vraiment abordable. La grande salle fait la part belle au port, le patio résolument sympathique aux premiers beaux jours tandis qu'au jardin, on profite du soleil. L'accueil est toujours souriant et dynamique, un vrai plus ! Hangar 27 est ouvert à tous ceux qui veulent se restaurer vite et bien ! Vous aurez le choix entre l'un des deux plats du jour proposés, une viande et un poisson, avant de vous diriger vers le buffet d'entrées. Nouveauté : bar à salade.

PRAO €€

10, rue Saint-Nicolas ✆ 05 46 37 85 46
www.prao.biz

Ouvert du lundi au samedi le midi et le soir ; le dimanche midi. Réservation recommandée. Menu unique à 28 €.

Il fait bon prendre place sur la petite terrasse mais aussi franchir les portes pour s'installer dans une salle résolument agréable. Ici on déguste uniquement des produits de saison du marché, d'ailleurs chacun est nommé sur la carte à l'image des légumes en provenance de Taugon ou du sel de la Couarde en Ré. C'est là toute la philosophie du restaurant, travailler en direct, assurer la traçabilité des produits et ne pas dénaturer le goût. Le résultat est fabuleux. La carte est courte, gorgée de saveurs. Le Prao propose 4 formules de Brunch tous les dimanches.

LA SALLE À MANGER €€

18, rue Thiers
✆ 05 17 26 34 65
lasallamanger.fr

Ouvert du mardi au samedi midi et soir. Ardoise du jour. Plat du jour env. 14 €. Terrasse.

Ce restaurant à la décoration pop est installé à deux pas des halles. On vient ici pour l'accueil et pour s'offrir un repas dans un cadre étonnant mêlant cuisines d'enfants miniatures, luminaires urbains détournés et super héros. La terrasse est agréable et permet de profiter pleinement des plats de la chef Isabelle Eon. Une cuisine créative qui fait la part belle à des produits de saison travaillés avec soin. Au déjeuner, on se régale autour de l'ardoise du jour et d'une carte bistrotière et le soir on prend le temps de déguster des plats joliment assaisonnés.

LA RENAISSANCE €

2, place de l'Hôtel-de-Ville
✆ 05 46 28 91 54

Du lundi au samedi de 8h à 19h, haute saison jusqu'à 22h. Service continu (salades, plats du jour, croque-monsieur...).

Olivier Montagne est à la tête de ce bar restaurant situé sur la place de la Poste, en face d'un Hôtel de Ville qui a retrouvé toute sa splendeur. Les Rochelais sont nombreux à venir s'installer en terrasse pour y prendre un café entre deux rendez-vous, mais aussi pour déjeuner. La Renaissance propose des plats de type brasserie à déguster dans une salle intemporelle depuis laquelle on peut admirer le va-et-vient des passants. Le lieu est plébiscité pour l'accueil agréable. On déguste ici, le plat du jour, mais aussi des croques maison et les inévitables crêpes.

LA YOLE DE CHRIS €€

Plage de la Concurrence
✆ 05 46 41 41 88
www.layoledechris.com

Ouvert toute l'année, tous les jours en service continu de 12h à 23h. Réservation recommandée. Terrasse face à l'océan.

Le chef Christopher Coutanceau, 3 étoiles au Michelin, a surpris son monde en ouvrant ce bistrot chic à côté de son restaurant étoilé. Le cadre est magnifique – notamment le grand comptoir en forme de barque – et on peut y déguster des produits de la mer d'une grande fraîcheur tout en profitant d'une vue ravissante sur l'océan. La carte, abordable, propose des classiques de la mer (assiette de l'écailler) et des plats d'inspiration ibérique. En plus, la cuisine ouverte permet de voir la manière dont sont travaillés vos poissons, au feu de bois ou à la plancha.

PAZZA NOTTE €€€

32, Quai Duperré ✆ 05 46 41 44 53
www.pazzanotte.fr

Ouvert tous les jours. Service continu 8 h-minuit. Pizzas, Salades, pâtes... Terrasse face aux Tours de La Rochelle.

L'Italie dans vos assiettes avec Pazza Notte depuis sa spacieuse terrasse chauffée ou à l'intérieur dans un décor à l'italienne élégant. Nous y trouvons une cuisine italienne « maison », particulièrement des pizzas réalisées dans la plus pure tradition transalpine et garnies uniquement de produits frais en provenance d'Italie. On peut aussi se régaler avec des risottos, pâtes, poisson… Un seul mot d'ordre : se réinventer chaque jour ! Le personnel y est très agréable et dynamique et son service continu permet de déguster à toute heure dans un décor panoramique.

CRÊPERIE AU BON GRAIN €€

8, avenue Edmond-Grasset - **ANGOULINS**
✆ 09 53 02 63 30

Mardi-samedi : 12h-14h ; vendredi-samedi : 19h-21h30. Menu enfant : 8 € (-10 ans). Formule midi : 13,50 €. Salades 14 €.

Cette crêperie, située au cœur du joli village d'Angoulins, bénéficie d'une belle terrasse ombragée. L'accueil est chaleureux, le service rapide, permettant de se régaler autour de spécialités bretonnes cuisinées avec brio. Au déjeuner, on s'offrira une pause gourmande avec une formule d'un bon rapport qualité-prix avec galette du jour et une boisson. On notera la présence de salades : l'Italienne avec jambon cru et poivrons marinés ou la Chèvre avec un mélange de chèvre chaud. En dessert, on découvrira la spécialité maison : des galettes de sarrasin sucrées.

LA BONNE ÉTOILE €€

Boulevard du Commandant-Charcot
AYTRÉ
✆ 05 16 07 61 33

Ouvert toute l'année, du lundi au vendredi. BS : le midi. HS : midi et soir. Plat du jour : 12, 16 ou 19 €.

La Bonne étoile c'est cette petite adresse que l'on garde précieusement, car on est certain d'y passer un joli moment. Chaleureuse et souriante, Pascaline vous invite à rejoindre votre table et à regarder l'ardoise sur laquelle sont inscrites les douceurs du moment. Au fil des saisons et des envies du chef, prennent place de nouveaux plats qui font le bonheur des habitués et des gourmets. Jérôme propose une cuisine de saison basée sur les produits frais. Quelques plats : velouté de courge, œuf poché, pavé de saumon à la provençale, moelleux au chocolat...

CHEZ AWA €

Plage d'Aytré
AYTRÉ
✆ 06 22 35 27 62

Du 1er avr. à fin sept. 7j/7 de 11h30-21h30. Plat du jour : 11 €.

Ne cherchez pas ici un restaurant, mais plutôt une cabane installée à deux pas seulement de la plage d'Aytré. Chez Awa, c'est avant tout une adresse décontractée. On prend place autour des tables en bois ou sur les chaises basses, les pieds dans le sable pour découvrir une cuisine aux accents créoles. Bercé par les embruns, on se plaît à admirer le soleil se coucher derrière les carrelets. Le lieu est plébiscité par les initiés pour déguster les fameux et incomparables acras de morue d'Awa, beignets de calamars, samoussas légumes et gaufres au sucre.

MOULE SHOP €

Plage de la Colonelle
AYTRÉ
✆ 07 70 42 16 33

Mar.-ven : 12h-15h et 19h-22h ; week-end : 12h-23h. Barquette de moules de 500 g : 10 €.

Les Rochelais ont découvert Benoît et Guillaume lorsqu'ils sillonnaient la ville à bord de leur food-truck. Les deux compères se sont ensuite installés sur la plage de la Colonnelle. Certes, la cabane est souvent bondée et l'attente parfois longue mais on apprécie les recettes proposées : au côté des traditionnelles moules marinières, vous découvrirez la version Campagnarde avec champignon, crème fraîche et poireau mais aussi l'Indienne qui regroupe oignon, crème fraîche et tandoori. On peut aussi se faire plaisir avec crevettes, huîtres et des desserts simples.

LA BELLA DONNA €€

66, avenue Edmond Grasset - **AYTRÉ**
✆ 05 46 44 28 91
www.bella-donna.fr

Ouvert 7j/7 midi et soir jusqu'à 22h. Formule du midi : 14,50 €. Pizza à partir de 10,50 €. Plats à emporter.

Cette adresse d'Aytré est facilement accessible depuis la rocade en direction du centre-ville. Au déjeuner, vous profiterez d'un menu très intéressant : à vous de vous diriger vers les fourneaux, juste à côté du four à pizza, pour vous servir. Si vous aimez les pâtes, l'endroit est fait pour vous. Mais les pizzas sont également délicieuses, avec leur pâte fine et des ingrédients choisis avec soin. Le lieu séduit en outre grâce à sa décoration moderne, son coin détente pour ceux qui souhaitent prendre un café en lisant le journal, et sa terrasse ombragée.

LA PASSERELLE €

Le Port du Plomb
L'HOUMEAU
✆ 05 46 50 97 89

Hors saison : 7j/7 : 12h15-14h et 19h30-21h30. Spécialités de la mer. Moules-frites 12 €.

Ce restaurant profite avant tout d'un emplacement tout à fait agréable, au cœur du pittoresque port du Plomb. A quelques minutes de La Rochelle et à proximité de l'île de Ré, il permet de s'offrir une pause déjeuner dans une ambiance iodée. L'accueil est sympathique et l'on se plaît à s'installer en terrasse profitant de la vue. La carte propose en majorité des produits de la mer avec les inévitables huîtres de l'île de Ré et en saison les moules cuisinées en 2 recettes. Les desserts sont simples : glaces, fromage blanc ou panna cotta et coulis de fruits rouges.

MOULES BROTHERS €

Port de la Pelle
MARSILLY
✆ 07 85 20 80 30

Dégustation de Pâques à septembre, horaires par tél. Moules/frites maison, huîtres, crevettes, langoustines, bulots.

Les frères Durivaud possèdent une jolie cabane installée au cœur du port de la Pelle. En arrivant, on se laisse charmer par cette atmosphère iodée, profitant de la vue sur la baie de l'Aiguillon. Le lieu est idéal pour déguster la spécialité locale : les moules. Ces coquillages n'ont plus de secret pour ces hommes qui en élèvent depuis deux décennies.. On déguste ce produit bio, d'une fraîcheur exceptionnelle dans des barquettes de 500 ou 700 g avec du pain, du beurre et un verre de vin blanc. La recette se veut traditionnelle et c'est comme cela qu'on apprécie !

AUBERGE PAYSANNE DES MARAIS €€

129, rue du Port
NIEUL-SUR-MER
✆ 06 31 24 71 54

Ouvert toute l'année. Fermé le mercredi. De nov à Noël : vendredi, samedi, dimanche.

Direction le port du Plomb pour découvrir une adresse idéale pour déguster des fruits de mer ! En arrivant, vous serez charmés par la terrasse en bois, lieu rêvé pour déguster huîtres (en assiette de 6 à 12, mais aussi chaudes), fruits de mer, poissons et desserts locaux. Plus qu'une simple auberge, c'est avant tout un havre de paix, qui ne manquera pas d'attirer à lui tous les amateurs de fruits de mer. Petit plus, le service est pétillant, l'accueil chaleureux.

LA CABANE DE LAUZIÈRES €€

131, rue du Port-du-Plomb - **NIEUL-SUR-MER**
✆ 09 81 87 67 01

Formule du midi : 15,90 € (du mardi au vendredi). Plateau de fruits de mer : 32,50 €, Assiette océan : 19 €.

Posée à quelques pas du joli port du Plomb, à seulement 10 minutes de La Rochelle, cette cabane permet de profiter d'un cadre magnifique, et d'une grande terrasse en bois (chauffée au printemps) avec vue sur les marais. On aime ici l'accueil chaleureux et efficace, et les produits d'une fraîcheur exceptionnelle, comme les huîtres qui sortent tout droit du bassin. On peut les déguster dans une assiette apéro avec un verre de vin blanc, ou les associer à d'autres fruits de mer sur un plateau. Côté cuisine, entrées et plats font évidemment la part belle à l'océan !

LE CAFÉ DE LA MER €€

Port du Plomb - **NIEUL-SUR-MER**
✆ 05 46 37 39 37

Fermé d'octobre à mars. Fermé lundi et mardi-jeudi le midi, d'avril à juin et septembre. En été, fermé lundi midi.

Installé depuis plus de 20 ans au cœur du port du Plomb, promeneurs et amateurs de fruits de mer se rejoignent ici pour déguster la spécialité maison : les moules. Un conseil, mieux vaut réserver pour avoir la chance de prendre place en terrasse. La salle est tout aussi chaleureuse, avec sa décoration. Au menu, le coquillage star de l'été cuisiné de différentes manières, chaudes (marinières, curry) ou froides (ravigote, grecque). Les fruits de mer se dégustent en plateaux, les salades varient au fil des semaines tandis que crêpes et glaces termineront le repas.

PORT LAUZIÈRES €€

Rue du Port-de-Lauzières - **NIEUL-SUR-MER**
✆ 05 46 37 45 44
www.portlauzieres.com

HS : Mercredi au samedi 11h-15h et 17h30-23h ; dimanche et j.f. 11h-15h. Carte : 20 € env ; enfant : 8,90 € (-12 ans).

Le petit restaurant, bien connu des Nieulais, est une adresse à retenir. Proche d'un parking et bénéficiant d'une magnifique vue sur le pont de l'île de Ré, il propose de déguster des fruits de mer dans une ambiance conviviale. L'accueil est chaleureux et la carte met en avant les richesses de l'océan. Au programme, les huîtres, inévitables entrées, mais aussi des crevettes roses et une friture de petits poissons. Côté plats, les sardines grillées marinées sont toujours aussi appréciées. Une crêpe ou une coupe glacée en guise de dessert avant de partir en balade.

LA PIERREVUE €€€

2, place de la Mairie - **SAINT-ROGATIEN**
✆ 05 46 31 67 08
www.lapierrevue.fr

Du mardi au samedi : 12h-13h45 ; jeudi-samedi : 12h-13h45 et 19h30-21h45. Menus de 45 €/88 € Formule du midi : 29 €.

C'est l'un des restaurants gastronomiques qui a su se faire une place dans l'agglomération rochelaise. Ne le cherchez pas sur le Vieux port, il est situé dans une commune proche de La Rochelle dans une jolie bâtisse. Cécile, qui a œuvré à l'hôtel Crillon et au Carré des feuillants avec Alain Dutournier, magnifie les produits frais tandis que Renaud – lui aussi issu d'une formation en école hôtelière et ayant fréquenté de grandes maisons vous guidera à travers la carte. Le menu « inspiration du marché » permet au déjeuner de se faire plaisir pour à prix raisonné.

FAIRE UNE PAUSE

Les vacances, c'est faire une parenthèse entre le travail et d'autres activités. C'est faire le « break » quelques heures, quelques jours… La région et particulièrement La Rochelle sont propices à cette détente en mode découverte. Entre les nombreux bars (à vins, à bière, lounge, pour ne citer que quelques tendances) et les terrasses animées, c'est une ambiance détendue qui s'impose. C'est aussi pour les gourmets et gourmands l'occasion d'oublier un instant les régimes et autres privations de l'année grâce aux boulangers, pâtissiers, glaciers et autres artisans du goût. L'occasion entre deux escapades dans la ville de déguster une glace de chez Ernest le temps d'une pause, assis face au vieux port. Détente garantie ! Pause sans limites aussi avec les promenades en mer, les balades au vieux port, dans les commerces de bouche et terroir avec dégustation impérative… les tentations sont ici pléthoriques !

CHEZ ALBERT

3, rue Gargoulleau
✆ 05 86 56 35 38
Mardi au vendredi de 8h à 18h. Samedi 8h à 18h30.

Albert n'a pas mis longtemps à séduire tous les amateurs de café ! Depuis plus d'un an, ce coffee shop propose aux Rochelais de s'offrir une pause au cœur d'une rue souvent fréquentée. A deux pas des halles, le lieu invite à la flânerie. Amateur de lecture, passez un moment, confortablement installé sur le canapé en velours. Les plus pressés choisiront une place en terrasse, pour siroter un excellent café. Ici l'accueil est agréable, l'équipe est chaleureuse, les produits de qualité à l'image des gâteaux maison, des wraps et des salades joliment présentées.

L'ALIBI

53, rue Saint-Jean-du-Pérot
✆ 09 82 21 40 62
Basse saison : tous les jours de 18h à 2h. A partir d'avril : à partir de 16h30 et en été à partir de 14h.

Ce bar est spécialisé dans le rhum. En entrant, vous serez ravis d'être accueillis par une équipe toujours aussi sympathique. Nul doute, Biggy, Julien et tout le staff sont des passionnés ! Avis aux amateurs de cette fameuse eau-de-vie, ici elle est au cœur de la fête. La formule « dégustation » vous permet de choisir des verres de 2cl pour tester différentes variétés. Biggy, le roi des cocktails, prépare devant vous quelques spécialités à base de fruits frais rhum ou vodka. Le succès ayant toujours un petit revers, le manque de place se fait vite ressentir.

CHEZ AUGUSTE

9, place de la Petite Sirène
www.chezaugustebar.com
Ouvert du mardi au samedi de 18h à 2h. Terrasse. Animations.

Ce bar n'en finit plus d'attirer les Rochelais désireux de passer une bonne soirée. Installé à deux pas de la faculté, dans le quartier animé du Gabut, Chez Auguste est facile d'accès depuis le centre-ville via le bus ou la voiture, parking et arrêt sont situés à proximité. Antoine et Olena ont créé un lieu où l'on se sent bien, notamment sur la grande terrasse ensoleillée. On apprécie autant l'accueil sympathique que la musique variée. Chez Auguste on fait attention à l'environnement, délaissant le plastique pour des pailles de blé bio ou comestibles.

CACAO ET MACARONS

2, rue de l'Arsenal
✆ 05 46 07 35 97
www.cacao-macarons.com
Ouvert du mardi au samedi de 10h à 12h et de 14h à 19h.

Avis aux gourmands ! Voilà un lieu qui mérite assurément une visite. C'est dans une rue paisible, non loin des halles que l'on vient acheter de délicieux macarons. Difficile de passer devant la boutique sans avoir envie d'y rentrer. Véritable artisan, Laurent officie ici depuis de longues années. Le moins que l'on puisse dire, c'est que ce chocolatier dispose d'une solide expérience, plus de 20 ans, acquise dans des maisons parisiennes de notoriété. Les chocolats sont fabriqués avec un cacao de différentes origines et associant notamment des épices.

LE CADRE

23, rue Saint-Jean-du-Pérot

Ouvert tous les jours de 17h à 2h sauf le mercredi. Planche repas de 18 € à 18,50 €. Cocktail à partir de 8 €.

Le nom de ce bar ne doit rien au hasard, il propose un cadre tout simplement magnifique. À vous de choisir : la terrasse au cœur de la venelle pavée pour son ambiance animée ou la salle qui vous séduira à la fois par sa décoration végétale et ses petits espaces cosy pour un moment intime entre amis. La carte est longue, permettant de satisfaire le plus grand nombre : vins rosés et blancs, champagnes, bières pression, mais c'est avant tout pour les cocktails qu'on se presse ici. Rhum, tequila, gin, vodka... ou sans alcool... le barman sait tout faire !

CAFÉ DE LA PAIX

54, rue Chaudrier

✆ 05 46 41 39 79

Ouvert toute l'année. Bar de jour et brasserie. Du lundi au samedi.

C'est un lieu aussi unique qu'intemporel. C'est un monument devant lequel les touristes posent bien souvent plus qu'un regard. Même les Rochelais s'y arrêtent, admirant un cadre Belle Époque, d'habitude réservé aux hôtels particuliers. Sortez un carnet et mettez-vous un instant à la place de Georges Simenon inventant le commissaire Maigret, contemplant la vie rochelaise et la place d'Armes. Aujourd'hui encore, le Café de la Paix garde trace de son histoire à travers son décor mais aussi des serveurs vêtus de la célèbre tenue – chemise blanche et veston noir.

LA CAVE 34

34, rue Saint-Jean du Pérot

✆ 05 46 67 16 45

Soirées vigneronnes (voir page Facebook). Basse saison : du mardi au dimanche. Haute saison : tous les jours.

Ce petit bar à vin est un vrai coup de cœur de par le rapport qualité-prix des vins proposés, la déco intérieure où l'on peut choisir soi-même sa bouteille, et ses mange-debout extérieurs lui confèrent un aspect de convivialité. On apprécie l'accueil chaleureux des serveurs toujours professionnels qui prodiguent de bons conseils sur le choix du vin. On aime aussi les planches apéro composées au choix de charcuterie de qualité, de fromages affinés et même des huîtres de Ré. Cette cave est un lieu idéal pour finir votre journée ou commencer votre soirée.

CAVE A MOUSSE

9, rue Abbé Grégoire

✆ 05 46 28 65 60

Lundi et samedi 15h30-20h30, du mardi au jeudi 10h30-13h30 et 15h30-20h30. Fermeture à 21h30 le vendredi.

Ce bar à bière est à deux pas de la rocade. L'occasion est belle de s'y arrêter, à la sortie du travail, pour s'offrir une pause entre collègues. Vous serez charmés par l'accueil toujours agréable et par un lieu résolument sympathique. Si en hiver on se réfugie dans la grande salle, profitant de l'ambiance conviviale, dès les beaux jours pas question de rester enfermés ! Direction la terrasse et ses fameux parasols ! Vous l'aurez compris, c'est la bière qui est ici mise à l'honneur. On la déguste entre amis autour d'une planche de charcuteries, de fromages.

LA CERVOISERIE PUILBOREAU

1, rue du 8 mai

PUILBOREAU

✆ 05 46 01 67 85

www.lacervoiserie.com

Ouvert du lundi au jeudi et le samedi de 10h à 13h et de 15h à 20h ; le vendredi de 10h à 20h. Terrasse.

Depuis plus de 15 ans, la Cervoiserie accueille avec convivialité les amateurs de bières. Dominique Batard est fidèle au poste, accueillant avec le sourire tous ceux qui passent la porte d'un lieu à l'ambiance résolument conviviale. Sa boisson favorite n'est pas un mystère, elle s'expose aux yeux de tous. On vient ici pour faire la provision de bières, mais aussi se laisser tenter par d'autres, plus rares. Au menu, quelque 300 références, à découvrir sur place.

LE CHAT'REN'THÉ

5, rue des Dames

✆ 05 46 46 83 69

Ouvert du mardi au samedi de 9h30 à 21h. HS : du mardi au samedi de 10h à 22h.

Jennifer propose de vous faire découvrir un concept unique à La Rochelle : un bar à chats ! Installé au cœur de la ville, le lieu est pour le moins étonnant. Vous comprendrez qu'ici on ne vient pas seulement boire un café, on peut aussi caresser des chats et même – pour certains – de les adopter ! Le Coffee Shop propose ainsi de déguster café aromatisé, chat'puccino, smoothie en compagnie de Nos amis les chats. Ils évoluent librement dans une salle qui leur est dédiée. Jennifer est une vraie passionnée qui organise toute l'année des événements !

D'JOLLY

16, rue Chaudrier
✆ 05 46 41 26 95
Le dimanche de 9h à 13h30 et de 15h à 19h. HS : 7j/7 de 9h à 19h30. Pâtisserie dès 3,90 €. Formule 9,90 €.

Même lorsque l'on est pressé, il est bien difficile de ne pas jeter un œil à la vitrine de cette boutique. Installée sous les arcades de la rue Chaudrier, la maison familiale est devenue une adresse reconnue. Difficile de faire son choix parmi toutes les gourmandises colorées. Il y en a de toutes les formes et pour tous les goûts. On retrouve les grands classiques de la pâtisserie française : baba au rhum, flan pâtissier, mille-feuille mais aussi des créations plus originales : Frambofolie (bavarois chocolat-passion, amandes), Oasis (crémeux mangue-passion...

L'ENDROIT

Parc de La Pergola
✆ 09 52 13 13 31
lendroit-Larochelle.com
Ouvert tous les jours de 10h à minuit.

Voilà bien un endroit où l'on se sent bien, à proximité immédiate du Vieux port et l'avenue du Mail. Cette guinguette ouvre ses portes dès le printemps pour le plus grand bonheur des Rochelais qui aiment s'y arrêter le temps d'un repas ou d'un verre. Ici, c'est une ambiance simple et conviviale. Les enfants s'amusent sur le manège tout proche, les grands refont le monde autour d'un verre, les sourires sont sur toutes les lèvres. Le lieu accueille volontiers des groupes, que ce soit lors des soirées Cartes Blanches ou durant le Francoff, le Off des Francofolies.

LA DARONNE

21 bis, Place du Maréchal Foch
✆ 05 46 29 84 83
Restauration. Animations.

Hortense (bien connue des Rochelais) et Damien ont ouvert un bar à l'ambiance volontiers décalée. La Daronne – dont vous trouverez le portrait à l'entrée – se situe sur la place de la Préfecture, à deux pas du Vieux port. A peine entrés, vous serez surpris par la décoration fleurie : fleurs et plantes sont partout, accrochées à la poutre et sur les murs. Dans cet univers LGBT, on vient boire un verre entre amis en dévorant des tapas maison confectionnées avec les produits du marché. On en profite pour découvrir des spectacles : transgenres, drag-queen...

LES ENFANTS DU ROCK

16, quai Duperré
✆ 05 46 34 91 52
Ouvert tous les jours de 9h à 2h.

Ce bar fait vibrer le vieux port. Installé au cœur des quais, il a vu de nombreux Rochelais venir dans ce lieu marqué par une décoration qui change des autres bars et une ambiance toute particulière. Les Enfants du Rock proposent un esprit rock qui a marqué toute une génération. En semaine et durant la journée, on aime prendre place sur la terrasse pour boire un café en profitant d'une vue magnifique. Le soir, autre ambiance. On arrive entre amis pour se déhancher sur une playlist dédiée à tous les amateurs de bonne musique avec une programmation éclectique.

DELICACY

68, rue des Merciers
✆ 06 52 48 64 82
Restauration : tous les jours 11h30-14h30 et 18h30-21h sauf le mardi soir. Coffee shop : Tous les jours 14h30-18h.

Cette petite adresse, proche du marché est vite devenue le repaire de ceux voulant s'offrir une pause déjeuner de qualité. Deux choix s'offrent à vous : commander et emporter votre plat favori pour le déguster au soleil ou prendre place dans l'une des deux salles pour le dévorer sur place. Tout ici invite à passer un joli moment depuis l'accueil jusqu'aux produits présents dans les plats, ils sont tous frais ! Le mot plaisir est sur les lèvres de ceux qui ont goûté un bowl, le fish and chips ou encore l'un des burgers. Les gourmandises ne manquent pas de goût.

ERNEST LE GLACIER

15-16-18, rue du Port
✆ 05 46 50 55 60
www.ernest-le-glacier.com
Haute saison : Lundi au dimanche 12h-23h. Fermeture d'octobre à mi-mars.

C'est l'une des adresses intemporelles de La Rochelle. Depuis 20 ans, ce glacier régale tous les gourmands. Dès les beaux jours, la file s'allonge et il faut être patient avant de pouvoir choisir l'un des 70 parfums en vitrine. Les gourmands opteront pour des crèmes glacées onctueuses (chocolat Caraïbes, macaron, meringue nougatine) ou des sorbets rafraîchissants (poire bio, litchi, pêche de vigne). Futé : Ernest dispose d'un autre local juste en face dans lequel on trouve des glaces à emporter, des petits pots, des biscuits et même des cartes postales !

GARDEN CAFÉ

24, rue des Templiers
✆ 05 46 50 55 43
www.gardencafelarochelle.com
Ouvert du lundi au samedi de 11h30 à 15h. Wifi. Terrasse.

Parmi les établissements de la rue des Templiers, ce café tranche un peu avec ses voisins plus « rock-and-roll ». Ouvert uniquement en journée – à l'exception de quelques afterworks très prisés –, ce lieu à la déco contemporaine permet de siroter tranquillement un grand choix de boissons chaudes et froides, et de déguster sandwichs, soupes, et salades à composer soi-même. Le fait maison et la cuisine saine sont privilégiés ici, tout comme la bonne humeur ! L'équipe propose d'ailleurs parfois des animations, comme des vide-dressings ou des soirées quizz people.

AU GRAND CARAQUE

45 bis, avenue Jean-Guiton
✆ 05 46 67 55 68
Ouvert du mardi au samedi de 8h à 13h et de 15h à 19h.

Cette pâtisserie, installée à l'écart du centre-ville, est pour le moins réputée. Emmanuelle et Richard Turbe confectionnent à merveille la spécialité maison : le grand caraque, une mousse au chocolat noir intense et un biscuit macaronné aux éclats d'amandes. Mais il y a ici d'autres gourmandises toujours aussi bien préparées à l'image de l'écureuil, mêlant biscuit pistache, fruits secs et crème praliné, ou du royal avec son fond macaron, son croustillant praliné. Les chocolats sont résolument exquis, le service résolument professionnel.

LA GUIGNETTE

8, rue Saint-Nicolas
✆ 05 46 41 05 75
Du lundi au jeudi de 11h à 13h et de 17h à 21h ; le vendredi et le samedi de 11h à 21h. Pas de CB. Terrasse.

La Guignette, c'est bien plus qu'un bar, c'est un lieu authentique qui a marqué des générations de Rochelais. Créé en 1933 par Edmiliano Garcia, la cave est toujours aussi prisée et il suffit d'emprunter la rue Saint-Nicolas en fin d'après-midi pour s'en rendre compte. A l'origine, la Guignette est un fournisseur de vins et spiritueux pour les navires en escale. Aujourd'hui entre les mains de Frédéric Baudry, le lieu n'a rien perdu de sa superbe et constitue un repaire de rencontres. Un conseil, venez dès l'ouverture, sinon vous serez obligé de rester debout...

LA TOQUE CUIVRÉE - CANELÉS DE BORDEAUX

60, boulevard André-Sautel
✆ 05 46 50 64 55
Ouvert du lundi au samedi de 8h à 19h ; le dimanche de 8h à 13h. Livraison possible. Vente sur internet et en boutique.

© TOQUE CUIVRÉE

Le Canelé est un délice qui date du XIVe siècle. C'est une pâtisserie à base de farine, d'œufs, de lait, de vanille et de rhum... Installée le long du boulevard Sautel, la boutique perpétue un savoir-faire unique rendant ces petits gâteaux caramélisés délicieux. Canelés gros ou en bouchée selon votre appétit et votre gourmandise ! Vous pourrez même vous laisser tenter par des spécialités comme les tourtières et le tout nouveau produit : la pâte à tartiner aux Canelés de Bordeaux !

HUVELIN

27, rue Gambetta
✆ 05 46 30 53 98
Mardi au vendredi : 9h30-19h ; Samedi : 9h-19h ; dimanche : 10h-13h.

Avis aux amateurs de chocolat ! Installée au cœur du quartier du marché, la boutique ne manquera pas de vous séduire, notamment par sa vitrine qui met en avant quelques gourmandises. Michel Huvelin a enchanté les papilles des Niortais durant de nombreuses années avant de s'installer à La Rochelle. Sa fille est désormais à la tête de l'entreprise et poursuit cette même ambition : fabriquer artisanalement des chocolats haut de gamme. On aime les bonbons de chocolat que l'on dévore avec un café et aussi les tablettes fabriquées avec des cacaos sélectionnés avec soin

LEROUGE AUX LÈVRES

4, rue des Cloutiers
✆ 05 46 50 08 17
www.lerouge-auxlevres.fr
Ouvert du jeudi au lundi toute la journée. Restauration à partir de 12h le midi et 19h le soir.

Cette cave à manger a su trouver son public ! Installée dans une rue proche du marché, elle a été créée par Stéphane Lerouge, ancien sommelier dans des restaurants étoilés. L'homme est passionné et transmet à chacun son amour du vin. A vous de choisir parmi une gamme de vins naturels, biodynamique. Un seul regard vers la carte et déjà l'envie est là : « Constellations » du Domaine Mamaruta, « Fruit défendu » un rosé de l'Hérault ou « Nouveau-Nez » pour les amateurs de bulles. La cave propose aussi des moments de dégustations. N'hésitez pas à demander conseil !

LA TERRASSE

24 bis, cour du Temple
✆ 05 46 41 79 79
Ouvert toute l'année. Du lundi au samedi de 16h à 2h.

La Terrasse est l'un des rares bars rochelais à faire vibrer le dance floor au son du hip-hop et de la musique urbaine. L'avantage, c'est qu'il est installé en plein centre ville et que l'équipe est accueillante. Avec sa grande terrasse (d'où son nom !) prise d'assaut dès les premiers beaux jours et son intérieur à étage, le bar attire les foules tous les soirs de fiesta. Ici, pour les adeptes de ce style, la musique est bonne ce n'est d'ailleurs pas un hasard si la piste de danse est pleine à craquer même s'il faut reconnaître qu'elle n'est pas bien large.

LA MAIN À LA PÂTE

33, rue Emile-Normandin
✆ 05 46 44 29 25
Ouvert du mardi au samedi de 7h à 19h30. Ouvert le dimanche (de 7h à 14h).

C'est assurément l'une des meilleures boulangeries rochelaises. Vous serez surpris d'arriver dans une échoppe qui rappelle les boulangeries d'antan. Arnaud et Valérie ne manquent pas d'imagination et créent des pains tellement gourmands qu'on a peine à les garder entier jusqu'à la maison. Vous trouverez par exemple le pain muesli raisins noisettes, le pain maïs ou céréales dédié aux sandwichs. Les gourmands tourneront sans doute le regard sur la vitrine sucrée qui présente de jolies pâtisseries et à tous ceux qui aiment petit-déjeuner, la brioche grand-mère.

TONTON MABOULE

48, avenue du Lazaret ✆ 06 63 56 11 22
www.tontonmaboule.fr
Haute saison : ouvert tous les jours de 13h à 23h. Ouverture de mars à octobre et pendant les fêtes de fin d'année.

Ce n'est pas un hasard si Frédéric attire chaque année de plus en plus de gourmands. Que vous arriviez à vélo, en bus, en voiture, en bateau... vous passerez devant la boutique ! Désormais Tonton Maboule dispose de deux vitrines permettant d'éviter de trop attendre. L'équipe est toujours aussi sympathique. Le choix est immense et il y a de quoi perdre la boule, avec plus de 100 parfums sur la saison ! Ici la glace se veut avant tout artisanale, fabriquée avec soin et sans ajout de conservateur ou de colorant, mais plutôt avec des fruits sélectionnés avec soin.

PRAO CAFÉ

21, quai Valin ✆ 05 46 29 79 86
prao.biz
Du lundi au samedi de 9h30 à 18h30. Café 1,50 €, thés Prao 3,50 €, jus de fruits Maison Meneau 4 €, bière Prao 4 €.

Le Prao, ce n'est pas seulement un restaurant bien connu de ceux voulant déguster quelques plats délicieux, c'est aussi un café idéalement situé face au square Valin. Ce lieu est connu de tous ceux qui veulent s'offrir un moment paisible grâce à l'agréable terrasse installée face au square Valin. On vient ici pour déguster salades et sandwichs chauds/froids qui sont garnis de produits frais en provenance des producteurs locaux à l'image des fromages, des œufs et même du safran. On aime se retrouver ici pour siroter un café, un thé glacé avec une pâtisserie maison.

LES TONTONS BINOUZ

Rue des trois Frères
✆ 09 85 60 03 74
Bar à Bières ouvert toute la semaine le midi et le soir. Jeudi et vendredi en non-stop de 11h à 22h. Fermé dimanche.

Installé dans le quartier de La Pallice, ce bar à bières constitue désormais une adresse bien connue. David, Patou et Philippe ont réussi leur pari, créer un lieu associant convivialité et échange autour de la bière. En entrant, vous serez séduits par l'accueil chaleureux et par l'ambiance amicale. Dans la vaste salle ou sur la terrasse extérieure, on se rejoint entre amis ou entre collègues à la sortie du travail pour déguster la boisson locale : la bière. Quelque 200 références sont proposées, provenant de brasseries locales, mais aussi du bout du monde.

(SE) FAIRE PLAISIR

Les vacances, c'est aussi se faire plaisir et flâner dans les nombreuses rues commerçantes en mode « fashion victim », c'est pour les gourmands l'occasion de découvrir le savoir-faire de nos agriculteurs de la mer et de la terre, et de découvrir auprès des traiteurs ce qui se fait de mieux sur le territoire. La vie n'est que trop courte pour ne pas profiter des bienfaits des fruits du terroir… parole épicurienne ! L'occasion aussi de découvrir des artistes créateurs et artisans qui donnent une seconde vie aux matériaux pour des souvenirs 100 % originaux, ou encore des produits portés par de belles valeurs écologiques, notamment dans la boutique de l'aquarium. N'hésitez pas également à venir chiner sur la place de la Motte Rouge où les touristes et les locaux se mélangent, avides de flâner parmi la dizaine de marchands venus exposer leurs objets. Déguster un pineau ou une bière de maîtres brasseurs… bref, faites-vous plaisir !

MÉMOIRES D'OCEANS : BOUTIQUE DE L'AQUARIUM

Quai Louis Prunier
✆ 05 46 34 89 07
www.memoiresdoceans.com
Ouvert du Lundi au dimanche de 9h à 23h. Livraison gratuite à partir de 50 €.

Cette jolie boutique est installée au cœur de l'aquarium. En entrant, vous serez charmés par les nombreux produits exclusifs qui ont pour point commun, la mer. Fruit d'une collaboration avec les créateurs locaux, ils sont tous imaginés à La Rochelle par une entreprise portée par des valeurs écologiques comme la protection des océans et le développement durable. Tous les produits sont originaux et on peut même participer au financement de projets de préservation des espèces.

AUX DÉLICES DU MAIL

66, avenue Coligny
✆ 05 46 34 75 24
Ouvert du lundi au vendredi de 8h à 13h30 et de 15h à 19h30 ; le week-end de 8h à 13h.

Ce n'est pas un simple traiteur, mais une véritable institution rochelaise, celle de la maison Martius qui prend place dans le quartier du casino, à deux pas du centre-ville. Alain et Chantal ont transmis leur passion pour la cuisine à leurs enfants qui sont aujourd'hui à la tête de l'entreprise. Installé à deux pas du Mail et du casino, ce charcutier-traiteur propose des produits de qualité avec la possibilité de s'offrir un repas complet avec des recettes qui changent quotidiennement : morue en persillade, filet de carrelet farci, endives au jambon ou mouclade.

BIÈRE SCIENCE INFUSE

Avenue Michel-Crépeau
✆ 05 46 45 72 49
En vente sur le site et dans quelques brasseries ou boutiques de vins et spiritueux.

Il fallait oser, l'université l'a fait ! Déjà 20 ans que l'idée de produire une bière a débuté au sein de la microbrasserie de l'Université rochelaise. Le projet a donné l'occasion aux étudiants de comprendre l'importance de la biochimie dans la fabrication de la bière, mais aussi de les former aux métiers de la brasserie. Les produits eux n'ont jamais cessé de séduire des consommateurs. D'ailleurs, ils ont remporté de nombreux prix. Futé, vous trouverez ces bières dans des lieux connus de tous les adeptes de ce fameux breuvage comme la Cervoiserie.

CHEZ MÉLIE

Banc 31
✆ 05 46 41 23 00
Basse saison : ouvert du mardi au dimanche de 5h à 13h30. Le lundi en haute saison.

Chez Mélie, tout le monde sourit… même les poissons ! Amateurs de fruits de mer, voilà un étal à fréquenter. Et ce n'est pas un hasard si on retrouve ici une foule d'habitués. Ne soyez pas effrayés par la file d'attendre, profitez-en pour admirer les poissons et faire votre choix. L'accueil est chaleureux, les poissons présentés sous toutes ses formes : à commander la veille pour éviter de faire la queue trop longtemps. Les poissons (en provenance des ports de La Rochelle, de la Cotinière) sont évidemment excellents tout comme les conseils des vendeurs.

LES PUCES

Place de la Motte-Rouge

Basse saison : ouvert le jeudi et le samedi de 7h à 13h. Haute saison : le jeudi et le samedi de 7h à 19h.

La place de la Motte Rouge est le lieu de ralliement de nombreux rochelais, qui profitent d'un bel espace et c'est aussi là que se réunissent les brocanteurs. Aujourd'hui, chacun peut venir ici pour chiner. Il faut dire que la place est facilement accessible, que ce soit à vélo, en bus et elle est agréable grâce notamment aux différents restaurants qui la bordent, mais aussi les cafés qui offrent une pause bien sympathique. On y retrouve des habitués, mais aussi des touristes avides de flâner parmi la dizaine de marchands venus exposer leurs objets.

ESPRITVOILES

67, rue Saint-Nicolas

✆ 06 31 08 93 10

www.espritvoiles.fr

Ouvert du mardi au samedi de 10h à 12h30 et de 14h à 19h.

Ce magasin est situé dans le quartier Saint-Nicolas, au sein d'une rue qui incite résolument à la flânerie. A deux pas de la place de la Motte Rouge, Espritvoiles adopte un concept original, proposer des objets divers et variés confectionnés à partir de toile marine. C'est avec une démarche écoresponsable – zéro déchet – que la boutique propose donc toutes sortes d'articles, sac à main, sac de plage, pochette bandoulière, des accessoires ou encore des objets pour la maison allant du coussin au photophore. Cette échoppe est assurément une adresse à retenir !

SAVEUR CAFÉ

4 bis, rue Thiers

✆ 05 46 41 52 98

Ouvert du mardi au samedi de 8h30 à 18h30. CB à partir de 10 €. Chèques non acceptés.

C'est vrai à La Rochelle, le café sur le Vieux-Port est une véritable institution mais lorsque l'on vient faire son marché, c'est une tout autre histoire. Le passage chez ce torréfacteur constitue une halte quasi obligatoire ! Aux beaux jours, on s'installe avec joie sur les quelques tables en terrasse. En hiver, on pousse les portes pour arriver dans un autre monde, celui de Claire. Depuis plusieurs années, elle affiche cet ineffable sourire que ce soit aux habitués ou au passant d'un jour. Prendre un café ici c'est d'abord partir vers des horizons lointains.

FAROL

Quai Louis-Prunier ✆ 05 46 50 5308

www.farol.fr

Ouvert le samedi de 9h à 12h et de 14h à 19h. HS : lundi 14h-19h ; du mardi au vendredi 9h-13h et 14h-19h.

Depuis plus de 20 ans, Sylvain Berthommé façonne bien plus que des couteaux. C'est au beau milieu de l'Atlantique que ce skipper imagine un prototype fait pour les marins. Le nom est tout trouvé, Farol qui signifie phare en portugais et le premier modèle est baptisé Cachalot, du nom de ce cétacé chassé quelques années auparavant dans les Açores. Si vous souhaitez vous procurer un de ces couteaux, tous fabriqués avec soin, 2 adresses s'offrent à vous : le quai Louis-Prunier – l'ancien encan –, un lieu maritime chargé d'histoire qui est devenu son atelier artisanal.

VERTIGO

5, rue du Port

✆ 05 46 41 17 90

Ouvert du lundi au samedi de 10h30 à 19h.

Cette bijouterie dénote quelques peu dans une rue dédiée aux amateurs de gourmandises ! Pourtant depuis plus de 25 ans, elle accueille tous ceux à la recherche d'un bijou fantaisiste. L'accueil est très sympathique par des vendeuses qui vous conseilleront avec le sourire. Les bijoux sont en argent massif, mais aussi en matières naturelles telles que la nacre ou la gorgone, le tout à petit prix. Cette petite boutique et sa devanture blanche font le bonheur des Rochelaises parce qu'elles ont du choix : pierres fines ou semi-précieuses, turquoise, améthyste...

MATLAMA

Quai Louis-Prunier

✆ 05 46 50 12 84

https ://matlama.com

Du Mardi au Samedi de 14h a 18h. Ouverture jusqu'à 19h en été.

Voilà une boutique qui ne ressemble à aucune autre. Nous vous invitons à découvrir l'univers de Marina Richer, ancienne costumière de théâtre qui n'a cessé de détourner d'anciens matériaux devenant au fil des années les sources de son inspiration. Le résultat est magnifique. Pour se procurer sacs, paniers et autres objets de décoration, direction l'ancien encan. En franchissant les portes de son atelier, une case de mareyeur, vous trouverez des sacs pour le moins... originaux ! Cabas, sacoches, pochettes, trousses... en Bulgomme (matière pour protéger les tables).

LA ROCHELLE

BOUGER & BULLER

Golf, nautisme, vélo, randonnée pédestre, entre autres... le temps d'un week-end ou pour des vacances, c'est à La Rochelle et aux alentours, un large panel qui est proposé pour bouger sainement et sportivement. C'est le moment de s'initier à la navigation avec les nombreuses écoles de voile, de faire de belles randonnées nautiques en jet-ski à la découverte des îles charentaises, de découvrir les plaisirs du golf avec le Golf de La Rochelle Sud ou encore du minigolf du Mail, de savourer de multiples activités pour toute la famille avec le Vertigo Parc, de faire du parachutisme avec Altitudes Parachutisme et repousser ses limites (en toute sécurité et avec un moniteur bien sûr !) ou encore de s'accorder un moment de relaxation avec les soins visage et corps, massages, thalasso et spa... vous l'aurez compris, que ce soit pour se dépenser ou buller, vous n'aurez que l'embarras du choix ici !

ALTITUDES

Aéroport de La Rochelle-Ile de Ré
✆ 05 46 29 61 49
Lundi, jeudi et vendredi de 13h à 18h, mercredi de 9h à 12h et de 14h à 17h, week-end de 9h à 12h et de 13h à 19h.

C'est le cadeau idéal pour tous ceux à la recherche de sensations fortes ! Objectif : un saut en parachute. Pas question de sauter tout seul, vous serez solidement accroché à un moniteur tout au long de ce saut en tandem. On apprécie l'accueil toujours chaleureux et le briefing qui, en seulement 15 minutes, vous permettra de connaître les trois positions essentielles : la sortie d'avion, la chute libre et bien sûr, l'atterrissage ! Encadrés et rassurés tout au long du saut vous en profiterez peut-être pour admirer l'île de Ré, l'île d'Oléron et Fort Boyard.

AMR LOCATION

6, rue du Tourmentin
✆ 05 46 37 66 30
Ouvert du mardi au samedi de 9h30 à 12h et de 14h à 18h30. Jets ski sans permis : 80 € pour 45 min.

Profiter de l'océan ? Direction le quartier des Minimes célèbre pour son port de plaisance et rencontrer l'équipe d'AMR Location. Ces passionnés seront à votre écoute pour vous guider à travers les multiples activités nautiques proposées. Au programme : randonnée en jet-ski depuis La Rochelle avec un moniteur qui vous fera découvrir les îles Charentaises. Les équipements de confort (combinaisons) et de sécurité (gilets) sont fournis et il est possible de réserver une option photo ou vidéo. Surtout, l'équipe vous donnera des conseils pour construire votre parcours.

LES CABANES URBAINES

22, rue Cardinal
✆ 09 81 61 14 31
www.lescabanesurbaines.fr
Du lundi au vendredi : 9h-22h, samedi et dimanche : 10h-20h. Jours fériés : 10h-20h.

Après avoir créé The Roof en 2013, Mélanie Coyne et Benoît Lacroix se sont lancés dans un nouveau projet : Les Cabanes Urbaines. Il ne s'agit plus d'un endroit réservé à ceux qui veulent pratiquer l'escalade, mais aussi à ceux qui souhaitent travailler, se restaurer, jardiner... Non seulement le lieu s'agrandit, mais en plus il propose plus d'activités : yoga, coworking, restauration, médecines douces... et la possibilité d'y organiser des événements. Le bâtiment sera plus grand et mieux conçu avec l'utilisation de bois brut et de panneaux photovoltaïques.

GOLF LA ROCHELLE SUD

Route de Pique-Fesse - **LA JARNE**
✆ 05 46 56 61 04
www.golflarochellesud.com
Practice 12 postes dont 5 couverts 5 € pour 40 balles. Ouvert toute l'année.

Ce golf prend place à proximité de La Rochelle, sur la commune de La Jarne. Le cadre est sympathique, notamment cette petite route qui serpente à quelques encablures du château de Buzay. En arrivant dans cette belle ferme vous n'aurez qu'une envie : pratiquer votre sport favori sur un parcours 9 trous entièrement redessiné qui s'étend sur 5 157 mètres. Le lieu est idéal pour s'adonner aux joies de la petite balle blanche car ce golf protège l'environnement proposant ainsi un parcours fleuri. Toute la famille passera aussi un moment agréable au Bistro du Golf.

LOCATION DE BATEAUX : PZ SAILING

Port des Minimes ✆ 06 30 99 33 03
www.pzsailing.fr
Location de bateaux moteur ou voilier - Déjeuner à bord - location de bouée tractée, ski nautique, wakeboard.

De passage à La Rochelle, vous n'aurez sans doute qu'une envie : prendre la mer. Cette société dispose non seulement d'une équipe de skippers professionnels qui vous apporteront des conseils sur la navigation, mais aussi d'une flotte variée. Tout le monde peut embarquer sur des voiliers et partir à la découverte de Fort Boyard, de l'île de Ré ou d'Aix. Pz Sailing propose aussi des bateaux à moteur et une foule de matériels comme des bouées gonflables pour les amateurs de sensations.

CENTRE AQUATIQUE PALMILUD

Avenue Louis-Lumière - **PÉRIGNY**
✆ 05 46 45 70 20 - www.palmilud.com
Haute saison : lundi-vendredi : 10h30 à 20h, week-end : 10h-19h30. Entrée : 5,70 € (gratuit -3 ans), enfant : 4,20 €.

Palmilud est l'une des 3 piscines situées dans l'agglomération.. Elle dispose de nombreux atouts qui séduisent familles et sportifs. En été, beaucoup viennent profiter non seulement de la baignade, mais aussi de ses espaces extérieurs : des zones ombragées idéales pour se reposer, des terrains de jeux. Mais Palmilud séduit aussi par ses nombreux espaces aquatiques : le bassin loisirs permettant de nager et les 2 toboggans qui promettent des sensations fortes avec des glissades.

MINIGOLF DU MAIL

Avenue de la Monnaie ✆ 05 46 41 76 06
www.minigolf-larochelle.com
Ouvert toute l'année. Le mercredi, le samedi et le dimanche de 14h à 19h. Haute saison : tous les jours de 11h à 20h.

Ce minigolf dispose d'une situation tout à fait agréable à deux pas du parc Charruyer et de l'océan. Ce que l'on aime ici ? La possibilité de venir faire une partie facilement depuis le centre-ville ou la plage, à vélo bien sûr, mais aussi en voiture. Petits et grands s'en donneront à cœur joie ! Et il y a de quoi faire, car le parcours comporte 18 trous. Soyez vigilants, les obstacles sont variés ! Le plus ? Les enfants trouveront d'autres activités dans un espace sécurisé : structure gonflable, autos tamponneuses. La terrasse est idéale pour une pause gourmande.

VERTIGO PARC - PARC AVENTURE LA JARNE

Chemin de Ronflac - **LA JARNE** ✆ 06 71 69 46 94
www.vertigoparc.com
HS : ouvert tous les jours de 10h à 20h. Avril à juin : mercredi, samedi, dimanche et fériés de 14h à 19h.

Ce parc d'aventures est le lieu idéal pour passer une journée en famille. Il a l'avantage d'être proche de La Rochelle et de regrouper plusieurs activités qui feront plaisir aux petits et aux grands ! On apprécie l'accueil toujours sympathique, les équipes formées, toujours prêtes à intervenir. Le parc renferme bien des activités comme le mini-golf, un labyrinthe, l'accrobranche, le laser Intager... Pensez à vous munir d'une paire de chaussures fermées et d'une tenue de sport !

SOCIÉTÉ DES RÉGATES ROCHELAISES : SRR

Avenue de la Capitainerie
✆ 05 46 44 62 44
www.srr-sailing.com
Ouvert du mardi au samedi de 9h30 à 12h30 puis de 14h à 17h30.

La Société des Régates Rochelaises est l'un des meilleurs et des plus anciens clubs de voile légère de France. C'est le lieu idéal pour apprendre la voile et ce n'est pas un hasard si elle obtient à l'échelle nationale et internationale de très bons résultats ! Chaque année, de jeunes marins grimpent sur les podiums, certains deviennent des références dans leur catégorie. La SRR, c'est aussi et surtout l'organisation des plus importantes compétitions internationales de voile légère.

AU SPA

161, boulevard André-Sautel ✆ 09 81 48 09 96
www.auspa.fr
Mardi-samedi : 10h à 19h. Hammam, sauna et bain bouillonnant dès 36 €/pers. Soins visage dès 41 €. Pose de vernis 11 €.

Idéalement placé, ce spa permet aux femmes comme aux hommes de s'accorder du temps dans un lieu vaste offrant deux espaces . L'un est dédié à la relaxation avec modelages, soins du visage, rituels ; l'autre côté avec sauna, hammam et spa. Décoré avec soin et proposant un accueil chaleureux, le lieu est vraiment idéal pour se ressourcer avec des tarifs raisonnables. Tout le monde peut venir dans ce complexe : les enfants et adolescents à partir de 7 ans pour des soins, les femmes pour s'offrir un des nombreux rituels et les hommes pour des modelages en douceur.

CENTRE AQUATIQUE
Châtelaillon-Plage
PALMILUD
Périgny
PISCINE LUCIEN MAYLIN
La Rochelle

TOUT L'ÉTÉ SPLASH !

Dans vos 3 piscines,
du sport et des loisirs
aquatiques pour tous !

piscines.agglo-larochelle.fr

Communauté d'**Agglomération** de **La Rochelle**

SORTIR

Après la sortie nautique, la randonnée vélo ou pédestre, le shopping compulsif, etc. une parenthèse conviviale est obligatoire et le choix est vaste durant un week-end, des vacances en tribu ou entre amis à La Rochelle et dans ses environs ! Entre les bars lounge et les terrasses animées jusque tard dans la nuit, c'est une autre ambiance qui s'impose en soirée. Se faire une « toile » et un dîner en ville, un bowling en famille, se risquer à l'escape game tout aussi ludique ou encore à des jeux de société dans des espaces dédiés, tout cela est open suivant vos envies ! Plus tard dans la soirée, tentez la chance du débutant à la roulette ou baccara au casino et en after, pourquoi pas une séance « dance » endiablée au rythme des platines dans l'une des discothèques de la ville. Durant les festivals, le choix devient parfois un dilemme avec la diversité et richesse des programmes. Cinéma, musique, théâtre, danse classique et moderne, etc.

LA BELLE DU GABUT

5, rue de l'Armide

Réouverture en juillet 2021. Ouvert 7j/7 de 12h à 0h. Terrasse. Restauration. Animations. Concerts.

Depuis 2017, la Belle du Gabut redonne vie à l'ancien quartier de pêcheurs. Ce lieu de rencontres intergénérationnelles est composé de différents espaces qui permet à chacun de trouver sa place et de profiter pleinement de l'ambiance : espace enfants, restaurants, bars et cette scène centrale qui a accueilli tant d'artistes ! Véritable passage entre le quartier des Minimes et le centre-ville et ouvert de midi à minuit, ce lieu convivial s'adapte à toutes les envies : déjeuner à deux pas des tours, siroter un café dans un transat et bien sûr danser !

LE TRIOLET

8, rue des Carmes

✆ 05 46 41 11 88

BS : mardi au samedi et jours fériés de 23h à 7h. HS : tous les jours de 23h à 7h. Entrée : 10 € avec une consommation.

Depuis quarante-cinq ans déjà, le Triolet est LA boite mythique de La Rochelle. Avec ses soirées nocturnes prisées par des générations entières d'accros dont la clientèle est âgée de 30 à 55 ans. Incontournable, le Triolet est installé en plein centre-ville, juste derrière la coursive et proche des bars de nuit pour continuer la soirée sans prendre sa voiture. Pas de top 50, mais une musique très branchée, dans un décor de miroirs, laqué laiton en bas, on y danse aussi bien de la musique actuelle que des bons vieux rocks. Un bar en bas et deux autres à l'étage.

L'OXFORD

promenade de la concurrence

✆ 05 46 41 51 81

www.oxford-club.fr

Haute saison : tous les jours de 0h à 6h.

C'est le club des jeunes de La Rochelle par excellence, à proximité de la plage de la Concurrence. La première salle, avec un espace fumeur, est dédiée à la musique branchée (électro, pop, RnB, house) et diffuse des vidéos sur des écrans géants. La deuxième salle, le Papagayo, est également climatisée et fait la part belle aux années 80 et aux musiques du soleil (zouk, latino) et disco ! A noter, tous les jeudis soirs les étudiants se trémoussent sur des soirées spéciales alors que le dimanche est réservé à tous les fanas de karaoké. Un club, plusieurs ambiances !

LA COURSIVE

4, rue Saint-Jean-du-Pérot ✆ 05 46 51 54 02

www.la-coursive.com

Entre 25 € à 34 € pour le tarif normal sans abonnement. Programme disponible sur place et sur le site internet.

Lors de sa rénovation en 1990, cet ancien marché aux poissons a habillé d'acier et de verre ses belles pierres blanches. Théâtre, danse, musique : la programmation de la Coursive témoigne d'un éclectisme rimant avec qualité. La « petite » salle du théâtre Verdière symbolise bien l'esprit du lieu, avec 385 places et un plateau pensé pour favoriser à la fois une création pluridisciplinaire et la proximité avec les spectateurs. La grande salle a bénéficié quant à elle d'une cure de jouvence avec le remplacement des fauteuils et du sol, améliorant ainsi l'acoustique.

MEGA CGR LES MINIMES

Rue Henri-Becquel - Les Minimes
✆ 05 46 34 91 91
www.cgrcinemas.fr/larochelle
Ouvert toute l'année. Tous les jours. Entrée : 9,90 €. Lundi, matin et 18 h : 6,70 €. Abo : 6,60 € (carte 15 places).

Avec ses 12 salles et plus de 2300 places assises, le Mega CGR est bien le plus grand cinéma de la ville. Ils sont 700 000 cinéphiles à avoir vu un film l'an dernier et c'est sans doute lié à la qualité des images car chacune des salles est équipée de la toute dernière technologie de projection. Les plus grandes bénéficient d'un nouveau son, le son Atmos, soit 2 fois plus d'enceintes qui permettent de mieux ressentir les actions. Le cinéma possède une salle ICE qui permet de visionner un film dans les meilleures conditions. Un Burger King est aussi à proximité.

LA SIRÈNE

111, boulevard Emile-Delmas
✆ 05 46 56 46 62
www.la-sirene.fr
Accueil répétition : lundi au vendredi à partir de 14h.

Les Rochelais apprécient la musique. Si vous ne voulez pas attendre les Francofolies, rendez-vous à la Sirène. Le lieu est unique. Installé au cœur du quartier de La Pallice. Cet espace de 3 000 m², entièrement dédié à la musique populaire, est très vite devenu une adresse incontournable pour tous les amateurs de spectacles avec un univers musical varié. On ne compte plus les grands noms qui ont joué dans la salle affichant 1 100 places. Outre l'excellente programmation, cet espace de musiques est réparti en trois niveaux, chacun ayant une mission différente.

BOWLING DE LA ROCHELLE

Avenue Michel-Crépeau
✆ 05 46 45 40 40
www.bowling-larochelle.com
Ouvert tous les jours à partir de 14h. Tarifs de 4,60 € à 7,20 € selon jour, horaire et férié. Location chaussures 2 €.

Alors oui, il ne pleut pas souvent à La Rochelle mais lorsque c'est le cas, oubliez la balade sur le Vieux Port. On peut se rendre dans un musée, à l'aquarium, au ciné et... au bowling. Installé au cœur du quartier des Minimes, il est facilement accessible en bus, à vélo ou en voiture (parking à proximité). En famille ou entre amis, on profite ici d'une atmosphère conviviale pour débuter une partie sur des pistes homologuées. Tout le monde peut jouer même les enfants, car les pistes sont équipées de bumpers. Le bowling c'est aussi un espace de jeux en accès libre.

CASINO BARRIÈRE DE LA ROCHELLE

Esplanade du Mail ✆ 05 46 34 12 75
www.lucienbarriere.com
Ouvert toute l'année. Machines à sous : du dimanche au jeudi de 9h à 3h. Jeux de tables : à partir de 21 h.

Le casino est situé dans le charmant quartier du Mail, à deux pas de l'océan. Les joueurs profitent d'un lieu unique qui se fait remarquer par son architecture Belle Époque et ses jeux avec pas moins de 150 machines à sous, mais aussi des jeux de table avec deux tables de black jack, de roulette anglaise et de Texas Hold'em poker. Tous peuvent profiter du restaurant qui propose plusieurs formules mais aussi faire une pause sur la terrasse en profitant d'une vue panoramique sur l'océan.

ESCAPE YOURSELF LA ROCHELLE

114, rue des Gonthières
✆ 05 16 85 37 93
www.escapeyourselflarochelle.fr
Dès 10 ans, avec au moins un adulte dans l'équipe. 16-37,50 €. Lundi-vendredi 10h-21h, samedi 10h-22h, dimanche 10h-19h.

Voilà une activité unique à faire en famille ou entre amis, et qui vous plongera un instant dans une ambiance unique. Il suffit de se rendre sur le site Internet et de réserver l'un des scénarios, en choisissant la date et le nombre de joueurs. Une fois sur place vous bénéficierez d'un accueil agréable avant de vous retrouver en immersion dans l'une des salles de jeux. Il faudra résoudre les énigmes proposées, fouiller la pièce à la recherche d'indices et avoir l'esprit d'équipe.

LA GROSSE BOÎTE

65, rue Saint-Nicolas
✆ 06 74 79 12 58
www.lagrosseboite.fr
Du mardi au vendredi 12h à 14h et de 16h à 19h, Samedi 11h à 19h. Les lundis en été.

Les amateurs de jeu connaissent depuis longtemps cette boutique installée dans une rue dédiée à la flânerie. Voilà plus de 10 ans qu'elle propose aux Rochelais de s'amuser entre amis à des jeux de société. Tout ici invite à passer un bon moment, de l'accueil chaleureux au choix des jeux en passant par l'ambiance conviviale qui donne envie d'échanger. On vient ici, entre amis ou en famille, dénicher le dernier jeu à la mode en profitant des conseils avisés de vendeurs qui vous guideront. Installez-vous autour d'une table, il n'y a pas de limite de temps.

CHÂTELAILLON-PLAGE ★★

Avec son charme rétro et son style Belle Époque, cette jolie station balnéaire attire les regards des amoureux de la mer. Les Rochelais y viennent le temps d'une journée, les touristes durant un week-end et plus, mais tous sont attirés par la douceur de vivre. Pourtant, Châtelaillon-Plage cache un passé agité. Une présence humaine est attestée dès l'époque mérovingienne, ce dont témoigne le cimetière situé aux Boucholeurs. Surtout, au XIIe siècle, la viguerie (plus petite entité administrative médiévale) de Châtelaillon s'étend de la Sèvre au nord jusqu'à la Charente au sud, sur toutes les îles sauf Oléron. La forteresse de Castrum Allionis (le château des Aigles) était alors la capitale de l'Aunis, mais en 1130 le duc d'Aquitaine oblige le dernier seigneur à capituler. Tantôt français, tantôt anglais au fil des guerres du Moyen Âge, Châtelaillon devient une commune à la Révolution française, mais face à une baisse de la population elle est rattachée un temps à Angoulins. Mais la fin du XIXe siècle est celle de tous les changements. L'arrivée du chemin de fer transforme la cité. Les amateurs de bains de mer se pressent dans la station balnéaire pour découvrir une plage de sable fin de 3 km. C'est une véritable renaissance pour Châtelaillon qui redevient une commune à part entière en 1896. Grâce à plusieurs centaines de villas de style 1900, la petite cité balnéaire a résisté au bétonnage et conservé tout son caractère. Chacun peut admirer l'architecture née du « désir de rivage », du chalet au castel de bord de mer et cottage en mangeant une glace ou en se rendant à la plage. Avec son panorama exceptionnel sur l'archipel charentais – Aix, Ré, Oléron –, le joyau de Châtelaillon est souvent pris d'assaut. Ici, les enfants sont gâtés, s'amusant dans une mer peu profonde et se repérant aux totems animaux, les adultes se détendent en thalassothérapie ou au casino. N'oubliez pas un détour par le village des Boucholeurs. Avec ses maisons basses, ses rues étroites et son port ostréicole, il offre une touche d'authenticité. Bien avant le tourisme balnéaire, ce hameau vivait de la pêche, profitant de sa position au sud de Châtelaillon. Aujourd'hui encore, les « paysans de la mer » se jouent des marées et poursuivent l'exploitation de 240 hectares de parcs à huîtres.

PARCS À HUÎTRES ★

Renseignements à l'office de tourisme
✆ 05 46 56 26 97
Durée de la visite : 2 heures. Départ de la visite - Port des Boucholeurs, Place André Hesse. Adulte : 11 €.

Si Châtelaillon est avant tout connu pour sa grande plage de sable fin qui fait le bonheur des amateurs de bain de mer, la jolie station balnéaire a également conservé son activité ostréicole. Nous vous conseillons de participer à cette visite qui se déroule dans le quartier des Boucholeurs dont la promenade a été agrémentée de pergolas et de bancs pour contempler l'océan. Ce quartier est celui des conchyliculteurs qui élèvent huîtres et moules. Vous apprendrez tous les secrets de cette culture avant de passer par la dégustation avec l'inévitable verre de blanc !

PLAGE DE CHÂTELAILLON

✆ 05 46 30 18 14
www.chatelaillonplage.fr
Accessible toute l'année. Accès gratuit.

Située aux portes de La Rochelle, la jolie station balnéaire de Châtelaillon est indissociable de sa grande plage de sable fin. Les Rochelais sont nombreux à s'y rendre, et pour cause ! En seulement 15 minutes de route, ils ont tout loisir de bénéficier d'un cadre d'exception. La cité, vantée pour son architecture Belle Époque a su préserver son âme. Surtout, elle dispose de nombreux commerces ouverts à l'année, d'équipements culturels et sportifs accessibles au plus grand nombre et bien sûr une plage unique reconnaissable à ces totems-animaux.

SAFARI JUNIOR DANS LE MARAIS D'YVES

Renseignements à l'office de tourisme
✆ 05 46 56 26 97
Sur rendez-vous. Enfant (de 6 à 10 ans) : 5,50 €. Accompagnateur : 4,50 €.

A Châtelaillon, les enfants disposent de plusieurs activités pour s'amuser. Si la plage est un terrain de jeu idéal, le marais d'Yves n'en est pas moins intéressant. Composée d'estrans vaseux, de dunes sèches et classée réserve naturelle, la zone abrite de nombreuses espèces végétales et animales que les enfants (de 6 à 10 ans) découvriront le temps d'une visite. Ce safari est conçu à la fois pour percer les mystères de cet espace unique, mais aussi pour la protection de la nature.

COQUILLAGES ET CRUSTACÉS

Renseignements à l'Office de tourisme
✆ 05 46 56 26 97
Départ Port des Boucholeurs, devant le restaurant « Mirko al Mare ». Gratuit -4 ans. Adulte 7 €. Enfant (-12 ans) 5 €.

Petits et grands prendront plaisir à s'amuser sur le sable, à goûter aux joies de la baignade, mais aussi à découvrir crustacés et autres mollusques qui apparaissent le temps d'une marée. Quand la mer se retire, l'occasion est belle de participer à une visite organisée par l'Office de tourisme pour découvrir un monde passionnant. Bigorneaux, palourdes, crabes et crevettes se laissent apercevoir mais pas question de les pêcher, le but est de les reconnaître et d'initier petits et grands à leur préservation. Attention, mieux vaut prévoir des bottes et un petit seau.

LES FLOTS €€

52, boulevard de la Mer
✆ 05 46 56 23 42
www.les-flots.fr
Ouvert toute l'année. Chambre double de 89 € à 184 € ; suite à partir de 176 €. Pension complète. Demi-pension.

Cet hôtel-restaurant offre un emplacement de rêve à quelques mètres seulement de la mer. Le personnel est chaleureux et dévoué permettant de passer un excellent séjour dans l'une des chambres, toutes très confortables. Certaines possèdent un balcon permettant de profiter d'une sple[illegible] vue sur l'océan et les îles. Côté restaurant, [illegible]vitrée vous offre une jolie vue sur l'océan, [illegible]ant un moment de plaisir avec une cuisine raffinée. La carte fait la part belle aux produits de la mer. Les desserts proposent de belles revisites avec le chef pâtissier.

HÔTEL ACADIE SAINT-VICTOR** €€

35, boulevard de la Mer ✆ 05 46 56 25 13
http ://hotel.acadie-st.victor.pagesperso-orange.fr
Fermé de février à mi-mars et de fin octobre à mi-novembre le dimanche soir et le lundi sauf du 15 juin au 15 septembre.

Cet hôtel est tenu depuis 70 ans par une même famille ! En arrivant, vous bénéficierez d'un accueil toujours aussi chaleureux prélude à un doux séjour dans la station balnéaire. L'hôtel a su garder une taille moyenne, vous offrant 15 chambres classées en 2 étoiles et 2 cheminées Logis. 4 d'entre elles offrent une vue sur mer ! Le restaurant de l'hôtel propose des plats préparés avec soin à partir de produits frais. La proximité avec l'océan invite à déguster des produits de la mer.

OFFICE DE TOURISME

5, avenue de Strasbourg
✆ 05 46 56 26 97
www.chatelaillon-plage-tourisme.fr
BS lundi au vendredi 14h-18h. HS lundi au samedi 9h-19h ; dimanche 10h-18h. Avril à juin lundi au samedi 9h-12h 14h-18h.

Cet office de tourisme est proche de la plage que l'on rejoint en seulement cinq minutes. Une occasion de se rendre dans ce lieu et de faire le plein d'informations sur ce qu'il se passe dans la jolie station balnéaire. Non seulement l'accueil est toujours souriant mais en plus l'équipe donne des conseils avisés sur les nombreuses activités. Cet office de tourisme est le passage obligé pour ceux qui veulent profiter pleinement de leur séjour à Châtelaillon-Plage : hébergement, activités nautiques ou natures, soin et bien-être, les bonnes adresses culinaires...

© OLIVIER PRAVERT

© OLIVIER PRAVERT

LA ROCHELLE

HÔTEL LE RIVAGE** €

36, boulevard de la Mer
✆ 05 46 56 25 79
www.hotel-lerivage.com
Ouvert de Pâques à mi-novembre. Chambre double de 52 € à 122 € (DP possible). Nouveauté : sauna/hammam.

Cet hôtel, à la façade bleue, possède un emplacement de rêve, en face de la célèbre plage de Châtelaillon. Avec ses 35 chambres, dont 23 avec vue sur mer, le lieu est idéal pour visiter la jolie station balnéaire : l'accueil est chaleureux, les chambres sont propres et bien isolées. L'emplacement permet au voyageur de flâner le long de la plage et de se rendre facilement dans le centre ou au casino. Surtout, l'hôtel a bénéficié d'une rénovation et d'améliorations appréciables : un espace détente avec hammam et sauna et un espace retour de plage pour se doucher.

© ERIC LAJAURIE

© ERIC LAJAURIE

HÔTEL D'ORBIGNY*** €€

47, boulevard de la République
✆ 05 46 56 24 68
www.hotel-dorbigny.com
Fermé de novembre à mars. Chambre double de 64 € à 89 € ; triple de 70 € à 110 €. Petit déjeuner buffet : 12 €.

Voilà une adresse que les voyageurs ont intérêt à noter ! Installé à quelques pas du jardin public et par delà du casino et de la fameuse plage, cet hôtel constitue une étape de choix à Châtelaillon. En entrant, vous serez charmés par l'accueil. Chaque chambre apporte tout le confort nécessaire pour un séjour au sein de la jolie station. Spacieuses et lumineuses, elles disposent en plus d'une literie confortable, d'une salle d'eau privative. Le plus ? La piscine, bien sûr ! Elle séduira ceux voulant s'offrir une pause détente avec une eau à bonne température.

CRÊPERIE BAINS DES FLEURS €

76, boulevard de la Mer ✆ 05 46 56 00 58
www.bainsdesfleurs.fr
Service continu les week-end et vacances scolaires 12h-21h15. Galettes de 4,20 € à 12,50 €, Crêpes à partir de 2,80 €.

C'est en 1921, que ce café restaurant voit le jour. Aujourd'hui encore, la jolie bâtisse avec sa façade bleue est toujours le repaire des gourmands. L'accueil comme le service se fait avec le sourire et que dire des spéc[illegible]s qui parsèment la carte ? Votre œil s[illegible]ré par les galettes de sarrasin. Le plu[illegible]t de choisir entre la Châtelaine, l'Andal[illegible]u la Pageas. Vous aurez peut être envie de mêler crêpes de froment et sorbet ? La Châtelaillonnaise est faite pour vous !

LE BUGATTI €€

Plage de Montecarlo
✆ 05 46 56 36 80
Fermé de décembre à février. BS tous les jours jusqu'à 0h. HS tous les jours jusqu'à 1h. Menus de 20,90 € à 29,90 €.

Cette grande brasserie, idéalement placée face à l'océan, se situe juste à côté du casino. Impossible de rater sa grande terrasse. C'est une des adresses à ne pas rater sur le bord de mer. On apprécie particulièrement l'accueil toujours souriant. Deux menus permettent de se faire plaisir autour de plats typiques d'une brasserie. Lors d'un déjeuner au soleil, on ne manquera pas de déguster les produits de la mer comme les moules cuisinées de multiples façons (pineau, curry...) mais aussi le steak de thon cuisiné à la provençale sans oublier les pizzas maison.

L'EIFFEL €€

96, boulevard de la République

✆ 05 46 56 45 22

Tous les jours de 12h à 14h et de 19h à 22h. Salon de thé de 10h à 18h30. Menus à 25 €.

Le restaurant du casino se trouve à quelques mètres de la plage et surtout, avec sa belle et grande baie vitrée et offre une vue imprenable sur la plage et la baie. La carte est grande pour permettre à chacun de se faire plaisir tout en mettant en avant des produits frais et de saison. L'emplacement est idéal pour déguster depuis la terrasse quelques produits de la mer. Durant l'été, les moules marinières et les salades remportent un franc succès. Les desserts font la part belle au chocolat comme la Tartelette de Margot et les fruits comme le Big Mac'aron.

LE GRAIN DE SABLE €€

99, boulevard de la Mer

✆ 05 46 27 06 14

www.le-grain-de-sable.fr

Fermeture hebdo. le lundi (sauf en été) et le lundi. Réservation recommandée. Menus de 24 € à 37 €. Maître restaurateur.

Ce restaurant est situé tout au bout de la célèbre plage de Châtelaillon. Lieu cosy par excellence, posé au bord de l'océan, le Grain de Sable dispose d'une jolie salle, lumineuse et ornée de plantes et d'orchidées. On peut bien évidemment déjeuner sur la grande terrasse ombragée, les pieds dans le sable, face à l'océan et ainsi découvrir une cuisine de produits frais et de saison. Lotte et merlu en jus de bouillabaisse marseillaise, bar entier grillé pour l'appel de la mer... Loïc Level propose une carte des desserts qui met en avant les fruits et le chocolat.

L'AMBIANCE CABANE €

8, rue de l'Océan

✆ 06 84 62 07 97

www.lambiancecabane.fr

Dégustation à toute heure : huîtres, palourdes, moules, crevettes... Vente d'huîtres au détail, à emporter.

© GUIGNET

Bien plus qu'un simple restaurant de bord de mer, cette jolie cabane vous offrira bien des moments de plaisir. L'accueil est d'abord très sympathique, les produits sont d'une fraîcheur irréprochable, et pour cause ! Les huîtres sont élevées sur place. C'est dans ce lieu convivial que l'on déguste des produits de la mer. Si le temps n'est pas au beau fixe rendez-vous dans l'annexe moderne permettant de manger au sec et au chaud avec la même vue imprenable. Tout est pensé pour que vous vous sentiez bien jusqu'à l'ardoise où s'affichent des produits ultrafrais.

L'ATELIER €€

13, boulevard de la Libération

✆ 05 46 52 54 19

Ouvert toute l'année. Haute saison : du mercredi au dimanche le midi et le soir. Formule du midi : 13,90 €.

L'Atelier est une adresse à retenir pour tous ceux qui veulent se régaler autour d'une cuisine traditionnelle de qualité. On est séduit autant par l'accueil chaleureux que par les différents espaces proposés : la terrasse ombragée, la salle lumineuse sans oublier le patio coloré. Au déjeuner, on se fera plaisir avec la formule Côté Bistrot servie même le samedi et qui propose un plat gourmand avec une boisson. En été, on ne manquera pas les moules des Boucholeurs servies avec des frites, on se régalera avec une carte qui met en avant des produits frais de saison.

LE P'TIT BONHEUR €€

118, Boulevard de la Republique

✆ 05 16 19 35 83

Ouvert du mercredi au samedi de 12h à 14h et de 19h à 21h. Le dimanche : 12h-15h. Menu du jour 15,90 €.

Cette petite adresse mérite de figurer dans votre carnet ! À proximité de la place Jean Moulin, le long d'un boulevard fréquenté, ce restaurant propose de déguster la délicieuse cuisine de Louise, native de Châtelaillon-Plage. Vous serez accueillis par la dynamique Chantal, qui vous présentera une carte qui fait la part belle aux produits du marché. Midi et soir, on se fait plaisir avec le menu du jour qui offre un excellent rapport qualité-prix avec des plats évoluant au gré des saisons. Les saveurs sont au rendez-vous, avec des produits joliment assaisonnés.

L'ATELIER DES COUSINS €€€

69, Boulevard de la mer

✆ 05 46 56 18 68

En saison : ouvert tous les jours, midi et soir.

Les deux cousins, Nicolas et Jonathan, sont depuis plusieurs années à la tête de ce restaurant installé à proximité du Vieux port. Jonathan œuvre en salle et se fera un plaisir de vous servir, de vous conseiller. Nicolas (qui est passé par le Richelieu et qui a travaillé avec Coutanceau) est en cuisine pour le plus grand bonheur des papilles. Derrière la Grosse Horloge, le lieu est idéal pour déjeuner. On y vient pour profiter d'un menu préparé avec des produits frais et de saison et offrant un bon rapport qualité prix. Les desserts font la part belle aux fruits.

GAYA CUISINE DE BORDS DE MER PIERRE GAGNAIRE €€€

La Falaise

✆ 05 46 56 14 14

www.la-grande-terrasse.com

Tous les jours le midi et le soir. Plats de 24 € à 51 €.

Sur les hauteurs de Châtelaillon, le restaurant Gaya fait partie du complexe « La Grande Terrasse - Hôtels & Spas La Rochelle Châtelaillon ». En cuisine, la carte est réalisée par l'un des chefs français les plus renommés : Pierre Gagnaire. Le lieu est magique. Le plus dur sera certainement de choisir votre place : soit dans la magnifique salle, lumineuse avec vue sur l'océan, soit en terrasse. Le Chef propose une cuisine qui fait la part belle aux produits de l'océan et de saisons.

LA BRÛLERIE DU MARCHÉ

51, rue du Marché

✆ 05 46 31 10 92

www.labruleriedumarche.fr

BS : du mardi au dimanche de 8h30 à 13h30 et de 15h30 à 19h. HS : du lundi au samedi de 8h à 19h. Dimanche de 8h à 13h.

Depuis plus de 30 ans, cette brûlerie diffuse ses effluves dans la rue du Marché. En flânant ou en se dirigeant sous les halles, n'hésitez pas : faites une pause sur la jolie terrasse. Une fois assis, vous profiterez non seulement d'un cadre agréable, mais aussi un accueil chaleureux d'une équipe prête à vous conseiller. Virginie, Jean-Baptiste et Eric vous guident avec le sourire. Vous aimez les cafés corsés et épicés ? Alors, choisissez le Guatemala ! Si vous préférez les thés, vous serez ravis de trouver le vôtre parmi une centaine de variétés proposées.

LA CAVE DU CHÂTEAU D'ALON

16, boulevard Maréchal-de-Lattre-de -Tassigny

✆ 05 46 56 75 12

Du mardi au vendredi 9h30 à 12h30 et 15h30 à 19h, samedi 9h30 à 12h30 et 16h à 19h. Dimanche et fériés de 10h à 12h45.

Depuis 15 ans, Sandy Gruchy accueille avec convivialité tous ceux qui entrent dans sa boutique installée à deux pas du marché couvert. Sandy est très attentionné et ne manquera pas de vous guider à travers son univers. Rouge, rosé, blanc ; vins de France et de l'étranger et quelques appellations bio, ce passionné est aussi fin connaisseur de spiritueux : calvados, armagnac, rhum, pastis et whiskies. Vous trouverez plus de 100 références de cet alcool d'origine irlandaise ou écossaise.

LE CHAT QUI LIT

40, rue du marché

✆ 05 46 28 46 70

www.lechatquilit.fr

Ouvert du mardi au samedi de 10h à 12h30 et de 15h à 19h ; le dimanche de 10h à 12h30.

Cette librairie constitue résolument un lieu à fréquenter lors d'un passage à Châtelaillon. Elle est d'abord idéalement située, dans la rue piétonne, entre le marché couvert et la plage. Ensuite, on profite d'un accueil résolument agréable. Depuis 10 ans, Stéphanie et Jérôme font le bonheur de tous les lecteurs, qu'ils conseillent avec le sourire. Ancienne responsable d'un rayon littéraire et passionné de bandes dessinées animent cette librairie indépendante qui dispose de nombreux ouvrages : littérature, jeunesse, bande dessinée, documentaire, essai...

MARCHÉ COUVERT ET GRAND MARCHÉ

Ouvert tous les jours de 8h à 13h. Sauf d'octobre à avril : fermé le lundi.

Si en été, la plage est un rendez-vous incontournable, tout à l'année c'est sous les halles que les Châtelaillonnais se retrouvent. Au cœur d'une rue animée, le marché ouvre ses portes tous les jours à partir du mois de mai. Pas question de seulement remplir son cabas ! On se retrouve ici entre habitués pour siroter un café en terrasse et refaire le monde. Sous les halles, on trouve des producteurs présentant des produits frais, mais aussi une boulangerie à proximité.

LE MARCHÉ DES BOUCHOLEURS

Ouvert le dimanche de 8h30 à 13h. De juin à septembre. Accès gratuit.

Habitants et touristes ont l'habitude de se rejoindre sous les halles pour faire le plein de produits frais. Cet autre marché, ouvert en été, est tout aussi agréable. Il se situe dans un quartier qui a su garder ses traditions : les Boucholeurs. C'est au cœur de ce village authentique que prend forme ce marché éphémère chaque dimanche matin. L'ambiance se veut résolument agréable, idéale pour faire la rencontre des producteurs locaux. Profitez de ce moment pour remplir votre cabas !

MARCHÉ NOCTURNE

A partir de 19h tous les dimanches soir du 8 juillet au 26 août.

La jolie station balnéaire ne manque pas d'atouts pour séduire ! Si de nombreux voyageurs se rendent avant tout à la plage pour s'offrir un moment de farniente et de baignade, ils sont nombreux à se rendre au marché nocturne. C'est un incontournable des vacances ! Tous les dimanches, dès le début du mois de juillet et jusqu'à la fin du mois d'août, les marchands installent leurs stands sur le Boulevard de la République. Après la plage et avant de se rendre à la fête foraine, on vient ici flâner un instant à la découverte de produits artisanaux.

CENTRE AQUATIQUE DE CHÂTELAILLON

Rue du Chemin Vert
✆ 05 46 56 44 11
www.centre-aquatique.com
Ouvert toute l'année. Jours et horaires voir site internet. Espace bien-être et spa.

C'est l'un des centres aquatiques les plus agréables de Charente-Maritime. Ici, on ne se pose pas de question sur la température de l'eau, elle ne descend pas en dessous de 29 °C ! On se retrouve ici, dès le plus jeune âge. Les bébés développeront leur motricité tout en passant un moment complice avec leurs parents, les enfants débuteront dès l'âge de 4 ans l'apprentissage de la natation avec le jardin aquatique puis la coordination des mouvements, le tout en prenant du plaisir !

MINIGOLF

Parc municipal de la Plage
✆ 05 46 56 26 97
Ouvert toute l'année. Haute saison : tous les jours de 15h à 22h. Renseignements office du tourisme hors saison.

Châtelaillon, c'est avant tout cette longue étendue de sable où chacun s'adonne à son activité favorite : baignade, farniente... Mais à deux pas de là – surveillez le totem chat – on trouve également un parc municipal qui regroupe plusieurs activités à réaliser en famille : des jeux pour enfants et surtout le mini-golf. Ombragé, le lieu est idéal pour passer un joli moment entre amis ou en famille. Non seulement il est bien entretenu, mais en plus il est ouvert jusqu'à 22h durant l'été permettant de s'adonner à des parties endiablées jusqu'à la tombée de la nuit !

CASINO DE CHÂTELAILLON

96, boulevard de la Mer ✆ 05 46 56 48 48
www.casino-chatelaillon.com
Ouvert toute l'année. Tous les jours de 10h à 3h ; le vendredi, le samedi et les jours fériés de 10h à 4h.

C'est l'un des lieux symboliques du boulevard qui longe la fameuse plage de Châtelaillon. Installé au bord de mer, le casino accrochera votre regard par son architecture Belle Époque et sa grande verrière. Place au jeu ! La salle s'est agrandie et vous aurez la possibilité de vous divertir sur l'une des 150 machines à sous qui vous fera décrocher le jackpot et vous enverra au paradis. Le casino possède un restaurant : l'Eiffel. La prestigieuse salle des Ambassadeurs constitue un cadre de rêve avec un vaste espace de 200 m² pouvant accueillir jusqu'à 130 personnes.

LA ROCHELLE

La Couarde-sur-Mer.
© CATALISEUR30 - ADOBE STOCK

ÎLE DE RÉ

L'île de Ré est un joyau de l'Atlantique dans son écrin végétal ! Faisant face à l'archipel charentais et relié par un pont d'une longueur de presque 3 km, 42 m au-dessus de la mer, elle ne manque pas d'atouts et attire chaque année toujours plus d'estivants. Baignée par les eaux claires du Gulf Stream, avec ses plages de sable blond, ses marais salants et petits villages typiques, ses petites maisons blanches bordées de roses trémières, l'emblème de l'île, c'est un petit paradis long de 30 km sur 5 km de large. Autres atouts : son vignoble et ses forêts de pins maritimes et chênes verts, ses centres de thalassothérapie... Ici, c'est le royaume du vélo qui vous emmène de village en village et de plage en plage. Pas de collines, de côtes, inutile de monter en « danseuse », c'est tout plat ! Citons entre autres Saint-Martin de Ré qui est en quelque sorte la capitale de l'île. Ruelles, petit port, fortifications... : une carte postale !

LES PORTES-EN-RÉ
D101
Le Gillieux
D735 E1
SAINT-CLÉMENT-DES-BALEINES
D735
ARS-EN-RÉ
D735
LOIX
D102
ÎLE DE RÉ
D735
LA COUARDE-SUR-MER

Île de Ré

2,5 Km
Océan
antique
D735
SAINT-MARTIN-DE-RÉ
D201 E3
Le Morinant
LE BOIS-PLAGE-EN-RÉ
D735
LA FLOTTE
D735
D103
D201 E1
D201
RIVEDOUX-PLAGE
La Noue
SAINTE-MARIE-DE-RÉ

PAGES

59 **● ● L'ÎLE DE RÉ**

Plus qu'une île, Ré la Blanche est un territoire unique qui attire à lui bien des regards. Rétais et Rochelais profitent toute l'année de ce croissant de terre relié au continent par un viaduc long de 3 km. Il faut dire que l'île dispose de nombreux atouts et en premier lieu son climat si particulier lui offrant un record d'ensoleillement. Nombreux sont les touristes charmés par un territoire aux paysages diversifiés

59 **RIVEDOUX-PLAGE**

61 **SAINTE-MARIE-DE-RÉ ★**

65 **LA FLOTTE ★★★**

Cette commune mérite assurément son classement parmi les « Plus Beaux Villages de France ». Commune assez étendue, La Flotte vit toute l'année, autour de son petit port, ses ostréiculteurs, son marché médiéval, les nombreux services et petites boutiques du centre. Une étape indispensable.

70 **LE BOIS-PLAGE-EN-RÉ ★**

74 **SAINT-MARTIN-DE-RÉ ★★★**

Saint-Martin, considérée comme la capitale de l'île de Ré (et la Saint-Tropez de la Côte Atlantique) a tiré sa prospérité du commerce et de la pêche dès le Moyen Age. Commune la plus riche de l'île au niveau architectural, comme en témoignent ses hôtels particuliers, les portes de Thoiras et des Campani, Saint-Martin se laisse découvrir en empruntant des ruelles pavées.

81 **LA COUARDE-SUR-MER ★**

82 **LOIX ★★**

Loix, c'est avant tout un lieu unique, une presqu'île rattachée à la terre seulement depuis le XIXe siècle. Ce petit village, dont l'économie a longtemps reposé sur le commerce du sel, se veut avant tout paisible et authentique, et se découvre inévitablement à vélo.

84 **ARS-EN-RÉ ★★★**

En plein cœur des marais salants, Ars-en-Ré fait partie des plus beaux villages de France. Comme dans toute l'île, c'est le vélo qui permettra d'admirer pleinement le paysage, les marais salants où mer et ciel se confondent, les vignes et de magnifiques champs de coquelicots qui apparaissent au mois de juin.

86 **SAINT-CLÉMENT-DES-BALEINES ★**

88 **LES PORTES-EN-RÉ ★★**

RIVEDOUX-PLAGE

C'est le premier village de l'île de Ré ! Pour le visiter, il suffit de passer le pont. C'est depuis le viaduc que se dessinent les premières courbes de Rivedoux. Blottie entre les deux pertuis Breton et Antioche, la petite commune rétaise porte fièrement son nom ! Il est vrai que c'est la seule à être bordée par deux plages ! Les deux longues bandes de sable fin qui forment la pointe de Sablanceaux offrent un cadre idéal aux amateurs de sports nautiques. Trait d'union entre l'île et le continent, le village se laisse facilement approcher par les cyclistes qui empruntent le ruban d'asphalte serpentant entre les pins maritimes et longeant l'océan.

LE PHARE DE CHAUVEAU

Ne se visite pas.

Si le phare des Baleines est un lieu touristique, celui de Chauveau est à la fois moins connu et non ouvert à la visite. Cet édifice est surprenant car c'est le seul phare en pleine mer de Charente-Maritime. Construit sous le règne de Louis XIV, sous l'impulsion de Colbert, il a alors pour but de signaler les dangers des côtes et de guider les navires. Cette tour blanche et rouge peut sembler bien fine pour résister aux vagues, pourtant, elle ne s'est jamais écroulée. Si le lieu est propice à la pêche à pied – c'est un spot bien connu des amateurs de palourdes.

OFFICE DE TOURISME RIVEDOUX PLAGE

Place de la République ✆ 05 46 09 80 62
www.rivedoux-plage.fr

Basse saison : mardi/samedi 9h30-12h30. HS : lundi/samedi 9h-13h/14h-17h. Ouvert le dimanche (en haute saison).

Découvrez l'île de Ré où il fait bon vivre toute l'année ! Et avec l'équipe de l'Office de Tourisme, gagnez du temps avec les bons plans et astuces qu'ils vous donnent sans modération. Hébergement, horaires des navettes et marée, randonnée ; location vélos, bonnes adresses gastronomiques pour tout budget... Et le calendrier de festivités qui donne encore plus de relief au site. Brochures et documentations disponibles avec des offres promotionnelles, bus, navette, boutique en ligne...

RÉ GLISSE

814, Avenue des dunes
✆ 06 11 05 46 42
www.reglisse.fr

Du 1er juillet au 30 août : tlj 9h-20h. Jet Ski : 80 € à 85 €/30 min. Barque 5 places : 90 €/2h.

Cet été, l'île de Ré sera encore la destination à la mode. Pour profiter pleinement de vos vacances, rendez-vous chez Ré Glisse. Alain et son équipe vous proposent de découvrir de nombreuses activités nautiques. Au sud de Rivedoux, la petite cabane est un lieu prisé. En famille, entre amis, on profite de l'ambiance pour découvrir les plaisirs de la glisse ; en jet-ski, sur un paddle ou en s'accrochant à une bouée tractée ! Après l'effort, le réconfort avec la cabane en bois pour une pause fraîcheur autour d'un cocktail et en grignotant assiette de charcuteries...

CAMPING LES FOUGÈRES*** €€

841, rue du Général-de-Gaulle
✆ 05 46 09 86 37
www.camping-ile-re.com

Ouvert du 1er avril au 5 novembre. 81 emplacements (mobile-homes tout confort).

L'île de Ré est si appréciable, qu'il serait dommage de ne pas passer y passer une nuit ! Oubliez le pont et rendez-vous dans ce camping situé dans la commune la plus proche du continent. On apprécie l'accueil et le calme des lieux. A 10 minutes du viaduc et à moins d'un kilomètre de la plage, ce camping est idéal pour profiter des joies de la baignade. On aime les mobil-homes qui accueillent les grandes familles dans les meilleures dispositions et les nombreux espaces de loisirs. La piscine extérieure chauffée et le solarium sont deux espaces dédiés à la détente.

HÔTEL DE LA MARÉE - ILE DE RÉ*** €€€

321, avenue Albert-Sarrault
✆ 05 46 09 80 02
www.hoteldelamaree.com

1/2 pension (à partir de 45 € pers.). Petit déjeuner buffet : 14 €. Animaux acceptés. Parking. Local pour vélos.

L'Hôtel de la Marée créé au milieu du XXe siècle jouit d'une situation tout à fait idyllique à proximité du viaduc et en face de l'océan. En entrant, vous serez charmés par un personnel souriant et attentif qui vous conduira vers l'une des 26 chambres. Certaines donnent sur l'arrière de l'hôtel et bénéficient d'un tarif attractif, d'autres offrent une magnifique vue sur la mer. L'hôtel dispose d'un bar et d'un restaurant disposant d'une terrasse offrant une jolie vue sur l'océan.

LA PLAGE €

Sablanceau
✆ 05 46 09 58 12
www.laplageiledere.fr

Ouvert du 12 avril au 30 septembre. Juillet-août : tous les jours de 10h à 2h. Carte : 20 € environ.

Ce bar restaurant est idéalement situé dans le premier village rétais. On peut déjeuner au soleil ou sous les pins avec comme seule vue l'océan. Non seulement l'ambiance y est agréable, mais en plus le service se fait avec le sourire de quoi donner envie de prolonger la soirée au bar ! Le chef cuisine uniquement des produits frais, préparant de belles salades avec des produits locaux. En été, place aux moules et aux coupes glacées ! Jean-Michel et Gilles vous accueillent pour de nombreux événements musicaux qui sont indiqués sur le site Internet de La Plage.

LA CHALOUPE €€

104, avenue Albert-Sarraut
✆ 05 46 09 87 84

Haute saison : tous les jours (sauf le jeudi) de 8h30 à 2h. Assiette de la mer : 25 €. Ouvert toute l'année.

C'est l'un des bistrots incontournables de Rivedoux. Il fête cette année ses 40 ans ! En arrivant sur l'île, c'est l'un des 1ers établissements qui se propose à vous. Nul doute, le cadre est tout à fait idyllique : une jolie terrasse avec une vue imprenable sur la mer et le fameux viaduc. Au menu, on trouvera des plats à la carte cuisinés avec des produits frais. Mais à la Chaloupe, on trouve aussi quelques incontournables, comme la plancha apéro que l'on déguste entre amis, les huîtres de Rivedoux et l'entrecôte de 300 g. Difficile de passer à côté des desserts.

LE M €€€

321, rue Albert-Sarrault
✆ 05 46 35 39 44
www.le-m.com

Ouvert toute l'année. Haute saison : du lundi au dimanche de 12h à 21h30. Menus de 34 € à 46 €.

Le M c'est une magnifique terrasse avec une vue idyllique – le viaduc et sa courbure irrésistible, le clapotis des vagues et le soleil généreux volontiers caché par des chapeaux à disposition. On se sent ainsi très bien sur ces petites tables confortablement assis. Au déjeuner, plusieurs formules sont accessibles offrant le loisir de déguster poisson ou viande du jour. Le soir, la carte s'élargit et met en valeur des produits de la mer. Les desserts méritent un regard. Le chef Berty Camus privilégie ici une cuisine qui fait la part belle aux produits du terroir.

LES VIVIERS €€€

573, avenue de la Corniche
✆ 05 46 09 86 22

Fermé décembre-mars. Ouvert les week-ends novembre-décembre. Plateaux de fruits de mer de 36 € à 100 €. Menu 32 €.

Avis aux amateurs de fruits de mer ! Ce restaurant est idéal pour tous ceux voulant déguster des produits venant tout droit de l'océan. Si vous n'avez pas le temps d'y déjeuner, faites une halte pour acheter au magasin des huîtres et les déguster tranquillement chez vous. Sinon, prenez place sur la terrasse au calme à côté des bassins à huîtres et laissez-vous séduire par le lieu. L'accueil est sympathique, le rapport qualité-prix appréciable et les produits très frais. À noter, les nombreux plateaux de fruits de mer à commander la veille pour le déjeuner.

RÉ GLISSE

814, Avenue des dunes
✆ 06 11 05 46 42
www.reglisse.fr

Haute saison : ouvert tous les jours de 10h à 22h. Restauration.

L'île de Ré est déjà à elle seule une destination voyage. Mais pour encore plus de sensations, direction le Ré Glisse bar ! L'endroit est particulièrement agréable : la grande plage de Rivedoux. L'occasion est belle de se retrouver entre amis près de la cabane en bois, dans des sièges confortables pour s'offrir une pause déjeuner les pieds dans le sable : croque-monsieur, tarte du jour, salade, bagel... dans une ambiance conviviale. On profite de l'après-midi pour s'adonner à une activité nautique : jet ski, paddle, et on revient le soir pour prendre un apéro.

COOPÉRATIVE MARITIME - LE COMPTOIR DE LA MER

144, rue Jules-Ferry
✆ 05 46 09 80 33

Du lundi au vendredi de 9h à 12h et de 14h30 à 18h ; le samedi de 9h30 à 12h.

Ce magasin est idéalement situé à proximité de l'océan et du petit port de Rivedoux. En poussant les portes de ce lieu, vous profiterez d'un accueil sympathique de la part de vendeurs qui connaissent l'univers maritime. On trouve des vêtements et des chaussures de grandes marques (pour les hommes, les femmes et les enfants) – Saint-James, Armor-Lux, Mât de Misaine... –, spécialement conçus pour la mer. Les pêcheurs, professionnels comme amateurs, connaissent bien cette adresse.

LA SAVONNERIE DE L'ÎLE DE RÉ

74, rue Charles de Gaulle
✆ 07 61 63 00 01
www.savonnerie-iledere.com
D'avril à fin septembre, ouvert tous les jours d'avril aux vacances de la Toussaint.

L'âne est l'animal emblématique de l'île de Ré. On le voit sur des cartes postales, des objets souvenirs, dans le parc de la Barbette. Si les paysans n'ont plus recours à lui, son lait est toujours utilisé pour la fabrication de savons. Il est vrai que le lait d'ânesse est un véritable secret de beauté que les femmes se transmettent depuis l'Antiquité. Il est riche en nutriments essentiels et en vitamines, mais en plus il a le pouvoir de ralentir le vieillissement de la peau.

SAINTE-MARIE-DE-RÉ ★

Sainte-Marie-de-Ré se fait rapidement remarquer auprès des voyageurs par le clocher de son église. Atteignant près de 50 m, on comprend pourquoi elle servait d'amer aux navigateurs ! Aujourd'hui, elle offre une vue magnifique à tous ceux qui ont eu assez de souffle pour monter les 91 marches. En vous baladant dans ce village, vous profiterez d'un cadre préservé et authentique. Il fait bon délaisser sa voiture pour enfourcher son vélo. La balade se veut bucolique, à travers les ruelles fleuries, les maisons anciennes et le long du sentier littoral. La place des Tilleuls est le cœur battant du village classé Station de Tourisme en 2019.

OFFICE DE TOURISME SAINTE-MARIE-DE-RÉ

Place d'Antioche
✆ 05 46 30 22 92
www.iledere.com
Tous les horaires sont disponibles sur le site. Ouvert le dimanche en saison.

Vous cherchez un hébergement, un restaurant, une location de vélo, des artisans ou des commerçants et service à Sainte-Marie-de-Ré, etc. Tous les bons plans et contacts sont ici à votre disposition grâce au dynamisme de l'équipe qui vous accueille toute l'année. C'est la recette pour réussir son séjour grâce à la connaissance des hôtesses ! L'île est petite, mais regorge pour autant d'activités pour tous. Et aussi les horaires des marées et navettes, boutique en ligne...

CYCLO-SURF

26, rue du 14-Juillet
✆ 05 46 30 19 51
www.cyclo-surf.com
Haute saison : ouvert tous les jours de 9h30 à 12h30 et de 14h à 18h30. 8 agences sur l'île. Assistance, dépannage 7j/7.

A l'instar des autres villages rétais, Sainte-Marie-de-Ré invite résolument à laisser de côté sa voiture pour emprunter un vélo. Pour louer une bicyclette, rien de plus simple : prenez la direction de la place des Tilleuls ! Le lieu est idéal pour siroter un café, mais aussi rencontrer ce loueur qui dispose d'une solide expérience. L'accueil y est sympathique, les conseils précieux permettant de trouver le vélo le mieux adapté à ses envies : le Confort pour rejoindre facilement la plage, le Royal pour de belles balades et le VAE pour se promener sans effort !

CAMPING LES GRENETTES**** €€

1, route de l'Ermitage ✆ 05 46 30 22 47
www.campinglesgrenettes.com
Ouvert de mi-mars à début novembre pour les locations. Emplacement + véhicule + 2 personnes de 18 € à 46 €.

Ce camping 4 étoiles qui a récemment changé de propriétaire bénéficie de l'arrivée de nouveaux mobil-homes. Le cadre constitue un vrai avantage avec un parc boisé de 7 ha à quelque 300 m de la plage. Les amateurs de camping traditionnel auront tout le loisir d'installer leur tente au bord de plage. Ce camping est le lieu idéal pour tous ceux qui aiment l'eau avec la proximité de la plage et le parc aquatique rénové qui comporte deux piscines chauffées et autant de toboggans.

HÔTEL LE PEU BRETON*** €€

31, rue de Cailletière
✆ 05 46 30 23 55
www.hotelpeubreton.com
30 chambres. Chambre double de 89 € à 170 €. Soirée étape 119 €. Animaux acceptés. Piscine extérieure chauffée.

Non, vous ne rêvez pas ! Le Peu Breton est bien situé sur l'île de Ré. Au-delà de son nom, cet hôtel se fait avant tout remarquer par un environnement délicieux, en témoignent ces petits patios fleuris qui font tout le charme de l'établissement. Quel plaisir de s'installer dans l'une des chambres, profitant de l'ambiance et de la quiétude des lieux. Chacune est décorée avec soin, offrant une vue sur la piscine, le jardin et offrant tout le confort. Le petit plus, un petit déjeuner sous forme de buffet à volonté qui permet de découvrir des produits locaux.

HÔTEL DE RÉ*** €€

12, rue de la Terre-Rouge
✆ 05 46 30 33 20
www.hoteldere.com
10 chambres de 59 € à 249 € ; 22 Family Suites et Appartements de 69-84 € à 265-280 €. Petit déjeuner 11 €. Piscine.

Un hôtel labellisé Clef Verte tendance et coloré de 10 chambres « Confort » (double ou quadruples), 22 *Family suites et Appartements* contemporains pour 1 à 5 personnes, avec terrasse privative. Face au jardin et la piscine, les chambres, de 18 m², disposent d'un lit *Queen size* (les quadruples possèdent également d'un canapé-lit 2 places). Pour les Family Suites, Chambres Supérieures et Appartements de 28 m² : lit *Queen size*, lit single, canapé-lit, coin collation et terrasse privative sur jardin et piscine. Toutes offrent salle de douche, TV, wifi.

HÔTEL LES VIGNES DE LA CHAPELLE**** €€€

5, rue de la Manne ✆ 05 46 30 20 30
www.lesvignesdelachapelle.com
Piscine extérieure. Ch. Cosy double 149-330 €. Suite 159-450 €/nuit pour 1 à 4 pers. Petit déjeuner buffet 17,50 €.

Dans un écrin de verdure, face au vignoble et à la mer, cet établissement avec piscine, rénové en 2019, s'intègre dans son environnement naturel. Engagé dans la protection de l'environnement il est labellisé Ecolabel Européen et La Clef Verte. Propriété de plain-pied, alliant architecture traditionnelle et modernité offre 17 suites au style contemporain, avec une ou deux chambres, séjour, mini bar, coffre-fort, wifi gratuit, et une terrasse en bois. Modelages bien-être à l'espace Spa.

HÔTEL LES GRENETTES*** €€

Route de l'Ermitage
✆ 05 46 30 22 47
www.hotel-les-grenettes.com
Logis (3 cheminées). Ouvert toute l'année. 49 chambres. Chambre double : 110 € à 185 €. Pension complète : 50 €/pers.

Cet hôtel est désormais propriété du groupe Sea Green. Il profite d'un bel emplacement sur la route menant au Bois-Plage, un parc boisé à proximité de l'océan. En entrant, vous serez séduit par un personnel toujours très accueillant. Depuis le début de l'année, près de la moitié des 46 chambres ont bénéficié d'une jolie rénovation dans un esprit bord de mer avec des meubles en pin, parquet et les inévitables salons de jardin sur la terrasse. Le camping 4 étoiles du Domaine des Grenettes, ouvre l'année avec un nouveau chef étoilé, Anthony Bredif.

LES GÎTES DU PERTUIS*** €€

16, rue de la République
✆ 05 46 30 21 40
www.lesgitesdupertuis.com
Clévacances (3 clés). Ouvert toute l'année. De 490 € à 1 400 € la semaine selon saison.

Séjournez dans d'authentiques maisons rétaises. Plusieurs hébergements indépendants : La Maison au Chai et la Maison de Zélie sont situées au centre historique de Rivedoux-Plage, à 300 m de la plage et à proximité des commerces. La Maison du Phare (nouveau) et les deux pavillons Côté Plage sont aussi à Rivedoux, juste à côté de la plage. Le 14 Ter, en plein centre de Sainte-Marie-de-Ré, est installé dans l'ancien chai à côté de la demeure bourgeoise du XIXe siècle du propriétaire, à deux pas de l'église et du marché, en plein centre de Sainte-Marie-de-Ré.

L'R DE RÉ €€

31, rue de la République
✆ 05 46 37 58 29
5 chambres. Chambre double de 70 € à 115 €.

On se sent tout de suite bien dans cette maison du XIXe siècle entourée d'un grand jardin arboré où rien ne vient troubler la quiétude des lieux. Les 5 chambres sont spacieuses et lumineuses. Deux d'entre elles sont avec salle de bain privative et toilettes ; les trois autres ont une salle de bain commune. Elles peuvent être jumelées avec une petite chambre de 2 lits pour des enfants par exemple. Vos hôtes se feront un plaisir de vous rendre service, en vous proposant ce que vous aimez au petit déjeuner et en organisant vos excursions touristiques.

LE PETIT VILLAGE** €

10, rue Lucien-Favreau
✆ 06 85 91 58 97
www.residencedupetitvillage.com
Clévacances 2 clés. De Pâques à la Toussaint. 9 locations meublées 1 à 5 personnes 210-850 €/semaine selon capacité.

Cette ancienne ferme vigneronne, typiquement rétaise, au centre du village, entre mer et vignes. Labellisée Clévacances, cette maison offre aux vacanciers la possibilité de rejoindre à pied ou à vélo, les commerces et la plage. Ce sont les grands-parents de l'actuel propriétaire, Stéphane Héraudeau, qui ont créé ces locations de vacances en complément de leur exploitation viticole en 1952. Les meublés peuvent accueillir des familles jusqu'à 5 personnes et disposent tous d'une cuisine équipée, d'un téléviseur, du wifi gratuit et d'un salon de jardin. Convivialité.

HÔTELS • RÉSIDENCE • GÎTES • CHAMBRE D'HÔTES
MESVACANCES-ILEDERE.COM
"À chacun son île de Ré"
HÔTEL
Les Vignes de la Chapelle ***
The ORIGINALS
RELAIS
+33 5 46 30 20 30
HÔTEL DE RÉ ***
The ORIGINALS
BOUTIQUE
+33 5 46 30 33 20
Les Gîtes du Pertuis ***
CléVacances
+33 5 46 30 21 40
Le Petit Village **
Locations de Vacances
CléVacances
+33 5 46 37 59 31

À L'EMPORTER €

62, rue du 14-Juillet
✆ 05 46 45 31 60
www.alemporter.fr

Tous les jours sauf le mardi de 12h à 14h et de 18h à 21h30. Pizzas de 8,50 € à 14,50 €.

Cette pizzeria, ouverte à l'année, est installée en face de la poste. On peut ainsi boire un verre sur la place d'à côté avant de venir ici. Les gérants proposent des pizzas généreuses avec une pâte fraîche maison. Le résultat est plutôt agréable, en témoignent celles avec base tomate comme la Provençale (oignons, anchois, fromage, herbes de Provence, olives), et celles avec base crème fraîche comme la Tartif (lardons, oignons, pommes de terre Reblochon) ou encore la Paysanne (lardons, camembert, champignons, fromage, olives).

LE CHAI €

5, place d'Antioche
✆ 05 46 30 03 55

Ouvert toute l'année. BS : mardi au samedi ; dimanche midi. HS : mardi au dimanche midi et soir. Carte : 20 € environ.

Julien et Benjamin sont à la tête de ce restaurant installé au cœur de Sainte-Marie-de-Ré. Les deux amis font la part belle à la bistronomie, à déguster en terrasse ou dans la salle. La carte met en avant des produits locaux à l'image des légumes bio des maraîchers. Elle fait la part belle à une cuisine d'ici. L'île de Ré est bien présente avec les inévitables huîtres et le poisson sauvage de la criée. Les enfants sont aussi choyés avec un joli filet de poisson. Côté plats, des produits cuisinés avec soin et des assiettes aussi riches en couleurs qu'en saveurs.

LES TILLEULS €

9, cours des Jarrières
✆ 05 46 30 02 76
www.lestilleuls-restaurant.fr

Ouvert tous les jours sauf le mercredi. Menu à 26 €. Formule du midi : 14,90 €.

Ce restaurant est un lieu agréable où l'on vient déjeuner sur la belle terrasse au cœur du village. On aime cette possibilité de s'offrir un repas au calme, à l'ombre des tilleuls. Mais l'intérieur est tout aussi sympathique avec la décoration et l'ambiance toute singulière avec un mélange de pièces de brocante et de meubles chinés. En saison, on n'oubliera pas les moules servies façon mouclade, le tartare de bœuf, le tournedos de merlu au lard et les pizzas comme la Patchénous (chèvre, Reblochon, Cantal, Mozzarella) ou la Pas des Bœufs (steak haché...) mariné.

LE BISTROT DU BAR A QUAI €€

3 cours des écoles
✆ 05 46 28 64 36

HS : Ouvert tous les jours sauf le mardi. Sandwiches et Poke Bowl : 12 € à 14 €. Ouvert toute l'année.

Idéalement située au cœur de Sainte-Marie, cette brasserie dispose en outre d'une jolie terrasse ombragée, d'un patio lumineux et d'un atelier avec cheminée. On apprécie l'ambiance conviviale et la déco. On notera des plats étonnants comme la chaudrée charentaise ou la brioche perdue de M. Vallégeas. Le soir, entre amis, on se fait plaisir autour de cocktails de fruits frais aux appellations originales : Basilic instinct, Le bonheur est dans le pré, Mon frère de la côte... Le tout servi avec une planche de charcuterie, de fromages, ou le panier du maraîcher.

LE WINCH (RESTAURANT DU DOMAINE DES GRENETTES) €€

Route de l'Ermitage
✆ 05 46 30 22 47

Ouvert toute l'année. Haute saison : tous les jours le midi et le soir. Menu unique à 30 €. Terrasse.

Le camping 4 étoiles et l'hôtel des Grenettes ouvre l'année avec un nouveau chef étoilé, Anthony Bredif. Ayant déjà exercé auprès des plus grands. Passions et Gourmandises, Anthony et sa brigade sont prêts à vos offrir les meilleurs plats avec des produits frais de saison et rétais. Le restaurant est spacieux, de larges baies vitrées s'ouvrant sur le jardin. Le soleil investit l'espace et vous fait un clin d'œil gourmand, en mettant en lumière des assiettes aux compositions délicates.

BIÈRES DE RÉ

Les Hauts des Peux-Bertaud
✆ 05 46 43 82 63

Brassage de décembre à juin et du mardi au vendredi. Explications des techniques de fabrication sur place.

L'île de Ré est un territoire d'une grande richesse. Passer le pont, c'est non seulement découvrir des paysages uniques, mais aussi des produits de qualité comme les huîtres, la fleur de sel et ces bières artisanales. En 1996, un maître brasseur autrichien, les a créées, la famille Bertrand a repris le flambeau ne cessant de les faire évoluer. Diplômé de l'université rochelaise, Mathieu veille à respecter des procédés artisanaux et choisit les meilleurs ingrédients. A noter, deux produits ont été primés saveur de bronze au Concours Saveurs Nouvelle-Aquitaine.

BISCUITERIE DE RÉ

Z.A.C. des Clémorinants ✆ 05 46 43 89 06
www.biscuiteriedere.fr
HS : du lundi au vendredi 9h-18h30, samedi de 9h30-12h30. BS : du mardi au vendredi de 9h à 13h et de 14h30 à 18h.

L'île de Ré est vraiment un paradis pour les gourmands. Il suffit de faire un tour par cette biscuiterie pour s'en convaincre. Installée aux abords de Sainte-Marie-de-Ré, elle ouvre ses portes à tous ceux qui recherchent des gâteaux fabriqués dans la tradition artisanale, sans conservateur ni colorant. Difficile de faire son choix parmi les rayonnages ! Les croquants vous feront peut-être craquer, les galettes accompagneront à merveille un café et les sablés caramel se dégustent à toute heure. Le magasin propose également des produits locaux et des idées cadeaux.

LA FLOTTE ★★★

On rejoint cette commune depuis le viaduc en empruntant une route passant devant les restes d'une abbaye et des champs riches en couleurs. La Flotte, c'est avant tout un port où chacun fait escale, du marin au touriste de passage, avide de s'imprégner de ce lieu chargé d'histoire. Construit en 1765, il a vu partir de nombreux navires chargés des deux trésors de l'île, le sel et le vin. Aujourd'hui, voiliers et bateaux de plaisance s'y amarrent, s'offrant une escale toute particulière dans ce port bordé de bistrots et de restaurants. Endormi durant l'hiver, se réveillant dès les premiers beaux jours, le port est le cœur battant du village. Profitez-en pour louer un vélo et ainsi découvrir ce village typique et faites un tour sur le fameux vieux port, boire un verre en terrasse, passer par le célèbre marché médiéval et profiter du marché nocturne ouvert tous les soirs entre juillet et août. Dans l'assiette, les incontournables huîtres, fruits de mer, agneaux et spécialité de l'île, ses petites pommes de terre grenailles qui se dégustent avec la peau. Difficile de résister aux nombreux produits locaux proposés par des commerçants réputés pour leur accueil chaleureux. La Flotte jouit d'un patrimoine riche qui mérite d'être découvert. À découvrir : l'Abbaye des Châteliers, la Maison du Plantin, le marché Médiéval, le Fort de Prée qui est le plus ancien bâtiment militaire de l'île et l'Église Sainte-Catherine datée du XVe siècle pour ses parties les plus anciennes.

ABBAYE DES CHÂTELIERS

Route La Prée
✆ 05 46 09 61 39
Visite guidée (contacter la Maison du Platin au 05 46 09 61 39).

Fondé au XIIe siècle par les moins cisterciens, cet édifice religieux est posé au milieu des champs de coquelicots et de blé. L'ancienne Abbaye des Châteliers, posée entre mer et ciel, se laisse admirer au petit matin lorsque les premiers rayons de soleil la caresse ou le soir au crépuscule. On aperçoit ces ruines majestueuses en empruntant la route vers La Flotte, témoin prestigieux qui nous replonge dans l'histoire de Ré. Désormais libre d'accès, le plus vieil édifice religieux de l'île mérite des photos et des explications données lors d'une visite guidée.

LE MUSÉE DU PLATIN ★

4, cours Félix-Faure
✆ 05 46 09 61 39
http ://museeduplatin.fr
Gratuit jusqu'à 6 ans. Adulte : 4 €. Accueil enfants (animations et ateliers). Visite guidée (à pied ou à vélo).

Cet écomusée, situé juste à côté du port, est consacré à l'histoire et aux traditions maritimes et populaires de l'île de Ré. La visite s'effectue sur quatre niveaux d'exposition : origines de l'île (vestiges de l'abbaye des Châteliers), activités traditionnelles de l'île (vie maritime et agricole), évolution de la liaison Ré-continent (de la voile au pont) et habitat et costumes (reconstitution d'un intérieur charentais). La Maison du Platin n'oublie pas les jeunes enfants, en proposant des activités dédiées aux 4-10 ans. Expositions temporaires également.

LE PORT DE LA FLOTTE

✆ 05 46 09 67 66
www.portlaflotte.fr
Ouvert toute l'année.

C'est un endroit à part autour duquel s'organise depuis toujours la vie du village. Plus qu'un simple lieu de passage pour les vacanciers, le port a marqué de son empreinte la commune. Construit dans la deuxième moitié du XVIIIe par Gabriel Sénac de Meilhan, il était le point de départ des bateaux pour Saint-Domingue et l'Amérique du Sud et voyait les navires chargés de sel et de vin partir vers le large. Plus tard, ce sont les chalutiers qui s'y sont installés. le port est aujourd'hui une escale pour de ceux qui viennent goûter à un véritable art de vivre.

OFFICE DE TOURISME LA FLOTTE-EN-RÉ

Quai de Sénac
✆ 05 46 09 60 38
www.iledere.com
Tous les horaires disponibles sur le site. Nombreuses brochures à disposition et gratuites.

Découvrez le charme d'un des plus anciens villages de l'île de Ré qui est classé comme un des plus beaux villages de France ! Avec l'office de tourisme et sa dynamique équipe qui vous informe sur tout, vous saurez mieux apprécier ce petit bout de l'île, entre les hébergements, les restaurants, les bonnes adresses avec les locations de vélo, les randonnées et horaires de navettes inter-continent. Visitez le port qui accueille de vieux gréements, le charme unique du marché.

CYCLO-SURF

14 bis, rue André Lainé
✆ 05 46 09 51 60
www.cyclo-surf.com
Ouvert tous les jours et les jours fériés de 9h30 à 12h30 et de 14h à 18h30. Vélo enfant ou adulte éco 11 €/jour...

En arrivant à La Flotte, vous n'aurez qu'une envie : vous offrir un instant de flânerie. Ça tombe bien, cet ancien village de pêcheurs s'y prête à merveille ! On peut déambuler à pied dans les ruelles pavées, mais aussi utiliser un des vélos de ce loueur installé à deux pas du port. L'accueil y est agréable, les vendeurs toujours prêts à apporter des conseils. A vous de choisir le vélo qui conviendra le mieux à votre activité : le confort pour se rendre en deux coups de pédale au marché, le Beach Cruiser pour se rendre confortablement à la plage et le tandem...

HÔTEL LA GALIOTE EN RÉ*** €€

7, avenue du 8-Mai ✆ 05 46 09 50 95
www.hotellagaliote.com
Fermé décembre-février. Ouvert pendant les fêtes de fin d'année. 21 chambres. Petit déjeuner : 12 € + 5 € en chambre.

Cet hôtel offre une escapade de charme à tous ceux qui veulent découvrir l'un des plus beaux villages de l'île. Idéalement placé à quelques centaines de mètres du port et du centre de la Flotte, vous prendrez plaisir à vous rendre dans l'une des 21 chambres disponibles. Toutes offrent non seulement une décoration personnalisée dans le style rétais mais aussi la climatisation, si appréciable durant l'été. Avant de partir à la plage, profiter d'un petit déjeuner à la française...

LA CABANE OCEANE €€

9, Chemin du Petit Praud
✆ 05 46 35 68 42
www.lacabaneoceane.com
HS : mer-lun 10h-21h30. Menu enfant 10 €. Huîtres par 6 à 7,50 €-11,50 €, Assiette océane 12 €, soupe poisson 8,50 €.

Sur le site de l'ancienne oursinerie, vous avez la possibilité de vous installer sur une fabuleuse terrasse ombragée face à la mer… Au rythme des marais et de la saison, vous dégusterez les fruits de mer et les délicieuses préparations et douceurs « maison ». A la boutique vous emporterez pour prolonger le plaisir, les huîtres bien sûr, mais aussi les produits locaux et les coquillages vivants en viviers ! Vous retrouvez également tous ces produits aux marchés Médiéval de La Flotte et à La Rochelle. Fraîcheur, qualité, saveur sont au rendez-vous toute l'année.

Port de La Flotte.

IL GABBIANO €€

15, rue du Général-de-Gaulle
✆ 05 46 09 60 08

Pizzeria. Haute saison : ouvert tous les jours le midi et le soir. Réservation recommandée. Terrasse. Vente à emporter

Cette pizzeria, installée dans une ruelle en provenance du port est décorée aux couleurs de l'Italie. On vient ici découvrir des spécialités transalpines ! Vous pourrez les déguster en terrasse au cœur de la rue piétonne ou entrer dans la grande demeure rétaise. Les serveurs sont pour la plupart italiens et la carte l'est tout autant. Les stars sont évidemment les pizzas que l'on peut dévorer sur place ou emporter. Quelques plats sont inspirés par l'océan tout proche comme les moules à la marinière ou les seiches grillées. En dessert, le tiramisu est inévitable.

LES PIEDS DANS L'EAU €€

Avenue du Front-de-Mer
✆ 05 46 09 45 68

Fermé décembre-mars. HS : mercredi au dimanche 12h-14h/19h-21h30 ; lundi 12h-14h. Formules de 21,90 € à 25,90 €.

Ce restaurant mérite assurément une visite pour tous ceux qui veulent s'offrir un joli moment gourmand. Ce que l'on aime ici ? C'est évidemment la magnifique terrasse offrant une vue idyllique sur l'océan. Une fois installés ici, vous serez au calme, bercés par les embruns. Allez, regardons la carte ! Aucun doute, le chef se plaît à cuisiner des produits frais et de saison qui prennent place dans de jolies assiettes : galettes de blé noir, salade ou spécialités à base de fruits de mer. Ajoutons à cela, une carte des vins qui présentent quelques vins alternatifs.

LE RICHELIEU €€

44, avenue de la Plage
✆ 05 46 09 60 70
www.hotel-le-richelieu.com

Haute saison : tous les jours et les jours fériés le midi et le soir. Menu unique à 55 €. Formule : 45 €.

Non seulement le Richelieu est un hôtel plein de charme qui permet une pause relaxante au cœur d'un des villages rétais réputé pour son art de vivre, mais en plus c'est un restaurant de qualité. Le cadre est à la fois raffiné et idyllique, offrant une vue panoramique sur l'océan. La carte met en avant des produits frais et locaux laissant une grande place à la mer et ses richesses : huîtres, maigre de ligne de La Rochelle, seiche côtière. Les associations de saveurs sont originales, les produits cuits à la perfection et les viandes cuisinées avec soin.

CHEZ STEPH €

6, rue des Caillotières
✆ 05 46 68 71 62

Ouvert toute l'année. Horaires affichés ou disponibles sur le répondeur. Vente à emporter.

© CHEZ STEPH

Amateurs de pizzas, voilà une adresse à ne pas manquer ! En entrant dans ce petit local, vous serez chaleureusement accueillis par un artisan passionné. Les effluves ne trompent pas ! Chez Stéph, les pizzas sont de qualité. La pâte fine et pétrie sur place, elle est garnie de produits frais à l'image des œufs de plein air, du jambon blanc et des légumes. Surtout, Stéph s'adapte toujours pour le plus grand plaisir des gourmets ! La carte est vaste, pizzas à base de tomate, de crème fraîche et même des pizzas desserts au chocolat.

CHAI NOUS COMME CHAI VOUS €€€

1, rue de la Garde
✆ 05 46 09 49 85
www.chainouscommechaivous.com

En hiver, ouvert du vendredi soir au dimanche midi. Ouvert du vendredi au mardi de 12h30 à 13h30 et de 19h30 à 21h.

C'est l'un des restaurants qu'il faut vraiment tester dans le joli village de La Flotte. Le lieu est devenu au fil du temps le repère des gourmets, et vient d'ailleurs d'être récompensé et honoré d'une assiette Michelin. Le chef connaît à merveille les produits qu'il cuisine et affiche clairement ses fournisseurs. Cela se traduit par une carte qui met en avant des plats comme autant de trésors culinaires. Le résultat est à la hauteur avec des saveurs bien présentes.

L'ÉCAILLER €€€

3, quai de Sénac
✆ 05 46 09 56 40
www.lecailler-iledere.com
Ouvert toute l'année. BS : du mercredi au dimanche et les jours fériés le midi et le soir. HS : fermé le lundi.

La grande demeure rétaise ne laisse aucun voyageur indifférent. Si elle est passée entre les mains de nouveaux propriétaires, elle ne reste pas moins une adresse à retenir pour tous ceux qui veulent déguster des fruits de mer. On apprécie tout particulièrement l'accueil chaleureux, à l'écoute des clients. 2 espaces sont proposés, la grande terrasse qui offre une vue délicieuse sur les bateaux et la salle moderne donnant sur la verrière. Les plats sont d'une grande qualité avec des produits d'une rare fraîcheur cuisinés avec soin et des saveurs joliment présentes.

LA TARTENTIÈRE

2, rue des Culquoilés ✆ 05 16 85 49 85
www.latartentiere.com
Haute saison : du lundi au samedi 9h30 à 14h et 16h à 19h30. Tarte de 3/4 personnes dès 17 € ; 6/8 personnes dès 30 €.

Marc Bayet a deux passions : l'île de Ré et la cuisine. Après avoir passé 23 années aux commandes de son restaurant gastronomique il a décidé de quitter la Belgique pour se rendre sur l'île de Ré. Pour déguster l'une des tartes proposées, prenez la direction de la petite zone commerciale à l'extérieur de la ville. Poussez les portes de la petite boutique. On aime l'accueil chaleureux et surtout la qualité des tartes. Salées ou sucrées, elles sont confectionnées avec les meilleurs ingrédients ! Marc ne fait pas de surprises, son atelier est ouvert sur le comptoir !

ARNAUD RITZ : LES PINEAUX D'ARNAUD

Marché de la Flotte
✆ 06 58 06 83 09
Marché de La Flotte : 01/04 au 31/10 de 7h à 13h, tous les matins. du 01/11 au 31/03 de 8h à 13h week-end et vacances.

Au marché de La Flotte, lieu incontournable pour ceux qui visitent le village rétais, vous découvrirez quelques-uns des produits emblématiques du terroir rétais. Profitez de l'ambiance si particulière du marché pour vous laisser guider à travers les alcools proposés dont les fameux pineaux. On apprécie l'accueil souriant et les conseils judicieux d'Arnaud pour repartir avec la bouteille de vin et sa sélection de pineaux et cognac qui témoignent d'un palais affûté !

COFEE N CO

www.coffeenco.fr
Haute saison : tous les matins. Café à partir de 1,50 €.

Coup de cœur pour ce foodtruck installé sur le marché médiéval qui embaume de ses effluves. Eric et son fils proposent à tous de venir siroter un café d'exception et les amoureux du petit noir sont nombreux pour s'offrir une pause douceur. Chaque jour Eric propose de découvrir une nouvelle région du monde à travers un espresso et c'est un vrai bonheur pour les papilles. La recette tient à la fois à la qualité du produit et à sa torréfaction sur l'île de Ré. On peut aussi siroter un cappuccino, un café viennois, un thé nature ou glacé et acheter du café moulu.

CNPA ÎLE DE RÉ

Route de Saint-Martin
✆ 05 46 09 50 57
www.iledere-voile.com
Ouvert toute l'année. Stages à La Flotte de mars à novembre. Navigation le vendredi et le week-end toute l'année.

Cette association propose à tous de découvrir les joies de la navigation. Le centre nautique dispose pour cela de deux sites d'activité, l'un à La Flotte, l'autre à Rivedoux. Accueillant chaque année plusieurs centaines de pratiquants (les enfants dès 5 ans), il offre un lieu unique pour pratiquer la navigation libre. Il est possible de louer différents types de matériels : planche à voile, paddle, catamaran... Labellisé « École Française de Voile », le club offre un accueil de qualité, des installations pratiques et adaptées ainsi qu'un matériel diversifié.

ÉCOLE DE SURF (RÉ SURF)

6, rue Maxime-Dervieux
✆ 06 30 08 12 81
www.re-surf.com
Fermé déc.-avr. Stages (5x1h30) de 140 €. Cours de 1h30 de surf : de 35 € à 40 €. Cours particulier 1h à partir de 50 €.

Vantée pour ses plages de sable fin, l'île de Ré est aussi un territoire propice au surf en abritant un certain nombre de spots. Pour apprendre le surf, n'hésitez pas à fréquenter cette école. Depuis près de 10 ans, cette structure – la seule à être labellisée par la Fédération Française de Surf – accueille tout le monde, du simple amateur aux surfeurs plus aguerris. 2 sites : l'un à la plage du Gros Jonc au Bois Plage en Ré, l'autre à la plage du Lizay aux Portes en Ré, offrent de bonnes conditions de glisse. L'école propose des cours particuliers et des stages.

© MME GRAÇA

© MME GRAÇA

© CÉCILE GRAÇA

LA CHOCOLATIÈRE

1, rue du Marché
✆ 05 46 09 56 15

Basse saison : du lundi au samedi : 9h-12h30 et 14h30-18h30. Haute saison : tous les jours.

Installée dans une venelle à deux pas du marché médiéval, la Chocolatière propose bien des gourmandises ! Non seulement Cécile Graça offre un accueil sympathique, mais en plus elle fabrique elle-même ses chocolats de manière artisanale en sélectionnant des matières premières de qualité. A vous de choisir ! On ne manquera pas les inévitables tablettes allant jusqu'à 99 % de cacao, le fameux Chocosel, praliné à la fleur de sel, mais aussi les délicieuses guimauves enrobées de chocolats. En été, on délaissera le chocolat pour une glace sans colorant ni conservateur.

© MME GRAÇA

© MME GRAÇA

LES ÉCURIES DU MOULIN MOREAU

Route de la Noue ✆ 05 46 09 32 34
www.moulin-moreau.com

Ouvert toute l'année. Promenade en forêt (1h) dès 30 €. Promenade sur la plage pour débutants et confirmés (2h) : 60 €.

L'île de Ré constitue également un territoire tout à fait propice à l'équitation. Si vous désirez vous balader à cheval, vous pouvez vous rendre dans ces écuries idéalement placées en lisière de forêt à seulement 20 minutes de la plage des Grenettes et au cœur des vignes. Toute l'année, ce centre équestre accueille petits et grands en toute sérénité, leur permettant d'accéder à des installations adaptées. Bénédicte Lavaud et son équipe proposent des promenades à dos de poney.

LE BOIS-PLAGE-EN-RÉ ★

Situé sur la côte sud de l'île, cet ancien bourg vigneron est aussi l'une des plus anciennes stations balnéaires de l'île de Ré. Le village peut s'enorgueillir de disposer de 6 km de plages de sable fin appréciées des estivants ; deux sont d'ailleurs bien connues des familles désireuses de profiter d'agréables moments : Les Gollandières, pour sa vue sur Oléron, et la plage des Gros Joncs, labellisée Pavillon Bleu et vantée pour sa mer calme. Comme tous les autres villages rétais, le Bois Plage se découvre à vélo. Les venelles fleuries vous mèneront jusqu'au centre qui dispose de nombreux commerces et qui est le théâtre du plus grand marché de l'île !

OFFICE DE TOURISME LE BOIS-PLAGE-EN-RÉ

87, rue des Bargeottes ✆ 05 46 09 23 26
www.leboisplageenre-tourisme.com

Fermeture à 16h30 en d'avril à juin et de septembre jusqu'au 3 novembre. Ouvert le dimanche. Label Tourisme & Handicap.

Bienvenue dans la station balnéaire située au centre de l'île avec ses 6 km de plages labellisées pavillon bleu. Bienvenue à l'office de tourisme qui vous accueille toute l'année et vous propose une multitude de bons plans ! Hébergement, restauration, location de vélo, parcours de randonnées, horaires des marées et des mini-croisières et le riche patrimoine du village et de ses alentours. Savourez le lieu comme un plateau de fruits de mer qui regorge de crustacés, huîtres...

CYCLO-SURF

26, rue de l'Eglise
✆ 05 46 09 99 65
www.cyclo-surf.com

Ouvert tous les jours et les jours fériés de 9h30 à 12h30 et de 14h à 18h30.

Dès votre arrivée sur l'île, on vous conseille de louer un vélo. C'est le moyen de transport le plus adapté à ce territoire ! Cyclo-Surf est présent dans 8 villages rétais et notamment au Bois Plage. L'occasion est belle d'emprunter les venelles et les pistes cyclables pour rejoindre l'océan. La station balnéaire compte pas moins de 6 km de plages ! En entrant chez ce loueur, vous apprécierez les conseils pertinents. Vous n'avez plus qu'à choisir le vélo de vos envies. Vélos baby avec des stabilisateurs et si vous rêvez de partir en forêt, optez pour le VTT.

LES BOIS FLOTTAIS*** €€

Chemin des Mouettes ✆ 05 46 09 27 00
www.lesboisflottais.com

Fermé de novembre à mars. 19 chambres. Haute saison : chambre double de 117 € à 167 €. Location de vélos.

Les Bois Flottais c'est d'abord un lieu invitant à la détente dans une île vantée pour sa douceur de vivre. L'hôtel propose un bel accueil, mais aussi une décoration soignée. Quel plaisir de se détendre dans une atmosphère de bord de mer, mobilier marin et linge de maison blanc, dans une des chambres de plain-pied climatisées, des cocons avec vue sur la piscine. Pour poursuivre cette sensation, direction l'espace bien-être avec hammam qui propose des soins ciblés. Pour se balader, une seule envie : louer un vélo et partir sur l'une des nombreuses pistes cyclables.

LE CHAI €€

72, rue Saint-Exupéry
✆ 05 46 35 69 64
www.lechai-iledere.com

2 chambres. Suite à partir de 130 €. Petit déjeuner inclus.

Installée au cœur du village de Bois Plage, cette chambre d'hôtes est à la fois spacieuse et moderne. Anke vous réservera un accueil tout à fait chaleureux se montrant à la fois disponible et partageant avec les occupants quelques bonnes adresses. Propriété familiale, le chai offre deux chambres décorées avec soin possédant chacune une literie de qualité, une jolie baignoire, ainsi qu'une douche séparée. Après un petit déjeuner d'une rare gourmandise, vous profiterez de deux vélos mis à disposition pour vous promener ou d'un moment de détente dans le jardin clos.

HÔTEL RESTAURANT & SPA PLAISIR*** €€

56-57, avenue du Passage-des-Bœufs
✆ 05 46 09 00 26 - www.hotel-plaisir.com
Ouvert toute l'année. Chambre double de 89 € à 259 € ; Petit déjeuner : 16 €. Animaux acceptés (10 €).

Premier en France à être labellisé environnemental et décoré dans le style rétais, cet hôtel est joliment intégré dans l'environnement. Deux choix s'offrent à vous : séjourner dans l'une des 20 chambres ou dans l'espace meublé qui propose des appartements de location. Chaque chambre est confortable, climatisée et possède une terrasse privée et un salon de jardin appréciable durant les beaux jours. L'hôtel dispose d'un restaurant qui offre une ambiance à la fois moderne et feutrée.

HÔTEL-RESTAURANT SPA DE L'OCÉAN*** €€

172, rue de Saint-Martin
✆ 05 46 09 23 07
www.re-hotel-ocean.com
Fermé de début janvier à début février. 29 chambres. Chambre double de 85 € à 182 € ; Petit déjeuner : 14 €. Menu 24 €.

Le seul nom de cet hôtel invite au bien-être. Il fait bon flâner dans les ruelles du Bois-Plage pour arriver jusqu'à ce charmant établissement. La situation, au cœur de l'île de Ré, est idéale et les chambres, à la décoration rétaise est très agréable. Le soir, une seule envie : se ressourcer dans l'espace bien-être : modelage aux pierres chaudes, bien-être à deux... Le restaurant est à l'image de l'hôtel, un cadre ravissant qui permet de se délecter des produits de l'océan.

TRÉSOR DES DUNES €€€

4, chemin des Eridolles
✆ 05 46 09 73 32
www.tresordesdunes.com
Fermé du 15 novembre au 15 mars. Chambre double de 95 € à 195 €. Petit déjeuner inclus. Lit supplémentaire : 30 €.

Cette magnifique chambre d'hôtes invite vraiment au dépaysement. Installée au calme dans un univers boisé et à quelques pas de la plage, elle constitue une destination de charme. L'accueil de Roland est toujours agréable. A peine installés et vous tomberez sous le charme de ces grandes pièces pleines de cachet, offrant tout le romantisme attendu pour une escale à deux sur Ré la Blanche. La chambre Obione, une grande suite familiale, accueillera aisément une famille de 4 personnes tout comme la Lila avec sa terrasse privative donnant sur le parc.

LE MOULIN À CAFÉ €

18, rue Jean-Moulin
✆ 05 46 09 86 06
www.moulin-a-cafe.com
Fermé de novembre à début mars. BS : Fermé le lundi et mercredi HS : tous les jours midi et soir.

Ce restaurant est installé depuis de nombreuses années en plein cœur du village. On le trouve au détour d'une ruelle, sur une charmante place. L'occasion est belle de s'installer et de profiter d'un accueil très agréable et d'une terrasse ombragée. Le service est sympathique, la carte offrant un choix important permettant de faire plaisir à toute la famille. En été, une seule envie : dévorer des salades fraîcheur ou se faire plaisir avec des moules de production locale servies avec des frites. A vous de choisir votre recette : marinière, mouclade, chorizo.

BEACH BAR ILE DE RÉ €€

31, avenue de la plage
✆ 05 46 67 30 33
Mercredi au dimanche : 12h-14h30/19h30-22h30. HS : tlj 10h-1h30 (sauf mercredi). Carte : 20 € env. Menu enfant 10,50 €.

Ce restaurant porte bien son nom ! Installé à deux pas de la jolie plage des Gollandières, il permet aux gourmets de profiter d'un cadre résolument agréable. Un conseil, pensez à réserver car nombreux sont ceux qui veulent s'installer sur la terrasse en bois ! Que ceux qui déjeunent en salle gardent le sourire, le lieu est lumineux et permet d'être confortablement installé pour découvrir la carte. On y trouve tout ce qu'il faut pour se faire plaisir ! Entre amis, autour d'un verre de vin, on piochera dans la planche de charcuteries profitant de la musique.

EAU P'TIT BOIS €€

27, avenue de la Plage
✆ 05 46 00 94 04
Ouvert de février à mi-novembre. BS : du mardi au dimanche : midi. HS : tous les jours midi et soir. Terrasse.

Ce restaurant profite d'une situation très agréable, à quelques mètres seulement d'une magnifique plage rétaise, mais aussi proche d'un parking. Le cadre est idyllique avec une terrasse presque les pieds dans le sable dans laquelle on se sent bien ainsi que la salle joliment décorée. La carte, volontiers tournée vers l'océan est suffisamment grande pour que chacun trouve son plaisir avec toujours des produits frais et régionaux. A noter, la présence de l'un des coquillages les plus consommés durant l'été, les moules proposées en différentes recettes.

HÔTEL-RESTAURANT SPA DE L'OCÉAN €€

172, rue de Saint-Martin
✆ 05 46 09 23 07
www.re-hotel-ocean.com

De début mars à mi-novembre. Hs : jeudi-mardi midi et soir, mercredi soir. Formule du midi : 24 €.

Et si on s'offrait une escale gourmande en plein cœur de l'île de Ré ? Ce restaurant, installé à Bois-Plage-en-Ré, invite résolument à passer un joli moment autour d'une cuisine simple et inspirante qui suit le rythme des saisons. On apprécie la grande salle chaleureuse avec une cheminée qui ajoute une sensation de bien-être. Aux beaux jours, quel plaisir de se délaisser cette salle boisée pour de longues minutes de détente sur la terrasse sous une voile offrant une ombre bienfaitrice.

L'AILE DE RÉ €€

2, chemin de la Raise-Flottaise
✆ 05 46 09 29 87

BS : du mercredi au samedi midi et soir, dimanche midi. HS : le lundi et le mercredi le midi, tous les jours le soir.

Cette maison rétaise prend place dans un cadre agréable, au pied des vignes du Morinand, à quelques mètres seulement de la piste cyclable. L'accueil est à l'image du lieu, chaleureux. Il fait bon prendre place dans la salle avec sa décoration mêlant poutres apparentes et l'inévitable cheminée où le feu crépite. Au déjeuner, le restaurant propose une offre tout à fait sympathique avec une carte simple qui plaît à toute la famille. Les plats sont servis avec le sourire et l'on se délectera avec joie des viandes et poissons. Mention spéciale pour les desserts !

LES Q SALES €€

1, avenue de la Plage
✆ 05 46 66 59 13

Du mardi au dimanche 8h-15h, vendredi 18h30-22h. Carte 21 € environ.

Ce restaurant est depuis plusieurs années un bistrot dans lequel il fait bon s'arrêter pour siroter son café, boire un verre entre amis et déguster une cuisine traditionnelle. Le lieu est idéalement placé à proximité du marché, mais aussi des rues piétonnes. En entrant ici, vous serez charmés par la décoration, par l'accueil souriant et cette terrasse idéale pour profiter du moment. Le restaurant propose une cuisine artisanale qui fait la part belle aux poissons, cuisinés avec brio par le chef. La carte met aussi en valeur les autres produits frais de l'île de Ré.

LE JARDIN DE LYDIE

23, place de l'Eglise
✆ 05 46 09 40 41
www.lejardindelydie.com

La boutique est ouverte de février à novembre et pendant les vacances scolaires de la Toussaint. Le dimanche (en été).

Amateurs de confitures, voilà un lieu à ne pas rater lors de votre visite de l'île de Ré. La devanture verte ne laisse guère planer le doute, les pots mettent en lumière tout le terroir rétais. En entrant, vous profiterez d'un accueil chaleureux et serez charmés par l'atmosphère du lieu. Les confitures sont à l'image de cette boutique, résolument délicieuses, et pour s'en convaincre, il suffit de goûter... près de 70 parfums ! Difficile de faire son choix, car chaque saveur renvoie à un souvenir d'enfance avec l'incontournable fraise, mais aussi l'abricot...

MARCHÉ DU BOIS-PLAGE-EN-RÉ

Avenue de la Plage
www.leboisplage.com

Le mardi, le jeudi, le samedi et le dimanche de 9h à 12h30. Haute saison : tous les jours et les fériés de 9h à 13h.

En arrivant sur l'île, vous n'aurez sans doute qu'une envie : vous prélasser au bord de la mer. Mais avant de vous offrir ce doux moment, rendez-vous dans l'un des nombreux marchés. Celui du Bois plage est tout simplement le plus grand de l'île ! Sous les halles, une vingtaine de commerçants attend touriste et Rétais tandis qu'à l'extérieur une centaine de camelots sont présents. Véritable cœur battant du village, le marché vit toute l'année autour de son marché.

LA SAVONNERIE DE L'ÎLE DE RÉ

Route de la Plage
✆ 07 61 63 00 01
www.savonnerie-iledere.com

Ouvert de Pâques à fin septembre de 9h30 à 13h et de 16h à 19h.

L'île de Ré se prête idéalement à la flânerie, offrant une alternance de paysages entre plages et vignes. Au cœur des villages aux maisons blanches, se cachent de petites boutiques qui mettent en avant les produits d'ici. C'est le cas de cette savonnerie, une entreprise qui fabrique depuis 20 ans des cosmétiques à base de lait d'ânesse. L'accueil est agréable, les conseils intéressants permettant de trouver le produit de son choix parmi une large gamme de savons fabriqués avec ce lait.

© DR

© DR

© DR

VIGNERONS DE L'ÎLE DE RÉ

Route de Sainte-Marie © 05 46 09 23 09
www.vigneronsiledere.com

En avril, mai, juin, septembre : lundi à samedi 9h-12h/14h-18h. D'octobre à mars : lundi à vendredi 9h-12h/14h-18h.

N'hésitez pas à vous arrêter dans cette coopérative pour découvrir l'une des richesses de l'île : le vin. Au même titre que la culture du sel ou l'élevage des huîtres, la viticulture est une activité ancestrale sur Ré. Pour acheter quelques bouteilles ou découvrir les secrets de fabrication du pineau, vin et cognac : poussez les portes ! L'accueil est agréable, et la visite de la distillerie permet à chacun de découvrir les chais de vieillissement avant de participer à une dégustation. On y vient pour dénicher des vins de cépages, mais aussi des vins d'assemblage.

© DR

© DR

SAINT-MARTIN-DE-RÉ ★★★

Saint-Martin-de-Ré, considérée comme la capitale de l'île de Ré a tiré sa prospérité du commerce et de la pêche dès le Moyen Age. C'est la commune la plus riche de l'île au niveau architectural, comme en témoignent ses belles maisons bourgeoises, ses hôtels particuliers, les portes de Thoiras et des Campani. Du bourg médiéval subsistent trois rues parallèles qui descendent vers le port. Organisé autour de son port, c'est un lieu de visite incontournable pour les locaux et les touristes. Pour avoir un bon aperçu de la ville, il faut prendre le temps de longer la citadelle et les remparts, parcourir le centre et ses venelles fleuries. L'histoire de cette cité est également associée à celle du bagne de Cayenne, étape obligatoire de l'expiation de 70 000 hommes. En effet, de 1874 à 1938, Saint-Martin devient le lieu de rassemblement des bagnards avant leur acheminement vers la Nouvelle-Calédonie et surtout la Guyane. À visiter : les fortifications Vauban construites à la fin du XVIIe par Sébastien Le Prestre de Vauban, alors ingénieur du Roi Louis XIV. Les murailles et bâtisses sont restées intactes. La prison et la Citadelle qui sont aujourd'hui la plus importante maison pénitentiaire de France. Elle ne se visite pas... Le clocher Observatoire qui offre un panorama unique sur la ville fortifiée, mais aussi sur l'ensemble de l'île. Le musée Ernest Cognacq qui propose une lecture des temps forts qui ont façonné l'identité de l'île. Le port qui est l'élément phare du village !

LE CLOCHER DE L'ÉGLISE SAINT-MARTIN ✞ ★

Centre bourg
✆ 05 46 09 58 25

Ouvert de février au 11 novembre et pendant les vacances de Noël. Tlj dès 10h. Adulte : 2,05 €. De 11 à 15 ans : 1,05 €.

Cette visite est unique ! Avec le Phare des Baleines, le clocher est l'autre manière de prendre un peu de hauteur et d'admirer l'île de Ré autrement. Faites quelques pas dans une venelle jusqu'à l'église. Cet échauffement vous permettra d'affronter sans sourciller l'escalier en colimaçon qui vous mènera jusqu'en haut du monument. La montée est relativement facile et surtout elle permet de s'offrir une vue panoramique de Saint-Martin-de-Ré. Un conseil, n'oubliez pas l'appareil photo.

LES FORTIFICATIONS ★

Ouverture toute l'année.

On vient à Saint-Martin pour flâner dans les venelles fleuries qui mènent au Vieux port enserré dans les fortifications. Les fortifications surprennent par leurs dimensions, 14 km de remparts. Edifiées entre 1681 et 1685, elles s'appuient sur une vaste citadelle transformée en prison au XIXe siècle et qui fut jusqu'en 1938 le lieu de départ des prisonniers vers le bagne. La citadelle est classée au Patrimoine mondial de l'Unesco dans le Réseau des sites majeurs Vauban. Aujourd'hui, les remparts offrent une vue sur l'océan et parfois même sur le clocher d'Ars.

MUSÉE ERNEST COGNACQ - HÔTEL DE CLERJOTTE ★

Avenue Bouthillier ✆ 05 46 09 21 22
www.musee-ernest-cognacq.fr

Fermé tous les mardis. Juillet et août : 10h-19h. Novembre-mars : Ouvert uniquement pendant les vacances scolaires.

Ce musée porte le nom du fondateur de La Samaritaine, né à Saint-Martin. Classée monument historique depuis 1929, cette noble demeure est considérée comme le plus bel exemple d'architecture civile de l'île de Ré. Elle abrite une impressionnante collection d'objets d'art, d'ethnologie et de documents anciens. L'occasion est belle de se replonger dans cette partie de l'histoire à travers des objets et des œuvres et avant de poursuivre son périple sur les fortifications rétaises.

PLAGE DE LA CIBLE

Ouvert toute l'année.

La plage de la Cible, unique plage de Saint-Martin-de-Ré s'étend sur environ 200 m. En période estivale, vous y trouverez des cabines de bain blanches, un restaurant et une école de voile. La plage est située à environ 700 m du vieux port. Plage surveillée en saison avec un parking gratuit, un plongeoir et des sanitaires. Également vous y trouverez une école de voile, une aire de jeu et de pique-nique, de quoi pratiquer le surf, la voile, la pêche à pied, le kitesurf, le cerf-volant. La plage qui est certifiée « qualité eaux de baignade ».

OFFICE DE TOURISME SAINT-MARTIN-DE-RÉ

Avenue Victor-Bouthillier ✆ 05 46 09 20 06
www.iledere.com
BS : 7j/7 de 9h30 à 18h ; le dimanche de 9h à 13h et de 14h à 17h. HS : 7j/7 de 9h30 à 19h ; le mardi de 9h30 à 21h30.

Dès le passage du pont, vous apercevez la pointe élancée du clocher de Saint-Marie-de-Ré qui vous guidera vers la côte sud de l'île. La commune est l'une des plus anciennes de l'île, sa construction remonte à l'époque médiévale. Ici, le mieux est « d'abandonner » sa voiture et de se précipiter sur un vélo, moyen de locomotion idéal sur l'île. Il y a tous les genres, tous les styles. L'office avec son équipe dynamique se fait un plaisir de vous informer sur tous ces bons plans !

CYCLO-SURF

Avenue Bouthillier
✆ 05 46 09 08 28
www.cyclo-surf.com
Tous les jours et les jours fériés de 9h30 à 12h30 et de 14h à 18h30. Vélo enfant ou adulte.

L'île de Ré est un territoire particulièrement propice aux balades. On peut évidemment flâner dans le parc de la Barbette en admirant les fortifications, mais le meilleur moyen de partir à la découverte des paysages rétais est inévitablement le vélo. Pour en louer un, pas d'inquiétude. Deux agences Cyclo Surf sont installées à Saint-Martin-de-Ré, chacune se trouvant à une extrémité du village. Laissez-vous guider par un personnel professionnel qui non seulement vous accueille avec le sourire, mais vous donne aussi des conseils judicieux. À vous de choisir le vélo.

LE CLOS RHÉA €€

29-31, rue de l'Hôpital
✆ 05 46 09 07 16
www.residence-rhea.fr
Chambre double de 71 € à 149 € ; chambre triple de 129 € à 179 € ; studio / appartement de 280 € à 2 499 € la semaine.

Cette résidence, située à quelques pas du centre de Saint-Martin-de-Ré, constitue un havre de quiétude. Tout ici invite à passer un joli moment, l'accueil chaleureux des propriétaires et bien sûr, les chambres disposant de tout le confort nécessaire. Chambre et appartement offrent un cadre élégant, une ambiance marine raffinée et le charme de l'ancien. Vous disposez d'une piscine chauffée et de son solarium, d'un parc fleuri et de jeux pour enfants. L'espace bien-être permet de profiter d'un moment au sauna ou hammam, de soins et de massages.

HÔTEL LE GALION*** €€

Allée de la Guyane
✆ 05 46 09 03 19
www.hotel-legalion.com
Basse saison : chambre double de 105 € à 160 €. Haute saison : chambre double de 130 € à 195 €. Ouvert toute l'année.

C'est assurément l'un des hôtels offrant un cadre des plus agréables pour tous ceux qui souhaitent séjourner à quelques pas du port de Saint-Martin. Vous le trouverez face aux remparts de Vauban (classés à l'Unesco) et à proximité immédiate des restaurants. L'accueil est charmant, le personnel cherche à satisfaire les clients qui prennent place dans l'une des 29 chambres dont 22 proposent une vue idyllique sur l'océan. Après une balade en vélo, une seule envie, se détendre dans le salon zen qui marie toiles contemporaines et art asiatique.

Saint-Martin-de-Ré.

HÔTEL DE TOIRAS••••• €€€

1, quai Job-Foran
✆ 05 46 35 40 32
www.hotel-de-toiras.com

Ouvert toute l'année. 20 chambres (dont 9 suites). Chambre double à partir de 250 € ; suite dès 450 €. Animaux acceptés.

Quel plaisir d'entrer dans cette demeure du XVIIe siècle, située sur le port de Saint-Martin-de-Ré. L'hôtel constitue un véritable havre de paix. Ici, le personnel se montre attentif à vos moindres désirs. Les bagages vous attendront dans l'une des 20 chambres, chacune portant le nom de personnalités originaires de Charente-Maritime. Passer une nuit dans ces chambres, c'est s'offrir une parenthèse charmante, dans une atmosphère cocooning. L'hôtel dispose d'un restaurant de qualité : la Table d'Olivia où officie le chef Thibaut Peyroche, un véritable passionné.

LA BARONNIE HÔTEL & SPA•••• €€€

21, rue de Baron-de-Chantal ✆ 05 46 09 21 29
www.hotel-labaronnie.com

23 chambres de 179 à 535 €/nuit. Spa avec bassin de nage à contre-courant, jacuzzi et sauna. Soins visage et corps.

Passionnément préservée, la demeure du XVIIIe siècle cultive un art de vivre qui n'appartient qu'à elle. Toutes différentes, ses 23 chambres et suites s'inspirent du raffinement des Lumières. Le Spa Cinq Mondes est un temple où s'abandonner à une merveilleuse détente, dans le bassin de nage ou entre les mains d'une esthéticienne. Au Bar, place à la convivialité d'une carte de qualité ouverte à tout. La Villa Baronnie offre les attraits d'une location privée avec un service 4 étoiles.

LE CLOS RHÉA €€

29-31, rue de l'Hôpital
✆ 05 46 09 07 16
www.residence-rhea.fr

Chambre double de 71 € à 149 € ; chambre triple de 129 € à 179 € ; studio / appartement de 280 € à 2 499 € la semaine.

Cette résidence, située à quelques pas du centre de Saint-Martin-de-Ré, constitue un havre de quiétude. Tout ici invite à passer un joli moment, l'accueil chaleureux des propriétaires et bien sûr, les chambres disposant de tout le confort nécessaire. Chambre et appartement offrent un cadre élégant, une ambiance marine raffinée et le charme de l'ancien. Vous disposez d'une piscine chauffée et de son solarium, d'un parc fleuri et de jeux pour enfants. L'espace bien-être permet de profiter d'un moment au sauna ou hammam, de soins et de massages.

BEN HUR - CHAR À HUÎTRES €

✆ 06 99 21 20 73

Ouvert de mai à mi-octobre : du vendredi au mardi midi et soir, et le mercredi : midi. Terrasse. Animations.

Un bateau posé au cœur du parc de la Barbette ? Non, vous ne rêvez pas, Tony a choisi de s'installer dans un lieu idyllique pour s'offrir une pause déjeuner. Non loin des remparts, on profite ici d'un accueil chaleureux, d'un lieu authentique et de la nouvelle terrasse couverte. Pas de grande carte, mais plutôt une petite ardoise où sont inscrits des plats océaniques à un tarif abordable. Le chef les cuisine joliment, donnant l'occasion de déguster en terrasse des langoustines à la plancha, une papillote de vanets, et même des tentacules de poulpes marinés !

LE BISTROT DU MARIN €

10, quai Nicolas-Baudin
✆ 05 46 68 74 66
HS : fermé le jeudi. BS : fermé mercredi et jeudi. Midi : dernier service à 15h30, Soir : dernier service à 22h30.

Voilà un lieu atypique qu'il ne faut pas hésiter à fréquenter pour tous les voyageurs de passage à Saint-Martin. Installé sur l'îlot, ce bistrot de marin fait le bonheur de ceux qui veulent boire un café en profitant de l'ambiance iodée, mais aussi déjeuner dans une salle à la décoration marine. L'adresse est franchement conviviale et très prisée des locaux. On apprécie l'accueil toujours aussi chaleureux et on ressent l'envie de prendre son temps. Mais au fait qu'est ce qu'on grignote ? Saucisson, rillettes de thon et chèvre frais et bien sûr les huîtres.

CRÊPERIE LA SARRASINE €

4, quai Nicolas-Baudin
✆ 05 46 09 28 92
Ouvert de février à mi-novembre et vacances de Noël. Basse saison : fermé mercredi. Haute saison : 7/7 de 12h à 22h.

La Sarrasine tient bon la barre depuis plus de 30 ans ! Une longévité qui a valeur d'exemple ! On apprécie le rapport qualité-prix et le service par une équipe jeune sympa. Ils sont nombreux à s'installer sur la terrasse profitant du cadre et d'une vue sur Saint-Martin. A la carte ou à l'ardoise, la lumière est mise sur les galettes. Autre alternative, des grillades : andouillette, entrecôte de qualité, des suggestions du moment hors saison, et des huîtres, île de Ré. En dessert, le café gourmand aux pâtisseries maison reflète le talent du chef.

AU POT D'ÉTAIN €

19, rue Jean-Jaurès
✆ 05 46 09 33 40
Ouvert toute l'année. Fermé le mardi (hors vacances scolaires) et 7j/7 en juillet/août et pendant les vacances scolaires

Cette crêperie est bien connue des Rétais. Depuis près de 40 ans, une même famille est aux commandes de l'établissement, un gage de qualité ; surtout que la concurrence en matière de crêperies ne manque pas ! Le Pot d'Étain affiche une décoration campagnarde avec des poutres apparentes, de grandes tables en bois et une cheminée dans laquelle crépitent en hiver quelques bûches. L'île de Ré s'affiche partout : des ânes, des marins et les marais salants parsèment le mur. Plusieurs formules sont proposées permettant à tous de se faire plaisir à un prix raisonnable.

AUBERGE PAYSANNE DE LA MER €€

Le Vert Clos
✆ 06 83 08 20 38
Cabane ostréicole avec dégustation de fruits de mer : bulots, huîtres, crevettes... Haute saison : ouvert 7j/7.

Cette cabane – la première en France à avoir obtenu e label « Auberge Paysanne de la mer » – est un lieu idéal pour déguster des fruits de mer. Sophie et Jacky Sury produisent des huîtres naturelles. Tout est fait pour se sentir bien : l'accueil, le lieu, des fruits de mer et poissons d'une grande qualité. C'est face à la l'océan, que vous dégusterez avec bonheur huîtres, plateaux de fruits de mer, langoustines, palourdes, araignées de mer. Coup de cœur assuré !

LA BALEINE BLEUE €€

4, quai Launay-Razilly
✆ 05 46 09 03 30
www.baleinebleue.com
Haute saison : fermé le lundi. Menu à 29 €. Menu enfant : 14 €.

Ce restaurant profite d'un excellent emplacement, au cœur du port de Saint-Martin-de-Ré. Situé sur l'îlot, il permet de s'offrir un repas au calme. Quel plaisir de s'installer sur la terrasse en bois, humant l'air iodé, ou à l'étage pour profiter d'une vue agréable sur le port. Au déjeuner, plusieurs formules sont proposées, dont le menu du jour qui permet de se régaler sans cependant avoir le choix. Entre amis, on partagera des tapas marines avec un verre de vin, en famille on se fera plaisir autour des plats joliment cuisinés qui mettent en avant l'océan.

LES EMBRUNS €€

6, rue Chay-Morin
✆ 05 46 66 46 31
lesembruns-iledere.com
Haute saison : du mercredi au lundi de 19h15 à 23h. Réservation recommandée. Menu unique à 32 €.

Ce restaurant est un véritable paradis pour les papilles et il fait bon prendre place dans salle. Pour être l'heureux élu, mieux vaut réserver car il n'y a que 13 tables, chacune portant le nom d'un village. En entrant, vous aurez l'impression de vous retrouver dans un bateau alors qu'en terrasse vous profiterez de la douceur de l'île. Les entrées sont riches en saveur, les plats poursuivent ce même émerveillement avec des plats aussi esthétiques que délicieux. Les desserts terminent cette douce valse : crème brûlée au thé vert ou ardoise au rythme du marais.

MADAME SARDINE €€

49, quai de la Poithevinière
✆ 05 46 35 54 28
Haute saison : ouvert 7j/7 midi et soir. Menu enfant 11,20 €. Plats de 11,20 € à 23,80 €, Huîtres de 12,30 € à 23,40 €.

Ce restaurant dispose d'un emplacement tout à fait intéressant au cœur du joli port de Saint-Martin. L'avantage, c'est qu'il est situé au bout du quai. On apprécie l'accueil chaleureux et la décoration atypique avec tables et chaises chinées. La carte est suffisamment large pour que chacun trouve son bonheur. En entrée, on s'éveille les papilles avec quelques plaisirs culinaires. La mer a évidemment toute sa place : rillettes de sardines ou de maquereaux fumés, tarama au corail d'Oursin et les huîtres de pleine mer. On trouve aussi des spécialités régionales.

LE TOUT DU CRU €€

16, quai Job-Foran
✆ 09 52 90 60 00
www.tout-du-cru.fr
BS : du mercredi au lundi 11h-21h30. Haute saison : tous les jours 11h-23h. Huîtres fines de Ré de 10 € à 29 €.

Dans ce lieu authentique, on propose ce qui se fait de mieux en Charente-Maritime : petit fagot à la rétaise, grillons charentais ou encore farci poitevin à l'ancienne et surtout des huîtres, des langoustines, des homards, des crevettes ou autres tourteaux. À l'extérieur, on prend place autour de tonneaux et de petites tables tandis qu'à l'intérieur, c'est le littoral rétais qui se dévoile. L'accueil est agréable et les produits trahissent à eux seuls ce que l'île fait de meilleur. Il y a aussi du poisson comme le saumon façon gravlax ou le filet de hareng fumé.

O PARLOIR €€

20, cours Vauban
✆ 05 46 69 50 42
Ouvert tous les jours de 12h à 14h30 et de 19h à 22h30. Carte : 25 € environ.

Ce restaurant propose tout simplement un cadre unique. Imaginez-vous, aux beaux jours, prendre place en terrasse, profitant de l'ombre bienfaitrice d'un grand cerisier. N'oubliez pas de réserver si vous voulez avoir cette chance. Rassurez-vous, l'intérieur est tout aussi joliment décoré avec des meubles chinés et de grandes peintures. Le repas se déroule dans une ambiance rare. Deux menus, des formules repas et même une palette pour découvrir les produits de la mer. On ne peut pas décemment partir sans avoir dévoré un dessert ? Une adresse à retenir !

LA BARONNIE HÔTEL & SPA

21, rue de Baron-de-Chantal
✆ 05 46 09 21 29
www.hotel-labaronnie.com
Bar de l'hôtel ouvert à tous de 16h30 à 23h.

Le Bar et son salon forment un trait d'union entre la vaste cour pavée de l'hôtel et un jardin offert tel un secret révélé, magnifique enclave verte et fleurie réservant à ses hôtes la magie d'instants suspendus. A la carte, vins prestigieux, champagnes et spiritueux, mais aussi cocktails, compositions d'un barman aimant partager ses découvertes. Le Bar est ouvert à tous. Autre moment, autre plaisir : certains dimanches, un Brunch accompagne les réveils tardifs. Une parenthèse généreuse à savourer sur la longue table d'hôte ou la terrasse ensoleillée et fleurie.

LE PHARE €€

4, Quai de Bernonville
✆ 05 46 35 78 72
Ouvert du lundi au dimanche : midi et soir. Formule 29,90 €.

Ce restaurant est situé au cœur de l'îlot au centre du port de Saint-Martin-de-Ré. Sa situation lui vaut d'être souvent fréquenté par tous ceux qui veulent siroter un café ou un déjeuner en s'installant sur la grande terrasse. Le lieu invite résolument à s'offrir une pause iodée en admirant les bateaux et les vieilles pierres, même depuis la salle. L'accueil est sympathique, le service efficace ! La carte est grande, dans l'esprit brasserie et pizzeria, permettant à toute la famille de se faire plaisir : salades composées, hamburger, moules frites et... pizzas.

LE CERVANE

10, quai Launay-Razilly
✆ 05 46 09 20 24
www.lecervane.com
Ouvert tous les jours de 12h à 2h. Tapas à partir de 4,80 €. Formule apéro (1 sangria + 1 tapas froide) : 7,80 €.

Ce bar-restaurant dispose d'un emplacement de choix, un peu à l'écart de l'agitation du port, sur l'îlot. L'occasion rêvée de prendre place sur une grande terrasse et de découvrir les spécialités basques et espagnoles. Tapas chaudes ou froides (filets d'anchois marinés, friture d'éperlans) à déguster. Entre amis, on en profitera pour commander plutôt une assiette ou un plateau et ainsi découvrir plus encore cette cuisine ibérique. Le restaurant propose également de déguster des produits plus locaux, fruits de mer cuits à la plancha, huîtres de Ré et les moules.

© CLOS RHÉA

© SONIA GILLIS

© SONIA GILLIS

LE CLOS RHÉA

29-31, rue de l'Hôpital ✆ 05 46 09 07 16
www.residence-rhea.fr

Espace « bien-être et beauté » : Accès espace détente pour 2 personnes 25 €, Soin du visage de 45 € à 125 €

Cette résidence propose un hébergement confortable ainsi qu'une alternative à la cure de thalassothérapie classique. On peut passer une nuit ou plus dans une des chambres proposées. On profite ici d'une piscine chauffée à partir du mois d'avril, du solarium orienté au sud et d'un espace détente et bien être. Il est possible de profiter d'un accès privatisé d'une heure pour deux pour s'adonner aux joies de la balnéothérapie, du sauna et hammam. Un vrai moment de relaxation : modelage Lomi Lomi Hawaïen enveloppant, gommage au savon de Delbi, modelage détente aux huiles essentielles.

© CLOS RHÉA

© CLOS RHÉA

LE CUBANA

12, Venelle de la Fosse Braye
✆ 06 99 21 20 73
Basse saison : du jeudi au samedi de 20h à 2h. Haute saison : tous les soirs à partir de 18h. Tapas, planches, cocktail.

Les Rétais connaissaient déjà Tony Fricot pour son char à huîtres installé au cœur du parc de la Barbette qui propose de délicieux fruits de mer. Désormais, il est à la tête d'un bar mythique, réputé pour son ambiance musicale : le Cubana. A quelques pas du parc et du port, le lieu atypique s'est offert une renaissance qui ravira les amateurs de musique latino et tous ceux voulant passer une belle soirée. L'endroit, chaleureux, propose un large choix musical à découvrir en sirotant un cocktail, en dévorant tapas et planches de charcuteries, notamment en terrasse.

ÎLE DE RÉ CHOCOLATS

15, avenue de Philippsburg
✆ 05 46 68 72 40
www.iledere-chocolats.com
Basse saison : du mardi au samedi 9h30-13h et 15h-19h. Haute saison : du lundi au samedi de 9h30 à 13h et de 15h à 19h.

Sur l'île de Ré, on peut aussi se faire plaisir avec des chocolats de qualité. Une seule adresse : Saint-Martin-de-Ré où trône depuis 25 ans une institution gourmande. Ici sont fabriquées de façon artisanale de nombreuses spécialités. Pour en savoir plus, profitez des visites découvertes gratuites avec démonstration d'un chocolatier qui ont lieu tous les jours durant la haute saison. On craque sur les tablettes de la gamme bio, les nombreuses spécialités régionales (huîtres en chocolat, galet en nougatine, œufs de mouette) et les inévitables caramels !

LA MARTINIÈRE

19, quai de la Poithevinière
✆ 05 46 09 20 99
www.la-martiniere.fr
Tous les jours 10h30 à 21h30. HS jusqu'à 23h. Cornet gaufrette maison : 1 boule 3 € ; 2 boules 3,90 € ; 3 boules 4,50 €.

En flânant sur le port de Saint-Martin, vous aurez sans doute envie de vous arrêter chez ce glacier, l'un des meilleurs de France. Il constitue l'une des adresses bien connues des touristes. Plus de 60 parfums et des glaces aux textures typiques à déguster dans un petit pot et avec l'inévitable cornet gaufrette à la fleur de sel. Et si vous êtes gourmand, commandez une boîte d'un litre pour emporter chez vous votre glace préférée. A noter, à quelques pas de là, dans une venelle typique, se trouve un autre magasin : l'Atelier qui propose un choix de déserts glacés.

LE MOULIN DU PUITS SALÉ

3, cours Bailli-des-Ecotais
✆ 05 46 67 87 56
www.le-moulin-du-puits-sale.com
Ouvert du jeudi au mardi de 10h à 13h et de 15h à 19h. Fermé le mercredi. Épicerie fine de qualité.

Cette boutique vous séduira grâce à sa vitrine toujours aussi soignée et son patio fleuri. En entrant, vous ferez la connaissance de Pascal Lemoine qui vous réservera un accueil agréable, vous guidant dans cet endroit dédié aux plaisirs des sens. L'épicerie fine recèle de nombreux produits du terroir comme les sels aromatisés de l'île de Ré mais aussi des confitures, chocolats... Les produits sont de qualité et parfois surprenants comme le vinaigre de pineau et l'huile d'olive. On peut même prendre soin de son corps avec la gamme Léa nature au lait d'ânesse.

LA SAVONNERIE DE L'ÎLE DE RÉ

24, rue Jean-Jaurès ✆ 07 61 63 00 01
www.savonnerie-iledere.com
Ouvert tous les jours 10h-19h d'avril à fin septembre 10h-19h. L'hiver : les week-ends et vacances scolaires.

C'est l'une des boutiques qu'il faut visiter ! Elle fait la part belle à l'âne, cet animal que connaissent bien les Rétais et qui promène encore petits et grands dans le parc de la Barbette. En flânant, vous apercevrez une peluche qui indique l'entrée de l'échoppe. On apprécie l'accueil chaleureux et les parfums qui donnent envie d'acheter un des savons. La qualité ne fait pas défaut, il faut dire que l'entreprise familiale réalise des savons au lait d'ânesse depuis plus de 10 ans.

LES ÂNES EN CULOTTE

Parc de la Barbette
✆ 06 08 57 25 94
www.ane-en-culotte.com
Ouvert d'avril à la Toussaint. Fermé en cas de pluie. Entrée : 3 € (parcours 300 m environ).

De passage à Saint-Martin-de-Ré vous aurez tout loisir d'apprécier le port, les venelles fleuries, mais aussi le parc de la Barbette, terrain de jeux des ânes ! M. Léau a choisi ce cadre naturel préservé, à deux pas du village, pour s'installer avec des animaux qui font partie du patrimoine rétais. Les enfants sont évidemment les bienvenus. Ils pourront non seulement observer ces animaux – toujours vêtus de leur culotte – mais aussi les caresser. A partir du mois d'avril, Régis et Jérémiah emmèneront votre loulou pour une balade bucolique sur les sentiers du parc.

LA COUARDE-SUR-MER ★

Village pittoresque, situé au cœur de l'île de Ré, La Couarde fait le lien entre la partie nord et le continent. Point de passage pour insulaires et touristes avant de rejoindre la presqu'île de Loix et Saint-Clément-des-Baleines, la cité mérite une visite ! La station balnéaire accueille les amateurs de bains de mer avec son immense plage. Longue de 5 km, cette étendue de sable fin s'étend sur la partie sud et se prête idéalement à la pratique d'activités nautiques, à la pêche à pied ou à la balade le long du sentier. Le village est authentique avec des ruelles bordées de maisons blanches et menant jusqu'au kiosque à musique – le dernier de l'île.

PLAGES DE LA COUARDE

✆ 05 46 29 82 89

Ouvert toute l'année. Sous surveillance en période estivale.

Si ce village rétais est connu pour ses venelles fleuries et son carrousel, il est surtout apprécié pour ses plages. La commune en compte 8, toutes différentes mais chacune appréciée. Il est vrai qu'elles sont souvent citées comme étant les plus belles de l'île avec leurs eaux cristallines et leur sable fin. A chacun sa plage ! Les familles se rendent au Peu Ragot, proche du centre-ville et des marchés. Les surfeurs prennent la direction de la Pergola, spot réputé et les amateurs de sports nautiques la plage des Prises équipée d'une rampe d'accès et de sanitaires.

OFFICE DE TOURISME LA COUARDE-SUR-MER

Rue Pasteur ✆ 05 46 29 82 93

www.iledere.com

En saison : ouvert du lundi au samedi de 9h30 à 13h30 et de 14h30 à 17h30. Ouvert 6j/7 toute l'année.

Station balnéaire atypique au cœur d'une nature préservée, c'est la meilleure description que l'on peut donner sans oublier son incroyable labyrinthe de venelles fleuries ! Ce village vous ravira par sa situation privilégiée dans l'île de Ré, point de départ idéal de toutes vos balades. N'oubliez pas de faire un détour au kiosque à musique, le dernier de l'île, et d'assister à de nombreux concerts en été. L'équipe de l'office est à votre entière disposition pour tous renseignements.

CYCLO-SURF

16, avenue d'Antioche et 23 bis avenue du Mail

✆ 05 46 29 92 78

www.cyclo-surf.com

Tous les jours 9h30-12h30 et de 14h-18h30. Vélo adulte confort 11 €/jour, VTT 13 €/jour, vélo électrique 29 €/jour.

Avec ses venelles fleuries et de sa plage de sable fin, le village de la Couarde est le lieu idéal pour la pratique du vélo. Nous vous conseillons de vous rendre dans l'une des deux agences de ce loueur de vélo bien connu des voyageurs ! Facilement accessibles, ces deux points de location offrent un accueil agréable. L'occasion de partir en balade sur l'un des vélos disponibles à la location : VTT pour des sentiers de découverte, Eco pour ceux qui ont un petit budget ou Electrique pour pédaler sans effort. Il est possible de réserver directement en ligne.

LE VIEUX GREEMENT*** €€

13, place Carnot

✆ 05 46 29 82 18

www.levieuxgreement.com

Ouvert d'avril à novembre. Chambre double de 90 € à 140 €, Suite de 170 € à 210 €. Petit déjeuner : 13 €.

La localisation de cet hôtel – un établissement historique – est très intéressante, en plein cœur de la petite station balnéaire, offrant au voyageur de larges possibilités. Claire et Laurent proposent un accueil sympathique, permettant de passer un séjour très agréable. Les chambres constituent une halte bienfaisante avec une décoration rétaise, lit double, climatisation et vue sur la terrasse ou le patio. Elles sont réparties côté place Carmot ou côté patio, une jolie cour à l'intérieur de l'hôtel. L'hôtel dispose d'un bar à vins avec une centaine de références.

LE BALAOU €€

Avenue de Nouralène

✆ 05 46 29 86 07

Fermé novembre-février. Ouvert du mardi soir au dimanche le midi et le soir. Carte : 20 € environ.

Ce restaurant profite d'une belle situation, à proximité de la jolie plage du Peu Ragot. Quel plaisir de s'installer sur la jolie terrasse ombragée, très appréciable lors des chaudes journées d'été. C'est véritablement le lieu où venir déguster une cuisine tournée vers la mer parsemée de notes exotiques. La carte est courte, les produits frais et les plats joliment inventifs. Le menu du midi est un vrai plus pour se faire plaisir à petit prix ! Côté desserts, les gourmands peuvent dévorer un moelleux au chocolat coulis de mangue ou un baba au rhum.

ÎLE DE RÉ

LA CABINE DE BAIN €€

31, Grande-Rue

✆ 05 46 29 84 26

Fermé du 15 novembre au 15 mars. Fermeture le mercredi d'avril à septembre. Haute saison : tous les jours.

Ce restaurant est installé au cœur de la rue piétonne. Le lieu est idéal pour s'offrir une pause culinaire pour tous les flâneurs qui se sont laissé bercer par l'atmosphère du village. En entrant, vous serez séduits par l'accueil mais aussi par une salle offrant un cadre cosy. La carte offre un choix limité, car ici sont cuisinés des produits frais et de saison. Au déjeuner, on optera pour le plat du jour ou le poisson, tous sont cuits minute. Le soir, la carte s'agrandit, permettant à chacun de se faire plaisir avec des produits locaux et des desserts gourmands.

LA PERGOLA €€

32, route de Joachim ✆ 05 46 29 86 21

www.lapergola-iledere.fr

Ouvert à partir de la fin du mois d'avril les week-ends. Haute saison : ouvert tous les jours de 19h30 à 23h.

Vous ne connaissez pas la Pergola ? Pourtant, ce bar de plage ou night-club est ouvert depuis le 1er juillet 1936 ! On aime y venir pour s'amuser. Touristes, Rhétais peuvent danser dès 22h30 sur des musiques branchées et même goûter aux joies d'une pétanque. Maison de vacances plus que discothèque, la Pergola dispose de deux bars extérieurs et un bar intérieur. Mais ici on ne fait pas que s'amuser, on peut aussi dîner... les pieds dans le sable. On apprécie les entrées qui mettent avant les produits de la mer à l'image du tartare de thon de Saint-Jean-de-Luz...

LA PERGOLA

32, route de Joachim

✆ 05 46 29 86 21

www.lapergola-iledere.fr

Entrée libre. Fermé d´octobre à mars. Haute saison : ouvert tous les jours de 23h à 5h.

Les noctambules connaissent bien ce night-club créé en 1936 ! Non seulement c'est l'une des dernières discothèques de l'île de Ré, mais en plus elle profite d'une situation particulièrement appréciée, à deux pas de la plage du même nom. Le lieu est idéal pour faire la fête jusqu'au petit matin. Les DJs proposent une musique à la fois variée et branchée pour se déhancher jusqu'au bout de la nuit. Les fêtards peuvent se détendre dans l'ambiance feutrée des deux bars extérieurs et dans le coin lounge. Durant la saison estivale, le restaurant est ouvert jusqu'à 23 h !

LOIX ★★

Loix, c'est avant tout un lieu unique, une presqu'île rattachée à la terre seulement depuis le XIXe siècle. Labellisé Cittaslow, le village se veut avant tout paisible et authentique, et se découvre inévitablement à vélo. Deux chemins cyclables mènent jusqu'à ce lieu unique : la piste du sel, qui serpente entre les marais salants et les oliviers jusqu'à l'écomusée. L'autre chemin se veut quant à lui plus iodé. Longeant la mer, il offre aux cyclistes un paysage qui évolue sans cesse sous le soleil rétais et, surtout, il mène à un monument unique : la passerelle du moulin à marée. Loix s'est doté d'un marché et de nombreux petits commerces !

ÉCOMUSÉE DU MARAIS SALANT ★

Route de la Passe

✆ 05 46 29 06 77

www.marais-salant.com

Visite guidée : 2,80 €/adulte. Visite guidée (1h). Boutique. Site des Échappées Nature. Tous les horaires sur le site.

Ce musée est le lieu idéal pour connaître l'histoire de la culture du seul sur Ré. Cet écomusée, installé sur le site exceptionnel de la prise de La Lasse retrace l'histoire des marais salants à travers une exposition « Sel de mer, Sel de Ré ». Mais le plus intéressant est de suivre le saunier sur le terrain, où selon la saison, vous découvrirez comment le sel est récolté et en apprendrez plus sur la flore. La visite se termine par la possibilité d'acheter de la fleur de sel.

OFFICE DE TOURISME LOIX-EN-RÉ

Place de la Mairie

✆ 05 46 29 07 91

www.iledere.com

Haute saison : du lundi au samedi de 9h à 13h et de 14h à 16h30 ; le dimanche de 9h à 13h.

C'est l'un des 10 bureaux rétais accueillant les touristes. Situé au cœur du petit village de Loix-en-Ré, il permet aux visiteurs de trouver toutes les informations sur les activités de loisirs, d'hébergements et bons plans restaurants. Installé au centre de la place du marché, labellisé Tourisme et Handicap, il est accessible à tous. Vous pourrez faire ensuite une halte sous les halles pour des produits frais et à la terrasse de la brasserie pour un café ensoleillé.

Le petit Port de Loix.

HÔTEL FLEUR DE RÉ*** €€

13, route du Pertuis ✆ 05 46 45 11 94
www.fleurdere.com

Fermé de mi-novembre à fin mars. Chambre double de 68 € à 163 €. Studios de 2 à 6 personnes de 93 € à 282 €.

En entrant, vous serez charmés par l'accueil toujours très agréable. Quel plaisir de pouvoir déposer sa valise dans une chambre à la décoration cosy et de pouvoir ensuite louer un vélo pour partir à la découverte d'un environnement préservé. Chacune est propre, décorée avec soin, donnant envie de se prélasser un moment à moins que vous ne résistiez pas à l'idée de vous délasser dans la piscine ou sur un transat. Cette année, l'hôtel propose des studettes pouvant accueillir de 2 à 4 personnes et proposant notamment une terrasse extérieure et une kitchenette.

LA ROUTE DU SEL €

9, place de la Mairie
✆ 05 46 29 06 83
www.laroutedusel.fr

Fermé de novembre à mars. Ouvert tlj du 1/04 au 30/09, les week-ends d'octobre et vacances scolaires. Bs : le week-end.

Ce restaurant prend place sur une jolie place juste à côté de l'église. Nul doute, vous apprécierez la terrasse dès les premiers beaux jours. Ce que l'on apprécie ici, c'est pouvoir profiter d'une large carte qui permet à chacun de se faire plaisir. On trouve les fruits de mer avec les huîtres bio de Frédéric Voisin, des crevettes avec la mayonnaise maison. Les moules fleurissent sur les tables à partir de mois de mai, préparées au curry, marinière ou Roquefort. Mais ce restaurant est également connu pour préparer artisanalement de jolies galettes de sarrasin !

LA PRESQU'ILE €€

Place du Marché
✆ 05 46 29 66 79

BS : tlj le midi ; vendredi-dimanche midi et soir. HS : tlj midi et soir. Carte : 17 € env. Menu enfant : 8,50 €.

Cette brasserie est idéalement située, au cœur du joli village de Loix en Ré. On prend place sur la belle terrasse, en plein centre du marché, pour boire un verre entre amis, mais aussi pour déjeuner. L'ambiance est agréable et l'on se plaît à refaire le monde devant des assiettes qui fleurent bon l'océan tout proche. Pas de repas sans les huîtres ! Par 3 ou par 6, on les déguste avec un verre de vin, avant de dévorer un buisson de crevettes. La carte offre un large choix, mais les produits sont toujours frais à l'image de ceux qui garnissent les salades.

ESPRIT DU SEL

22 bis, rue de l'Abbaye
✆ 05 46 29 64 89

Basse saison : ouvert du lundi au vendredi de 9h à 12h30 et de 13h30 à 17h. Haute saison : 7j/7 de 10h à 19h30.

Loix a un lien particulier avec celui qu'on nomme encore l'or blanc. Pour acheter la fameuse fleur de sel ou des produits à base de sel, vous pouvez vous rendre dans cette boutique dont le but est d'élaborer des produits marins rétais de grande qualité et originaux. L'atelier d'Ars fabrique les produits alimentaires à base de sel et cosmétiques à base de sau-fine (concentré d'eau de mer enrichie et récoltée l'été dans les marais salants) : gommages, crèmes anti-rides... Deux autres boutiques sont accessibles et les produits sont disponibles en vente en ligne.

ARS-EN-RÉ ★★★

On devine le village de loin grâce au fameux clocher de l'église Saint-Étienne qui domine vignes et marais salants et qui servait autrefois d'amer – un point de repère pour les marins. Devenu bicolore en 1855 avec sa pointe en noir, le clocher est unique, car il a conservé ses couleurs. Si votre regard s'arrête un instant sur cette drôle de silhouette, il se perdra volontiers dans les venelles qui partent de la place Carnot où se trouvent de nombreux restaurants. Plus loin, se trouve l'autre lieu de vie du village : le port. On y arrive au gré d'une flânerie, après avoir contemplé les maisons bourgeoises, on s'y arrête le temps d'un café ou d'un repas.

OFFICE DE TOURISME ARS-EN-RÉ

26, place Carnot
✆ 05 46 29 46 09
www.iledere.com
Tous les horaires sont disponibles sur le site.

Venez vous informer auprès de l'équipe de l'office de tourisme qui se met au diapason pour vous faire découvrir Ars-en-Ré, ce joyau de l'architecture rétaise au cœur des marais salants. Classé parmi les « plus beaux villages de France » pour son charme incontestable, c'est un lieu de villégiature idéal pour tous les amoureux de calme et de nature. À l'office, c'est aussi un grand nombre de documentations, brochures, plans, horaires qui sont à votre disposition. Franchissez le pas !

ÉGLISE SAINT-ÉTIENNE

Place Carnot
Ouverte toute l'année.

Cet édifice symbolise à lui seul Ars-en-Ré. En arrivant dans la commune, vous apercevrez cette grande flèche à crochets peinte en noir et blanc qui couronne cette église. Construite au XVe siècle, elle a longtemps servi d'amer aux navigateurs. Aujourd'hui encore, elle constitue un repère pour tous ceux qui naviguent. Ce bâtiment classé Monument historique en 1903 fait preuve d'originalité dans son architecture en présentant une église romane et une église gothique imbriquées. Il a fait l'objet de nombreux travaux de restauration qui ont pris fin durant l'été 2019.

PORT DE PLAISANCE

Quai de la Criée ✆ 05 46 29 25 10 (capitainerie)
www.arsenre.com
Horaires, eau, électricité, sanitaires. Location vélo, scooter et voiture en ville. Voir site Internet.

Capacité de ce port de plaisance :

- **Bassin de chasse de la Criée :** 252 places à flot sur ponton
- **Bassin de chasse de la Prée :** 134 places à flot sur ponton
- **Chenal avant port :** 60 places échouage, ponton
- **Chenal de la fabrique :** 50 places, échouage bouée. Non seulement ce port est le plus important de l'île, mais en plus, comme celui de Saint-Martin-de-Ré, il jouit d'une situation idéale. Il suffit d'arrimer son bateau pour profiter pleinement du port, des terrasses des cafés et autres restaurants et rejoindre, en quelques minutes de marché, le centre du village.

Ars-en-Ré.

LE MARTRAY*** €€

8, route d'Ars ✆ 05 46 29 40 04
www.hotel-le-martray.com

Chambre double de 82 € à 165 €. Demi-pension : 38,70 €. Ouvert toute l'année. Restauration : Menus à 32,90 €.

Cet hôtel bénéficie d'une situation tout à fait intéressante sur la route menant à Ars-en-Ré. Facile d'accès et bénéficiant d'un parking, il se trouve à l'endroit le plus étroit de l'île de Ré. En entrant, vous bénéficierez d'un accueil chaleureux de la part de Sylvie et de son équipe qui vous conduira dans l'une des 15 chambres que comporte l'hôtel. Toutes ont bénéficié d'une jolie rénovation permettant de disposer pour certaines d'un balcon depuis lequel vous pourrez admirer la mer, d'autres d'une décoration à thème. Ici, a été gardé l'esprit « maison d'hôte » !

AUX FRÈRES DE LA CÔTE €

Route de la Grange ✆ 05 46 29 04 54
www.restaurant-ile-re.fr

Ouvert du 1er janvier au 11 novembre. Haute saison : tous les jours de 7h à 2h. Moules (en saison) de 13,50 € à 14,50 €.

En arrivant, à Ars-en-Ré, vous aurez forcément l'envie de flâner dans les venelles de l'un des plus beaux villages de France. Mais au moment de déjeuner, on se rapprochera évidemment de l'océan ! Dans ce restaurant, non seulement, la vue est magnifique, mais en plus on peut facilement s'y rendre, notamment à vélo. En arrivant, une seule envie : s'installer en terrasse pour contempler la pointe de Grignon et la plage. Entre amis, on se fera plaisir autour d'un apéro à partager, en famille on goûtera aux inévitables fruits de mer et aux moules à déguster en saison.

CRÊPERIE L'OCÉANE €€

29, place Carnot
✆ 05 46 29 24 70

Fermé de début novembre à février. Ouvert du mardi au dimanche. Service crêperie non-stop de midi à 22h30.

L'Océane déploie sa grande terrasse où vous prendrez votre repas à l'ombre d'un parasol. Stéphane et Manon se sont entourés d'une nouvelle équipe, dont un nouveau chef, afin de proposer une nouvelle orientation à la cuisine, avec des poissons arrivant directement de La Rochelle, des coquillages, des spécialités comme la chaudrée de poissons à la rhétaise et des suggestions du jour (entrées, plats). L'Océane fait figure d'institution puisque cela fait plus de 35 ans que la famille De Pelseneer est connue pour son rapport qualité-prix, et son service efficace.

LES CONFITURES DU CLOCHER

1, chemin des Palissiats
✆ 05 46 29 41 35
www.les-confitures-du-clocher.com

Ouvert toute l'année. Confitures 100 % fruits et tradition. Vente sur place à la boutique.

© ALTITUDE & CO DIDIER LEBRUN

Bertrand Héraudeau dirige cette entreprise familiale depuis peu. Pâtissier de formation, il ne cesse de mettre ses qualités en avant au point d'obtenir, en 2018, le titre de meilleur confiturier de France. Rétais et touristes ne s'y trompent pas, ils sont nombreux à faire une halte dans cette boutique située à deux pas du clocher. Chaque produit est soigneusement fabriqué, sans produit chimique ni conservateur. La qualité est telle que chaque année plusieurs sont primés.

O DE MER €€

5, rue Thiers
✆ 05 46 29 23 33
www.odemerbistrotgourmand.fr

Maître Restaurateur. Ouvert toute l'année. HS : du mardi au dimanche le midi et le soir. Menu déjeuner : 25 €.

Ce restaurant occupe une jolie place dans un des plus beaux villages de l'île de Ré, vanté pour son clocher. La salle ne manque pas de charme, proposant un cadre intimiste, idéal pour un déjeuner en amoureux. Les plats prennent place dans de jolies assiettes et sont l'œuvre de Thierry Hainaut, maître restaurateur. Le menu Bistrot offre un très bon rapport qualité/prix au déjeuner, et avec la carte, ils évoluent au fil des saisons ! Le chef se plaît à sublimer les produits de la mer mais aussi ceux de la terre avec des mélanges qui surprennent par leur audace.

CHEZ RÉMI €€€

Port d'Ars-en-Ré
✆ 05 46 29 40 26
Haute saison : ouvert tous les jours le midi et le soir. De pâques à septembre. Menus à partir de 19,90 €.

On a connu Rémi Massé dans son bistrot rochelais, le voilà désormais au cœur du port d'Ars-en-Ré. Le célèbre chef cuisinier officie « Chez Rémi », un restaurant permettant de déjeuner en terrasse avec vue sur le port ou à l'intérieur dans la salle cosy ou la verrière. Inévitablement, on vient ici pour déguster des produits frais, locaux, de grande qualité et fais maison. L'adresse est vite devenue un lieu incontournable pour passer un moment convivial entre amis en piochant dans la carte qui invite à la découverte des produits de la mer cuisinés avec brio !

COOPÉRATIVE DES SAUNIERS DE L'ÎLE DE RÉ

7, rue Prée
✆ 05 46 29 40 27
www.sauniers-iledere.com
Haute saison : lundi-vendredi 10h-13h et 14h-19h ; samedi 10h-13h et 14h-17h30.

Les sauniers de l'île de Ré se sont regroupés en syndicat dès 1933 et en coopérative en 1942 pour relancer l'économie saunière. Les professionnels décident ainsi de partager leur matériel, leur savoir-faire et leur production pour vendre le sel à un prix correct. Cette initiative a permis de restaurer des marais abandonnés et de former de nouveaux sauniers que vous pouvez rencontrer à la cabane. Les Sauniers vous ouvrent leurs portes, d'avril à septembre, goûtez à ces saveurs !

L'HUITRIÈRE DE RÉ

La Maison Neuve
✆ 05 46 29 44 24
www.huitrieredere.com
Distributeur ouvert 7j/7 et 24h/24.

Depuis plus de 30 ans, L'Huîtrière de Ré est le lieu idéal pour tous ceux qui veulent se procurer des huîtres. La boutique met en avant des produits locaux et régionaux à l'image du sel bien sûr : gros, fleur et aromatisé, les inévitables pineau et vin et bien sûr ses huîtres au gré des saisons. On vous conseille d'acheter des huîtres, spéciales – elles sont tout simplement extras ! Surtout, depuis trois ans, on peut se procurer ces fameux coquillages à n'importe quel moment de la journée grâce au distributeur d'huîtres, le premier à avoir été installé sur l'île.

SAINT-CLÉMENT-DES-BALEINES ★

Composé de 6 hameaux, le village est installé à l'extrémité ouest de l'île. Saint-Clément-des-Baleines est intimement lié à l'océan, d'abord par son phare, l'un des monuments les plus visités. La pointe nord a connu de nombreux naufrages rendant nécessaire l'édification d'un tel ouvrage. Depuis le XIXe siècle, les marins sont guidés par cette tour octogonale d'une hauteur de 57 m construite en pierres calcaires. Aujourd'hui, elle accueille les touristes avides de découvrir un panorama d'exception. Le village est l'occasion d'une belle escapade pour les voyageurs souhaitant s'offrir un moment de quiétude, notamment sur la plage de la Conche des Baleines.

LE PHARE DES BALEINES ★★

155, route du Phare
✆ 05 46 29 18 23
www.lepharedesbaleines.fr
Basse saison : ouvert tous les jours de 10h30 à 17h30. Haute saison : tous les jours de 9h30 à 21h. Adulte : 3,90 €.

© GREGORY CEDENOT - ADOBE STOCK

C'est le monument le plus symbolique de l'île. Pour le trouver, il vous faudra prendre cap à l'Ouest. Une première tour est érigée à la fin du XVIIe siècle pour signaler les récifs à l'entrée des pertuis mais sa portée était bien trop faible et elle n'était pas visible en temps de brouillard. Il faut attendre le XIXe siècle pour qu'un nouvel édifice voie le jour. Cette fois-ci la tour est conséquente, haute de 57 mètres et sa lumière visible à 50 kilomètres. C'est parti pour 257 marches d'un escalier en colimaçon ! Vous profiterez d'un magnifique panorama.

PLAGE DE SAINT-CLÉMENT-DES-BALEINES

✆ 05 46 29 42 02

Ouvert toute l'année.

Le village de Saint-Clément-des-Baleines est surtout connu pour abriter le phare du même nom. Mais la commune dispose aussi de deux plages. Sur la côte Ouest, la Côte Sauvage est réservée aux pêcheurs à pied, car les rochers rendent la baignade difficile. Les amateurs de bains de mer se rendent sur la Conche des Baleines qui débute au phare et s'étire jusqu'aux Portes-en-Ré. Cette immense plage de sable fin a su garder un caractère sauvage qui fait le bonheur de tous !

OFFICE DE TOURISME SAINT-CLÉMENT-DES-BALEINES

8, place de l'Eglise ✆ 05 46 29 24 19

www.iledere.com

Haute saison : 7j/7 de 9h30 à 13h. Ouverture l'après-midi en juillet et août au phare des Baleines.

Ce bureau d'accueil vous informe toute l'année sur le programme des festivités, sur les adresses d'hébergement, les « bons plans resto », les circuits et randonnées, toutes les informations nécessaires pour un bon séjour. Outre le phare des Baleines, haut lieu touristique de cette partie de l'île, c'est aussi ses immenses plages de la Côte Sauvage, terrain de pêche idéal à marée basse pour tous les amateurs ! Les Marais Salants constituent un trait d'union entre forêt et plage.

LE CHAT BOTTÉ*** €€

Place de l'Église

✆ 05 46 29 21 93

www.hotelchatbotte.com

Ouvert de début février à fin novembre et de mi-décembre. 20 chambres (et 3 suites). Chambre simple de 60 € à 75 €.

Cet hôtel très agréable est installé sur la place d'un village rétais. L'accueil y est chaleureux, la réception est là pour satisfaire les demandes de chacun. Il faut dire que les vingt chambres sont toutes très confortables, lumineuses et boisées avec leur décoration faite de matériaux nobles qui confinent au raffinement. On aime la vue sur le jardin, véritable havre de paix qui permet de se reposer un instant, loin du tumulte. Autre atout ? Le restaurant situé à proximité qui est une véritable institution rétaise et propose une cuisine délicieuse.

LA CABANE €€

9, allée du Phare

✆ 05 46 42 26 91

www.restaurant-la-cabane.com

Ouvert tous les jours. Service continu. Plat du jour 13,30 €.

Et si on profitait du beau temps pour se rendre au phare ? Après avoir gravi les centaines de marches, une seule envie : s'arrêter à la Cabane ! Il faut dire qu'ici l'accueil est sympathique, assuré par un patron qui connaît ses produits et se montre à l'écoute des clients. La carte est courte, les produits frais et les poissons sauvages. Et plusieurs formules permettent à toute la famille de se faire plaisir. On apprécie évidemment les produits de cet océan si proche. En saison, on vous conseille vivement de déguster des moules, cuisinées de différentes façons.

ESPRIT DU SEL

8, allée du Phare

✆ 05 46 29 03 83

www.espritdusel.com

BS : ouvert du lundi au vendredi de 9h à 12h30 et de 13h30 à 17h. HS : tous les jours et jours fériés de 10h à 19h30.

C'est le produit typique de l'île, issu des marais salants. On apprécie son goût aussi bien dans les caramels que dans les mayonnaises ou pour saupoudrer les pommes de terre grenailles, de Ré évidemment ! Mais on s'en régale également quand il est aromatisé au poivre ou au thym. Sur l'île, l'atelier du même nom est situé à Ars-en-Ré et les boutiques à Saint-Clément et à Saint-Martin. On y trouve aussi d'autres produits régionaux comme le pineau, le vin de l'île et de délicieuses gourmandises comme ces sablés fleur de sel et éclats de caramel !

LA SAVONNERIE DE L'ÎLE DE RÉ

74, rue Charles de Gaulle

www.savonnerie-iledere.com

Ouvert tous les jours de mi-février à mi-novembre.

Le savon est bien l'un des produits les plus symboliques de l'île au même titre que la fleur de sel. Lors de la visite du phare des Baleines, vous pourrez aisément vous rendre dans cette savonnerie. La boutique est reconnaissable par son âne en peluche, mais c'est bien à l'intérieur que se trouvent tous les secrets de la fabrication de savons. On trouve ici le fameux savon au lait d'ânesse bio vanté pour ses bienfaits, mais aussi les savons aux huiles essentielles 100 % végétal.

LES PORTES-EN-RÉ ★★

C'est un village à l'authenticité préservée, qui donne l'impression aux voyageurs d'arriver presque au bout du monde. Vantée pour sa douceur de vivre, la cité est un havre de paix en hiver et s'anime dès les premiers jours de l'été. On relève des traces d'habitats préhistoriques, toutefois, le véritable peuplement du village remonte au XIe. Comme partout sur Ré, on délaisse la voiture, préférant découvrir le cœur du village à pied ou à vélo. Il fait bon flâner dans les venelles fleuries de roses trémières, bordées de jolies maisons et qui conduisent jusqu'à la place de la Liberté. C'est le rendez-vous des locaux et des touristes et le cœur battant du village avec son marché coloré et ces restaurants dont les terrasses sont idéales pour goûter à cette atmosphère unique. Lieu de villégiature apprécié pour ses plages, il l'est aussi par son environnement protégé avec la Maison du Fier dédiée au patrimoine naturel et la Réserve naturelle de Lilleau des Niges située au cœur des marais salants. L'accès à la réserve est interdit aux véhicules motorisés et se parcourt exclusivement à vélo ou à pied. Les abords de la réserve offrent avec son sentier pédagogique les conditions idéales pour l'observation des oiseaux et pour les passionnés d'ornithologie. 168 espèces de plantes et 12 espèces de poissons sont également répertoriées. Une piste cyclable permet de traverser toute la réserve au milieu des marais qui offrent un magnifique spectacle de la faune et de la flore.

MAISON DU FIER

Route du Vieux-Port
✆ 05 46 29 50 74

Réserve Naturelle Nationale de Lilleau des Niges. Fermé du 5 novembre au 30 mars. Gratuit jusqu'à 5 ans. Adulte : 4 €.

Au début du XXe siècle, deux hangars stockaient encore le sel. En 1997, le Conservatoire de l'Espace Littoral en rachète une partie qui sera réhabilitée. Aujourd'hui, la Maison, installée au cœur de la Réserve naturelle de Lilleau des Niges, accueille tous ceux souhaitant s'offrir un voyage au cœur de la nature. Située aux portes de la Réserve Naturelle, elle propose une exposition « Ré, île nature ». L'espace muséographique permet aux petits comme aux grands la possibilité de toucher, respirer, observer mais aussi écouter. Le parcours est volontiers ludique.

PLAGE DES PORTES-EN-RÉ

✆ 05 46 29 50 56

Ouvert toute l'année.

Lieu authentique par excellence, le village des Portes-en-Ré propose un environnement unique entre nature et océan. C'est ici que se trouvent les plus belles plages du nord de l'île, celles qui ont fait la réputation de ce village. La plage du Lizay, en bordure de la forêt du même nom, poursuit celle de la Grande Conche ; la plage du Gros Jonc est idéale pour la pratique de la planche à voile et la plage de la Redoute, face au pertuis Breton, offre un bel environnement avec dune et sable fin. Un beau terrain de jeux pour les amateurs de pêche à marée basse...

LA RÉSERVE NATURELLE DE LILLEAU DES NIGES

Route du Vieux-Port ✆ +33 5 46 29 50 74
www.maisondufier.fr/

Haute saison : tlj 10h-12h30 et 14h30-18h30. Fermé samedi matin. Gratuit -5 ans. Adulte 4 €. Label Tourisme & Handicap.

Cette réserve naturelle, site des Échappées Nature labellisé Tourisme et Handicap, s'étend sur 220 hectares d'anciens marais salants. Il faudra commencer la visite par la maison du Fier, un espace muséographique aux portes de la réserve, qui déploie un parcours ludique et pédagogique pour découvrir la faune et la flore à travers les marais, la dune, l'estran et la forêt. On en apprend davantage sur les fascinants fous de Bassan ou les oiseaux migrateurs qui visitent les dunes !

OFFICE DE TOURISME DES PORTES-EN-RÉ

6, place des Marais-de-la-Prée ✆ 05 46 09 00 55
www.iledere.com

Basse saison : ouvert du mardi au samedi de 9h à 13h. Haute saison : du lundi au samedi de 9h30 à 13h et de 14h à 17h30.

Le bureau d'accueil des Portes-en-Ré est situé à l'extrême Nord-Est de l'île de Ré. Il vous accueille toute l'année et vous propose une large documentation : offres d'hébergements, carte des pistes cyclables, calendrier des marées indispensable pour les amateurs de pêche (sur plage...), circuits pédestres, programme des festivités, brochures sur l'ensemble de l'île et bien entendu, les bons plans restaurants, nombreux dans cette partie de l'île. On parle anglais, espagnol et italien !

Les Portes-en-Ré.

LES PORTES CHAMBRES D'HOTES*** €€€

1, place Victor-Dron
✆ 05 46 28 02 20
www.hoteldesportes.com

Ouvert toute l'année. 4 Chambres doubles de 119 € à 349 €. Animaux acceptés.

Cette maison d'hôte à la façade rétaise est installée au centre des Portes-en-Ré. Il n'y a pas de parking, mais la proximité avec la place du marché – que vous rejoindrez grâce à une jolie ruelle – est appréciable. Le lieu est ravissant avec le magnifique mur végétal de l'accueil, l'atmosphère douillette propice à la détente. La décoration des chambres est à la fois soignée et joliment pensée. A noter, la chambre « IT-Room » est pourvue d »un bain bouillonnant au son d'une musique zen.

LA BAZENNE €€

14, place de la Liberté
✆ 05 46 29 52 20

Fermé de novembre à mars. Ouvert tous les jours de 9h à 2h. Galettes de 11 € à 14 €, Salades de 17,50 € à 19,50 €.

Ça bouge à La Bazenne avec Olivier et comme on ne change pas « une équipe qui gagne », il ne change rien du concept. Impossible de rater la Bazenne, installée au cœur du village. On y vient le matin pour siroter un café et profiter de l'ambiance du marché, on y retourne le midi pour déguster l'un des plats à la carte. Les fruits de mer sont bien sûr de la partie comme les langoustines et les inévitables huîtres n° 3 d'Ars-en-Ré. Au dîner, sur la terrasse protégée du vent, entre amis ou en famille, on aime dévorer des plats préparés à base de produits frais.

LA CABANE DE LA PATACHE €€

15, route de la Patache
✆ 05 46 31 38 22

Fermé d´octobre à avril. Galettes de 7 € à 12 €, Plats de 15 € à 19 €, Crêpe à partir de 2,60 €.

Cette paillote est dédiée à tous ceux qui veulent s'offrir un repas loin de la foule et dans un cadre unique : le Fier d'Ars. Impossible de ne pas se laisser charmer par le paysage et cette vue imprenable sur l'océan. L'accueil est agréable, le service efficace et la carte met à l'honneur des produits locaux. Prenez garde, pour pouvoir déguster quelques plats, il est recommandé de réserver, car l'adresse est prisée. Au menu : huîtres, moules de la Patache, steak tartare, moules et les inévitables crêpes à dévorer en dessert. Un moment plus que délicieux.

LE CHASSE-MARÉE €€

1, rue Jules-David
✆ 05 46 29 52 03

Fermé de novembre à mars. BS : mardi midi, du jeudi au dimanche midi et soir. HS : tous les jours le midi et le soir.

Après s'être formée auprès de grands chefs comme Grégory Coutanceau, Marine Péan, jeune portingalaise, a repris ce restaurant. L'adresse est connue des habitants mais aussi des touristes, ravis de pouvoir s'arrêter dans cette maison de marin. L'intérieur est décoré avec soin avec murs en pierres apparentes, bardage bois et tables soigneusement dressées ; l'extérieur ne manque pas de charme, idéal pour un déjeuner en terrasse. La carte est courte avec quelques entrées qui ravissent les papilles, les poissons sont cuits avec précision, les viandes sont raffinées.

LES HUÎTRES DE TROUSSE-CHEMISE

Route de la Levée-Verte
✆ 06 30 31 91 38

En saison, ouvert du mardi au dimanche tous les midis (11h30 à 14h30) et soirs (18h30 à 21h).

Voilà un lieu unique, propice à la détente et la dégustation de produits de la mer. L'établissement de Franck est dédié à tous ceux qui veulent profiter d'un cadre ravissant. A peine installés, on se plaît à admirer la vue sur le Fier d'Ars tout en dégustant des produits d'une rare fraîcheur. On passe commande, on emporte un verre de vin blanc attendant que les coquillages soient prêts. Au programme, des huîtres de Franck Moreau, mais aussi des palourdes, crevettes, bulots...

GOLF DE TROUSSE-CHEMISE

Route de la Levée-Verte
✆ 05 46 29 69 37
www.golftroussechemise.com

Basse saison : tous les jours de 9h à 12h et de 13h à 18h30. Haute saison : tous les jours de 7h à 20h. Boutique.

Depuis 30 ans, ce golf propose un parcours de bord de mer de 9 trous situé au nord de l'île de Ré dans un endroit sauvage. Souvent venteux, il n'en demeure pas moins agréable à jouer et propose une jolie vue sur le Fier. Le practice vous coûtera le prix des seaux de balles. Vous pourrez opter pour des cours individuels. Les golfeurs ont tout loisir de prendre place dans le club house, particulièrement sur la terrasse à l'abri de la pergola – pour profiter de la vue imprenable. Lumineux et à l'ambiance cosy, le lieu est idéal pour se poser après un parcours.

PAYS D'AUNIS

Le nom Aunis, province de l'ouest de la France, apparaît pour la première fois en 785 à la suite de la partition de l'Aquitaine en neuf comtés, décrétée par Charlemagne. C'est pendant le Moyen Age que cette partie de la Saintonge fait irruption dans l'histoire et devient en 1374 une province. En Aunis, vous trouverez des dolmens secrets, des vestiges antiques, des châteaux féodaux, des églises romanes, des traces d'une activité industrielle florissante. Ces héritages aux quatre coins du territoire forment un patrimoine d'une exceptionnelle diversité. Située au nord de la Charente-Maritime, l'Aunis Sud/Atlantique est constitué d'une quarantaine de communes et bénéficie d'un positionnement stratégique. Son appartenance au Parc naturel du Marais poitevin apporte au territoire une richesse paysagère et un écosystème remarquable. Pas une commune sans un vestige, un monument... Un passé à découvrir et un présent avec toute la modernité.

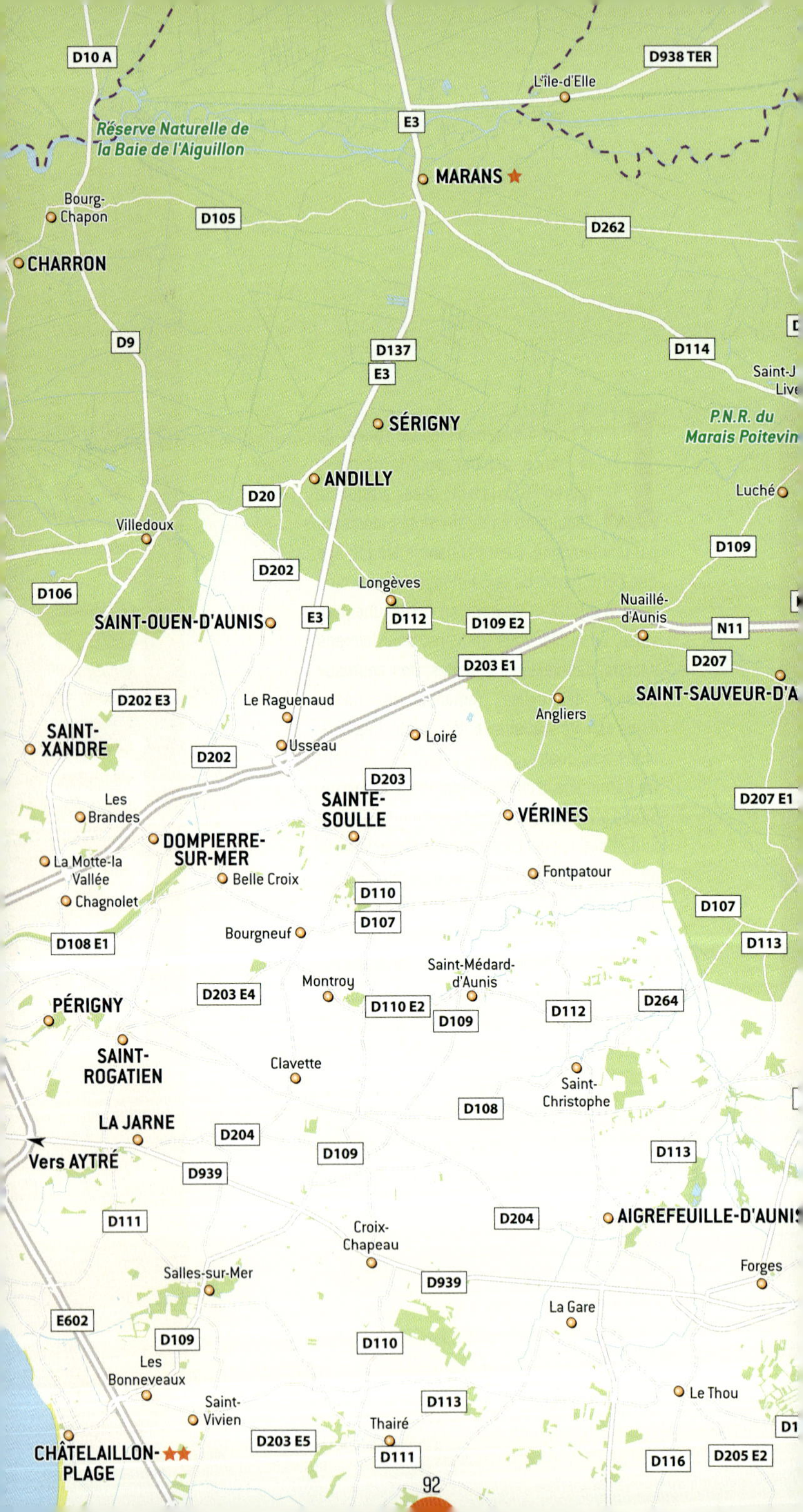
D10 A
D938 TER
L'île-d'Elle
E3
Réserve Naturelle de la Baie de l'Aiguillon
MARANS
Bourg-Chapon
D105
D262
CHARRON
D9
D137
E3
D114
Saint-J
Live
P.N.R. du Marais Poitevin
SÉRIGNY
ANDILLY
D20
Luché
Villedoux
D109
D202
Longèves
D106
Nuaillé-d'Aunis
SAINT-OUEN-D'AUNIS
E3
D112
D109 E2
N11
D207
D203 E1
SAINT-SAUVEUR-D'A
D202 E3
Le Raguenaud
Angliers
SAINT-XANDRE
Usseau
Loiré
D202
D203
D207 E1
Les Brandes
SAINTE-SOULLE
VÉRINES
DOMPIERRE-SUR-MER
La Motte-la Vallée
Belle Croix
Fontpatour
Chagnolet
D110
D107
D107
D113
D108 E1
Bourgneuf
Saint-Médard-d'Aunis
Montroy
D264
D203 E4
D110 E2
D112
PÉRIGNY
D109
SAINT-ROGATIEN
Clavette
Saint-Christophe
LA JARNE
D108
D204
Vers AYTRÉ
D109
D113
D939
D111
D204
AIGREFEUILLE-D'AUNIS
Croix-Chapeau
Forges
Salles-sur-Mer
D939
La Gare
E602
D109
D110
Les Bonneveaux
Le Thou
D113
Saint-Vivien
Thairé
D1
D203 E5
CHÂTELAILLON-PLAGE
D111
D116
D205 E2

Le Mazeau
D25
Damvix
2,5 Km
D123
Irleau
TAUGON
LA RONDE
Arçais
D102
D109
D116
D115
SAINT-CYR-DU-DORET
D262 E3
D101
Saint-Georges-
de-Rex
D206
Saint-Hilaire-la-
Palud
D3
D3
LA GRÈVE-SUR-MIGNON
D116 E2
COURÇON
D180
D101
D116 E1
D262
Prin-
Deyrançon
D206
D207
LA LAIGNE
D262
D169
BENON
D207
N11
D114
D108 E3
D206
Le Petit Breuil
Deyrançon
D101
D208
D108
Poléon
D119
D115
D205 E5
Vouhé
SAINT-GEORGES-DU-BOIS
D118
SAINT-SATURNIN-DU-BOIS
D205
D911
D205
PUYRAVAULT
D205
D209
D111
D939
SURGÈRES
D209
D107
Saint-Germain-de-
Marencennes
D211
D117
D911
D114
D939
D111
D211 E2
Pays d'Aunis

PAGES

95

●● LE MARAIS POITEVIN

La Charente-Maritime constitue l'une des portes d'entrée du Marais Poitevin avec les départements de la Vendée et des Deux-Sèvres. Le marais est avant tout une réserve biologique monumentale. On y trouve une faune et une flore d'une richesse incroyable. Ce n'est ni un zoo, ni un herbier, il faut prendre le temps de le découvrir.

95

MARANS ★

Marans fut de tout temps la grande place commerciale du marais, comme en témoigne son superbe marché édifié sur le type « Baltard » dans les années 1880, au moment de l'apogée de la construction en fer. En flânant sur les quais, en découvrant les hôtels particuliers, on imagine aisément l'importance de la cité à l'époque où les habitants du marais venaient en bateaux plats y vendre leur production. Depuis, ce port est devenu un agréable port de plaisance.

97

CHARRON

97

COURÇON

Ville carrefour, autrefois très connue pour ses foires aux bestiaux, Courçon est l'une des principales portes d'entrée entre la forêt de Benon et le Marais poitevin. Situé à la limite de la plaine d'Aunis, ce petit bourg joliment rénové a été bâti sur l'un des points culminants de la région, soit à 25 mètres d'altitude. A quelques pas du village, vous partez à la découverte du Marais poitevin.

97

AIGREFEUILLE-D'AUNIS

98

SURGÈRES

Construite sur des terres sèches non inondables, au-dessus des marais, Surgères doit son nom à la rivière qu'elle domine, le Gères. Aujourd'hui, la ville est encore renommée notamment pour son beurre, le premier en France à avoir pu bénéficier de l'appellation d'origine contrôlée en 1980. Son centre-ville, bien rénové, offre des perspectives de balades agréables.

100

LANDRAIS

Marans.

MARANS ★

« Marans, capitale de la poule aux œufs extra-roux ». C'est ce qu'indiquaient, en 1965, les panneaux à l'entrée de la ville, en hommage à la poule locale qui pond des œufs à la coloration si particulière appelés « extra-roux ». Ce sont, sans aucun doute, les œufs les plus foncés qui soient. Mais ne croyez pas que le nom de la ville vienne de cette poule aux œufs d'or ! C'est à l'océan qu'elle doit son nom : Maran ou Mar'ain signifiant lieu de mer. Autrefois, la cité était bâtie sur une île émergeant du golfe des Pictons. Cet ancien port de commerce accueille plaisanciers et promeneurs venus se détendre à la porte d'entrée du Marais Poitevin.

MOULIN DE BEAUREGARD

24 bis, avenue de Verdun

Ouvert du 1er juin au 30 septembre. Du mercredi au dimanche de 15h à 19h. Gratuit jusqu'à 5 ans. Tarif réduit étudiant.

Ce moulin, construit au milieu du XVIIe siècle, a fonctionné jusqu'au début du XXe siècle. Il a ainsi profité de l'activité portuaire de Marans, qui était un important port céréalier. Incapable de résister à l'industrialisation de la meunerie et tombé dans l'oubli, il sera racheté par la ville au début des années 1990. Restauré, il sera l'un des tout premiers dans le département à bénéficier d'une restauration. On peut encore admirer ce monument, la paire de meules qui produisait autrefois la farine et profiter du calme des lieux pour faire une pause bucolique.

LES ÉCLUSES

Sèvre Niortaise

Accessible toute l'année. Visite gratuite.

Ultime barrage entre les eaux de la Sèvre Niortaise et l'océan, les écluses rappellent l'importance des voies navigables dans l'histoire de la région, créées par Napoléon en 1808. Celles du Carreau d'Or délimitent la partie aval du port fluvial. Celles des Enfreneaux offrent la particularité d'avoir une échelle à civelles (jeunes anguilles), qui facilite leur retour au bercail, puisque comme les saumons, les anguilles migrent en été pour venir pondre dans leurs eaux douces originelles. Il s'agit d'une espèce de tapis-brosse vertical sur lequel coule l'eau douce.

OFFICE DE TOURISME

1, Place Ernest Cognacq

© 05 46 01 12 10

www.aunis-maraispoitevin.com

Tous les horaires variables suivant la saison sont disponibles sur le site.

Toutes les infos et les « bons plans » sont à l'Office du Tourisme ! Grâce à son amplitude horaire (jours fériés compris), l'équipe professionnelle et passionnée vous guide dans toutes vos requêtes. À la recherche d'un gîte, d'un hôtel, d'un restaurant ou encore d'un « spot » en mode découverte avec sa tribu ou en duo... Un grand bol d'air, envie de calme mais aussi de spectacles, de « pep's »... l'agenda à jour vous donne les indications : dates, thématiques, lieu, etc. Ici, les possibilités de découvertes sont innombrables. Posez les valises et régalez-vous !

ÉGLISE NOTRE-DAME ✝

Centre-Ville

Ouvert toute l'année. Tous les mardis à 9h30 de juillet à septembre - Participation libre. Visite guidée (pour groupe).

Marans et son église, c'est toute une histoire ! Depuis les quais, à la sortie d'une ruelle pavée… le clocher ne manque jamais d'apparaître. Et pourtant, il a bien failli ne jamais voir le jour. La première église de Marans est construite au XIIe siècle. Dès le début du XIXe siècle, on imagine une construction plus proche de la ville. Mais encore faut-il avoir le financement ! Ce sera chose faite quelques années après grâce au legs d'un homme dont le nom est resté célèbre : M. Dinot. L'église est finalement inaugurée en 1902. Le clocher sera édifié par la suite.

DÉCOUVERTE DU MARAIS

Office du tourisme

© 05 46 01 12 10

Voir horaires d'ouverture du bureau de tourisme.

Avant de partir à la découverte de Marans, on vous conseille de passer par le bureau de tourisme. Facilement accessible, puisque situé aux portes de la ville et bénéficiant d'un parking, il est animé par une équipe dynamique qui vous donnera de nombreux renseignements. Outre une information touristique, vous bénéficierez d'un accès wifi et d'une boutique mettant en avant les produits locaux. Il vous suffira d'arpenter quelques rues pour arriver jusqu'au port et apercevoir le fameux clocher. Rien de mieux que de bonnes indications pour mieux apprécier la visite !

EMBARCADÈRE DU MARAIS POITEVIN

77, quai Joffre ✆ 06 43 83 78 35
www.embarcadere-du-marais-poitevin.com
Ouvert du 15 mars au 15 octobre. Basse saison : ouvert 7j/7 de 8h30 à 19h. Haute saison : 7j/7 de 9h à 20h.

Pour trouver ce loueur de bateaux, une seule indication : se rapprocher des quais. Dès le mois de mars, les voyageurs prendront la direction de la cabane bleue pour profiter de l'accueil chaleureux de Céline et Giuseppe, les nouveaux propriétaires. L'embarcadère met à disposition des bateaux à moteur sans permis pouvant accueillir jusqu'à 10 personnes. Plusieurs circuits sont proposés, 1h pour la découverte de Marans et la journée entière pour les aventuriers. Convivialité garantie !

BARBECANE CHAMBRES D'HÔTES €€

121, rive droite de la Sèvre
✆ 05 46 01 79 59
www.barbecane.com
Chambre simple de 72 € à 89 € ; chambre double de 82 € à 118 €. Petit déjeuner inclus. Lit supplémentaire : 26 €.

Sur un superbe terrain avec jardin arboré, terrain de pétanque et piscine, cette belle maison propose des chambres d'hôtes, mais aussi un gîte pour 4 personnes. Toutes les chambres proposent une ambiance différente et disposent de leurs sanitaires, d'une télévision et d'une terrasse privative. Pour le petit déjeuner, vous profiterez des œufs frais des poules du jardin ainsi que des yaourts et confitures maison. Charlène et Michel ont vraiment le sens de l'accueil !

PIZZERIA GAMBETTA €

66, rue Gambetta
✆ 05 17 26 64 60
www.pizzeriagambettamarans.blogspot.com
Ouvert du mardi au dimanche, midi/soir. Pizzas à partir de 9,80 €. Terrasse. Vente à emporter.

Cette pizzeria prend place au centre de la ville, à côté d'un des monuments les plus reconnaissables, l'église. Un parking facilite le stationnement et vous n'aurez aucun mal à rejoindre le port à pied. Ce que l'on aime ici ? L'accueil chaleureux, la salle à l'ambiance bistrotière et le choix des pizzas. Le chef les prépare devant vous, garnissant la pâte maison de délicieux produits frais et de qualité. On aime tout particulièrement les pizzas à base de sauce tomate, ressentant les saveurs du coulis, dévorant une pâte légère et croustillante. Du « maison » !

LE PETIT BOUCHOT €€

3, rue des Halles
✆ 05 46 66 37 74
Ouvert du dimanche au mardi et le jeudi de 10h à 15h ; le vendredi et le samedi de 10h à 15h et de 18h30 à 22h.

On l'aime ce bistrot posé près des halles à quelques pas seulement du port. L'accueil est convivial, l'ambiance agréable. En hiver, on se faufile pour trouver une place dans l'une des deux salles. Atmosphère nautique avec lampe tempête, tableaux de navire. On s'y retrouve entre collègues, partageant la banquette avec des habitués. En été, place à la terrasse pour s'offrir un moment de plaisir. La carte ne fait pas pas mystère, on déguste ici une cuisine de type brasserie avec des produits frais et de saison. Le midi le menu est d'un excellent rapport qualité-prix.

LA PORTE VERTE €€

20, quai Foch ✆ 05 46 01 09 45
www.restaurant-laporteverte.fr
Ouvert du mercredi au samedi le midi et le soir ; le dimanche midi. Menus de 23 € à 53 €. Terrasse. Vente à emporter.

Ce restaurant a la particularité d'être installé dans un ancien hôtel particulier longeant la Sèvre Niortaise. L'occasion belle de s'éloigner un instant du centre-ville et des camions rugissants pour profiter d'un cadre bucolique. En arrivant, vous serez séduits par la petite terrasse ombragée depuis laquelle on admire les bateaux ou la salle intime et son charme d'antan. Après avoir fait ses gammes dans des restaurants étoilés, Frédéric Renoux s'est installé à Marans pour mettre en avant les produits locaux, notamment les spécialités de la mer et de la rivière.

PORT DE PLAISANCE

✆ 05 46 01 02 99
Ouvert toute l'année.

Le port existe depuis le XVIe siècle. Il exporte des céréales jusqu'au début des années 1970, mais la construction des silos de la Pallice et la limitation de la jauge des navires entrant à Marans condamnent cette activité. L'importation du bois du Nord se poursuit jusque dans les années 1990. Aujourd'hui, il est devenu port de plaisance. En 1986, la ville de Marans sollicite du Département la concession des ouvrages et installations portuaires. Depuis, la commune a entrepris des aménagements complets visant au développement du port de plaisance.

CHARRON

Commune littorale et estuarienne, Charron est un petit port de pêche côtier à la typicité indéniable grâce à sa production de moules, ce qui en fait un site renommé pour les amateurs et gastronomes. Un village qui date de l'époque gallo-romaine et qui, dès le Xe siècle, verra les moines assécher les marais avoisinants. Ici, le climat favorable ainsi que les apports d'eau douce conjugués d'eau salée ont favorisé le développement de la mytiliculture. La moule de Bouchot est reine ! Et dans l'assiette, accommodée à toutes les sauces ! Faites confiance aux restaurateurs locaux et à leur savoir-faire. N'oubliez pas la visite du château et de sa tour.

AIGREFEUILLE-D'AUNIS

Autrefois, l'océan recouvrait une grande partie de la région, le Pays d'Aunis formait alors une presqu'île. En se retirant, l'océan permit aux végétaux de gagner sur les eaux. Une herbe acide et aigre est apparue d'où l'origine du nom de la commune : Aigrefeuille-d'Aunis... Création médiévale dès le XIIIe siècle, le vignoble fut sa principale activité jusqu'à l'élevage des bovins et de la culture céréalière. Après la 2nde Guerre mondiale, une base militaire américaine s'est installée sur ce territoire et fut active de 1952 à 1966. Ne ratez pas le Lac de Frace, véritable oasis de verdure sur 50 ha ! Restaurants, base nautique... s'y trouvent désormais.

COURÇON

La petite cité, véritable porte du Marais Poitevin, fait partie de la Communauté de Communes Aunis Atlantique qui regroupe 20 communes. A égale distance de La Rochelle, Rochefort et Niort, la ville était jadis connue pour ses foires aux bestiaux, elle l'est aujourd'hui pour son cadre de verdure, exceptionnel grâce à sa proximité avec la forêt de Benon. Situé à la limite de la plaine d'Aunis, ce petit bourg joliment rénové a été bâti autour d'une place ombragée de marronniers, sur l'un des points culminants de la région, soit à 25 mètres d'altitude. En vous baladant, vous aurez un regard pour l'église dont le clocher surprend avec ses créneaux.

LA CHARMAIE GITES & SPA €€

13, rue de la Rivière ✆ 06 62 13 72 00

www.la-charmaie.com

3 gîtes de 2 à 6 pers. 1 spa de 120 m². Dès 75 €/nuit pour 2 pers. Privatisation du spa : 40 €/pers pour 2h.

La Charmaie propose aux voyageurs un moment de douceur proche de La Rochelle et de Rochefort. Katia vous réservera un accueil chaleureux, se montrant à la fois disponible et discrète. Les trois gîtes sont spacieux, décorés avec goût et confortables. Ils disposent d'une terrasse donnant accès à un jardin arboré. L'occasion rêvée de profiter du calme pour se ressourcer. D'ailleurs, la Charmaie propose un espace détente réservé à la clientèle. Au programme, spa, sauna, hammam, fauteuils massant et même douche émotion tropicale avec pluie tropicale chaude sur 120 m² !

PAYS D'AUNIS

LA MOUETTE RIEUSE** €

14, rue du Collège

✆ 05 46 67 90 94

www.camping-larochelle.com

Ouvert d'avril à octobre. De 13,20 € à 17,30 €. Mobil-homes 4/6 personnes dès 3 230 € la semaine. Animaux acceptés.

Ce camping, situé à environ 25 minutes de La Rochelle, offre une pause bucolique à proximité du marais poitevin. Les propriétaires proposent un accueil sympathique, donnant envie d'installer tente ou caravane sur l'un des grands emplacements. Le cadre est reposant, l'ambiance familiale et en plus les blocs sanitaires ont été rénovés. Le camping propose aussi bungalow et mobil-home pour ceux qui recherchent plus de confort. Des activités aussi avec la piscine, le snack, un terrain de pétanque, des barbecues et durant la saison, du pain et des viennoiseries.

AU BORD DU LAC €

Route aux Moines

✆ 05 46 00 70 22

Ouvert 7j/7 midi/soir. Menu unique à 26 € Brunch à volonté : 19 €/adulte 12 €/enfant. Terrasse. Terrasse. Privatisation

Ce restaurant est installé à proximité de La Rochelle et de Surgères, au bord du lac de Frace. En arrivant, vous apprécierez le lieu, un cadre naturel très agréable, mais aussi l'ambiance volontiers chaleureuse. Pas de doute ici, les produits sont frais et suivent les saisons. Le chef mêle légumes, viandes et poissons offrant un bel éventail de saveurs. Au menu, une cuisine avec des produits régionaux qui se présentent dans des assiettes colorées et copieuses. Les desserts terminent un repas agréable comme la charlotte aux poires et son coulis de chocolat.

SURGÈRES

Située dans la plaine d'Aunis, la ville doit avant tout sa renommée à Hélène de Fonsèque, dite Hélène de Surgères. Demoiselle d'honneur de la reine Catherine de Médicis et dernière muse de Ronsard, elle s'est retirée dans son château avant d'y mourir en 1618. Mais l'histoire de la cité surgérienne est plus ancienne et liée à la rivière, la Gères, qui lui donne son nom. Surgères connaît un âge d'or grâce à la viticulture. Les propriétés viticoles ravagées sont rachetées par des paysans qui délaissent le vin pour le beurre. La région se lance dans la production de lait avec la première laiterie coopérative de France créée en 1888 par Eugène Biraud.

ÉGLISE NOTRE-DAME ✝ ★

Enceinte du château

Ouvert de 8h à 19h. Visite guidée (audio avec l'office de tourisme).

Au même titre que le château, l'église Saint-Nicolas est l'un des édifices incontournables de la ville. Édifiée par Hugues Maingot au XIe siècle, sous la maîtrise d'ouvrage des abbés de Vendôme, elle est située au cœur de l'enceinte médiévale. Ce chef d'œuvre d'art roman a subi des destructions mais aujourd'hui encore il impose sa façade ! Notre-Dame est redécouverte par Prosper Mérimée au début du XIXe siècle avant d'être restaurée. Aujourd'hui encore, le visiteur peut admirer son clocher octogonal abritant quatre cloches, des chapiteaux et la corniche.

ANCIENNE AUMONERIE SAINT-GILLES

Accès libre toute l'année. Visite sur rdv.

L'aumônerie est située rue du Faubourg-Saint-Gilles, sur la route menant à Saint-Jean-d'Angély mais elle a aussi comme particularité d'être placée sur le chemin de Saint-Jacques-de-Compostelle. Fondée à la fin du XIe siècle, l'édifice est repris par les Minimes de la province de Touraine au début du XVIIe siècle avant d'être vendu. Des sondages archéologiques entrepris ont décelé des indices liés au pèlerinage de Compostelle. Le monument est classé aux Monuments historiques.

LE MARCHÉ

Sous les Halles métalliques

Ouvert le mardi, le jeudi et le samedi de 8h30 à 13h. Grande foire organisée le 3e mardi de chaque mois.

Reconnaissables par sa structure métallique façon Baltard, les halles ont bénéficié d'une jolie réhabilitation au début des années 2000. Ouvert sur un centre-ville redynamisé, le marché constitue le « poumon » gastronomique. Les habitants s'y retrouvent, ravis de pouvoir faire le plein de produits frais et de saison. Légumes, fromages et poissons sont de qualité, les commerçants sympathiques, et on peut faire ses courses à l'ombre et protégé d'une averse ! Futé : une brasserie se situe au cœur des halles permettant de siroter un café une fois le cabas rempli.

Surgères.

PAYS D'AUNIS

LE PARC DU CHÂTEAU DE SURGÈRES

✆ 05 46 01 12 10

www.ville-surgeres.fr

Ouvert toute l'année. Gratuit. Visite guidée.

Guillaume Maingot fut à l'origine de la première dynastie des seigneurs de Surgères, à laquelle succèdent les Clermont avant que René de Fonsèque n'acquière le château. Son fils Charles, frère d'Hélène, releva l'enceinte rasée le siècle précédent, et édifia le castelet et le portail Renaissance. Le château devint ensuite la propriété des La Rochefoucauld au XVIIe siècle, puis celle du baron Couppé et enfin celle de la ville de Surgères. Après avoir procédé à de nombreux aménagements en centre-ville, la commune a élaboré un projet visant à réhabiliter le parc du château. Ce site touristique est aujourd'hui délimité par une enceinte fortifiée constituée de treize tours semi-circulaires abritant une église romane classée, un tumulus, une porte Renaissance et de nombreux bâtiments. De l'important château de pierre, il ne reste plus qu'un vestige mais non des moindres : la tour Hélène. Le prénom renvoie évidemment à Hélène de Fonsèque, muse de Ronsard qui lui fit une cour assidue – dont le célèbre *Sonnets pour Hélène* – sans que cette dernière ne cède. Après la mort de Catherine de Médicis, elle revient à Surgères et y fait construire un hospice. Aujourd'hui l'esprit poétique semble régner en ce lieu, le parc et ses allées fleuries sont propices à la balade ou à une pause bucolique. La visite auto-guidée du parc avec une version théâtralisée favorise l'immersion totale dans ce site historique. Des représentations également tout au long de l'année.

OFFICE DE TOURISME

5, rue Bersot ✆ 05 46 07 20 02

www.aunis-maraispoitevin.com

Horaires disponible sur site en ligne. Toutes vos informations, visites, hébergements... Location de vélos en été.

Tout ce que vous voulez savoir sur ce territoire authentique se trouve ici, à l'Office de Tourisme ! Conseils, bons plans, hébergements, restaurations, randonnées, découvrir le patrimoine, etc. L'équipe d'expert est à votre disposition et comme on dit, dans la joie et la bonne humeur. Découvrez les coups de cœur avec par exemple, les lieux préférés de La Rochelle au marais Poitevin ou encore la découverte des savoir-faire locaux avec les nombreux ateliers d'artisans, d'artistes, de galeries de peinture... Consultez l'agenda des manifestations qui ne manquent pas !

H DE SURGÈRES €€

52, rue Audry-de-Puyravault

✆ 06 11 46 01 97

www.h-de-surgeres.fr

Chambre double à partir de 79 € ; suite à partir de 89 €. Petit déjeuner inclus.

Dans cette immense maison vigneronne du XIXe siècle au cœur de Surgères, on est très surpris de trouver le ravissant et calme parc à l'anglaise, très bien entretenu et que l'on aperçoit depuis les chambres. Cinq sont disponibles. Au fond du parc, une maison de 70 m² accueille au rez-de-chaussée les personnes à mobilité réduite. Tout est pensé pour passer un séjour des plus agréables en témoignent le parking privé, la piscine clôturée et le petit déjeuner résolument gourmand. On est conquis par les confitures, gaufres et mignardises à déguster dans la véranda.

LA CRÊPERIE €

32, rue du Faubourg Saint Gilles

✆ 06 88 19 59 93

Ouvert du mardi au samedi le midi ; du jeudi au samedi le midi et le soir. Galettes à partir de 3 €, Complètes : 8,20 €.

C'est dans une ancienne scierie que se trouve cette crêperie. En entrant, vous serez aussi séduits par l'accueil pétillant de la serveuse et par la salle à l'aspect rustique, avec poutres en bois et verrière derrière laquelle officie Salvatore. La carte ne fait pas mystère, elle est irrémédiablement tournée vers la Bretagne. Galettes et crêpes sont savoureuses et cela n'est pas étonnant, car le chef, qui a une formation pâtissière, utilise uniquement des produits frais, bio ou locaux comme la farine, les œufs et les légumes. Excellent rapport qualité-prix !

LE DIWAN €€

43, rue Audry-de-Puyravault

✆ 05 46 56 96 72

www.lediwan.fr

Ouvert toute l'année. Du mardi au samedi le midi et le soir ; le dimanche midi. Formule du midi : 12,90 €. À emporter.

Installé dans la cité d'Hélène, ce restaurant propose depuis 10 ans de découvrir des spécialités marocaines. Ne vous fiez pas à sa devanture, il suffit de pousser les portes pour se retrouver dans un décor digne des Mille et Une Nuits. Quel plaisir de se croire au milieu du désert sous une tente berbère, découvrant toute la richesse de la cuisine d'Afrique du Nord. On trouve les inévitables couscous préparés avec des produits frais et selon des recettes traditionnelles. Et pourquoi ne pas tenter un tajine ? Côté sucré, ne ratez pas le thé à la menthe gourmand...

LA TABLE D'AS €€

24, avenue de la Libération

✆ 05 46 07 00 63

Ouvert toute l'année midi et soir en semaine sauf le mercredi. Menus de 26 € à 30 €. Formule du midi : 15 €.

À deux pas des rues piétonnes, la Table d'As est idéale pour les gastronomes voulant s'offrir une pause bistronomique. La salle est grande, offrant un bel espace entre les tables, mais c'est avant tout pour découvrir la cuisine d'Alexandre Lachaumette que l'on franchit la porte de ce restaurant. Cet artisan est un véritable passionné qui réalise des plats originaux, mêlant astucieusement les saveurs. Les assiettes, dressées avec soin, sont servies avec justesse et sourire par Sabine. La qualité des plats est indéniable avec des produits frais et locaux.

LE VIEUX PUITS €€

6, rue Paul-Bert

✆ 05 46 07 50 83

www.levieuxpuits-restaurant-surgeres.fr

Ouvert tous les jours sauf le jeudi. Menus de 23 € à 45 € (autre menu à 30 €). Plat du jour : 9,50 €. Terrasse.

Le Vieux Puits est installé depuis plusieurs années en plein cœur d'une rue piétonne, à quelques mètres seulement du château. Caché au regard du passant, il fera le bonheur de ceux qui oseront s'aventurer au fond d'une ruelle. L'accueil est toujours agréable, le service professionnel. La cuisine se veut traditionnelle, le chef réalise des plats mêlant les produits locaux que l'on déguste dans des salles au charme désuet. Le soir et le week-end, trois menus sont proposés et offrent de choix pour se faire plaisir : chartreuse de caille confite aux noix...

CAVE LUC CHOGNOT

110, rue Audry-de-Puyravault

✆ 05 46 30 43 25

http ://cavelucchognot.com

Ouvert du mardi au samedi de 9h à 12h30 et de 15h à 19h.

Cette cave fait le bonheur de tous les amateurs de bons vins. Installé au centre-ville, proche du marché, le lieu est idéal, mais aussi historique puisque c'est ici qu'officiait le grand-père de Luc en tant que négociant en vins et cognac. Après quelques emplettes sous les halles, on se rend dans cet ancien chai pour dénicher la bouteille qui fera merveille pour le déjeuner. Ici, le mot-conseil prend tout son sens, car au-delà d'être une des rares femmes cavistes du département, Véronique est avant tout une passionnée. Initiation et dégustation également.

LA LIBRAIRIE DES THÉS

Rue Bersot ✆ 09 60 00 35 15

www.librairiedesthes.fr

Ouvert du mardi au vendredi de 9h30 à 12h30 et de 14h30 à 19h ; le samedi de 9h30 à 12h30 et de 14h30 à 18h.

En flânant dans le centre-ville de Surgères, vous découvrirez cette librairie intimiste. Avec sa façade de couleurs vives et sa vitrine toujours aussi agréable à regarder, elle ne manque d'attirer les lecteurs qui sont en plus tout heureux de bénéficier d'un accueil charmant. Catherine et Alizée vous guideront dans cet univers qu'elles ont créé pour le plus grand plaisir des amoureux de littérature. Au programme, coups de cœur, dernières nouveautés et de nombreux rayons. Ici on peut venir pour se détendre devant une tasse de café ou un verre de jus de fruits...

LANDRAIS

Ce petit village possédait en 1650 un fief assez important et deux églises rivales : l'actuelle et celle de Saint-Jean du Breuil, aujourd'hui disparue. Cette église romane, comme la plupart des autres édifices religieux, a souffert des guerres. Elle y a perdu son clocher d'origine, reconstruit sur le flanc en 1848. On estime qu'à l'origine, le clocher surmontait l'entrée de l'église. Côté tourisme et hébergement, vous trouverez des gîtes et maisons d'hôtes dans le pur style architectural de la région. Anciennes métairies, anciennes fermes... Pour les randonneurs, découvrez le sentier du canal de Charras et ses paysages de marais, cigognes incluses !

BRASSEURS CUEILLEURS : BIÈRE PLOUF

ZA Fief de la Pointe ✆ 06 99 44 57 48

https ://brasseurscueilleurs.fr

Boutique sur place : mieux vaut appeler pour prévenir de votre venue. Visite sur rendez-vous.

La bière a le vent en poupe en Charente-Maritime ! Dans cette microbrasserie, il suffit de regarder les bouteilles pour comprendre qu'ici, on aime la nature. Non seulement les bières arborent de magnifiques étiquettes, mais en plus elles sont élaborées avec soin et de précieux mélanges d'ingrédients. Les brasseurs cueilleurs sont de vrais passionnés et proposent une gamme variée offrant de jolies saveurs : fruitées, florales, caramélisées... Ces bières artisanales ont de quoi séduire !

BRASSEURS CUEILLEURS : BIÈRES PLOUF ZA
Fief de la Pointe - 17290 Landrais
✆ 06 99 44 57 48 - 06 50 89 69 12 - 07 83 29 12 02
contact@brasseurscueilleurs.fr - https://brasseurscueilleurs.fr

PASSPORT

ROCHEFORT OCÉAN, LE PAYS DE FORT BOYARD

Entre terre et mer, au cœur de la Charente-Maritime, découvrez l'Arsenal des Mers à Rochefort, l'île d'Aix, la station de Fouras-les-Bains. Un arsenal maritime avec deux presqu'îles, les deux plus petites îles, un fleuve et un estuaire... C'est aussi un patrimoine historique et naturel exceptionnel avec l'incontournable fort Boyard, visible depuis l'île d'Oléron, théâtre d'un célèbre jeu télévisé qui a rendu la région mondialement connue. Prenez le bac pour l'île d'Aix, la « perle » de l'estuaire, une pause ou Napoléon Bonaparte a séjourné. Sinon, retrouvez-vous sur la minuscule île Madame pour une randonnée 100 % nature. Continuez votre aventure maritime à Rochefort, berceau de la frégate Hermione et demeure de la Corderie Royale, Tonnay-Charente s'impose à vous avec ses quais historiques, prenez le bateau passeur qui vous emmène de l'autre côté et vous verrez le dernier pont transbordeur de France encore en activité !

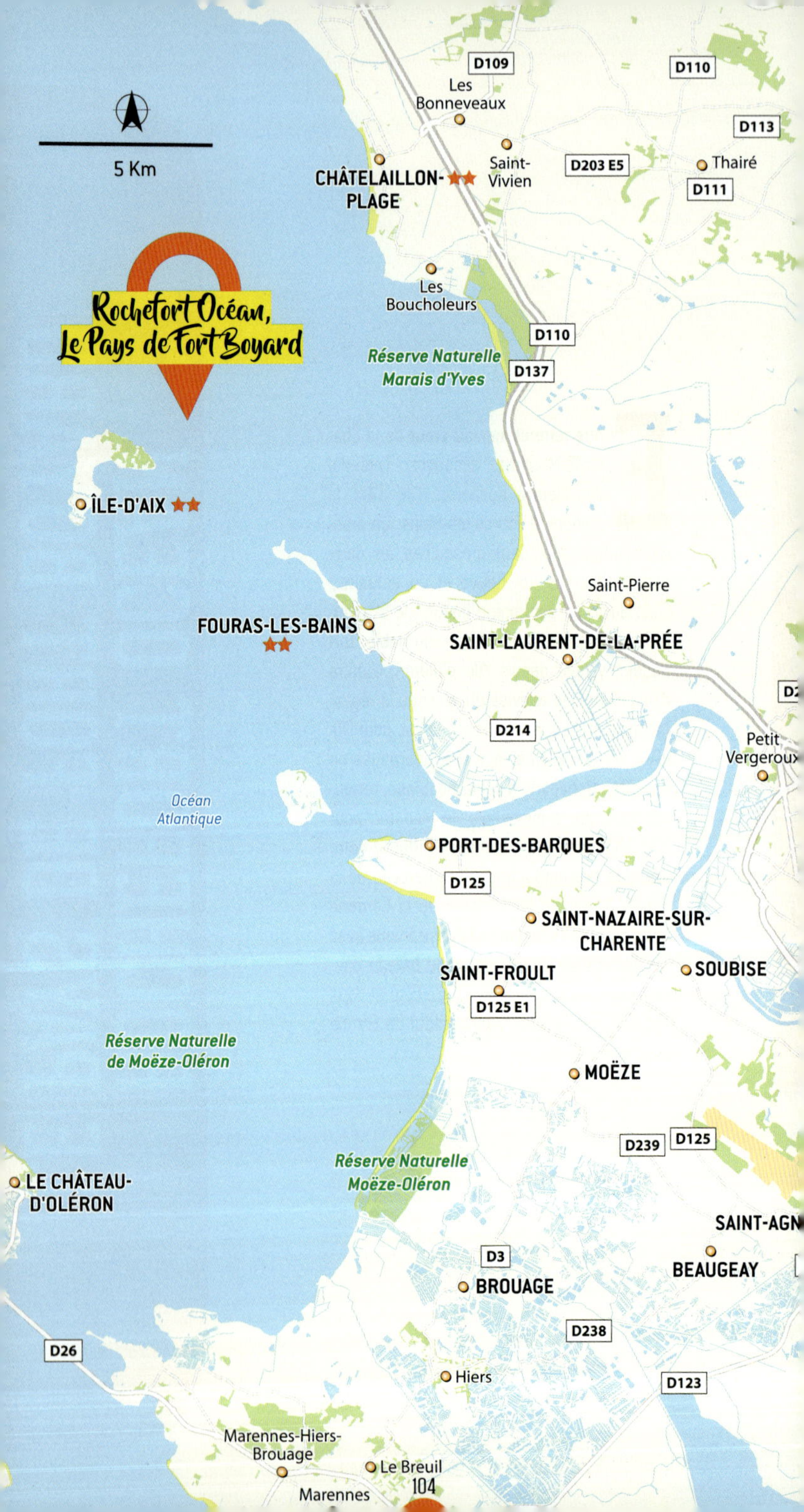
5 Km
Rochefort Océan,
Le Pays de Fort Boyard
D109
D110
Les
Bonneveaux
D113
Saint-
Vivien
D203 E5
Thairé
D111
CHÂTELAILLON-
PLAGE
Les
Boucholeurs
D110
D137
Réserve Naturelle
Marais d'Yves
ÎLE-D'AIX
Saint-Pierre
FOURAS-LES-BAINS
SAINT-LAURENT-DE-LA-PRÉE
D214
Petit
Vergeroux
Océan
Atlantique
PORT-DES-BARQUES
D125
SAINT-NAZAIRE-SUR-
CHARENTE
SAINT-FROULT
SOUBISE
D125 E1
Réserve Naturelle
de Moëze-Oléron
MOËZE
D239
D125
Réserve Naturelle
Moëze-Oléron
LE CHÂTEAU-
D'OLÉRON
BEAUGEAY
D3
BROUAGE
D238
D26
Hiers
D123
Marennes-Hiers-
Brouage
Le Breuil
Marennes
104

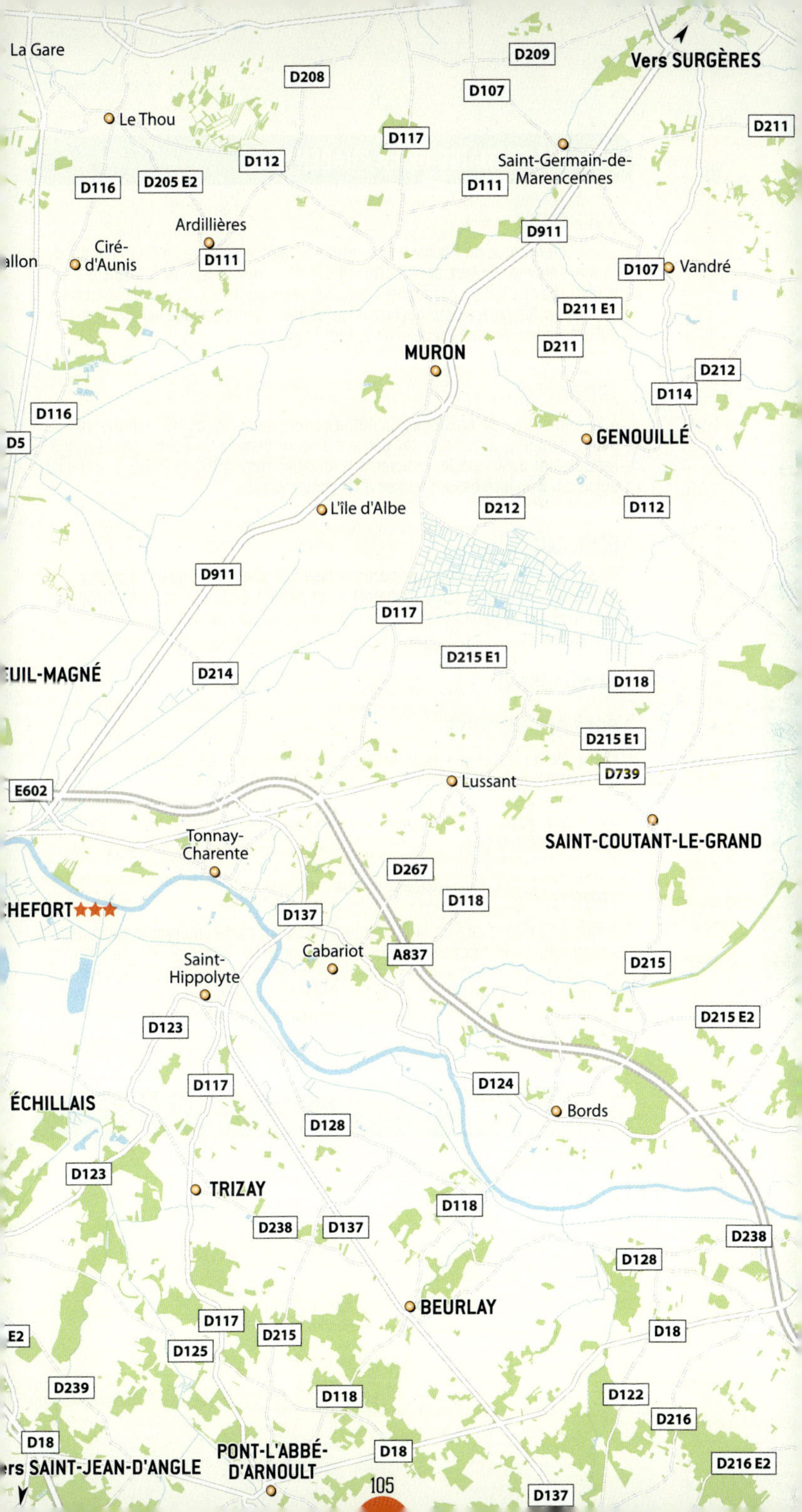

La Gare
D208
D209
D107
Vers SURGÈRES
D211
Le Thou
D117
Saint-Germain-de-
Marencennes
D112
D116
D205 E2
D111
Ardillières
D911
Ciré-
d'Aunis
allon
D111
D107
Vandré
D211 E1
D211
MURON
D212
D114
D116
D5
GENOUILLÉ
L'île d'Albe
D212
D112
D911
D117
D215 E1
EUIL-MAGNÉ
D214
D118
D215 E1
D739
Lussant
E602
SAINT-COUTANT-LE-GRAND
Tonnay-
Charente
D267
D118
HEFORT★★★
D137
Cabariot
A837
D215
Saint-
Hippolyte
D215 E2
D123
D117
D124
ÉCHILLAIS
Bords
D128
D123
TRIZAY
D118
D238
D137
D238
D128
BEURLAY
D117
E2
D215
D18
D125
D239
D118
D122
D216
D18
D18
PONT-L'ABBÉ-
D'ARNOULT
D216 E2
ers SAINT-JEAN-D'ANGLE
D137

PAGES

107 ● ● L'ESTUAIRE DE LA CHARENTE

107 ROCHEFORT ★★★

Le caractère royal de Rochefort se retrouve dans les édifices monumentaux de l'ancien Arsenal. Entrez dans cette ville, levez le nez, observez les balcons, les sculptures des hôtels particuliers, touchez cette pierre blanche si belle au soleil et poussez les portes pour découvrir les jardins « secrets » des belles demeures qui ont, en leur temps, accueilli de Grands Voyageurs.

116 TRIZAY

A 12 kilomètres de Rochefort, la petite commune de Trizay ne manque pas de points d'intérêt, à commencer par son Prieuré bénédictin Saint-Jean-l'Évangéliste, datant du XIe siècle. Entièrement restauré entre 1990 et 2000, il accueille aujourd'hui un intéressant musée d'art contemporain.

117 ECHILLAIS

Situé sur la rive gauche de la Charente, face à Rochefort, Échillais constitue une base pour explorer le pays rochefortais et profiter de la nature. Petit village de moins de 3 000 habitants, il tire sa renommée de son pont transbordeur, le dernier en France.

117 SAINT-AGNANT

118 PORT-DES-BARQUES

Presqu'île sur la rive gauche de la Charente, Port-des-Barques fait figure de « bout du monde » pour ses habitants. Un village de 1 500 âmes jusque-là épargné par le tourisme de masse et les grosses infrastructures. Cette petite station, familiale et pittoresque, invite à profiter de la nature et à découvrir la forte tradition ostréicole de la région.

119 FOURAS ★★

Située à l'embouchure de la Charente, Fouras fait partie intégrante de la destination « Rochefort Océan, Le Pays de Fort Boyard ». Sa situation face à l'archipel charentais constitue un lieu particulièrement propice à la balade. Il fait bon se promener près de l'océan au milieu des pins, tamaris et autres chênes verts, admirer les îles si proches et s'offrir une pause iodée sur l'une des cinq plages de la presqu'île.

125 ● ● ILE D'AIX

125 ILE-D'AIX ★★

ROCHEFORT ★★★

Etrange destin que celui de Rochefort, ville nouvelle du XVIIe siècle. Sous l'impulsion de Louis XIV, le roi Soleil, Rochefort sort de terre en 1666 pour devenir un grand port de guerre. L'emplacement est idéal : l'accès à l'Arsenal est protégé naturellement par l'estuaire de la Charente et les îles d'Aix et Oléron. Dessinée et édifiée selon un plan en damier, la ville prend son aspect définitif grâce à Michel Bégon, intendant de la Marine, qui organise sa reconstruction en pierre de taille. De cette riche histoire, Rochefort tire sa beauté singulière. Le caractère royal de la ville se retrouve dans les édifices monumentaux de l'ancien Arsenal.

L'ARSENAL DES MERS

www.arsenaldesmers.fr

Pass Journée, 22 €, enfant 16 €. Tarifs complets en ligne.

Véritable parc à thème, l'Arsenal des mers regroupe quatre lieux d'exception qui participent tous à la mise en avant un patrimoine maritime unique. La Corderie Royale, créée par Louis XIV, pour fabriquer les cordages de la marine de guerre, *l'Hermione* cette fabuleuse réplique du navire de Lafayette, l'Accro-Mâts un parc d'aventure hors du commun et le Musée national de la marine dont les collections rappellent l'histoire maritime de la cité de Colbert. L'été, les Lundis de l'Arsenal proposent des animations spéciales en soirée (concerts, spectacles, danse...).

L'ACCRO-MÂTS DE ROCHEFORT

Place Amiral Dupont ✆ 06 73 37 08 70

www.weekngo.com

À partir de 6 ans. Ouvert de juin à novembre, 7j/7 en saison. Entrée/15 €. Enfants obligatoirement accompagnés.

Unique en Europe ! Oubliez les arbres, ici l'aventure se déroule dans la forme de radoub Louis XV, connue pour avoir été le lieu de reconstruction de l'Hermione. Désormais, l'accro-mâts fait partir de l'Arsenal des Mers. L'occasion est idéale pour en apprendre davantage sur l'histoire maritime de la ville tout en profitant d'une activité étonnante. Il est vrai que cette réplique de navire est pour le moins surprenante, avec ses mâts qui flirtent avec le ciel – plus de 30 m de haut !

ANCIENNE ÉCOLE DE MÉDECINE NAVALE ★

25, rue de l'Amiral-Meyer ✆ 05 46 99 59 57

www.musee-marine.fr

Visite l'Essentielle (40 min). 6,50 €, tarif réduit 5,50 €. Possibilité de billet jumelé avec le Musée de la Marine.

Cette école est avant tout un lieu unique où se dégage une atmosphère toute particulière. Ne pensez pas seulement entrer dans un lieu historique, il s'agit bien plus que de cela. Cette ancienne école – la première au monde – a été fondée en 1722 et a formé durant plus de 2 siècles le personnel médical embarquant à bord des navires d'expédition. Les chirurgiens acquièrent ici les connaissances qui leur permettront de soigner les marins et explorateurs en partance pour le Nouveau Monde.

LE CONSERVATOIRE DU BÉGONIA

1, rue Charles Plumier ✆ 05 46 82 40 30

www.begonia.rochefort.fr

Fermé dimanche, lundi & jours fériés. Fermé en décembre et janvier. Visite guidée. Durée de 45 à 60 minutes. Entrée 5 €.

L'histoire entre Rochefort et le bégonia est ancienne. Si c'est à Michel Begon (qui a effectué une grande partie de sa carrière à Rochefort) que l'on doit le nom de cette plante, c'est Charles Plumier qui la découvre lors d'une mission aux Antilles. Depuis plus de 30 ans, la ville met à l'honneur cette plante dans un conservatoire de 1 000 m². La collection compte aujourd'hui plus de 1 500 espèces de bégonias qui forment l'un des genres botaniques les plus importants du règne végétal.

LA CORDERIE ROYALE ★★★

Rue Jean-Baptiste-Audebert

✆ 05 46 87 01 90

www.corderie-royale.com

Ouvert 9 mars au 5 juillet : 10h-13h/14h-18h, 6 juillet au 29 août : 10-19h, 30 août au 15 octobre : 10h-13h/14h-18h.

Sur l'ordre de Louis XIV, la construction de la Corderie Royale commença en 1666. Sa structure reposant sur un terrain meuble, un radeau formé d'un quadrillage de 14 000 m² de madriers dut être construit au préalable. Le temps de sa construction, quelque 2 000 ouvriers travaillèrent à l'édification du plus long bâtiment industriel de l'Europe du XVIIe siècle (374 m). Des travaux de restauration s'achèveront en 1988, abritant désormais le Centre International de la Mer, la Chambre de Commerces et de l'Industrie, le Conservatoire du Littoral et une médiathèque.

L'HERMIONE ★★★

Arsenal Maritime
✆ 05 46 82 07 07
www.arsenaldesmers.fr
Voir les disponibilités sur le site Internet (réservation obligatoire).

Dans la ville-arsenal de Rochefort, commanditée au XVIIᵉ siècle par Louis XIV, flotte encore un parfum d'exotisme propre aux lieux qui virent partir les grandes expéditions. Le « plus bel arsenal du Ponant », construit en 1666 dans une boucle de la Charente. Pendant 3 siècles, cette usine à ciel ouvert a construit 550 navires. Une tradition qui se poursuit avec *L'Hermione*, réplique de la Frégate de la liberté (1779) utilisée par le marquis de La Fayette pour aller soutenir la Guerre d'Indépendance américaine... Après avoir mené d'autres campagnes militaires, l'Hermione a fait naufrage en 1793 au large du Croisic. Au passage de notre nouveau siècle, Rochefort a vécu près de 20 ans au rythme de la reconstruction de la fameuse frégate. Une aventure débutée en 1997, à l'initiative de l'Association Hermione-Lafayette désireuse de retrouver un élément important du patrimoine maritime rochefortais. En 2015, *L'Hermione* a entamé son voyage inaugural vers les États-Unis sur les traces de La Fayette. En 2016, la frégate s'élançait vers Saint-Malo et Brest puis vers l'océan Atlantique et la mer Méditerranée. De retour au port qui l'a vu naître en 2019, elle est désormais ouverte à la visite au sein du formidable Arsenal des mers. On peut y pratiquer l'accro-mâts. Une activité vraiment insolite ! Dans ce parc d'aventure marin, vous passez de mât en mât, grimpez dans les cordages et dominez la Charente à 30 m de hauteur. En plus : musée de la marine nationale et escape game. Nouveauté en 2021 : le périscope géant, inclus dans le pass.

LE JARDIN DES RETOURS

Rue Audemard
© 05 46 82 91 60
www.rochefort-ocean.com
Ouvert toute l'année. 7j/7. Contacter le service du patrimoine - hôtel Hèbre de Saint Clément au 05 46 82 91 60.

Plus qu'un simple jardin, ce lieu est avant tout une invitation à la flânerie. C'est à deux pas de la Corderie Royale, le long de la Charente que Bernard Lassus, architecte paysagiste, conçoit le Jardin des Retours. Après la réhabilitation de l'ancienne manufacture de cordage, cet espace de verdure met en avant le riche passé maritime de la cité de Colbert autour de 3 thèmes : des Amériques, de la Galissonière, de la Marine. À quelques pas de là, c'est un autre univers qui accueille les passants, plus exotique avec les magnolias et les palmiers joliment alignés.

MUSÉE DES COMMERCES D'AUTREFOIS ★

12, rue Lesson © 05 46 83 91 50
www.museedescommerces.com
Gratuit jusqu'à 7 ans. Adulte : 6,90 €. Enfant (de 8 à 11 ans) : 4,50 €. Réduit : 5,90 €. Tous les Horaires en ligne.

A l'heure où le numérique a envahi nos vies, ce musée nous invite à un joli retour au début du XXe siècle. Installé dans le cœur historique, il propose sur trois étages – un ascenseur est disponible – de découvrir de nombreux objets de l'entre-deux-guerres. Durant plus d'une heure, vous découvrirez des échoppes dédiées aux métiers d'antan. Belle collection de meubles de métier, et de publicités sur émail. Le sous-sol met en avant le Cognac avec la distillerie et son alambic charentais.

MUSÉE HÈBRE DE SAINT-CLÉMENT ★

63, avenue Charles-de-Gaulle © 05 46 82 91 60
www.ville-rochefort.fr
Label Tourisme & Handicap. Visite guidée. Ouvert du mardi au samedi de 10h à 12h30 et de 14h à 18h. Adulte : 4 €.

Ouvert au public depuis 2006, l'hôtel Hèbre de Saint-Clément accueille les collections du musée d'Art et d'Histoire, et le Centre d'interprétation de l'architecture et du patrimoine. Grâce à une muséographie moderne et innovante, les collections du musée d'Art et d'Histoire sont présentées au public dans un parcours mêlant histoire de la ville, tableaux et objets ethnographiques. La maison de Pierre Loti est au cœur du projet de rénovation avec des collections exceptionnelles.

MUSÉE NATIONAL DE LA MARINE DE ROCHEFORT ★★

1, place de la Galissonnière © 05 46 99 86 57
www.musee-marine.fr
Ouvert du 6 février au 9 avril : 13h30-18h ; 10 avril-1 novembre : 10-12h30/13h30-18h ; 2 novembre-2 janvier 13h30-18h.

Le Musée de la Marine est installé dans l'Hôtel de Cheusses, construit au début du XVIIe siècle pour le seigneur de Rochefort, Adrien de Lozeré, premier valet de chambre d'Henri IV. Après la création de l'arsenal de la ville en 1666, l'édifice est agrandi pour devenir en 1690 la résidence des Commandants de la marine et enfin le commissariat de la marine. Le musée retrace l'époque des chefs d'escadre et présente une collection de maquettes de navires, comme celle du Dauphin Royal.

OFFICE DE TOURISME ROCHEFORT OCÉAN

Avenue Sadi-Carnot
© 05 46 99 08 60
Basse saison : ouvert du lundi au samedi 10h-12h30/14h-7h30. Haute saison : 7j/7 10h-18h30. Accès PMR - Wifi.

Facile d'accès et situé à proximité immédiate d'un grand parking gratuit, l'Office de Tourisme vous accueille dans un lieu agréable fourmillant d'informations destinées à vous faire découvrir au mieux la ville et Rochefort Océan. Conseil futé, optez pour le carnet découverte « Rochefort Océan », il est gratuit et vous donnera de nombreuses indications : visites guidées, gastronomie, expositions et des itinéraires de randonnée sans oublier les adresses de location de vélos.

CROISIÈRE CAP SUR FORT BOYARD ET L'ILE D'AIX

Corderie Royale
D'avril à septembre : départ à 9h et retour à 19h. Gratuit jusqu'à 2 ans. Adulte 26 €. Enfant (de 2 à 12 ans) 20 €.

Si la Corderie Royale – monument symbolique de Rochefort – se prête idéalement à la visite, elle est aussi le point de départ d'une sympathique croisière qui vous mènera vers Fort Boyard. L'embarquement se déroule sur la Fée des îles II pour un voyage de prés de 2h en direction du fameux vaisseau de pierres dont l'histoire n'est plus à compter. Vous ferez ensuite escale pendant 5h à 6h sur l'île d'Aix, un territoire préservé qui se prête idéalement à la flânerie.

LA STATION DE LAGUNAGE

Route de Soubise
✆ 05 46 82 12 44
www.lpo.fr

Ouvert toute l'année. Visites guidées exclusivement. Gratuit jusqu'à 10 ans. Adulte : 6 € (5 € réduit).

Ce n'est pas qu'une station d'épuration, mais un site unique en Europe. Situé en bordure du fleuve Charente, ce centre de traitement est au cœur d'un véritable pôle nature, et constitue un exemple de gestion performante de l'environnement. Gérés par la Ville et la LPO (la Ligue de Protection des Oiseaux, dont le siège se trouve à Rochefort), ces immenses bassins accueillent de nombreux oiseaux (canards, échassiers, grèbes, passereaux...), du fait de l'abondance de plancton. L'observation des oiseaux et la vue sur l'imposant viaduc en font une jolie balade.

PORT DE PLAISANCE

Quai Le Moyne-de-Serigny
✆ 05 46 83 99 96
www.ville-rochefort.fr

300 places sur ponton : Eau, électricité, sanitaires, eaux usées... Location vélos à proximité. Dès 9 € la nuit.

Rochefort possède à la fois un port de commerce en jumelage avec Tonnay-Charente et ce port de plaisance installé sur la rive droite du fleuve, au cœur même de la cité historique. Les plaisanciers de passage ont tout loisir d'y amarrer avant de se rendre dans les rues du centre-ville facilement accessible. Des restaurants et commerces sont situés à proximité. 300 places sur ponton sont disponibles, 40 places sont réservées aux visiteurs qui disposent d'équipements modernes : aire de carénage : 12 places, manutention, station de récupération des eaux...

AUBERGE DE JEUNESSE €

7, Avenue Maurice Chupin
✆ 05 46 99 74 62
https ://www.aj-rochefort.fr/hostel/

Ouvert de début février à novembre. Groupes : toute l'année sur demande. Chambres de 1 à 6 lits. Tarif : de 37 € à 97 €

Cette auberge de jeunesse située en bord de Charente entre le Pont Transbordeur et la Corderie Royales est moderne et tout confort. Ce lieu d'hébergement d'un très bon rapport qualité-prix est idéal pour visiter Rochefort et ses environs pour les petits budgets, que vous soyez en famille ou en groupe d'amis. Les chambres sont soit individuelles, soit collectives et toutes sont équipées de lavabos, sanitaires et douches. Plusieurs services sont proposés pour que votre séjour soit agréable. Futé : il y a même un service de bon plan billetterie sur place

HÔTEL LAFAYETTE*** €

10, avenue La Fayette
✆ 05 46 99 03 31
www.hotel-lafayette.fr

Ouvert toute l'année. Chambres de 55 € à 80 €. Chambre familiale à partir de 90 €. Animaux acceptés (10 €/jour).

Ce petit hôtel familial constitue un endroit idéal pour une halte au cœur de la cité de Colbert. En arrivant ici, vous apprécierez l'accueil toujours charmant. En plus, l'hôtel propose un garage pour motos et vélos – il est labellisé accueil vélo et Vélodyssée – de quoi avoir l'esprit plus tranquille. Les chambres sont calmes et lumineuses, offrant une décoration chaleureuse. L'équipement est tout à fait suffisant pour un séjour avec des salles d'eau privées, TV à écran plat et le wifi gratuit. L'hôte dispose d'une bibliothèque, de jeux et d'un coin salon-bar.

LA BELLE POULE*** €€

102, avenue du 11 Novembre 1918
✆ 05 46 99 71 87
www.hotel-restaurant-bellepoule-rochefort.com

Logis. Ouvert toute l'année. 22 chambres. Chambres de 75 € à 90 €. Soirées étapes : 87 €. Animaux acceptés. Séminaires.

Cet hôtel est installé à l'écart du centre-ville, à proximité immédiate de la route menant vers l'île d'Oléron et quelques charmantes cités balnéaires. On peut facilement stationner, profitant d'un accueil charmant de la part d'Axelle. Dans ce logis familial, vous prendrez place dans l'une des 22 chambres – 12 bénéficient d'ailleurs de la climatisation – et profiterez de la vue sur le pont transbordeur ou le marais. Chaque chambre est soigneusement décorée avec des tons sobres. Surtout, l'hôtel dispose d'un restaurant de qualité dirigé par le chef David Noyaud.

HÔTEL DES REMPARTS*** €€

43, avenue Camille-Pelletan ✆ 05 46 87 12 44
www.hotel-remparts.com

Ouvert toute l'année. Accueil 24h/24 (7j/7). 71 chambres. Petit déjeuner. Chambres à partir de 60 €. restauration.

Cet hôtel est plébiscité par les curistes qui trouvent là un hébergement de qualité, directement relié aux thermes par un ascenseur. Les voyageurs désireux de visiter la cité de Colbert sont tout aussi nombreux à y loger, profitant d'une situation agréable, à deux pas du port de Rochefort, mais aussi du centre-ville. Un séjour dans une de ces chambres spacieuses et confortables ajoutera encore aux bienfaits de la cure (certaines avec terrasse). L'hôtel bénéficie en outre d'un restaurant dans lequel vous prendrez votre copieux petit déjeuner en formule buffet.

LA VILLA DES DEMOISELLES €€

112, rue Pierre-Loti ✆ 06 22 11 93 47
www.villadesdemoiselles.com

2 chambres (et 2 suites). Chambre double de 85 € à 120 €.

Cette superbe villa a été construite au XIXe siècle et sa façade a conservé tout le charme et l'esprit des hôtels particuliers « Grand Siècle ». Elle servait autrefois de presbytère et c'est là qu'a été tourné *Les demoiselles de Rochefort*. Elle propose deux suites pouvant accueillir 4 à 5 personnes et 3 chambres spacieuses pour 2 personnes. Leur décoration est agréable, colorée, et fait la part belle aux éléments des années 60. Chacune rend hommage à l'univers d'un film culte et toutes sont indépendantes et bien équipées, avec salles de bains et w.c. privatifs.

MERCURE ROCHEFORT - LA CORDERIE ROYALE**** €€€

10, quai Joseph Bellot ✆ 05 46 99 35 35
www.mercure.com

Ouvert toute l'année. Fermé en janvier. Accueil 24h/24. 45 chambres (et suites). Chambres de 90 € à 225 €. Restauration.

Cette institution rochefortaise s'est offerte en 2018 une jolie rénovation. En entrant, vous serez séduits par la décoration moderne et tendance, l'harmonie des matériaux, mais aussi par l'accueil charmant. Chaque chambre est spacieuse et lumineuse, certaines offrent une vue sur la Charente. Le bar propose une pause autour d'un verre de vin. Mais c'est bien dans le restaurant que la magie opère. Le Chef propose une cuisine raffinée, magnifiant les produits de saison.

L'ATELIER DE LA PIZZA €

127 bis, rue thiers
✆ 05 46 99 37 72

Ouvert du mardi au samedi de 10h à 14h30 et de 18h à 22h. Menu enfant : 5 €. Vente à emporter. Pizzas de 7 € à 14 €.

Nichée en plein cœur de ville, cette petite pizzeria est assurément une adresse à retenir. Et les Rochefortais l'ont bien compris, ils sont nombreux à s'y diriger pour dévorer de délicieuses pizzas. Installé à proximité d'un parking gratuit, cet atelier propose une belle variété de pizzas : charcutières, fromagères.... En entrant, vous serez séduits par un accueil chaleureux et par des senteurs pour le moins agréables ! Il ne reste plus qu'à choisir, chaque pizza est préparée avec soin, la pâte est délicieuse et les ingrédients qui la composent sont de qualité.

KER ZEN €

44, avenue Gambetta
✆ 05 46 88 18 49
www.kerzen.fr

Ouvert mardi-samedi midi et soir. Menu à partir de 9,80 €. Menu enfant : 7,10 € (- 10 ans). Formule du midi : 12,95 €.

Plusieurs menus sont proposés, de l'express du midi qui permet de dévorer plat et dessert du jour au menu pizza pour composer soi-même sa pizza ! Ne ratez pas les galettes de sarrasin qui sont d'une grande qualité. Les végétariens pourront également se régaler de plats pensés pour eux. Qu'on se le dise ici, le chef cuisine des produits frais et on en redemande. Les desserts font la part belle aux crêpes de froment des classiques beurre-sucre aux gourmandes comme l'Emeraude mêlant glace menthe-chocolat, chocolat maison, crème fouettée et amandes grillées !

© GABORIAUD

© GABORIAUD

LE RADE DE LA MEDUSE - FOOD BOX €

13, Place Amiral Dupont ✆ 06 10 21 03 70
www.weekngo.com

Ouvert de mi-juin à mi-septembre. Ouvert tous les jours de 10h à 19h. Le lundi et jeudi soir : concert, le mardi soir.

En arrivant à Rochefort, vous aurez sans doute envie de découvrir l'*Hermione* avant de partir en balade le long de la Charente. Ça tombe bien ! Aux pieds de la célèbre frégate, s'est installé l'an dernier ce *food box*. La jeune équipe est dynamique et souriante, de quoi donner envie de s'installer en terrasse et de dévorer quelques-uns des plats proposés. Au menu, des planches apéro à déguster entre amis, des salades pour ceux qui tiennent à leur ligne et l'inévitable croque/frite.

LA MAISON DES CRÊPES €

15, rue Lesson
✆ 05 46 89 55 21

Ouvert du lundi au samedi de 12h à 14h et de 19h à 21h45. Hors saison fermé le lundi et le mardi soir. Formule du midi.

Ce restaurant est dédié à tous ceux qui veulent dévorer de délicieuses spécialités bretonnes. Située en face du Musée, en plein cœur de la cité de Colbert, la maison des crêpes n'est pas très grande. On vient ici pour se régaler de galettes confectionnées de manière artisanale. La terrasse est idéale aux beaux jours tandis que la petite salle permet de se réchauffer aux premiers frimas. On trouve les traditionnelles et quelques spécialités gourmandes à l'image de la Pays basque Les crêpes dessert sont soigneusement fabriquées avec de la farine de froment.

L'ATELIER DE LA PIZZA €

127 bis, rue thiers
✆ 05 46 99 37 72

Ouvert du mardi au samedi de 10h à 14h30 et de 18h à 22h. Menu enfant : 5 €. Vente à emporter. Pizzas de 7 € à 14 €.

Nichée en plein cœur de ville, cette petite pizzeria est assurément une adresse à retenir. Et les Rochefortais l'ont bien compris, ils sont nombreux à s'y diriger pour dévorer de délicieuses pizzas. Installé à proximité d'un parking gratuit, cet atelier propose une belle variété de pizzas : charcutières, fromagères.... En entrant, vous serez séduits par un accueil chaleureux et par des senteurs pour le moins agréables ! Il ne reste plus qu'à choisir, chaque pizza est préparée avec soin, la pâte est délicieuse et les ingrédients qui la composent sont de qualité.

O'GABIER €

25, avenue Marcel Dassault ✆ 05 46 87 56 24
www.ogabier.fr

Ouvert toute l'année. Menus de 24,10 € à 38,30 €. Spécialités charentaises avec menu charentais à 38,30 €. Terrasse.

A deux pas des thermes, face au port de Rochefort, ce resto à l'ambiance Saint-Trop. (déco marine et palmiers méditerranéens) a l'avantage de posséder une belle terrasse donnant sur le port de plaisance. Ici, la mer autant que les petits plats charentais sont mis à l'honneur. La maison propose aussi bien des planches-repas terre ou mer, des assiettes et plateaux de crustacés que la fameuse chaudrée charentaise ou la traditionnelle recette d'anguilles persillées. De quoi manger local jusqu'au dessert, avec la Jonchée, un fromage blanc typique de l'Aunis à l'amande.

LES LONGITUDES €

Corderie Royale ✆ 05 46 87 56 15
www.corderie-royale.com

Ouvert toute l'année. Fermeture en janvier. Menus de 13,50 € à 29,50 €. Sandwicherie en extérieur l'été. Terrasse.

Ce restaurant est situé dans un cadre unique, au cœur de l'ancien arsenal de Rochefort, à proximité immédiate d'un bâtiment symbolique : la Corderie Royale. En été, on profitera de la terrasse située sous les arcades pour un moment ombragé. Côté restauration, les plats de type brasserie mettent en avant des produits régionaux comme l'entrecôte grillée à la fleur de sel de l'île de Ré, la mouclade au pineau des Charentes ou la délicieuse Caillebotte du Pays Rochefortais. Nul doute, vous prendrez plaisir à déguster des plats préparés à base de produits fraî.

LES BÉATILLES €€

121, rue LouisThiers
✆ 05 46 88 23 74
www.restaurantlesbeatilles.hubside.fr

Ouvert du mardi au samedi de 12h à 13h30 et de 19h à 21h30. Carte : 18 € environ. Formule du midi : 17 €. Terrasse.

Ce restaurant plein de charme n'en finit plus de séduire les gourmands. Installé en plein cœur de ville, à deux pas du Cours Roy Bry, il constitue un lieu idéal pour déjeuner dans la cité de Colbert. Si la devanture est discrète, la salle petite, la cuisine y est excellente. Charlotte assure un accueil charmant, donnant envie de dénicher une place. Il est d'ailleurs préférable de réserver si vous désirez goûter à l'un des plats préparés avec soin par Cédric. Tous les jours, la formule déjeuner met à l'honneur des produits frais et de saison joliment cuisinés.

BOON SAVEURS THAI €€

41, rue Audry de Puyravault
✆ 05 46 88 93 45
Ouvert toute l'année. Du lundi au samedi midi/soir. Wifi. Menu unique à 26 €. Formule du midi : 19,80 €. Terrasse.

Ce restaurant, installé au cœur de la place Colbert, a de quoi surprendre. En poussant les portes, vous découvrirez une petite salle lumineuse, mais c'est en empruntant l'escalier que vous serez le plus agréablement surpris. Place à une salle intime, avec parquet et cheminée, qui permet de passer un joli moment à deux. Si le soleil rayonne, n'hésitez pas à prendre place sur la petite terrasse. Qu'importe l'endroit, l'ambiance est agréable et surtout on se régale autour de spécialités asiatiques cuisinées avec soin. Chaque plat est bien préparé et coloré à souhait.

LE MARYDIANE €€

72, rue Jean-Jaurès
✆ 05 46 99 07 11
Restaurant ouvert pour des repas de famille ou d'affaires et fêtes particulières. Menu unique 24 €. Plat du jour 10 €.

Situé en plein cœur de la ville, à quelques pas de la Corderie Royale, l'établissement propose une salle à l'ambiance cosy et un univers boisé. Quel plaisir de s'installer autour des petites tables en bois et de profiter du calme. L'accueil est à la hauteur de la réputation du lieu. Le chef Alain ne manquera pas de mettre en œuvre tout son savoir-faire pour faire vibrer vos papilles. Au déjeuner, la formule offre un excellent rapport qualité prix, de quoi donner envie d'y retourner le soir. Au menu, une carte évoluant au gré des saisons avec des produits frais.

MERCURE ROCHEFORT - LA CORDERIE ROYALE €€

10, quai Joseph Bellot ✆ 05 46 99 35 35
www.mercure.com
Ouvert le lundi et le samedi de 19h à 21h30. Menus de 30 € à 45 €. Formule du midi : 19 €. Verrière.

Ce restaurant constitue un véritable havre de paix. Installé au sein de l'hôtel Mercure, il est situé à quelques pas seulement de la Corderie Royale et de la Charente. Vous serez séduits par l'accueil très professionnel et souriant, mais aussi par la magnifique décoration. Le point d'orgue est la splendide verrière, lieu idéal pour déjeuner. La salle est tout aussi délicieuse : les grands miroirs côtoient des fauteuils confortables et des tables dressées avec soin d'une nappe blanche.

O'BISTRO DU SUD €€

115, rue de la République
✆ 05 46 82 44 13
www.obistrodusud.fr
Du mardi au samedi le midi et le soir. Carte : 21 € environ. Formule du midi : 16,90 € (plat et dessert). Terrasse.

En voilà une adresse où les amis se rejoindront avec plaisir ! Idéalement situé dans une petite rue à proximité immédiate de la place Colbert et du théâtre de la Coupe d'Or, ce bistrot possède une terrasse bien agréable aux beaux jours. Dès les entrées, la carte prend des accents méridionaux, proposant un joli mélange de saveurs. La suite ? Des produits de qualité joliment cuisinés comme le magret de canard entier servi avec une purée au chorizo. Les assiettes sont colorées et généreuses. A noter, les frites maison et le bon rapport qualité-prix du menu du midi.

LES POTOS FEU €€

6, Avenue Camille Pelletan
✆ 05 46 99 11 16
Ferme 1 semaine fin janvier. Ouvert du mardi au dimanche de 8h à 21h. Carte : 16 € environ. Formule du midi : 14 €.

Le Bistrot les Potos Feu est situé à proximité du port de plaisance et face aux Thermes. Ce restaurant-bar est un des lieux où il fait bon s'arrêter. En entrant, vous serez charmés par un accueil chaleureux. Freddy est un passionné qui vous permettra de découvrir une cuisine régionale à travers des spécialités locales, vendéennes ou poitevines. La salle est lumineuse, l'ambiance décontractée et le service aussi efficace que sympathique. L'occasion est belle de s'offrir un repas d'un bon rapport qualité-prix avec des plats volontiers généreusement garnis.

LES QUATRE SAISONS €€

76, rue Grimaux
✆ 05 46 83 95 12
Ouvert toute l'année. Menus de 27 € à 46 €. Formule : 22,50 € (menu Pierre Loti : entrée et plat, ou plat et dessert).

Ce restaurant joue à merveille une partition qui charme tous les jours les gourmets. Ouvrez l'œil, vous pourriez passer devant cette maison rochefortaise sans savoir qu'elle abrite un restaurant. On aime prendre place autour des petites tables rondes, admirer les murs qui mettent en valeur la Charente-Maritime : Demoiselles de Rochefort, l'Hermione... Patrick Bonnaud, officie en cuisine tandis que sa femme effectue à merveille le service. La cuisine du terroir est rehaussée d'une pointe d'originalité donnant des plats à l'appellation particulièrement appréciable.

LA ROUTE DES EPICES €€

12, avenue Lafayette
© 05 46 89 60 46

Ouvert le lundi et le samedi le soir ; du mardi au vendredi le midi et le soir. Menu unique à 28 €.

Situé en plein centre, sur l'une des avenues menant au Musée de la Marine, ce restaurant donne envie de voyager à travers une carte qui revisite avec inspiration les classiques de la cuisine asiatique. On vient ici découvrir la cuisine de Viet Dung Do qui propose un joli mélange entre gastronomie française et épices vietnamiennes. On débutera le repas par l'inévitable salade bo bun... La suite avec un mélange d'exotisme comme l'entrecôte marinée aux épices servie avec des frites maison ou le pavé de saumon cajun. Les desserts proposent une jolie revisite.

LA BELLE POULE €€€

102, avenue du 11 Novembre 1918
© 05 46 99 71 87
www.hotel-restaurant-bellepoule-rochefort.com

Maître Restaurateur. Ouvert toute l'année. Haute saison : 7j/7, midi et soir. Menu unique à 49 €. Plat du jour 16,50 €.

Ce restaurant est installé non loin du viaduc du Martrou qui mène vers les cités balnéaires. L'occasion est belle de s'offrir une halte gourmande dans un cadre bucolique avec en plus une jolie vue sur le pont transbordeur. En hiver, on se sent bien dans la salle où crépite un feu de cheminée, en été, on en profite pour découvrir de nouvelles saveurs. La carte est courte, gage de fraîcheur, le chef David Noyaud met à l'honneur les recettes traditionnelles. Maître-restaurateur et Compagnon du Tour de France, il élabore chaque assiette avec des produits frais.

LA SICILIA €€

25, rue Lesson
© 05 46 83 35 30

Ouvert toute l'année. Du mardi au samedi de 12h à 14h et de 19h à 22h. Menus de 18,50 € à 25 €. Réservation conseillée.

Pour un repas en famille ou entre amis, vous ne serez pas déçus en poussant la porte de ce restaurant dont la grande terrasse en bois se repère depuis l'avenue du marché. Que vous mangiez à l'intérieur sous l'œil amusé des fameuses Demoiselles, ou à l'ombre des grands parasols, vous apprécierez ici la simplicité et l'amabilité de l'accueil. Côté cuisine, on trouve ici une grande variété de pizzas, des classiques et des Tartiflette. Deux menus sont également proposés offrant une variété de plats bien cuisinés : œuf cocote au saumon, salade de gésiers confits...

LE GALWAY

46, rue du Docteur-Paul-Peltier

Ouvert du lundi au samedi de 16h à 2h. Terrasse.

« Grand est ce pub dans mon cœur, autour d'un verre avec bonne humeur, liesse et joie toujours et à toute heure, whisky et bière on boit en bon amateur, avec tous nos bons amis que du bonheur, y'a pas mieux nulle part ailleurs ! » Voici la prière du Galway que vous pouvez lire au-dessus du zinc. Situé proche d'un vaste parking et bénéficiant d'une terrasse, ce bar est idéal pour passer une soirée sympathique entre amis. En plus, l'ambiance y chaleureuse, la décoration évoque les pubs anglais et on peut assister à des retransmissions sportives.

VIVRE S €€

14 Quai aux vivres
© 05 54 70 02 90 - www.vivres.net

Ouvert toute l'année. Tous les jours de 12h à 14h et de 19h30 à 22h. Menus de 24 € à 53 €. Menu enfant : 14 €. Terrasse.

L'ancien magasin aux Vivres accueille le restaurant du chef Grégory Coutanceau. Le cadre est tout simplement splendide. Décorée avec soin, elle est surtout lumineuse grâce à cette grande baie vitrée depuis laquelle on admire le port. Les gourmets prennent place autour de jolies tables espacées pour offrir un moment intime, toutes donnent sur la cuisine ouverte dans laquelle le chef cuit des produits au feu de bois. Cette cuisson apporte de véritables saveurs à des produits assaisonnés. A vous de choisir et de fondre pour des desserts d'une rare gourmandise.

PISTACHE ET CHOCOLAT

86, rue de la République
© 05 46 87 11 96

Ouvert du mardi au samedi de 6h30 à 19h30 ; le dimanche de 6h30 à 19h. Crêpe à partir de 2 €, Gaufre à partir de 2,50 €.

Cette boulangerie est installée depuis plus de 15 ans dans la cité de Colbert. Nombreux sont les Rochefortais qui la connaissent et qui s'y arrêtent. Le lieu est idéal pour s'offrir une pause café sur la grande terrasse qui jouxte la place Colbert ou emporter un sandwich pour le dévorer en marchant. Alain et Nathalie ont laissé la place à Isabelle et Jean-Luc. Ils offrent toujours un accueil sympathique et proposent de découvrir quelques gourmandises comme les crêpes à déguster (sucre, confiture, chocolat banane), des gaufres (chocolat) et des glaces maison.

L'ARBRE À MOTS

28, rue Cochon-Duvivier
✆ 05 46 89 64 90
www.librairielaam.fr
Ouvert le mardi, le jeudi et le samedi de 10h à 19h ; le mercredi et le vendredi de 10h à 13h et de 14h à 19h.

Cette librairie propose un concept surprenant : acheter un livre et boire un café ! Catherine Dieumegard et Valérie Schopp ont créé cette librairie généraliste, ouverte à tous, avec un grand choix de livres adultes, des nouveautés et un rayon jeunesse. Ces deux passionnées laissent une large place aux maisons d'édition régionales et à la création indépendante. On peut flâner dans ce lieu paisible, parcourant avec bonheur les annotations pour choisir un ouvrage. L'Arbre à Mots, c'est aussi un lieu de rencontres avec les auteurs invités et des ateliers découvertes.

LE MARCHÉ

Avenue du Général de Gaulle et dans les halles
Le mardi, le jeudi et le samedi de 7h à 12h30. Accessibilité PMR.

Ce marché est le rendez-vous incontournable de tous ceux qui veulent faire le plein de produits frais. Bien connu des Rochefortais, il l'est aussi des habitants alentour, car c'est le plus grand de Charente-Maritime ! C'est Henri IV qui accorde un marché hebdomadaire à la ville avant qu'elle ne devienne la cité arsenal. Aujourd'hui, on peut non seulement se rendre sous les halles pour faire le plein de produits frais mais aussi flâner le long des étals installés le long de l'avenue Charles de Gaulle. Vous trouverez des spécialités venues des quatre coins du globe.

BIOCOOP ROCHEFORT

9, rue Villeneuve Montigny
✆ 05 46 99 64 07
www.biocoop-rochefort.com
Ouvert le lundi de 10h à 19h30 ; du mardi au samedi de 9h à 19h30.

Les amateurs de produits biologiques connaissent bien ce magasin à l'entrée de Rochefort. Non seulement il y est facile d'accès, mais en plus il est bien aménagé permettant de flâner entre les rayons. L'accueil est agréable, le personnel prodigue des conseils intéressants. Vous pourrez ainsi vous fournir en produits d'épicerie, en céréales, pain, fruits et légumes, produits laitiers, charcuteries et en produits écologiques. Le rayon vrac composé de produits locaux et de légumes fait de nombreux adeptes puisqu'il permet d'acheter uniquement ce que l'on consomme.

L'ACCRO-MÂTS DE ROCHEFORT

Place Amiral Dupont
✆ 06 73 37 08 70
www.weekngo.com
Ouvert d'avril à octobre. 15 €, accès illimité à l'Accro-mâts 37 €. À partir de 6 ans.

C'est une activité tout simplement unique en Europe ! Oubliez les arbres, ici l'aventure se déroule dans la forme de radoub Louis XV, connue pour avoir été le lieu de reconstruction de l'Hermione. L'accro-mâts fait partie de l'Arsenal des Mers, Corderie Royale, *Hermione* et Musée national de la Marine. L'occasion est idéale pour en apprendre davantage sur l'histoire maritime de la ville tout en profitant d'une activité étonnante. Il est vrai que cette réplique de navire est surprenante.

LA CERVOISERIE ROCHEFORT

Rue du Brillouet
✆ 05 46 53 30 86
Ouvert du lundi au samedi de 10h à 13h et de 15h à 21h.

C'est désormais chose faite, les Rochefortais disposent comme les Rochelais d'une cervoiserie ! Facilement accessible et spacieux, le lieu est l'endroit rêvé pour s'offrir un moment convivial. En entrant, vous serez séduit par l'accueil chaleureux d'une équipe dynamique qui est toujours de bon conseil sur le choix de la bière. La cave propose pas moins de 300 références : brune, ambrée, d'Abbaye, de Belgique ou du Japon, chaque bière est unique et se consomme au comptoir ou à la maison. Ajouter quelques rondelles de saucisson... une convivialité sans pareille.

LA PATINOIRE DE NOËL

Place Colbert
Vacances scolaires tous les jours : 10h-12h30, 13h30-16h, 16h30-19h. Entrée : 6 € (patins fournis).

Si la place Colbert a été rendue célèbre par le film de Jacques Demy, chaque hiver elle accueille tous ceux qui veulent s'exercer au patinage. Depuis 20 ans, Rochefort possède non pas une, mais deux patinoires à ciel ouvert installées en plein centre-ville. L'occasion rêvée de passer quelques minutes sur la glace pour célébrer les fêtes de fin d'année d'autant que ces deux patinoires éphémères sont ouvertes tous les jours durant les vacances scolaires. Une activité sportive qui peut susciter une future carrière à haut niveau comme nos stars françaises !

LES THERMES DE ROCHEFORT

15, avenue Camille-Pelletan
✆ 05 46 99 08 64
www.thermes-rochefort.com
Saison thermale du 10 février au 5 décembre. Pour les différentes formules de soins et de cures, consulter le site.

Si Rochefort accueille de nombreux visiteurs férus d'histoire, la cité est aussi connue pour son eau thermale désinfiltrante, cicatrisante, anti-inflammatoire et antalgique. Si les cures traditionnelles sont prescrites pour 18 jours consécutifs, il est possible de profiter du thermalisme pour une durée plus courte. Les thermes de Rochefort visent à soulager les douleurs en douceur. Chaque soin est individualisé et dispensé par des professionnels. L'hôtel des Remparts est relié aux thermes par un ascenseur, un lieu idéal le temps d'une cure... Un cadre idéale !

TRIZAY

A 12 kilomètres de Rochefort, la petite commune de Trizay ne manque pas de points d'intérêt, à commencer par son Prieuré bénédictin Saint-Jean-l'Évangéliste, datant du XIe siècle. Entièrement restauré entre 1990 et 2000, il accueille aujourd'hui un intéressant musée d'art contemporain. A Trizay, on ira aussi découvrir le parc botanique des jardins de Compostelle, bordé par un plan d'eau artificiel, qui compte plusieurs écosystèmes. Constitué de plantes parfois rares, il abrite une intéressante oliveraie. Voir aussi l'église Notre-Dame-de-Monthérault, récemment rénovée, et celle de Saint-François, d'architecture néo-gothique.

ABBAYE DE TRIZAY ★

3, Allée de Chizé
✆ 05 46 82 34 25
www.abbayedetrizay17.fr
Adulte : 5 €. Billet couplé avec le parc floral les Jardins de Compostelle (à 900m) 7,50 €. Horaires internet.

Fondé vers la fin du XIe siècle, ce prieuré a entièrement restauré dans les années 1990. Installé au cœur de la vallée de l'Arnoult, il surprend le visiteur qui se trouve devant un ensemble monumental ! Pendant des siècles, les moines y ont vécu paisiblement, accueillant les pèlerins parcourant la route de Saint-Jacques-de-Compostelle. Après votre visite, n'hésitez pas à entrer dans la boutique de l'abbaye qui propose une jolie gamme de produits fermiers de Saintonge, ou dans la librairie pour acheter une carte postale sur les églises romanes de Saintonge.

LES JARDINS DE COMPOSTELLE

Route de Saint-Agnant ✆ 05 46 82 34 25
www.abbayedetrizay17.fr/jardins-de-compostelle
Ouvert de d'avril-mai (selon la floraison) au 1er novembre tous les jours de 10h à 20h. Gratuit jusqu'à 12 ans.

Cette abbaye, dédiée à Saint-Jean l'Evangéliste, constituait autrefois une étape fort agréable pour les pèlerins en route pour Saint-Jacques de Compostelle. Le monument, rénové dans les années 90, affiche encore toute sa splendeur, mais en venant ici vous aurez aussi tout loisir d'admirer les Jardins de Compostelle qui surplombent le lac. Conçu en 1998 par l'architecte paysagiste rochefortais Jean-François Galinet, le parc invite à un voyage thématique avec 7 séquences paysagères.

Abbaye de Trizay.

LES JARDINS DU LAC €€€

Lac du Bois Fleuri
✆ 05 46 82 03 56
www.jardins-du-lac.com
Ouvert toute l'année. Chambre double à partir de 88 € ; chambre triple à partir de 113 €. Bain bouillonnant.

Pour Michel, Johann et Sabine Suire, l'accueil et la délicatesse sont une affaire de famille. Quel plaisir de s'installer une nuit ou plus dans l'une des 16 chambres et suites de cet hôtel ! Chacune est spacieuse et possède un balcon privatif qui offre une jolie vue sur le lac du Bois Fleuri. On aime les larges baies vitrées, la luminosité et les équipements : vous disposerez de télévision, téléphone, sèche-cheveux et mini bar. En plus du confort, vous trouverez ici de nombreux loisirs : une balade dans le parc floral de 3 hectares qui ravira les marcheurs.

AUBERGE DU LAC €

2, allée du Bois-Fleuri
✆ 05 46 83 98 56
www.lactrizay.com
Ouvert de février à décembre. Ouvert du mardi au samedi de 9h à 20h30 ; le dimanche de 9h à 19h. Menu unique à 20 €.

De passage à Trizay, on peut évidemment se rendre sur le site de l'abbaye, visiter un monument énigmatique, se promener dans le parc floral, mais aussi s'offrir une pause sympathique dans cette auberge. Le restaurant doit son nom au lac à proximité. Stéphanie et Romain proposent un accueil chaleureux. Le plus agréable reste la terrasse depuis laquelle on admire le lac. Côté carte, on apprécie les plats préparés à base de produits frais d'un bon rapport qualité-prix. A noter, un minigolf et l'aire de jeux qui feront le bonheur des enfants (et des parents !).

L'ÉGLISE NOTRE-DAME-DE-L'ASSOMPTION ✝ ★

Ouvert toute l'année.

Construite au XIIe siècle sur des ruines du IXe, cette église romane, classée Monument historique est l'une des plus célèbres de la Saintonge. Sa façade, richement décorée, est magnifique au soleil couchant, tout comme son élégante abside et ses chapelles seigneuriales, soigneusement restaurées. Bien que les guerres de Religion aient fait des ravages sur les bords de la Charente, la légende rapporte que les protestants, émerveillés par une telle beauté, n'osèrent pas la détruire.

MAISON TRANSBORDEUR ROCHEFORT - ÉCHILLAIS ★★★

Rue de Martrou ✆ 05 46 83 30 86
www.pont-transbordeur.fr
Qualité Tourisme. La Loire à Vélo. Fermé de novembre à mars. Monument Historique. Visite guidée.

Située sur la rive gauche, la Maison du Transbordeur est installée à proximité d'un pont ô combien célèbre ! Si les travaux se terminent au printemps, l'établissement est resté ouvert permettant aux visiteurs de connaître un peu mieux ce géant d'acier qui s'est refait une beauté. Les premiers chanceux pouvent grimper dans la nacelle pour une traversée inédite de la Charente ! Ce parcours de découverte est idéal pour une balade le long de la Charente en admirant les sculptures.

ECHILLAIS

Petit village de moins de 3 000 habitants, Échillais tire sa renommée de son pont transbordeur, le dernier en France. Vous pourrez visiter l'église romane et ses nombreuses sculptures. Situé sur la rive gauche de la Charente, face à Rochefort, Échillais constitue une base pour explorer le pays rochefortais et profiter de la nature. La présence humaine remonte à la préhistoire et des fouilles ont également révélé une activité gallo-romaine. L'église fut construite au XIIe siècle, elle servait de paroisse à un château fort. Les guerres de Religion le virent disparaître en 1577. L'Arsenal de Rochefort a participé au développement économique d'Échillais.

SAINT-AGNANT

À 10 km au sud de Rochefort et de l'océan, vous trouverez la commune de Saint-Agnant. Composée de marais, son patrimoine et son environnement justifient d'autant une étape à proximité des célèbres destinations charentaises. Déjà vers l'an 1000, il s'agissait d'un village de pêcheurs réputé également pour ses marais salants avant que l'océan ne se retire. Les vestiges de l'abbaye (ou prieuré) de Montierneuf constituent le plus noble des atouts patrimoniaux de la bourgade. Au gré des ruelles et sentiers, nombre de fontaines et lavoirs sont encore le reflet de la riche hydrographie du territoire. Pour les randonneurs, la vélodyssée passe ici !

PORT-DES-BARQUES

Presqu'île sur la rive gauche de la Charente, Port-des-Barques fait figure de « bout du monde » pour ses habitants. Un village de 1 500 âmes jusque-là épargné par le tourisme de masse et les grosses infrastructures. Cette petite station, familiale et pittoresque, invite à profiter de la nature et à découvrir la forte tradition ostréicole de la région. Port-des-Barques est aussi un endroit propice aux balades : on y admire le long du rivage la succession des carrelets, ces cabanes sur pilotis avec leur grand filet à treuil. La marée basse découvre ici un vaste estran... et un passage de 900 m, la Passe aux Bœufs, menant à l'île Madame, la plus petite des îles de Charente-Maritime. C'est là que se cachent les meilleurs endroits pour la pêche à pied. Coquillages, huîtres, moules, palourdes et bigorneaux n'attendent que vous ! C'est également sur cette île que se trouve le sanctuaire des 254 prêtres déportés et inhumés sur son sol durant la Révolution française – le site fait d'ailleurs l'objet d'un pèlerinage annuel. L'histoire de Port-des-Barques est intimement liée à celle de la marine, ce qui explique d'ailleurs son nom. Les bateaux qui ravitaillaient autrefois Rochefort n'étaient pas autorisés à remonter la Charente, pour des questions de protection de l'arsenal. Les cargaisons étaient donc acheminées au moyen de barques qui s'abritaient dans un port, « le port des barques ». Poste stratégique, l'île Madame et son fort jouent alors le rôle de dernier rempart face à la flotte anglaise. Un passé bien tumultueux pour ce qui deviendra un paisible village ostréicole, puisque le bassin de l'estuaire constitue le principal vivier local de reproduction des huîtres. Les habitants vont profiter peu à peu de ce commerce devenu florissant au Moyen Age. Partagés entre l'agriculture, la viticulture, le marais salant et les ressources de la mer, les premiers habitants de Port-des-Barques vont forger des traditions qui perdurent jusqu'à aujourd'hui... Par beau temps, la commune offre un point de vue appréciable sur les îles charentaises depuis la plage des anses.

ECOMUSÉE DE LA PRESQU'ÎLE ★★

Boulevard de la Charente ✆ 05 46 84 19 19
www.ecomuseeportdesbarques.net

Ouvert toute l'année. Ouvert pendant les vacances scolaires et de juin à septembre du lundi au samedi de 14h30 à 18h.

Ce musée a pour but de participer à la protection de l'estuaire de la Charente et valoriser le patrimoine du littoral. Il ne pouvait trouver plus bel endroit que le village de Port-des-Barques, cité ostréicole située face à l'île Madame. Deux anciennes cabanes, l'une entièrement aménagée en lieu d'exposition, l'autre permettant aux scolaires d'effectuer des activités pédagogiques, proposent d'en savoir plus sur l'huître et son environnement. Différentes visites guidées sont organisées.

FORT DE L'ÎLE MADAME ★

Visite en individuel du 1er juin au 30 septembre. Visite couplée du Fort et de l'écomusée 9 € pour les adultes.

Ce fort prend place à un endroit stratégique entre les îles d'Aix et Madame. Construit à partir de 1685 et équipé de deux batteries de canons, il fait partie intégrante de l'Arsenal de Rochefort. Comme le Fort Boyard, il servira de prison à la fin du XIXe siècle accueillant de nombreux prisonniers de la Commune qui participent à la construction du « puits des insurgés ». Le fort servira également de prison durant la Première Guerre mondiale pour les appelés refusant de combattre. Il deviendra ensuite Maison familiale pour le séjour des familles militaires.

HÔTEL-RESTAURANT LA CHALOUPE** €€

49, avenue de l'Ile-Madame ✆ 05 46 83 00 10
www.hotellachaloupe.com

Tables & Auberges de France. Logis. Ouvert toute l'année. Accueil jusqu'à 22h. Chbre dble de 69 € à 94 €. Restauration.

Cet hôtel** plein de charme est idéalement situé à la sortie du village et à seulement 20 minutes de Rochefort. Surtout, il est à proximité de l'océan et de la fameuse passe aux bœufs, ce chemin permettant de rejoindre l'île Madame. En entrant, vous serez charmés par l'accueil d'Yvan qui ne manquera de vous donner les renseignements nécessaires pour apprécier au mieux votre séjour. Les chambres spacieuses permettent de s'offrir une nuit au calme, loin de l'agitation touristique.

L'HUÎTRE Y EST €

6, rue Claude-Bernard
✆ 05 46 84 33 40
www.lhuitreyest.fr

Ouvert toute l'année. Haute saison 7j/7 midi/soir. Menu à 29,90 €. Carte 18 € environ. Formule du midi 19,90 €.

Cet hôtel-restaurant prend place dans une rue calme de la petite station balnéaire à proximité immédiate de l'océan et d'un grand parking. L'accueil est souriant, le service simple. Sur la carte, volontairement courte, sont indiqués les producteurs locaux avec lesquels le maître restaurateur travaille. Vous pourrez ainsi déguster en entrée les huîtres des frères Beau ou le camembert rôti au pineau. Les plats laissent une belle place à l'océan avec le pavé de lieu noir crème de citron. Les desserts mêlent spécialités régionales et des recettes traditionnelles.

HÔTEL-RESTAURANT LA CHALOUPE €€

49, avenue de l'Ile-Madame ✆ 05 46 83 00 10
www.hotellachaloupe.com

Logis. Tables & Auberges de France. Ouvert toute l'année. Haute saison : 7j/7 de 12h à 14h30 et de 19h à 22h30.

Le restaurant du chef Yvan Bridonneau – qui fut meilleur apprenti de France – bénéficie d'une situation stratégique, à la sortie du village. D'ailleurs, de votre table vous pourrez apercevoir l'océan tout proche, l'Ile d'Aix et la petite île Madame. La carte propose une cuisine traditionnelle tournée vers les produits régionaux de viandes ou de poissons. Un samedi par mois, il utilise la grande cheminée pour un menu avec des spécialités régionales comme l'agneau du pré salé.

PORT DE PLAISANCE

Capitainerie
✆ 05 46 84 81 70

Ouvert du 15 avril au 15 octobre. Le Club Nautique est adhérent de l'UNAN 17 et de la SNSM.

Ce port départemental est concédé à la commune de Port-des-Barques. Les plaisanciers ou les professionnels souhaitant obtenir un corps-mort saisonnier doivent obligatoirement s'inscrire sur une liste d'attente. Le corps-mort est attribué selon les disponibilités et fait l'objet d'un arrêté d'occupation du domaine public maritime, valable dix ans et renouvelé éventuellement à la demande du concessionnaire. L'agent du port gère également les pontons à carrelets installés sur la commune, ainsi que le domaine ostréicole. Un système de navettes est mise à disposition.

FOURAS ★★

Située à l'embouchure de la Charente, Fouras-les-Bains fait partie intégrante de la destination « Rochefort Océan, Le Pays de Fort Boyard ». Sa situation face à l'archipel charentais constitue un lieu particulièrement propice à la balade. Il fait bon se promener près de l'océan au milieu des pins, tamaris et autres chênes verts, admirer les îles si proches. L'extrémité de la presqu'île ou Pointe de la Fumée est un site ostréicole important, lieu privilégié pour le captage des naissains d'huîtres. De nombreuses cabanes proposent aux visiteurs de déguster les produits de la mer. C'est aussi ici le point d'embarquement principal pour aller à l'île d'Aix.

FORT LAPOINTE (OU VASOU)

Visite guidée sur réservation. Gratuit jusqu'à 5 ans. Adulte : 7 €. Enfant (de 12 à 17 ans) : 4,50 € (6-11 ans/2,50 €).

A l'image des autres forts, cet édifice a été construit à la fin du XVIIe siècle pour protéger l'Arsenal de Rochefort. Remanié après une attaque anglaise, il est ensuite vendu par l'État avant d'être acheté par un particulier. Désormais, ce monument s'ouvre au public avec des visites de 45 min. qui concernent exclusivement les extérieurs. Vous en profiterez pour faire une pause dans ce lieu hors du temps. Il est même possible d'y loger, le temps d'une nuit, dans un cadre authentique et seulement éclairé à la bougie ! Côté confort, on notera des douches solaires.

FORT VAUBAN ★

Esplanade de la Légion d'Honneur

Ouvert toute l'année. Gratuit. Visite guidée. Visite libre toute l'année, se renseigner pour les horaires.

Si Vauban a marqué de son empreinte la Charente-Maritime, ce n'est pas lui qui est à l'origine de ce fort qui protège l'embouchure de la Charente. Un premier bastion occupe cet emplacement dès le milieu du Moyen Age, mais le donjon que l'on admire actuellement - seul vestige de l'époque médiévale - date du XVe siècle. Le fief de Fouras passant de main en main, le fort subit de nombreuses modifications. Mais c'est à la fin du XVIIe siècle que, sur ordre de Louis XIV, sont ajoutés enceinte, plateformes et remparts, selon le système défensif mis au point par Vauban.

MUSÉE DE FOURAS-LES-BAINS - FORT VAUBAN

Esplanade de la Légion d'Honneur
✆ 05 46 84 15 23
www.musee-fouras.fr

Ouvert toute l'année. L'entrée du musée comprend l'accès à la terrasse du donjon. Accès seul : 1,60 €.

Classé musée de France, le musée régional de Fouras est installé au cœur du plus important édifice historique et militaire de la ville, le donjon du Fort Vauban. Géré par l'Association des amis du musée et la commune, il relate en dix salles l'histoire de la cité et de son environnement, qui se dévoile au fil d'un parcours thématique. Au programme, de nombreux sujets : géologie, archéologie, histoire militaire, histoire contemporaine et, bien sûr, histoire maritime.

REDOUTE DITE FORT DE L'AIGUILLE ★

D937

Inscrit à l'inventaire supplémentaire des Monuments historiques.

Cet ouvrage, connu aussi sous le nom de redoute de l'Eguille, est situé au bord de l'eau, à l'endroit le plus étroit de la presqu'île de Fouras. Il s'agit de la plus grande des redoutes construites sur le littoral, vers 1673. Aujourd'hui, il n'a plus de contact avec la mer que du côté méridional. Construit en même temps que le fort Lapointe, il était destiné à repousser une possible invasion par la pointe de la Fumée. Grâce à ses fortifications, il permet de voir sans être vu.

OFFICE DE TOURISME ROCHEFORT OCÉAN À FOURAS

Avenue du Bois-Vert ✆ 05 46 84 60 69
www.fouras.net

Haute saison : ouvert du lundi au samedi de 9h30 à 13h et de 14h à 18h30. Horaires complets sur le site en ligne.

Réservez vos visites et activités sur la presqu'île à l'Office de Tourisme. On peut découvrir le travail des ostréiculteurs, la richesse environnementale des marais en se baladant à pied ou à vélo, accompagné d'un guide ornithologue et devenir les passagers de l'Histoire en participant aux visites théâtralisées. Une belle occasion de se replonger dans une ambiance et un décor médiéval ou Belle Époque pour comprendre le riche passé de cette ville et passer un agréable moment en famille.

LES CROISIÈRES FOURASINES

Pointe de la Fumée
✆ 05 46 84 02 42
www.croisieresfourasines17.com

7j/7 en avril, mai, juin et septembre : 2 départs l'après-midi. 7j/7 en juillet et août : 3 ou 4 départs par jour.

Fouras-les-Bains est le lieu rêvé pour flâner tout en profitant d'une vue rêvée. Et si vous décidiez de poursuivre ce moment en embarquant sur le catamaran *la Fée des îles II* ? Ce bateau a l'avantage d'être modulable selon la météo, en été on profite pleinement du soleil, en hiver, le toit se ferme pour une promenade tout aussi confortable sur l'estuaire de la Charente. L'équipe guide les voyageurs en direction du Fort Boyard, fameux vaisseau de pierre et l'inévitable île d'Aix.

LE FORT ENET

Pointe de la Fumée
✆ 05 46 84 96 28

Pour les horaires se renseigner auprès de l'office de tourisme. Gratuit. Se munir de bottes ou chaussures appropriées.

C'est l'un des nombreux forts de Charente-Maritime. S'il avait pour mission de protéger l'estuaire de la Charente, ce n'est pas à Louis XIV qu'on lui doit sa construction, mais bien à Napoléon. Si beaucoup connaissent le Fort Boyard du même nom, le Fort Enet mérite une visite. Situé au large de la pointe de la Fumée, il n'est accessible qu'une fois l'océan retiré. Il est nécessaire de prévoir bottes et chaussures pour arpenter les 1 600 m qui le séparent de la rive. 30 min. de marche pour contempler un édifice qui a un intérêt historique et une vue magnifique.

LE PETIT TRAIN DE FOURAS

Parking du Fort Vauban
✆ 06 31 97 28 73
www.petit-train-fouras.com

Fermé de novembre à avril. Départ toutes les heures. Gratuit jusqu'à 2 ans. Adulte/7 €. Enfant (jusqu'à 10 ans) /4 €.

Si de nombreux voyageurs aiment flâner dans les rues de la station balnéaire et s'offrir une pause farniente sur la plage, d'autres préfèrent découvrir Fouras à bord du Scoubidou. En service depuis près de 30 ans, ce train touristique, qui circule d'avril à octobre, est un moyen de se distraire et de visiter la presqu'île. Deux circuits sont proposés. Les voyageurs profitent ici d'une halte fort sympathique, idéale pour prendre des photographies. Le deuxième circuit est idéal pour les amateurs de nature puisque proposant une balade au cœur des marais.

VISITE THÉÂTRALISÉE À FOURAS-LES-BAINS

Office de Tourisme Rochefort Océan à Fouras
✆ 05 46 84 60 69
Tous les mercredi en été à 20h30. Durée : 1h30. Tarif plein : 7 €. Tarif réduit : 5 €. Gratuit -6 ans.

Devenez passager de l'histoire ! Sur un air de fin XIXe, déambulation entre la plage et le quartier sud de la Coue. Dans un décor et une ambiance Belle Époque, vous plongez dans l'histoire de Fouras à la fin du XIXe siècle. Ville de pêcheurs, très attachés à la mer et ses histoires, Fouras voit son quotidien se transformer par la vogue des « bains de mer » qui gagne la presqu'île. Les acteurs (trices) ont à cœur de vous livrer les secrets et seront vos guides pour cette visite.

SERVICE MARITIME FOURAS-AIX

Pointe de la Fumée ✆ 05 46 84 60 50
www.service-maritime-iledaix.com
HS : ttes les 30 min. suivant marées, 15,50 € (famille avec 2 enf. de 4-18 ans 48,60 €). BS : 5 rotations/j. 10,20 €

Si les voyageurs accèdent facilement à Ré et Oléron, pour se rendre à Aix, ils disposent d'un seul moyen : le bateau. Pour monter sur le Pierre Loti ou l'île d'Aix II, direction l'embarcadère situé à la Pointe de la Fumée. Un parking payant permet d'y stationner sa voiture. Nous vous conseillons de vérifier sur le site Internet les horaires des passages, notamment en cas de mauvaise météo. Même en basse saison, plusieurs départs sont prévus permettant en 20 min. la traversée.

EMBARCADÈRE LA POINTE DE LA FUMÉE

Pointe de la Fumée
✆ 0 820 160 017
Ouvert 7j/7 et les jours fériés. Horaires de traversées, chaque mois, à voir sur le site du service maritime.

Pour se rendre sur l'île d'Aix, une seule obligation : prendre le bateau ! À vous de choisir depuis quel port vous désirez rejoindre ce petit croissant de terre. Si vous souhaitez une traversée rapide, rendez-vous à Fouras, à la pointe de la Fumée. C'est là que se trouve l'embarcadère depuis lequel s'effectuent les liaisons maritimes vers Aix. Avant d'embarquer, n'oubliez pas de payer le parking ! On trouve également un restaurant qui propose une belle terrasse avec vue imprenable.

CAMPING MUNICIPAL DE L'ESPERANCE* €

Route de l'Espérance ✆ 05 46 84 24 18
www.campings-fouras.com
Ouvert de mi juin à début septembre. 122 emplacements. Emplacement + véhicule + 2 personnes : 3,60 €.

Ce camping accueille de nombreux voyageurs dès le 15 juin. L'accueil y est sympathique, l'ambiance volontiers conviviale permettant de passer de jolies vacances au sein de la station balnéaire. Les emplacements sont plutôt spacieux, donnant envie d'y monter sa tente pour profiter pleinement de l'air iodé. Les sanitaires sont simples, mais correctement entretenus et surtout l'Espérance dispose d'une situation de choix : en bordure d'océan, offrant une vue dégagée sur les îles Madame.

Vue de Fouras.

CAMPING MUNICIPAL LE CADORET*** €€

Boulevard de Chaterny ✆ 05 46 82 19 19
www.campings-fouras.com

Ouvert toute l'année au caravaning de passage. Gardé 24h/24. Terrain de 7,5 ha. 498 emplacements. Jeux pour enfants.

Ce camping familial, très accueillant, constitue le lieu idéal pour une nuit ou plus. Les voyageurs de passage n'auront aucun mal à trouver un emplacement dans le vaste parc boisé. Petit plus ? La vue sur mer est offerte ! Si vous cherchez plus de confort, le Cadoret dispose également de nombreux mobil-homes, en location à la semaine à partir d'avril. Nouveauté cette année, deux nouveaux mobil-homes de 3 chambres accueillant jusqu'à 7 personnes, un vrai plus pour les familles.

LE LAGON DE LA PREE**** €€

Angle de la route Impériale et de la rue du Petit Loire
✆ 05 46 84 89 40
www.lagondelapree.com

Ouvert toute l'année. Terrain de 4,8 ha. 199 mobil-homes et chalets. Épicerie d'appoint, pain et viennoiseries.

Plus qu'un simple camping, c'est sans aucun doute l'un des plus beaux villages vacances de Charente-Maritime. Philippe et Graziella Prosé poursuivent depuis plusieurs années l'embellissement du site et accueillent avec autant de sympathie les voyageurs qui ont le bonheur de s'arrêter ici. Il faut dire que le cadre est ravissant, 5 ha qui abritent des hébergements récents de 2 à 3 chambres. De nombreuses activités aussi, dont le fameux lagon, un bassin de 450 m² d'eau naturelle et la plage de sable blanc. Les familles pourront inscrire leurs enfants au mini-club.

GRAND HÔTEL DES BAINS*** €€

15, rue Général-Brüncher
✆ 05 46 84 03 44
www.grandhotel-desbains.fr

Fermé en janvier. Accueil jusqu'à 21h. 34 chambres. Chambres de 76 € à 132 €. Hammam, sauna. Piscine couverte. Solarium.

Cet ancien relais de Poste a bénéficié d'une jolie rénovation permettant à tous les voyageurs de s'offrir une nuit ravissante dans la petite station balnéaire. L'emplacement est à deux pas de la Grande Plage et du centre-ville, plébiscitée par les nageurs et les familles. Surtout, en posant vos valises ici, vous aurez tout loisir de profiter du patio ombragé, une pause agréable dans un petit jardin intérieur. L'équipe est très accueillante et à l'écoute. Chacune est équipée avec soin et décorée dans un style cosy, de la Standard jusqu'à la chambre Privilège.

LE PHARE €€

50, rue Rigault-de-Genouilly
✆ 05 46 84 67 57
www.aupharedefouras.com

2 chambres. Chambre double de 90 € à 120 €. Petit déjeuner inclus. Lit supplémentaire : 50 €. Garage : 3 €. Wifi.

Dans cette maison moderne extrêmement bien située, l'accueil est convivial et Nicole fera tout pour que vous vous sentiez bien chez elle. Le Phare dispose de 2 chambres claires et coquettes avec salle d'eau privative (vaste douche à l'italienne et vasque) mini bar, sèche-cheveux, wifi. Le linge de toilette est de qualité et assorti au linge de lit. Le petit déjeuner maison, est préparé par la maîtresse des lieux avec des produits frais chaque jour différents. Il est servi dans la belle salle à manger aux larges baies vitrées ou dans le jardin.

HÔTEL LE GALET BLEU** €€

20, rue Général-Bruncher
✆ 05 46 84 22 62
www.hotel-galet-bleu-fouras.com

Chambre de 56 € à 79 €. Petit déjeuner 8,50 €. Chambres familiales pour 4 personnes de 89 € à 99 €. Animaux acceptés.

A la fois facile d'accès et particulièrement bien placé au centre de Fouras, cet hôtel est plébiscité par les voyageurs cherchant un hébergement pour un prix accessible. Faire étape ici, c'est profiter d'un établissement familial, installé au cœur d'une jolie station balnéaire, à deux pas du front de mer. Une fois les valises posées, on peut tout aussi bien se rendre à la plage qu'aux halles tout proche. Les chambres sont à l'étage, l'hôtel sans ascenseur offre le confort. L'hôtel dispose d'un bistrot qui permet de déguster quelques spécialités régionales.

CREPERIE GWEL KAER €

13, avenue du Général-de-Gaulle
✆ 05 46 82 91 19

Fermé mois de janvier, et 1 semaine après les vacances scolaires. Ambassadeur de la bière Lancelot et des sodas Breizh.

Cela fait plusieurs années que ces Quimpérois ont posé leurs valises à Fouras. Les galettes y sont préparées dans la tradition bretonne, avec une pâte fine et légère faite de farine de sarrasin made in Breizh. La maison propose une carte variée, allant des classiques jusqu'aux plus originales. Chaque journée ensoleillée est propice à une pause gourmande, on s'installe autour des quelques tables en terrasse pour choisir une des crêpes accommodé de glace ou de fruits. Si le cidre est la boisson de rigueur, on peut tout aussi bien l'accompagner d'un cola de Bretagne.

PIZZ' AZZURRA €

18, rue du Général Bruncher
✆ 05 46 83 21 48

Ouvert toute l'année. Tous les horaires sur le site. Pizzas de 8,50 € à 12,50 €. Pizzas sucrées de 8,50 €.

Les Fourasins connaissent de longue date cette pizzeria. Si Didier est parti, Catherine et Nicolas poursuivent avec cette même volonté la préparation de délicieuses pizzas. Ce que l'on apprécie ici, c'est l'accueil toujours agréable et l'atmosphère chaleureuse. Mieux vaut réserver pour déguster les pizzas sur place ! La carte est suffisamment grande pour que toute la famille se fasse plaisir. Les pizzas fabriquées de manière artisanale se caractérisent par une pâte fine et une riche garniture. La fraîcheur est de mise, la plupart des légumes provenant des halles.

CHEZ LAURENT €€

Plage Sud
✆ 05 46 83 38 89

Ouvert toute l'année. Basse saison : du mercredi au dimanche. Haute saison : du mardi au dimanche. Menu unique à 25 €.

Ce restaurant dispose de nombreux atouts pour satisfaire les gourmets. En arrivant chez Laurent et Anny, vous serez chaleureusement accueillis, prenant place sur la terrasse ombragée pour un moment placé sous le signe du plaisir. Chef cuisiner depuis près de 30 ans, Laurent prépare plats, sauces et accompagnement à base de produits frais et ça se ressent ! Confortablement installés dans ce restaurant avec vue sur mer, vous profiterez d'un menu et d'une carte laissant libre choix à des produits régionaux comme les huîtres et les moules cuisinées à la Marinière.

LE TI'SABLE €

Avenue du Général-De-Gaulle
✆ 05 46 84 61 10
www.tisable.com

Fermé de novembre à avril. Ouvert du mercredi au dimanche. Haute saison : 7j/7. Menus de 19,50 € à 29,50 €. Carte 16 €.

Ce restaurant profite d'une situation tout à fait agréable sur le front de mer, offrant une belle vue sur l'océan et sur l'île d'Aix. L'accueil est au diapason. On vient ici à la fois s'installer en terrasse pour un moment iodée, mais aussi découvrir une cuisine mêlant spécialités antillaises et charentaises. On apprécie l'équipe prévenante et le choix des menus. Au déjeuner, le Ti'sable propose de déguster des petits plats repas offrant un bon rapport qualité-prix : moules frites en été, croque campagnard avec frites et salades ou des plats plus exotiques.

LES VIVIERS DE NADEGE €€

121, boulevard de la Fumée
✆ 06 36 69 50 22

Ouvert toute l'année. Assiette ou plateau de fruits de mer : de 7,50 € à 85 €. Sur place ou à emporter.

Voilà un lieu atypique qui risquera fort de vous surprendre. Il ne s'agit pas d'un restaurant classique mais d'une cabane ostréicole dans laquelle on vient passer un moment convivial. La carte met à l'honneur l'océan et ses richesses : poisson du jour, paella, terrine de bulots, cassolette de langoustines au bleu et au cognac... Mais aussi des assiettes de la mer, dont un immense plateau en forme de barque, à dévorer à plusieurs. Tout est ultra-frais et les portions sont généreuses, à l'image des propriétaires. Voilà une adresse avec un bon rapport qualité-prix !

LE BEL'M €€

21, avenue Charles-de-Gaulle
✆ 09 82 27 03 08

Menus de 19,50 € à 29,97 €. Menu enfant : 9,90 €. Suggestion du jour : 16,90 €. Pergola couverte/découverte abritée.

Ce restaurant est idéalement situé, au cœur de la station balnéaire et à quelques pas de l'océan. Au printemps, nombreux sont les gastronomes à vouloir prendre place en terrasse pour profiter de l'air iodé, paisiblement installés sur de confortables fauteuils en osier. La salle est lumineuse et offre une vue ravissante. Le personnel est charmant, le service efficace permettant de passer un joli moment. Pas de doute ici, le chef cuisine uniquement des produits frais et de saison ! On se fait plaisir au déjeuner avec un menu d'un très bon rapport qualité-prix.

LA FUMÉE €€€

Pointe de la Fumée
✆ 05 46 84 60 38
www.restaurant-lafumee.fr

Ouvert toute l'année. Menus de 20,90 € à 38 €. Formule du midi : 14,90 €. Terrasse.

Ce restaurant est installé dans l'un des endroits emblématiques de la presqu'île : la pointe de la Fumée. Il est le lieu de départ des navires en partance pour l'île d'Aix. L'occasion est belle de s'offrir une pause dans une salle à la décoration marine ou en terrasse dès les beaux jours. La vue est agréable sur le fameux Fort Boyard et l'île d'Aix. Le restaurant propose des fruits de mer que l'on déguste en assiette si l'on est seul, en plateau à plusieurs. On trouve à la fois des spécialités régionales mais aussi des plats de la gastronomie française...

L'INSTANT THÉ

33, rue de la Halle
✆ 05 46 82 76 56

Ouvert toute l'année. Menu à partir de 14,90 €. Assiette froide : 12,50 €. Glaces et sorbets artisanaux. Terrasse.

Voilà encore une de ces adresses que l'on aimerait garder pour soi ! Installé à deux pas des Halles, au cœur de la rue piétonne, ce salon de thé est accessible au promeneur qui osera emprunter une petite venelle. Et quelle bonne idée ! Vous serez séduits par une décoration cosy et chaleureuse, où se mêlent meubles chinés, tables bistrot et canapé. On apprécie l'accueil souriant d'Isabelle et la douce ambiance qui y règne notamment en hiver au coin du feu. Plusieurs formules salées ou sucrées sont proposées, à déguster en écoutant les chansons d'ici.

LA ROTONDE

Grande Plage de Fouras
✆ 07 68 51 42 09

Haute saison : ouvert tous les jours de 11h à 1h30.

Depuis cinq ans, ce snack-bar est un des lieux bien connus de tous ceux qui veulent passer une soirée branchée. Installé sur la Grande plage, il est l'œuvre de trois frères : Axel, Martin et Julien. Le cadre est ravissant et nombreux sont ceux à avoir pris place sur un mobilier design le temps d'un café. Il faut dire que la vue est magnifique sur l'archipel : île Madame, Oléron et Aix ! Quel plaisir de déguster les tapas, le tout dans une ambiance résolument jeune ! On peut aussi déguster la cuisine du chef Baptiste Berger qui sélectionne les produits du marché.

LES FOIRES ET MARCHÉS ET LA FÊTE FORAINE

Halles - Place José Cando – rue de la Halle

Ouvert 7j/7 - 8h-13h. Grand marché forain sur l'esplanade du Sémaphore du 1er juillet au 31 août. Foire sur l'esplanade.

C'est un marché animé que nous aimons fréquenter. Après la plage ou avant de déjeuner, vous aurez tout loisir de vous rendre dans la halle aux poissons et fruits de mer construite il y a 150 ans et complètement rénovée. La criée d'origine garde aujourd'hui encore tout son sens, car on trouve ici de nombreux poissons sur les étals issus de la pêche locale. Le plus ? Des commerçants qui vous accueillent avec le sourire. Dans la halle aux 4 saisons se trouvent tous les produits frais.

LITTLE WOUDE

51, rue de la Halle
www.little-woude.com

Ouvert du lundi au samedi de 10h à 13h et de 16h à 19h ; le dimanche de 10h à 13h.

Little Woude propose des vêtements évolutifs et réversibles pour bébé et enfant de 0 à 6 ans. Les vêtements sont ludiques et colorés, conçus et confectionnés en France, de manière artisanale, avec des tissus écologiques ou des matières recyclées ou recyclables, comme le coton bio certifié GOTS ainsi que le chanvre. Vous y trouverez des couvertures, des capes de bain, des bonnets, des robes, des sarouels, des salopettes, des chaussons. Bref, tout pour habiller votre nourrisson à sa naissance et lui offrir tout le confort avec des matières qui respectent sa peau.

FUN GOLF - MINI-GOLF TROPICAL

Le Cadoret ✆ 05 46 84 07 07
www.fungolf-fouras.com

Tous les horaires sont disponibles sur le site. Entrée : 10 €. Gratuit moins de 4 ans. 4 à 12 ans : 7 €.

Fouras est autant connue pour ses activités nautiques que pour son minigolf. Après un repas avec vue sur la mer, les familles sont nombreuses à venir pratiquer cette activité. Il est vrai que le minigolf est non seulement bien entretenu, mais en plus accessible au plus grand nombre grâce à son parcours jaune. 18 trous avec des ponts, grottes et rivières, qui permet aux enfants de s'amuser. Si vous maîtrisez la petite balle blanche, optez plutôt pour le parcours tropical et aquatique.

CASINO DE FOURAS

Plage Bugeau
✆ 05 46 84 63 16
www.groupe-emeraude.com

Ouvert toute l'année. Du dimanche au jeudi 10h-2h ; le vendredi et le samedi jusqu ´à 3h. Entrée gratuite. Restaurant

Amateur de jeux, voilà un lieu qui aura vos faveurs. Installé à quelques pas de l'océan, au cœur du Bois Vert, ce casino au look à l'ancienne est dédié à tous ceux qui veulent tenter leur chance sur l'une des 75 machines à sous, mais aussi à la roulette anglaise électronique et l'inévitable Black Jack, 7j/7 à partir de 20h30. Le casino possède également un restaurant « Le Comptoir de Rose. Le chef travaille des produits frais, proposant une cuisine raffinée, riche en saveurs à déguster en terrasse aux beaux jours. Le casino propose des animations toute l'année.

ILE-D'AIX ★★

Située au cœur du pertuis d'Antioche, l'île d'Aix se déploie entre l'île d'Oléron et Fouras. Mais ce territoire a bien une place à part dans l'archipel charentais, au côté de la célèbre île de Ré. Ne cherchez pas ici de pont, il n'y en a pas ! Pour découvrir ce croissant de terre long de 3 km, il vous faudra emprunter un bateau pendant environ 20 minutes. C'est là que Napoléon entra en scène en faisant reconstruire les fortifications en 1808. Il y revint en 1815. Débarqué le 9 juillet en espérant pouvoir gagner l'Amérique, il embarque le 15 juillet à bord du Bellérophon pour Sainte-Hélène, accompagné de quelques fidèles, dont le général Gourgaud.

MAISON DE LA NACRE ★

Place de l'Eglise
✆ 05 46 84 66 17
Ouvert du 1er avril au 30 septembre. D'avril à juin et en septembre : tous les jours de 10h à 12h30 et de 13h30 à 17h.

C'est l'un des lieux à visiter lors d'une balade sur l'île. Créé en 1952 par Yvonne et Léon Gallet, ce petit musée est installé face à l'église. Cette entreprise familiale a fait vivre ce territoire insulaire durant près de 40 ans et perpétue aujourd'hui cette activité ancestrale qui est uniquement exercée sur l'île. De nombreux écrans permettent aux voyageurs d'en apprendre davantage sur un métier devenu rare, sur la vie des mollusques marins et la construction de leur coquille. La boutique, permet de faire l'acquisition de bijoux nacrés.

EGLISE SAINT-MARTIN

Place de l'Eglise
Ouvert toute l'année.

La petite église de l'île d'Aix est en fait un ancien monastère des moines de Cluny. Après avoir subi d'importants dégâts pendant de la guerre de Cent Ans (1337-1453) et les guerres de Religion (1567-1570), elle fut restaurée dans les années 1970. Près de l'autel sont rassemblés les ossements de prêtres réfractaires, emprisonnés sur des navires négriers mouillés au large de l'île sous le régime sanglant de la Terreur (1793). Pour accéder à la crypte du XIe siècle, il faut emprunter l'escalier qui part du chœur. Elle présente un transept avec une absidiole.

MUSÉES NAPOLÉONIEN ET AFRICAIN ★

30, rue Napoléon ✆ 05 46 84 66 40
www.musees-nationaux-napoleoniens.org
Haute-saison : 9h30-12h30 et 14h-18h. Adulte 4,50 €. Groupe 4 €. Tarif réduit 3 €. Durée de la visite 1h15.

Le baron Gourgaud, descendant de l'aide de camp de Napoléon dans son exil à Sainte-Hélène, était également un grand collectionneur et chasseur. Entre 1913 et 1931, il part en expédition et ramène d'Afrique plusieurs animaux qu'il fait naturaliser pour les exposer dans son musée africain. Il fait réaliser des fresques peintes pour représenter les paysages où évoluent les animaux dans leur environnement naturel. Masques, bijoux, panoplies d'armes… ces « souvenirs » d'Afrique ont été rassemblés et exposés par le baron Gourgaud dans les casernements de la maison du gouverneur.

FORT LIÉDOT ★

Forêt de l'île d'Aix
✆ 05 46 83 01 82
www.iledaix.fr
Ouvert d'avril à la septembre. Gratuit jusqu'à 5 ans. Adulte : 4,50 € (visite libre). Enfant (de 5 à 18 ans) : 3,50 €.

Autrefois appelé fort de la Sommité et situé au nord-est de l'île, ce monument a été voulu par Napoléon Ier, qui souhaitait un modèle de fort « indestructible et imprenable ». Les travaux débutent en 1810 et s'achèvent en 1834. À l'époque, le lieu pouvait abriter une garnison forte de 600 hommes. Propriété du Conservatoire du Littoral depuis plus d'un siècle, le Fort Liédot accueille une exposition, « Les Mystères du Fort Boyard », visible lors d'une visite libre. Si vous souhaitez plus d'informations sur ce fort réputé imprenable, optez pour une visite guidée.

CALÈCHES DE L'ÎLE D'AIX

2, allée des Ifs
✆ 06 87 23 11 49
www.caleches-iledaix.com
Ouvert de Pâques à la Toussaint. Haute saison : ouvert de 10h à 17h. Départ toutes les demi-heures. Gratuit (4 ans).

Il suffit de descendre de bateau pour sentir l'atmosphère toute particulière de l'île d'Aix. Et cela est dû notamment à l'absence de voitures ! Pour flâner ou pour faire le tour de ce petit croissant de terre, on peut marcher, louer un vélo ou s'offrir une promenade commentée. La calèche et ses deux chevaux de trait constitue un moyen tout à fait charmant de visiter l'île. Le rythme se veut paisible et les explications données par le cocher permettent d'en savoir un peu plus sur l'histoire de ce territoire et les particularités de la vie locale.

FORT BOYARD

✆ 05 46 99 08 60

Pas de visite pour le fort Boyard, c'est juste pour des croisières en mois d'avril.

On ne peut pas visiter le fameux vaisseau de pierres dont l'histoire et le succès médiatique ne sont plus à conter. Mais on peut en faire le tour en bateau et s'en approcher assez près pour pouvoir distinguer la silhouette du Père Fouras. En voilier, en catamaran ou en petit bateau de croisière, les départs se font principalement depuis Fouras, à la Pointe de la Fumée, ou depuis Port des Barques, à la fontaine Lupin. Mais des départs sont aussi possibles depuis Rochefort, La Rochelle ou l'île de Ré. Certaines formules proposent de faire une escale sur l'île d'Aix.

RALLYES DECOUVERTE

6, rue Gourgaud

✆ 05 46 83 01 82

Rallye découverte : se renseigner à l'office de tourisme (pour les groupes et sur réservation, toute l'année).

Le rallye est un parcours découverte sous la forme d'un livret illustré qui présente les sites et monuments de l'île, et propose un jeu de questions. Le but : découvrir l'île d'Aix en s'amusant en famille ou en groupe. Une visite singulière de cette perle de l'estuaire permettant de passer un moment sympathique et de connaître l'histoire patrimoniale. Des vacances pleines d'expériences qui nous mettent le corps et l'esprit en mouvement. Une belle aventure à vivre en famille, entre amis et des plus conviviales dans ce petit coin de paradis !

CYCLAIX LOCATION DE VELOS

Rue Marengo

✆ 09 66 85 58 23

www.cyclaix.com

Basse saison : 7j/7 9h-18h. Haute saison : 7j/7 8h-19h. Ouvert du 1er avril au 5 novembre. Location vélo 7 €.

Sur l'île d'Aix, pas question de circuler en voiture ! Pour visiter au mieux ce petit croissant de terre, une seule solution : le vélo. Vous pouvez embarquer le vôtre sur le bateau, mais aussi en louer un en vous rendant chez Cyclaix qui est installé au cœur du village. Toute la famille trouvera le vélo qui lui convient : hollandais, VTT, de plage, BMX, pour enfant, tandem... Si vous avez un enfant en bas âge, vous l'installerez dans une remorque ou dans un siège bébé.

HÔTEL NAPOLÉON-RESTAURANT L'INSULAIRE*** €€€

Rue Gourgaud ✆ 05 46 84 00 77

www.hotel-ile-aix.com

Fermé du 1er novembre à mi-mars. 18 chambres. Chambres de 80 à 212 €. Chambre PMR. 1/2 et pension complète.

Territoire à part, Aix est sans aucun doute l'une des îles les plus charmantes de l'archipel charentais. Accessible seulement par bateau, ce croissant de terre fait le bonheur de ceux qui veulent se balader paisiblement. Si vous désirez poursuivre ce moment de plaisir, n'hésitez pas à réserver une nuit ou plus dans cet hôtel qui fait partie intégrante du patrimoine aixois. Joliment rénové, il ouvre ses portes à tous ceux qui veulent passer un moment au cœur d'une île silencieuse.

LES LOGIS DES PAILLOTES €€

Le Bois Joly ✆ 06 09 62 36 91

www.leslogisdespaillotes.com

Ouvert toute l'année. 4 Chambre à partir de 65 € la nuit (dégressif à partir de 4 nuits).

Si vous désirez avoir plus de temps pour visiter l'île d'Aix, il faut laisser le dernier navire repartir pour le continent et se rendre dans ce logis. Les 4 chambres de 1 à 2 personnes ne sont pas très grandes, mais sont joliment décorées et possèdent notamment un téléviseur, un couchage 140 centimètres, un patio et bien sûr la proximité avec la plage, à 100 mètres. À vous de choisir la formule désirée : une nuitée, une semaine et pourquoi pas un mois ! Une fois installé, vous n'aurez qu'une envie : profiter du calme de l'île pour vous balader sans être dérangé.

LES PAILLOTES €€

Le Bois Joly

✆ 05 46 84 66 24

Fermé de novembre à mars. Ouverture début avril. Ouvert tous les jours le midi et le soir. Menus de 24,50 € à 32,50 €.

Ce restaurant, situé en plein cœur de l'Ile, bénéficie d'un cadre particulièrement agréable avec une grande terrasse abritée par des arbres centenaires qui s'entremêlent. Protégé du vent, le lieu est idéal pour déjeuner lors d'une belle journée d'été. La carte est orientée vers les produits de la mer comme des langoustines formant un duo gourmand avec les bulots, la nage de Saint-Jacques ou encore l'assiette gourmande qui allie saumon mariné, foie gras et magret de canard. Le service est attentionné et réactif, les plats ne tardent pas à enrichir votre table.

PAYS DE MARENNES-OLÉRON

Principal centre d'affinage et de production d'huître d'Europe, le bassin de Marennes-Oléron se distingue par ses paysages de marais largement ouverts sur l'océan, ses ports ponctués de cabanes en bois et, surtout ses « claires » d'affinage dans lesquelles se forme la navicule bleue, algue bleue dont la *marennine* donne aux huîtres de ce terroir, leur couleur bleu-vert unique ! Ce territoire regroupe plusieurs régions naturelles : Rochefortais, Royannais et île d'Oléron. Connues dès l'époque gallo-romaine, c'est à partir du XVIIIe siècle qu'elles ont commencé à être élevées. La véritable mise en culture commence pendant le Second Empire. Mondialement appréciée, on la retrouve chez les mareyeurs, les poissonniers et sur les tables des restaurants et familiales. Partez à la découverte de ce territoire qui dispose de nombreuses plages, d'une nature intacte, d'un patrimoine de premier plan et d'une belle gastronomie...

D734
SAINT-DENIS-D'OLÉRON
LA BRÉE-LES-BAINS
Les Huttes
D734
Foulerot
Chaucre
Chéray
Saint-Georges-d'Oléron
Domino
Sauzelle
D126
BOYARDVILLE
D273
D734
Les Sables Vigniers
Saint-Pierre-d'Oléron
La Menounière
La Biroire
La Dresserie
ÎLE D'OLÉRON
Les Allards
D734
Océan Atlantique
LA COTINIÈRE
Matha
DOLUS-D'OLÉRON
La Gratonnière
La Rémigeasse
D734
Gibou
La Gaconnière
Vert-Bois
Grésillon
Ors
LE GRAND-VILLAGE-PLAGE
D26
SAINT-TROJAN-LES-BAINS
Ronce-les-Bains
D25
D25
Pays de Marennes-Oléron

Les Boucholeurs
Ballon
Ciré-d'Aunis
D111
D110
Réserve Naturelle Marais d'Yves
5 Km
D116
D5
D137
Saint-Pierre
BREUIL-MAGNÉ
D911
SAINT-LAURENT-DE-LA-PRÉE
E602
D214
D214
Petit Vergeroux
A837
PORT-DES-BARQUES
Tonnay-Charente
D125
ROCHEFORT
SAINT-NAZAIRE-SUR-CHARENTE
Saint-Hippolyte
D125 E1
MOËZE
D117
D239
D125
Réserve Naturelle Muëze-Oléron
D123
TRIZAY
D3
BEAUGEAY
BROUAGE
D238
D733 E2
D125
D117
D239
Hiers
D123
D733
Marennes-Hiers-Brouage
Le Breuil
PONT-L'ABBÉ-D'ARNOULT
Marennes
D123
SAINT-JEAN-D'ANGLE
D18
SAINT-JUST-LUZAC
D118
Luzac
D733 E2
D241
Réserve Naturelle la Massonne
TREMBLADE
D117
D728
SAINT-SORNIN
D122
NIEULLE-SUR-SEUDRE
D131
D728
Vers LE GUA
Étaules
D241
D117 E2
Chaillevette

PAGES

131 ## ILE D'OLÉRON

Bienvenue sur la deuxième plus grande île française métropolitaine après la Corse ! Avec ses 30 km de long et 8 de large, l'île d'Oléron attire chaque année de nombreux vacanciers qui viennent profiter de 100 km de côtes. Avec son point culminant situé à 35 mètres d'altitude, Oléron « la Lumineuse » est idéale pour tous les amateurs de vélo, qui pourront même franchir le pont grâce à la bande cyclable. Territoire sauvage, entre marais et océan, du phare aux cabanes, Oléron se veut authentique comme l'est son microclimat qui lui vaut son caractère et qui lui offre des couleurs uniques comme celle du mimosa qui égaie les jardins dès le mois de février.

131 ### SAINT-TROJAN-LES-BAINS ★★

Saint-Trojan-les-Bains, à l'extrémité sud-ouest de l'île d'Oléron, est la commune la plus boisée de l'île. Sa grande forêt de pins a été plantée au XIXe siècle pour retenir les sables, les dunes pouvant atteindre plus de 30 mètres de haut. Elle possède le charme des premières stations balnéaires, avec ses villas ouvragées d'inspiration régionaliste (basque, anglo-normande), son front de mer et sa longue plage de sable.

136 ### LE GRAND-VILLAGE-PLAGE

138 ### LE CHÂTEAU-D'OLÉRON ★

Cet ancien port ostréicole, capitale historique de l'île, est situé au sud-est d'Oléron, face au continent. La ville aime les couleurs éclatantes, et ce n'est pas un hasard si elle est devenue ces dernières années un pôle incontournable en matière d'arts plastiques. De jolis cafés et restaurants vous y attendent. Le Château-d'Oléron vaut assurément une visite.

142 ### DOLUS-D'OLÉRON ★

Avec ses nombreux hameaux et ses ports ostréicoles, Dolus offre une grande variété de paysages qui diffèrent totalement d'une côte à l'autre. Au centre de la commune, le bourg, avec ses maisons basses et blanches et ses ruelles étroites, a su conserver le caractère traditionnel de son habitat. A l'ouest, place aux grandes plages de sable fin avec les pistes cyclables.

144 ### SAINT-PIERRE-D'OLÉRON ★★

Cette commune est située au cœur de l'île, aussi proche du phare de Chassiron que du viaduc. Le voyageur se laisse charmer par ses ruelles piétonnes jalonnées de nombreuses boutiques et permettant de découvrir un patrimoine varié. La ville est aussi connue pour avoir inspiré l'un grands écrivains charentais, Pierre Loti.

149 ### SAINT-GEORGES-D'OLÉRON

152 ### LA BRÉE-LES-BAINS

153 ### SAINT-DENIS-D'OLÉRON ★

Bienvenue chez les Dionysiens, les habitants de la pointe nord de l'île. Saint-Denis-d'Oléron, en plus de son bourg, dorlote ses 6 villages : Chassiron, La Gautrie, La Morelière, La Michelière, La Bétaudière et Les Huttes. Cette commune, la plus septentrionale d'Oléron, a un lien tout particulier avec l'océan et accueille tout naturellement les amateurs de bains de mer.

155 ## MARENNES

155 ### BOURCEFRANC-LE-CHAPUS

156 ### SAINT-JEAN-D'ANGLE

PAYS DE MARENNES-OLÉRON

SAINT-TROJAN-LES-BAINS ★★

Saint-Trojan-les-Bains est un village apprécié pour la baignade, les balades en forêt et le port ostréicole et ses cabanes bariolées. Lorsque le mimosa fleurit en début d'année, chaque maison ou villa se pare de jaune d'or. Adossée à une forêt de pins maritimes et donnant sur une baie magnifique, la plage de Gatseau permet une baignade familiale en toute sécurité. Le pertuis de Maumusson, par lequel on accède par les sentiers forestiers ou par le P'tit train en partant du village, est soumis à l'un des plus forts courants d'Europe. Les vagues y sont parfois impressionnantes : un rêve pour les surfeurs et autres adeptes des sports de glisse.

LE MARAIS DES BRIS

Avenue du Port
✆ 05 46 76 00 86
www.ile-oleron-marennes.com
Ouvert toute l'année. Site en accès libre. Gratuit. Visite guidée (horaires et réservations à l'office de tourisme).

Cet espace naturel sensible de 37 hectares a été acquis et aménagé par le Conseil Général de la Charente-Maritime. Les promeneurs auront tout loisir d'arpenter les sentiers pédestres, les joggeurs le parcours sportif et les enfants s'amuseront sur les jeux dédiés. Véritable trait d'union entre mer et forêt, le lieu est unique, les canaux et les roseaux s'entremêlent, constituant une vraie richesse biologique. Depuis 1999, le site a fait l'objet d'un projet de valorisation et a vu naître différentes animations, dont la 1re a été « Une histoire d'homme et d'eau ».

OFFICE DE TOURISME

Avenue du Port
✆ 05 46 76 00 86
www.st-trojan-les-bains.fr
Basse saison : ouvert du lundi au vendredi de 9h30 à 12h30 et de 14h à 17h30. Haute saison : 7j/7.

Nature et bien-être caractérisent cette petite station balnéaire, familiale et conviviale. Ses villas « Belle Epoque » témoignent encore du début des villégiatures et des premiers bains de mer. Saint-Trojan-les-Bains, c'est aussi un cadre où la faune et la flore sont omniprésentes. À pied, à vélo ou en petit train, vous découvrirez sa forêt domaniale. Sans oublier chaque année, la fête du Mimosa qui parfume l'île toute l'année. Qui mieux que l'équipe de l'Office de Tourisme pourrait en parler ! Et vous conseiller sur tous les attraits et points d'intérêts...

LE P'TIT TRAIN DE SAINT-TROJAN

Avenue du Débarquement
✆ 05 46 76 01 26
www.le-ptit-train.com
Du 3/05 au 3/10, et vacances de la Toussaint. Départ toutes les 45 min. Gratuit -4 ans. Adulte 12,50 €. Enfant 9,50 €.

A l'heure de la LGV, ce petit train fait figure d'exception. Pas de record de vitesse, ni de rails, mais plutôt un voyage inédit qui s'égrène jusqu'à un endroit aussi unique que sauvage : le Pertuis de Maumusson. Quelque 6 km sépare la gare de départ de sa destination finale, une plage immense qui fait le bonheur des amoureux des bains de mer. Depuis plus d'un demi-siècle, ce train chargé d'histoire emmène quelque 60 000 voyageurs pour une plongée au cœur de la forêt domaniale.

© DR

© FRÉDÉRIQUE LONGHI

PAYS DE MARENNES-OLÉRON

HÔTEL LES CLEUNES*** €€

25, boulevard de la Plage ✆ 05 46 76 03 08
www.hotel-les-cleunes.com

Ouvert toute l'année. 41 chambres (dont 2 suites). Chambres de 99 € à 275 €. Parking ouvert inclus. Hammam, sauna.

Cet hôtel profite d'un emplacement de choix, sur le front de mer de Saint-Trojan. Les chambres ont été rénovées récemment et certaines proposent une jolie vue sur mer depuis le balcon. Plusieurs types sont disponibles : Standard, Confort, Elégance ou même Suite. Toutes sont décorées avec goût et disposent à la fois d'une salle de bains bien agencée et d'un écran plat avec les chaînes du câble. Avec son ambiance feutrée, cet hôtel ouvert toute l'année est idéal pour une escapade romantique. Il propose également une salle spécialement dédiée aux séminaires.

HÔTEL LES CLEUNES OLERON*** €€

25, boulevard de la plage
✆ 05 46 76 03 08
www.hotel-les-cleunes.fr/index.php/fr/

Ouvert toute l'année 7j/7. À partir de 79 €. Petit déjeuner : 14 €. Terrasse. Piscine. Bar.

Cet hôtel spa 3 étoiles fait face à la mer, offrant à ses hôtes un cadre on ne peut plus propice à la détente. Détente que vient compléter un passage par le spa de l'établissement, endroit parfait pour se ressourcer au terme d'une journée passée à sillonner l'île. S'il vous reste l'énergie nécessaire, le tennis et la piscine extérieure sauront vous satisfaire avant de regagner votre chambre tout confort, où vous aurez peut-être le privilège de profiter d'une vue sur mer.

L'ALBATROS*** €€€

11, boulevard Docteur-Pineau
✆ 05 46 76 00 08
www.albatros-hotel-oleron.com

Ouvert de 8 février au 3 novembre. 13 chambres (dont 1 suite). Chambres de 98 € à 250 €. Soirée étape à partir de 105 €.

Cette maison de charme fait partie des Relais du Silence, une enseigne réputée pour ses hôtels de caractère implantés dans des environnements exceptionnels. C'est le cas pour l'Albatros qui jouit d'un emplacement unique sur la pointe sud de l'île d'Oléron. L'occasion rêvée de s'offrir un séjour de rêve en choisissant une chambre avec vue sur mer. En entrant, vous serez séduits par l'accueil d'un personnel attentif qui vous mènera vers l'une des 12 chambres. Chacune est propice à la détente avec leur ambiance marine et leur décoration chaleureuse.

BLÉ NOIR €

16, avenue du Port
✆ 05 46 36 47 25

De février à mi-novembre. Ouvert du mercredi au lundi de 9h à 23h. Service continu. Menu à 14,90 €. Véranda/terrasse.

Cette crêperie profite d'un emplacement parfait, en plein cœur du port. Elle dispose d'une terrasse couverte qui fait le bonheur des gastronomes. La carte laisse une grande place aux galettes. Il est possible de composer soi-même sa galette avec une large liste d'ingrédients, mais on peut aussi se faire plaisir avec des recettes confectionnées avec soin par le chef. Côté terre/côté mer, chaque galette est préparée avec des ingrédients frais. Le Blé Noir propose également des plats de type brasserie avec de grandes salades qui portent le nom de villes bretonnes...

L'ÎLE D'O €

88 bis, rue de la République
✆ 05 46 75 69 88

Ouvert toute l'année. Fermeture hebdomadaire : lundi, dimanche soir et mardi soir. Carte : 17 € environ. Terrasse.

Ce restaurant est installé au cœur de la station balnéaire, dans une charmante rue piétonne. A quelques pas du port, voilà une adresse qui enchantera tous ceux qui veulent déguster une cuisine locale en terrasse durant les beaux jours et dans une salle à l'atmosphère conviviale. L'accueil est agréable, le service décontracté et la carte propose de se faire plaisir le midi autour d'une formule d'un bon rapport qualité-prix. Le chef se plaît à marier les produits de saison pour une cuisine de fraîcheur qui prend place dans des assiettes joliment dressées.

BISTROT ST TRO €€

11, avenue du Port
✆ 05 46 76 15 17
www.bistrot-st-tro-oleron.fr

Ouvert toute l'année. Le vendredi et le samedi le midi et le soir ; le dimanche midi. Carte : 24 € environ. Terrasse.

Ce restaurant est installé à quelques pas seulement du port. En entrant, vous serez charmés à la fois par l'accueil d'une équipe sympathique et par la terrasse qui donne résolument envie de s'y installer. On vient ici déguster une cuisine maison avec des plats bistrotiers confectionnés à base de produits frais. Les fruits de mer sont présents dès les entrées avec les inévitables huîtres, les palourdes farcies et en plat avec le poisson en provenance du marché. Mais le restaurant fait aussi la part belle à des produits de la terre reconnus pour leurs saveurs.

© MER ET FORÊT

© MER ET FORÊT

© MER ET FORÊT

MER ET FORÊT*** €€

16, boulevard Pierre-Wiehn
✆ 05 46 76 00 15 - www.hotel-ile-oleron.com
Du 9 juin au 11 novembre. Réservations à partir de mars. 43 chambres (côté mer, piscine ou forêt). Piscine, bar.

Cet hôtel est idéalement situé pour tous les voyageurs désireux de visiter l'île d'Oléron. Installé sur les hauteurs de la charmante station balnéaire, il est installé à proximité immédiate de la forêt, mais aussi à quelques minutes de marche de l'océan et des rues piétonnes. Le personnel est sympathique, les activités nombreuses avec en premier lieu la piscine, le bain bouillonnant et le bassin de nage à contre-courant. Cet hôtel dispose d'un restaurant de qualité dirigé par Thierry Fauger qui met en avant une cuisine régionale. On trouve aussi un côté Bistro...

© DR

© MER ET FORÊT

CYCLES DEMION

Quai Antony Dubois ✆ 05 46 76 02 63
https ://www.cyclesdemion.fr/

3 magasins de location sur l'île d'Oléron. Réservation en ligne. Tarifs de 1 h à 7 jrs. Équipements et accessoires.

Les amateurs de petite reine ont de la chance, l'île d'Oléron a décidé de créer de nouvelles pistes cyclables, dont la très attendue Route des Huîtres. De quoi donner envie d'enfourcher son vélo ! Une fois passé le viaduc, rendez-vous dans cette boutique située dans une jolie station balnéaire. Depuis 3 générations, cette entreprise familiale accueille tous ceux qui souhaitent louer un vélo pour humer l'air iodé et découvrir plages et forêts. C'est François et son équipe qui sont aux commandes, choisissant avec vous le vélo qui correspond le mieux à vos envies.

MER ET FORÊT €€

16, boulevard Pierre-Wiehn ✆ 05 46 76 00 15
www.hotel-ile-oleron.com

Ouvert du 30 mars au 11 novembre. Ouvert tous les jours midi et soir. Menu unique à 35 €. Vue panoramique sur l'océan.

Ce restaurant est intégré à l'hôtel qui prend place sur les hauteurs de la station balnéaire. À proximité des rues piétonnes et de la forêt, il permet aux voyageurs de s'offrir une pause gourmande. Quel plaisir de profiter d'un accueil charmant et de découvrir une cuisine simple, mais riche en saveurs. La carte met en avant des plats préparés à base de produits frais et régionaux. Le midi, le menu du jour propose un bon rapport qualité-prix, mais on peut aussi piocher côté Bistrot avec des burgers joliment confectionnés, un croque-monsieur pour les petites faims.

LA PAMPA €€

2 bis, boulevard Pierre-Wiehn
✆ 05 46 36 03 29

Ouvert de Février à novembre. Ouvert 7j/7 midi/soir. Menus de 24 € à 28 € (38 € à volonté). Groupes. Terrasse.

Ce restaurant propose tout simplement de vous offrir un voyage vers le Brésil. Laissez de côté l'océan pour vous diriger vers les hauteurs de Saint-Trojan. C'est là que se trouve la Pampa. Vous serez séduit par l'accueil toujours chaleureux. Le dépaysement ne serait pas total sans la grande terrasse au calme face au bassin à poissons. Quel plaisir de dîner sur un rythme de bossa-nova en admirant des danseuses qui vous inviteront peut-être à venir avec elles. La carte met en avant des spécialités brésiliennes joliment cuisinées par le chef lui aussi brésilien !

LES PIRATES ET LA PIGOUILLE €€

2, Boulevard Pierre Wiehn
✆ 05 46 85 07 19

Haute saison : 7j/7 midi/soir. Carte : 20 € environ. Plateaux de fruits de mer 31 et 37 €/pers., assiette 8-26 €.

Depuis 2018, ce restaurant de dégustation est installé au cœur du Fun Park, à Saint-Trojan-les-Bains. Cette femme d'ostréiculteur est toujours aussi passionnée, proposant un accueil sympathique et surtout des produits d'une grande fraîcheur. On vient ici profiter d'un cadre agréable et se faire plaisir autour de produits de qualité comme les huîtres venues du chenal de la Baudissière et quelques jolis plats cuisinés de façon traditionnelle. Amateurs de fruits de mer... dégustez !

ST TRO'PIZZ €€

16, avenue du Port
✆ 05 46 75 32 59

Ouvert toute l'année. 7j/7 de 11h à 14h et de 17h30 à 22h. Haute saison : de 9h à 23h. Terrasse. Vente à emporter.

Le port de Saint-Trojan est idéal pour s'offrir une pause gourmande. On connaissait déjà le Blé Noir qui propose de délicieuses galettes et bien d'autres plats à base de produits frais, voici le St Tro'pizz, une annexe de la crêperie. On trouve ici de quoi se régaler avec une large carte snacking. Tout est préparé avec soin en témoignent les pizzas avec leur pâte maison volontiers croustillante, paninis et burgers garnis de produits frais. On déguste en terrasse avec vue sur le port, mais aussi dans un espace lounge où sont retransmises des rencontres sportives.

L'ÉCUME €€

2, rue de la République ✆ 05 46 75 34 66
www.restaurant-lecume-oleron.fr

Ouvert toute l'année du mardi au dimanche. Suggestion du jour 16,50 €. Menu homard 75 €. Terrasse.

Situé au cœur de la station de Saint-Trojan-les-Bains, le restaurant offre une vue panoramique sur le pont d'Oléron et la baie de Marennes. C'est un accueil et une ambiance conviviale dans un cadre chic pour l'ambiance et choc pour les saveurs et la créativité avec des produits travaillés avec subtilité. Le talentueux chef, au gré du marché et de l'inspiration, propose des plats ou présentations raffinées et alliances de goûts (...et de couleurs !) vous séduiront. Cassolette de homard, ceviche de maigre... En salle, de bons conseils sur les accords mets/vins !

CUBA NOCHE LOUNGE BAR

2 bis, boulevard Pierre-Wiehn
✆ 05 46 76 44 03
Ouvert de février à novembre. Ouvert de 17h à 2h. Initiation de salsa gratuites à partir de 22h le mardi et vendredi.

Déjà 13 ans que le Cuba Noche fait vibrer tous ceux qui veulent passer une soirée sous les rythmes latinos ! La décoration renvoie inévitablement à La Havane avec toile et objet en provenance de Cuba et bien sûr la musique pour se déhancher sur des rythmes endiablés. En soirée, on sirotera les inévitables cocktails mojitos et daïquiris au salon baroque, mais en été, plus question de rester à l'intérieur ! Direction la terrasse exotique qui jouxte la forêt, le moment est propice à l'amusement. D'autant que le Cuba Noche propose en été des initiations à la salsa !

LE GRAND-VILLAGE-PLAGE

Station balnéaire située sur la côte sud-ouest de l'île d'Oléron, Grand-Village-Plage est une commune récente, née en 1951 de la scission avec Saint-Trojan. Blottie contre les pins, elle attire les voyageurs par sa grande plage de sable blond qui propose une baignade tonifiante ! Labellisée Pavillon bleu, la plage de la Giraudière « régale » les surfeurs, mais elle accueille également nageurs et personnes à mobilité réduite. Ici, vous privilégiez la marche, le vélo ou la navette pour rejoindre le bord de mer et le Port des Salines. Ce site des Échappées Nature comporte un écomusée qui permet de découvrir l'histoire de la saliculture oléronaise.

ÉCOLE DE SURF MOANA

Grande plage
✆ 06 80 14 36 57
www.moana-surfschool.com
Location de surf, body-board, stand-up paddle, prêt de combinaison. Fermé novembre/mars. Cours collectifs/individuels.

Il suffit d'arriver devant la guérite pour ressentir un vrai dépaysement. Le spot se prête à merveille au surf, à l'apprentissage et aussi au perfectionnement. Surtout, vous serez séduits par l'accueil d'une équipe chaleureuse qui vous fera passer un joli moment sur l'eau. Labellisée par la Fédération Française de Surf, cette école est ouverte à partir du mois d'avril et accueille tous ceux qui veulent pratiquer le surf. Avec son équipe de moniteurs, Baptiste sera à vos côtés pour la découverte et la sensibilisation à un environnement aussi magnifique que fragile.

LA CHAPELLE

Chemin de la Chapelle
Visite guidée (voir avec l'office de tourisme).

Si cette chapelle existait dès le XVIIIe siècle comme l'attestent les registres de mariage, l'établissement était dans un état de délabrement. Il faut l'intervention du curé Jacques Ayraud et l'aide des habitants pour que le monument soit terminé. A la fin du XIXe siècle, c'est un autre prêtre, Jean Alexandre Vincent, qui s'aperçoit que la chapelle tombe à nouveau en ruine. L'édifice bénéficie alors de travaux de restauration. En 1990, un artiste peintre local, Elie Murat, décore l'intérieur de fresques représentant la vie quotidienne au village. Visite libre.

CASINO DE SAINT-TROJAN

3, Boulevard Pierre Wiehn
✆ 05 16 84 33 67
http ://casino-sainttrojanlesbains.com
Ouvert 7j/7. 66 machines à sous. Roulette électronique. Black Jack dès 22h. Brasserie misi et soir jusqu'à 22h.

Ce casino permet à tous les passionnés de s'adonner au plaisir du jeu sur Oléron. Installé à proximité de la plage, il dispose de 66 machines à sous d'une mise minimale d'un centime d'euro, mais aussi à la roulette électronique et le traditionnel Black Jack. L'ambiance chaleureuse permet de passer un bon moment. L'établissement dispose entre autres d'un bar lounge à la décoration tendance qui offre une jolie vue sur mer et d'un snack. Au déjeuner, on peut également se faire plaisir au restaurant « Pizz'Arev » qui propose de déguster des produits régionaux.

LE PORT DES SALINES ★

Rue des Anciennes-Salines
✆ 05 46 75 82 28
www.port-des-salines.fr
Ouvert du 30 mars au 1er novembre. Tous les horaires variables sur le site. Gratuit jusqu'à 6 ans. Adulte : 4,50 €.

Depuis 2018, des sauniers ont repris de vieux marais pour y produire du sel. L'histoire même d'Oléron est liée à la culture de l'or blanc. Pour en savoir plus sur cette ressource, rendez-vous dans cet écomusée installé sur la commune de Grand-Village-Plage. Chaque cabane abrite une thématique, la première « Sel à vie » permet de découvrir la biodiversité, la deuxième « Univer'sel » propose une lecture plus économique et la dernière « Bons baisers d'Oléron » évoque le sel en cartes postales. La visite guidée invite à découvrir le fonctionnement d'un marais salant.

CYCLES DEMION

Rue du Puits-Neuf ✆ 05 46 47 59 64
www.cyclesdemion.fr

Ouvert d'avril à octobre 7j/7. 3 Boutiques sur l'île d'Oléron : Saint-Trojan-Les-Bains, Grand Village Plage, Le Château.

C'est la deuxième boutique créée par l'entreprise familiale qui a vu le jour en 1948 à Saint-Trojan-les-Bains. Cette boutique de locations de 2 roues attire ceux qui veulent partir à la découverte de l'île d'Oléron en vélo. Vous bénéficierez d'un large choix de vélos : VTT pour enfant, VTC pour adultes, tandem, vélos à assistance électrique... Impossible de ne pas trouver celui de votre choix pour parcourir les quelque 150 km de pistes cyclables à travers les marais ou en bordure de mer. Pensez à réserver vos vélos en amont pour vos vacances via le site internet.

LES JONCHÈRES €€

10, rue de Trillou
✆ 05 46 47 57 66
www.lesjoncheres-oleron.fr

Chambre simple à partir de 56 € ; chambre double à partir de 70 €. Petit déjeuner inclus.

Cette demeure contemporaine au milieu d'un jardin, en bordure de forêt, est le lieu idéal pour une halte bienfaitrice. En entrant, vous ferez connaissance avec Jacky, un vrai passionné. Trois chambres sont disponibles. Toutes sont calmes, décorées avec soin et personnalisées : la Benèze et son atmosphère campagnarde, la Cool et son environnement bleuté ou la Zen pour un séjour paisible. Chacune est spacieuse et donne sur la terrasse. Un espace de vie permet d'accéder à Internet, de déposer ses courses dans un réfrigérateur et le petit déjeuner est délicieux !

LE MAINE**** €€

24, route Maine
✆ 05 46 75 42 76
www.campinglemaine.com

Accueil de 9h à 12h et de 15h à 18h. Ouvert du 1er février au 15 novembre. 96 emplacements. De 18 à 27 €/nuit.

Ce camping familial constitue un cadre rêvé pour passer des vacances sur Oléron. Ce que l'on aime, c'est d'abord la facilité d'accès, à moins de 10 minutes du viaduc, mais aussi l'accueil toujours aussi convivial. On se sent bien ici, notamment les campeurs qui ont tout loisir de monter leur tente sur l'un des 96 emplacements. Tous sont spacieux et ombragés, un vrai plus ! Si vous êtes à la recherche de plus de confort, optez pour les mobil-homes. De nombreux services sont disponibles sur place, un camion pizza (le lundi) et une épicerie toujours très utile !

LE BAIN MARIE €

14, boulevard de la Plage

✆ 05 16 84 95 18

www.lebainmarie-oleron.fr

Ouvert toute l'année. En haute saison : du jeudi au mardi le midi et le soir. Le dimanche : 11h-16h. Menu unique 20 €.

Ce restaurant est installé au cœur du village, proche du camping et de l'office de tourisme. Venir ici, c'est avant tout découvrir une cuisine riche en saveurs avec des plats originaux qui ne manqueront pas de vous séduire. On les déguste sur la terrasse ombragée ou on les emporte pour les déguster sur la plage. Toute la famille se régale au Bain Marie, les enfants dévorent un croque-monsieur maison tandis que les adultes découvrent des saveurs inédites avec des plats joliment cuisinés. Les desserts sont originaux : banoffee, verrine de perles du Japon.

LE QUEMAO €€

Allée des Pins

✆ 09 53 31 08 49

Ouvert toute l'année. Menu unique à 25 €. Moules de 11 € à 13,50 €. Terrasse.

C'est assurément l'un des restaurants à fréquenter pour tous les voyageurs de passage sur Oléron. Installé en plein cœur de la station balnéaire, à proximité d'un parking et d'une grande plage de sable fin, le Quemao invite à passer un moment agréable. Quel plaisir de s'installer en terrasse ou dans la salle lumineuse et prendre le temps de choisir des plats dans une carte tournée vers la mer. Les produits sont de qualité, les fruits de mer très frais et les poissons joliment assaisonnés. En été, dégustez des moules. Elles sont préparées en 5 recettes différentes.

LE RELAIS DES SALINES €€

Village des Pêcheurs

✆ 05 46 75 82 42

www.lerelaisdessalines.com

Fermé de décembre à février. Carte : 31 € environ. 6 huîtres : 9,50 €, Plats de 17 € à 18,50 €, Desserts de 7 € à 9 €.

Si le chef Arnaud est toujours derrière les fourneaux, le propriétaire a changé ! Que les gastronomes se rassurent, le lieu est toujours agréable, une jolie cabane versus bistrot marin accessible via un petit pont de bois. L'accueil est agréable, la fraîcheur iodée des produits est indéniable et la carte propose de belles associations de saveurs. Vous serez sans aucun doute séduits par des assiettes joliment présentées et par l'atmosphère iodée, notamment si vous avez la chance de déjeuner en terrasse. Typicité et authenticité compris dans ce petit restaurant.

LE MARCHÉ

Sous les halles

Haute saison : 7j/7 de 8h à 13h. Ts les mardis soir l'été. Marché de produits locaux les mercredis d'avril à septembre.

Ce village blotti au cœur des pins possède non pas un, mais plusieurs marchés. En été, on se rend sous les halles pour faire le plein de produits de saison, mais aussi au Port des Salines. Véritables poumons économiques, ces marchés sont les vitrines des savoir-faire locaux. Entre légumes et fruit, salaisons, fruits de mer, le panier est rarement vide… Tous les mercredis, jusqu'au début du mois d'octobre, on peut non seulement admirer le travail des sauniers, mais aussi faire la rencontre des producteurs locaux. On peut même participer à un apéro !

LE CHÂTEAU-D'OLÉRON ★

C'est l'une des premières communes accessibles une fois le viaduc franchi. Cet ancien port ostréicole, chef-lieu de canton et capitale historique de l'île, est situé au sud-est d'Oléron, face au continent. La « citadelle de Vauban » fait de la commune un des hauts lieux touristiques de l'île. Composante majeure du bassin de Marennes-Oléron avec La Tremblade et Marennes, Le Château-d'Oléron est intimement lié à l'ostréiculture. Il fait bon flâner le long du chenal d'Ors et admirer les cabanes multicolores. La ville aime les couleurs éclatantes, et ce n'est pas un hasard si elle est devenue un pôle incontournable en matière d'arts plastiques.

OFFICE DE TOURISME

Place de la République

✆ 05 46 85 65 23

www.ot-chateau-oleron.fr

Accueil toute l'année. Tous les horaires variables sont sur le site. Boutique.

Vous trouverez à l'office de tourisme toute la documentation nécessaire à votre séjour et aussi une large gamme de billetteries, la possibilité de réserver votre hébergement ainsi que des bons plans « restau » ! Une brigade de professionnels vous attend et saura vous fournir des informations adaptées. Tant d'atouts sur l'île et au Château d'Oléron ! Le village, le marché, sans oublier les activités sportives, culturelles et festives. Et n'oubliez pas de faire une halte aux cabanes d'artistes et créateurs, sur le petit port ostréicole, c'est incontournable !

LE PETIT TRAIN DU CHÂTEAU-D'OLÉRON

Parking de la citadelle ✆ 05 46 47 66 07
www.petit-train-oleron.com
Fermé d´octobre à mars. Ouvert tous les jours à partir de 10h45. Adulte : 6 €. Enfant (de 3 à 10 ans) : 4 €.

Les voyageurs qui souhaitent connaître l'histoire de la ville peuvent monter dans ce petit train qui stationne sur le parking de la citadelle. Depuis 30 ans, il propose une balade de 35 minutes sur un trajet de 5 km. Vous observerez la citadelle fortifiée par Vauban, ses douves et sa porte royale, quelques rues typiques de la ville ainsi que le port où sera raconté l'élevage des huîtres. La conductrice, une vraie passionnée, vous racontera en direct l'histoire du Château d'Oléron...

CYCLES DEMION

26, Avenue d'Antioche ✆ 05 46 76 72 67
www.cyclesdemion.fr
Ouvert d'avril à octobre 7j/7. 3 Boutiques : Saint Trojan Les Bains, Grand Village Plage, Le Château d'Oléron.

Comme l'île de Ré, Oléron se prête délicieusement à la pratique du vélo avec notamment l'agrandissement du réseau cyclable. Si vous n'avez pas pu emporter votre vélo, pas d'inquiétude ! Il suffira de vous rendre dans l'une des trois boutiques Demion dont celle-ci qui se trouve à l'entrée du Château d'Oléron. En entrant, vous serez séduits par un accueil chaleureux par des équipes compétentes qui vous donneront tous les renseignements nécessaires pour partir en toute sécurité à la découverte de l'île. Quelle que soit votre envie, vous trouverez le vélo...

CAMPING MUNICIPAL LES REMPARTS** €

Boulevard Philippe-Daste ✆ 05 46 47 61 93
www.camping-les-remparts-oleron.fr
Ouvert du 26 mars au 31 octobre 2021. Terrain de 3,3 ha. 180 emplacements. Jeux pour enfants. Aire pour camping-cars.

Ce camping familial jouit d'une situation tout à fait idéale pour ceux qui veulent découvrir l'île d'Oléron. A peine le viaduc franchi, vous n'aurez que quelques minutes de route pour vous installer dans ce lieu qui se trouve à 50 m de la plage et à 100 m du centre. L'occasion rêvée de monter la tente ou bien de louer pour une semaine un mobil-home et ainsi profiter de tout le confort offert. Le camping offre des services notamment les navettes gratuites durant les deux mois d'été.

CITADELLE DU CHÂTEAU D'OLÉRON ★

✆ 05 46 75 53 00

www.ile-oleron-marennes.com

Ouvert tous les jours. Gratuit. Renseignements en mairie.

© DR

Ouvrage militaire destiné à protéger la partie Sud de l'île d'Oléron, la citadelle est née en 1630. Constatant les faiblesses de la structure, l'ingénieur en chef Vauban décide en 1685 la création de deux ouvrages à cornes. Débutés trois ans plus tard, les travaux nécessitent des milliers d'hommes. Quelque 7 000 ouvriers dont des sauniers de Dolus et Saint-Trojan travaillent à l'édification. La citadelle sera convertie en prison pendant la période révolutionnaire. Incontournable !

AIRE MUNICIPALE D'ACCUEIL POUR CAMPING CARS €€

✆ 05 46 75 53 00

www.lechateaudoleron.fr

Ouverte toute l'année, 180 emplacements, 13,50 € pour 24 heures tout compris. CB uniquement.

Cette aire d'accueil pour camping-cars est située dans la capitale historique d'Oléron, route des Huitres au Château d'Oléron, face à la mer, à proximité du centre ville avec sa citadelle, ses commerces, son marché quotidien, son port avec ses cabanes d'artisans d'art. Vous aurez accès à l'eau, l'électricité, sanitaires, douches, vidange cassette et eaux usées. La toute nouvelle piste cyclable toute proche vous permettra d'accéder aisément au centre-ville.

COMME UNE ÉVIDENCE €€

6, place de la République

✆ 05 46 47 77 79

Fermé en février. Basse saison : ouvert du dimanche au vendredi à partir de 12h et à partir de 19h. Menu unique à 23 €.

Installé au cœur du Château d'Oléron, face à un grand parking, ce restaurant à la façade colorée est le repère de ceux qui veulent passer un joli moment culinaire. Deux ambiances, la terrasse ombragée à l'esprit guinguette et la salle chaleureuse avec banquettes rouges, bardages en bois et marines aux murs. Sébastien et Cécile sont véritablement chaleureux et proposent de découvrir une cuisine simple, inspirée du marché et de la pêche du jour. On se plaît à choisir un plat sur la grande ardoise, chacun est travaillé avec des produits frais et de saison.

L'ESTRAN €

4, place de la République

✆ 05 46 47 60 60

www.lestran-oleron.com

Ouvert toute l'année. 8 chambres. Chambres de 42 € à 62 €. Petit déjeuner : 7,50 €. Restauration.

Ce petit hôtel est idéal pour ceux désireux de visiter le Château d'Oléron et plus encore... A quelques minutes du viaduc, il est installé sur la place principale de la commune qui comporte un parking. Après avoir découvert votre chambre et posé vos valises, vous aurez accès à de nombreuses activités à pied : mini-golf, découverte de la citadelle, marché... L'hôtel propose 8 chambres qui offrent un confort appréciable. Une literie confortable et une salle de bains fonctionnelle. Petit plus ? Le restaurant qui propose de se régaler autour de produits locaux...

LA CROIX DU SUD €€

Les Valennes du Port

✆ 05 46 76 45 24

www.lacroixdusud-oleron.com

Ouvert toute l'année. Du mercredi au samedi de 12h à 13h45 et de 19h à 20h45 ; le dimanche de 12h à 13h45. Carte : 18 €.

Ce surprenant restaurant est installé dans l'un des premiers villages oléronais. Installée sur le port, la Croix du Sud est une adresse volontiers conviviale où l'accueil est toujours chaleureux. Aux beaux jours, vous aurez sans doute envie de vous installer en terrasse et vous régaler de la vue sur mer. La cuisine maison se veut éclectique avec à la fois des spécialités charentaises comme les véritables moules marinières servies avec des frites maison et aussi des spécialités plus exotiques comme le couscous de la mer préparée avec des poissons de la Cotinière !

L'ESTRAN €€

4, place de la République ✆ 05 46 47 60 60
www.lestran-oleron.com
Fermé de décembre à janvier. Haute saison : ouvert 7j/7 midi et soir. Menu unique 33 €. Formule du midi 21 €. Terrasse.

De votre passage à l'Estran, vous garderez à l'esprit la saveur d'une cuisine raffinée qui met en avant les produits locaux. Quel plaisir de prendre place sur la terrasse au cœur de la place ou de goûter à l'atmosphère paisible de la salle. Non seulement l'accueil est chaleureux et le service souriant, mais en plus les assiettes sont bien présentées. La carte propose une belle variété de poissons cuisinés avec soin et accompagnés de produits de saison. Poêlée de l'estran, huîtres chaudes gratinées et des desserts qui ne laisseront pas les gourmands indifférents...

LA K-BANE €€

Route de la Pointe Blanche
✆ 05 46 38 02 17
www.k-bane-17.fr
Haute saison : 7j/7 midi et soir. Menu unique à 22 €. Carte : 15 € environ.15,40 €. Terrasse.

« Pour vivre heureux, vivons cachés » : c'est ici la devise ! Il faut guetter la petite route qui y mène et oser s'y aventurer pour tomber sur une charmante adresse. Première surprise, un panorama magnifique : d'un côté, le viaduc et le Fort Louvois, de l'autre le port du Château. Une vue que l'on savoure presque autant que les spécialités de la maison, notamment l'éclade de moules qu'il faut penser à réserver à l'avance. Également au menu, homard, plateau de fruits de mer, huîtres chaudes farcies aux poireaux... Endroit magique et intemporel !

SARL LES VAGABONDS €€

5, avenue du port
✆ 07 69 53 81 29
Haute saison : ouvert 7j/7. Menu enfant : 10 €. Formule du midi : 19 €. Brunch de 12 € à 20 €.

Si la cabane n'est pas très grande, elle ne passe pas inaperçue, toute de bleu vêtue. Nul doute, vous vous sentirez bien dans ce lieu dédié au plaisir des sens. Et si on grignotait ? Le matin, on peut s'offrir un petit déjeuner de rêve avec de traditionnelles tartines de beurre et de confiture, mais aussi un délicieux granola sans oublier les fameux pancakes. Les lève-tard se feront plaisir avec le brunch du Vagabond proposant avocado toast, un jus, une boisson chaude et des tartines ! Au déjeuner, place à la formule proposant une entrée, deux plats et desserts...

BRIN D'ILE

Avenue du Port

✆ 05 46 36 92 67

Ouvert le mardi et du jeudi au samedi de 10h30 et jusqu´à 19h. Haute saison : 7j/7 de 10h30 à 12h30 et de 15h à 19h.

Cette boutique prend place au sein du village, à deux pas du port ostréicole et de la citadelle. On y vient en flânant depuis la place de la République, passant devant les restaurants et les cabanes colorées abritant les artistes. Ce que l'on aime ici ? La vitrine toujours décorée avec soin et évoluant au gré des saisons. Nul doute, l'endroit est idéal pour trouver de nouvelles idées déco avec un choix de mobilier, de linge de maison dans le thème marin, ainsi que des objets rigolos, comme les tapis de bain en forme de planche de surf, des savons fantaisie...

MINIGOLF 18 TROUS

Face à la mairie

✆ 05 46 75 53 00

www.ot-chateau-oleron.fr

Ouvert d'avril au 31 août. 7j/7 en saison de 15h à 21h30. Accessible à tous.

Le Château d'Oléron est connu pour sa citadelle et son grand marché qui apportent couleur et senteurs au village. Mais la cité oléronaise dispose également d'un équipement de loisirs qui fait le plaisir de toute la famille : un mini-golf. Installé au cœur du Château, en face de la mairie, il permet de passer un joli moment. Certes, les installations ne sont pas récentes, mais elles sont correctement entretenues. Surtout, en plein été, on peut jouer au frais, sous les arbres... Le parcours est gratuit pour les moins de 6 ans. Convivialité garantie pour tous !

DOLUS-D'OLÉRON ★

Avec ses nombreux hameaux et ses ports ostréicoles, Dolus offre une grande variété de paysages. Le bourg, avec ses maisons basses et blanches et ses ruelles étroites, a su conserver le caractère traditionnel de son habitat. On y admire l'église Saint-André avec son mobilier – maître-autel, retable de bois sculpté, ses piliers d'entrée et son clocher saintongeais, le seul de l'île d'Oléron. A l'ouest, place aux grandes plages de sable fin avec les pistes cyclables, autant de lieux propices à la baignade ! A l'est, place à une autre activité : l'ostréiculture. Le port de Baudissière est un lieu atypique avec ses cabanes en bois réhabilitées.

ÉGLISE SAINT-ANDRÉ

Accessible toute l'année. Gratuit.

Située au centre du bourg dans la rue piétonne, l'église Saint-André est mentionnée à la fin du XIVe siècle, mais elle sera détruite pendant les guerres de Religion. Reconstruit au XVIIe siècle, l'édifice est agrandi au siècle suivant et son retable en bois est restauré en 1977. Cette église est construite en moellons calcaires gris et en pierres de taille, dans un style classique et roman. Elle se distingue par son clocher saintongeais, le seul de l'île, et par ses vitraux magnifiques. Elle offre un moment de calme au cœur de la commune.

LE MARAIS AUX OISEAUX

Les Grissotières

✆ 05 46 75 37 54

www.marais-aux-oiseaux.fr

Haute saison ouvert tous les jours de 10h à 19h. Adulte : 4,50 €. Enfant de 6 à 14 ans : 2,80 €.

Le sentier aménagé à travers bois et marais est ponctué de bornes informatives et d'un observatoire permettant d'en savoir plus sur les espèces rencontrées. Hérons, cigognes blanches, rapaces et l'emblématique martin-pêcheur d'Europe. Sur le parcours, une mini-ferme abrite canards et moutons. Des sorties sont proposées à des heures fixes portant sur des thèmes variés, coucher des aigrettes, des œufs comme s'il en pleuvait, en quête d'indices ou encore du gîte au couvert. Jeu de piste enfant de l'ornithologue en herbe ou Le P'tit secouriste de la faune sauvage.

PARC MYOCASTORS

Pré de la Morinière ✆ 06 59 05 29 71

parc-myocastors.com

Haute saison ouvert tous les jours de 14h à 18h30. Adulte : 6,50 €. Enfant de 4 à 10 ans : 4,50 €.

Tout au long du parcours ponctué de panneaux pédagogiques, vous pourrez nourrir les myocastors en leur donnant des carottes, moments amusants à photographier, les voir nager et les observer dans les gestes de la vie quotidienne. Assis sur ses pattes arrière palmées, il se lave d'abord les dents, puis les moustaches, les oreilles, et à l'aide de ses griffes, peigne soigneusement sa fourrure plus de cent fois par jour. Dans la forêt, vous verrez les kangourous. Le spectacle animalier de Gunter Sacckman, d'une vingtaine de minutes est proposé plusieurs fois par jour.

BUREAU D'ACCUEIL ET DE TOURISME

Parvis Saint-André
✆ 05 46 75 32 84
www.dolus-oleron-tourisme.fr

Tous les horaires variables, disponibles sur le site.

L'office de Dolus-d'Oléron vous accueille toute l'année. Vous y trouverez toute la documentation nécessaire pour réussir votre séjour. Une large gamme de billetteries et la possibilité de réserver votre hébergement. Des professionnels du tourisme sont à votre disposition pour vous donner les meilleurs plans - découvertes - patrimoine - boutiques - restaurants - activités - sports... Bienvenue à Dolus-d'Oléron ! Entre mer, bois, marais et cultures, la séduction est immédiate.

HÔTEL LE GRAND LARGE**** €€€

2, avenue de l'Océan ✆ +33 0 5 46 75 77 77
www.le-grand-large.fr

Fermé de novembre à avril. Permanence téléphonique de janvier de 9h à 12h. 27 chambres. Chambres de 160 € à 360 €.

Bien plus qu'un simple hôtel, le Grand Large c'est avant tout un lieu unique pour passer une nuit ou plus au cœur de l'île d'Oléron. Entre forêt et dunes, l'hôtel jouit d'un emplacement exceptionnel avec en accès direct une jolie plage. Les chambres sont d'une propreté irréprochable ! Avec une vue paisible sur le jardin ou sur l'océan. L'hôtel possède une salle de fitness, une piscine intérieure, un bassin de nage et un bain à bulles ; il est même possible de s'offrir un moment de relaxation avec des massages. Petit-déjeuner solide avant d'attaquer une randonnée !

CAMPING LES FLORALIES*** €

526, chemin de l'Equitation
✆ 05 46 75 30 75
www.lesfloralies17.fr

Fermé du 30 septembre au 1er avril. Terrain de 4 ha. 234 emplacements (150 mobil-homes). Piscine extérieure chauffée.

A moins de 10 minutes de Saint-Pierre-d'Oléron, ce camping est idéal pour visiter l'île. 232 emplacements sont en à votre disposition et ceux qui souhaitent plus de confort, se dirigeront vers l'un des mobil-homes qui se divisent en trois gammes, mais aussi le Lodge Victoria qui allie bois et toile ou encore la tente Canada, idéale pour les grandes familles ! De nombreuses animations sont proposées tout au long de la saison : kermesse, parties de pétanque, soirées, mais aussi accès à la piscine chauffée et à une aire de jeux pour enfants.

CRÊPERIE LA GALICRÊPE €€

26, Grande Rue au Bourg
✆ 09 83 21 88 88
www.creperie-la-galicrepe.fr

Ouvert du mercredi au dimanche le midi et le soir. Haute saison : du mercredi au lundi le midi et le soir.

Coup de cœur pour cette crêperie installée à Dolus et qui fait souffler un joli vent de Bretagne sur Oléron. Vous serez charmés par l'accueil, mais aussi par la salle volontiers lumineuse. Le lieu est idéal pour un repas en famille, avec pour spécialités galettes 100 % sarrasin et crêpes traditionnelles préparées à la commande et à base de farine bio. Faite maison et dans la pure tradition bretonne, la pâte est délicieuse et en plus, chaque galette est garnie de produits frais. Au côté de la fameuse complète, les gourmets découvriront bien d'autres spécialités.

HÔTEL LE VERT BOIS*** €€

104, chemin Saint-James ✆ 05 46 36 87 66
www.hotel-vert-bois-oleron.com

Réception de 15h à 20h. 21 chambres. Chambres de 65 € à 130 € ; studio / appartement à partir de 115 €. Hammam, sauna.

Cet hôtel plein de charme est idéalement situé sur la côte ouest de l'île d'Oléron, dans un quartier paisible, à seulement 900 m de la plage. Rénové avec soin, il comporte 21 chambres qui font le bonheur des voyageurs qui désirent visiter l'île. La Single est idéale pour une personne tandis que les couples s'offriront un moment charmant dans la Prestige. Les familles sont les bienvenues avec l'appartement de 4 personnes entièrement équipé. L'hôtel dispose également d'une piscine installée dans un jardin bien entretenu, d'un espace bien-être avec sauna et hammam.

MAHA PRANA €€

20, route du Large
✆ 05 46 75 38 37
www.mahaprana.fr

Fermé de septembre à avril. En juillet et août tous les soirs à partir de 19h30. Fermeture le lundi. Végan-friendly.

Valérie et Samuel vous invitent dans un lieu atypique où la cuisine est originale. En effet, la carte met les saveurs de l'Inde à l'honneur. Non seulement les recettes sont exotiques, mais en plus elles sont 100 % bio, végétariennes et faites maison, y compris le pain, les boissons et les glaces. Les légumes viennent chaque jour des exploitations des maraîchers bio de l'île d'Oléron, il n'y a pas plus frais ! Evidemment, les fruits et légumes sont donc toujours de saison. On apprécie le service rapide et surtout des mets qui ravivent les papilles.

LE MARCHÉ

Place du marché

Tous les horaires variables toute l'année, sur le site officiel de la mairie.

A l'image des autres villages de l'île, Dolu dispose d'un marché qui se tient tous les matins durant la saison estivale. Touristes et habitants trouvent sous les halles comme dans les rues piétonnes des producteurs locaux venus vendre des produits frais. L'occasion est belle non seulement de discuter un instant avec ces professionnels, mais aussi pour flâner un moment et se laisser bercer par les effluves ambiants. Impossible de passer à côté des produits de la mer et tout particulièrement les huîtres à déguster avec un petit verre de vin blanc charentais !

ÉGLISE DE SAINT-PIERRE-D'OLÉRON ★

Ouvert toute l'année.

L'histoire de cette église remonte à 1068. Ce n'est pas encore l'édifice qui s'élève dans le ciel d'Oléron, mais une chapelle dont il ne reste qu'une colonne et les bases d'un arc. Après avoir été pillée et détruite, l'église est rebâtie en 1606. Son clocher octogonal sera reconstruit à la fin du XVIIIe siècle. S'élevant à près de 40 m, il a longtemps servi d'amer - repère pour les marins - et a permis à de nombreux curieux de s'offrir un point de vue imprenable sur la ville.

SAINT-PIERRE-D'OLÉRON ★★

Cette commune est située au cœur de l'île, aussi proche du phare de Chassiron que du viaduc. Cette position si particulière a très tôt profité à la cité, lui permettant de développer des relations commerciales avec le nord de l'Europe, exportant du sel et du vin depuis Boyardville et La Cotinière. Le cadre se prête idéalement à la promenade. En été, on se prélasse à la terrasse d'un café admirant le ballet des bateaux de retour du large, on déambule à travers les commerces jusque tard dans la soirée, profitant des animations estivales. Dans le centre, le voyageur se laisse charmer par ses ruelles piétonnes dotées d'un patrimoine varié.

LES JARDINS DE LA BOIRIE

9-13, rue Centrale

✆ 05 16 65 44 36

www.lesjardinsdelaboirie.com

Jardin remarquable. Fermé d´octobre à mars. Adulte : 5 €. Enfant (de 6 à 14 ans) : 3 €. Visite guidée (sur rendez-vous).

C'est l'un des jardins préférés des Français ! Cet îlot de verdure, d'une incroyable luxuriance, a été créé par Thierry Lecêtre. Protégé par des rideaux de cordylines qui, agissent tel un coupe-vent, il est à l'abri du vent marin. Sa création a débuté en 1990 avec la plantation de nombreuses boutures pour assouvir la passion frénétique de Thierry Lecêtre pour les sauges. Aussi, un deuxième jardin a emboîté le pas à l'ancien potager. Des massifs de fleurs, une gloriette aux allures orientales et un petit bassin accueillent les visiteurs dans le premier jardin.

CRIÉE DE LA COTINIÈRE ★

Quai René-Delouteau

✆ 05 46 76 42 42

Ouvert du lundi au vendredi. A 15h et 16h. Visite guidée organisée par l'office de tourisme, de la criée du port.

Au départ du premier port de pêche charentais, plus de cent bateaux pêchent des espèces nobles et renommées. Leur retour à quai, à l'aube et en milieu d'après-midi, suivi de la criée attire toujours beaucoup de monde. La visite guidée permet aux visiteurs de comprendre l'histoire du port, son évolution ainsi que la diversité des espèces capturées. Ils sont ensuite conduits dans la salle de la criée pour assister à la vente de poisson ! En juillet et août, la visite se termine par une démonstration et une dégustation d'une recette à base de poisson.

MUSÉE DE L'ÎLE D'OLÉRON ★

9, place Gambetta

✆ 05 46 75 05 16

www.musee-ile-oleron.fr

Ouvert tous les jours de 10h à 12h et de 14h à 18h. Haute saison : tous les jours de 10h à 19h. Adulte : 4,50 €.

Le musée est situé en plein centre-ville. Inauguré en 1963, il est installé depuis 2006 dans une jolie bâtisse du XVIIIe siècle. L'accueil est agréable, donnant envie de parcourir les différents lieux d'exposition pour connaître l'histoire de l'île d'Oléron. Vous comprendrez comment a évolué l'homme sur ce territoire insulaire du Néolithique à aujourd'hui en observant les activités traditionnelles (viticulture, saliculture, gemmage, ostréiculture) mises en valeur par une sélection d'objets représentatifs du mode de vie d'Oléron.

SITE OSTRÉICOLE ET NATUREL DE FORT ROYER

Fort-Royer ✆ 05 46 47 06 48
fort-royer-oleron.fr
Ouvert le mardi, le vendredi et le samedi à partir de 15h. Adulte : 5 € (tarif réduit et pass nature : 4 €).

Au sud de Boyardville, se trouve un authentique village ostréicole connu pour ses traditionnelles cabanes en bois. Cet espace offre un joli moment de visite. Les plus grands partiront pour une balade commentée pour découvrir les plantes de la dune et des vases salées, les animaux extraordinaires lorsque l'estran se dévoile... Les enfants s'adonneront avec plaisir à un jeu de piste pour découvrir l'huître, la faune ; ils devront observer et mémoriser afin de pouvoir déguster !

OFFICE DE TOURISME

Place Gambetta
✆ 05 46 85 65 23
www.ile-oleron-marennes.com
Tous les horaires variables sont sur le site officiel.

Embarquez pour l'île d'Oléron et le bassin de Marennes ! À l'Office de Tourisme, vous retrouverez toutes les informations pour préparer et réserver votre séjour : hôtels, campings, chambres d'hôtes, locations, restaurants, activités et loisirs, découverte du patrimoine... Vos vacances commencent ici ! Besoin d'évasion dans un cadre naturel d'exception ? Vous serez comblé avec les nombreuses plages, un patrimoine de premier plan et un terrain de jeu (terre/mer) extraordinaire. Sans oublier la gastronomie savoureuse et riche de ses produits.

ROUTE VIGNOBLE DE L'ÎLE D'OLÉRON

37, avenue de Bonnemie
✆ 05 46 47 00 32
www.vigneronsoleron.fr
Toute l'année sur rdv. Circuits libres, privatifs, en groupe.

Entre vignes et plages ! Durant les vacances dans l'île d'Oléron, on peut bien sûr « lézarder » sur de nombreuses plages de sable fin, mais aussi découvrir un riche patrimoine viticole avec plus de 50 vignerons regroupés en cave coopérative. Lors de votre parcours dans ces vignobles, n'hésitez pas à pousser les portes d'une cave ! Vous aurez (sur rdv) droit à un accueil de qualité, une visite commentée et bien souvent à une dégustation de Pineau, Cognac et vins rouges, blancs ou rosés.

AU CALME DES FIGUIERS €€

39, Avenue de Bonnemie ✆ 06 78 92 84 09
www.aucalmedesfiguiers.fr
4 chambres. Chambres de 68 € à 95 €. Petit déjeuner inclus. Chiens de guide acceptés. Restauration (menu à 25 €).

Cette grande maison d'hôtes est idéalement située sur l'île d'Oléron, à mi-chemin entre le pont et le phare de Chassiron. En arrivant, vous serez sans doute séduits par le charme de cette demeure aux volets bleus, mais aussi par l'accueil toujours chaleureux de Marie-Laure, une hôte volontiers prévenante. Quatre chambres sont disponibles pour les voyageurs désireux de découvrir l'île d'Oléron. Chacune est confortable, permettant de profiter d'un moment au calme. Un studio – l'Olivier – accueille les personnes à mobilité réduite. Régalez-vous du petit-déjeuner...

© FRIEDBERG - STOCK.ADOBE.COM

Saint-Pierre-d'Oléron.

CAMPING LE SOUS-BOIS*** €€

Route de la Fauchepère ✆ 05 46 47 22 46
www.camping-lesousbois-oleron.com

90 emplacements (et 137 mobil-homes). Mobil-homes pour 1 à 6 personnes dès 349 €/sem. Bungalows dès 495 €.

Le seul nom de ce camping invite au dépaysement. A quelques minutes à pied de la mer, mais aussi d'un des ports les plus charmants. Ce camping familial est idéal pour les campeurs qui bénéficient de vastes emplacements délimités par des arbres. Sylvie vous guidera vers votre mobil-home, entouré de verdure et disposant de tout le confort : comme en témoignent la terrasse et le bain à remous dans le nouveau modèle. Certains autres possèdent un îlot et tous sont orientés de manière à garder l'intimité. A noter que l'hygiène et la propreté sont irréprochables.

LA FERME DE SIDONIE €€

4 bis, place des Tilleuls
✆ 05 46 75 94 53
http ://sidoniebnb.io17.fr

Accueil vélo. Chambre double de 73 € à 89 €. Petit-déjeuner inclus. Parking fermé. Gîte : la semaine de 400 à 680 €.

Située au bout d'une route bordée de vignes, cette ancienne ferme oléronaise a été joliment rénovée en écoconstruction par Margaret et Philippe. En entrant, vous serez séduit par un accueil chaleureux, mais aussi par les photos de Philippe. Les chambres vous offrent tout le confort exigé. Un gîte, rénové avec des matériaux locaux et écologiques, permet de loger deux personnes avec une terrasse ensoleillée. Le petit déjeuner, préparé avec soin, propose des produits frais, locaux et bio. Difficile de quitter un tel lieu sans avoir envie d'y revenir.

LES LITS MARINS €€

9 bis, impasse du Petit-Aubier
✆ 06 79 77 96 48
http ://leslitsmarins.fr

Chambre double de 72 € à 87 €. Petit déjeuner inclus.

Patricia vous accueille dans sa maison située à quelques minutes de marche de la Cotinière et de Saint-Pierre-d'Oléron. L'accueil est charmant et les chambres sont spacieuses et bien équipées, l'une d'elles est adaptée pour accueillir des personnes en situation de handicap. Elles sont décorées pour s'évader à travers 5 thèmes différents : Bali, Venise, Dakar, Fidji et Oléron. La literie est grande et confortable. Le cadre de vie est agréable, car la demeure est bordée par des vignes. Le petit déjeuner gourmand vous sera offert avec confiture et pâtisserie maison.

LES TRÉMIÈRES ALTHAEA €€

5, route de Saint-Pierre à la Cotinière
✆ 05 46 47 44 25
www.althaea-oleron.fr

Ouvert de début avril à fin septembre. Chambre double de 89 € à 109 € ; chambre triple de 119 € à 135 €.

Au cœur de la Cotinière, à quelques pas de la plage, du port et de ses restaurants pour vos instants gourmands au bon goût de la mer, cette demeure de charme vous accueille pour une nuit, un week-end, ou un séjour. Les chambres ont une entrée indépendante de la maison des propriétaires. Deux chambres communicantes permettent d'accueillir un couple avec un enfant ou un groupe d'amis. La décoration évoque la mer et ses couleurs chatoyantes. Vous apprécierez le jardin, son coin repas extérieur, le parking privé ainsi que l'abri pour vélos et motos.

HÔTEL ILE DE LUMIÈRE*** €€€

67/69, avenue des Pins ✆ 05 46 47 10 80
www.hoteliledelumiere.com

42 chambres. Chambre : 82 €. Petit déjeuner inclus. Chambres et suites : 89 à 189 €. Piscine. Tennis. Barbecue. Animaux.

Les « pieds dans l'eau » avec piscine, accès direct à l'océan, dune et sable fin... L'endroit rêvé pour un séjour duo ou en tribu. 42 chambres cosy avec ou sans mezzanine, terrasse privative, tennis, barbecue sur la plage. L'hôtel n'usurpe pas son nom ; « Île de Lumière » grâce aux nouveaux propriétaires, professionnels de l'hôtellerie et de la restauration qui perpétuent la tradition de l'hospitalité ! Idéalement situé, disposant de tous les services de proximité, vous profiterez de chambres spacieuses et lumineuses. Garantie 100 % déconnexion et farniente.

NATURE & VACANCES €€

3, passe de l'Ileau ✆ 05 46 47 09 96
www.naturevacances.fr

Ouvert toute l'année. 5 studios, 1 appartement et 2 gîtes : de 110 € à 200 € le week-end selon saison. Animaux acceptés.

Cette résidence familiale constitue une adresse de choix pour un séjour en plein cœur de l'île d'Oléron. Elle est idéalement située puisque proche à la fois du port de la Cotinière et de Saint-Pierre d'Oléron et à proximité des commerces. Vous profiterez des joies de la mer et rejoindre facilement les communes alentour. A vous de choisir le logement qui vous plaira : les studios bien aménagés, bénéficiant d'une terrasse privée en bois, les appartements en rez-de-jardin qui séduiront les familles avec enfants et les deux gîtes bien équipés accueillant 6 personnes.

LE PETIT COIVRE €€

10, avenue de Bel-Air ✆ 05 46 47 44 23
www.restaurant-lepetitcoivre-oleron.fr
Ouvert toute l'année. Pour 4 personnes (34 m², 2 chambres). De 300 € à 775 € la semaine selon saison. Dès 65 €/nuit.

Bien connu des gastronomes, Le Petit Coivre propose non seulement une cuisine savoureuse et raffinée, mais aussi un appartement accueillant jusqu'à 4 personnes et un studio pour 2 personnes. Chacun est bien équipé, offrant tout le confort nécessaire pour une nuit ou plus au cœur de l'île d'Oléron. Ces deux espaces proposent une décoration volontiers chaleureuse avec un mélange de bois et de pierres apparentes. Tout près de tout et le centre-ville situé à seulement quelques minutes à pied, vous aurez aussi tout le loisir de rejoindre le joli port de la Cotinière.

LA CAMARADERIE €€

4, rue Franck Massé
✆ 05 46 76 50 66
www.lacamaraderie-restaurant-oleron.fr
Ouvert toute l'année. Du mardi au dimanche de 7h30 à 14h. Menu unique à 18 €. Terrasse. Vente à emporter.

Voilà un restaurant qui mérite bien son nom tant on y passe un joli moment ! Installé en face du marché couvert de Saint-Pierre-d'Oléron, la gargote invite touriste et locaux à prendre place en terrasse aux premières heures de la matinée pour siroter un café. L'heure du déjeuner approchant, vous aurez sans doute envie de rester un peu et de goûter à une cuisine à la fois simple, mais de qualité. Les plats mettent en avant des produits locaux et sont souvent créatifs à l'image de la poitrine de cochon aux épices douces ou du mulet au bouillon thaï.

LA CAMARADERIE €€

4, rue Franck Massé
✆ 05 46 76 50 66
www.lacamaraderie-restaurant-oleron.fr
Ouvert toute l'année. Du mardi au dimanche de 7h30 à 14h. Menu unique à 18 €. Terrasse. Vente à emporter.

Voilà un restaurant qui mérite bien son nom tant on y passe un joli moment ! Installé en face du marché couvert de Saint-Pierre-d'Oléron, la gargote invite touriste et locaux à prendre place en terrasse aux premières heures de la matinée pour siroter un café. L'heure du déjeuner approchant, vous aurez sans doute envie de rester un peu et de goûter à une cuisine à la fois simple, mais de qualité. Les plats mettent en avant des produits locaux et sont souvent créatifs à l'image de la poitrine de cochon aux épices douces ou du mulet au bouillon thaï.

AU FEU DE BOIS €€

Route des Chateliers
✆ 05 46 47 34 47
www.aufeudebois-oleron.fr
Ouvert tous les jours sauf samedi et dimanche midi et lundi toute la journée. Formule du midi : 10,50 €.

Cette brasserie est idéale pour une pause déjeuner à quelques pas du centre de Saint-Pierre-d'Oléron et de l'office de tourisme. Nul doute, ici l'accueil est franchement sympathique, les équipes sont souriantes et donnent envie de découvrir la carte. Pas d'inquiétude, tout le monde trouvera de quoi se faire plaisir ! Les assiettes sont généreuses, les produits sont frais et locaux comme le poisson de la Cotinière et les desserts maison. On ne manquera pas les tapas comme la planche de charcuteries ; seul, on se régalera avec la formule du midi.

KILUCRU €€

77, rue du Port
✆ 05 46 08 37 89
www.kilucru-sushis.fr
Ouvert toute l'année. 7j/7 en juillet-août. 12h-14h30 et 18h-21h30. Menus de 18 € à 68 €. Carte : 24 € environ.

Nul doute, ici vous découvrirez toute la richesse de la gastronomie japonaise basée sur des poissons crus. Sushis, sashimis et makis sont d'une rare fraîcheur, confectionnés avec soin. Préparés à la demande de manière traditionnelle avec la natte de bambou, ils se dégustent dans la salle ou peuvent être emportés. A vous de choisir sur une carte suffisamment grande. Les sushis sont vendus par paire : maigre, crevettes ou anguilles, les makis sont délicieux offrant un joli mélange de saveurs à l'image du Mango qui mêle maigre, avocat, mangue et coriandre.

LE P'TIT BOUCHON €€

55, rue de la République
✆ 05 46 47 29 44
Ouvert toute l'année. Tous les jours le midi et le soir. Menu enfant 8,20 € (jusqu'à 8 ans). Terrasse.

Installé dans une rue piétonne en plein centre de Saint-Pierre-d'Oléron, ce restaurant propose une cuisine variée, à déguster sur la terrasse ou dans la petite salle. Les entrées sont proposées en deux tailles, une idée intéressante pour les gourmands désireux de dévorer salade aux agrumes ou carpaccio de tomates anciennes au pesto. Bien sûr, les fruits de mer sont présents avec une assiette de la mer regroupant huîtres, crevettes, langoustines, moules et coques. Que les amateurs de produits de la terre se rassurent, ils trouveront hamburger et tartare de bœuf...

LE PETIT COIVRE €€

10, avenue de Bel-Air
✆ 05 46 47 44 23
www.restaurant-lepetitcoivre-oleron.fr
Ouvert toute l'année.Menu unique à 31 €. Formule du midi : 16 € (jusqu'à 20 €). Accueil des groupes.

L'accueil est chaleureux et souriant, la salle – authentique – est décorée avec soin donnant envie de découvrir une carte riche en couleurs et en saveurs. Au déjeuner, on fait une halte au Petit Coivre pour se faire plaisir autour de la formule du midi servie jusqu'au samedi et proposant un bon rapport qualité-prix. Le soir, en famille, on prend son temps pour découvrir ce que le chef a préparé. Les produits de saison sont travaillés avec soin pour qu'ils révèlent toutes leurs saveurs. Croustillants de langoustines, dos de cabillaud ou civet de moules au curry...

CAVE DES VIGNERONS D'OLÉRON

37, avenue de Bonnemie
✆ 05 46 47 00 65
www.vigneronsoleron.fr
Ouvert de 9h à 12h30 et de 14h/14h30 à 18h/19h selon la saison. Visites guidées voir Facebook.

Amateurs de bons vins, de pineau, ou de cognac, cette cave regroupant les vignerons de l'île d'Oléron est faite pour vous ! La cave coopérative représente 50 % de la production de l'île avec 330 hectares de plantation et 35 vignerons. L'accent est mis sur l'aspect communautaire de cette production, ainsi l'ensemble de la filière, partant du terroir et allant jusqu'à la vente, est entièrement réalisé sur l'île. Au programme, des vins d'Oléron (rouge, rosé, blanc), apéritifs, cognac...

BAR LE BUS STOP

Rue Aliénor-d'Aquitaine
✆ 05 46 36 20 98
Fermé en janvier. Ouvert du mardi au samedi de 17h30 à 2h. Wifi. Restauration. Concerts.

Niché dans une petite rue derrière la place centrale, ce bar cache bien son jeu. Repris depuis trois ans par Pierre et Adeline, il propose une ambiance à la fois décontractée et kitch que l'on peut côtoyer en été les autochtones et les surfeurs. Aux beaux jours, on profite d'une des deux terrasses ensoleillées pour s'offrir une bière ou l'un des nombreux cocktails : Mojito, Caïpirinha. Le must ? L'accompagner avec des tapas ! L'hiver, on prend place dans le salon avec ses canapés rétro et on sirote un chocolat viennois, un café ou le fameux thé à la menthe.

LE MARCHÉ

Place Camille Mémain
Marché couvert de St-Pierre d'Oléron. Tous les matins. Hors saison : mardis, jeudis, samedis et dimanches matin.

Si l'église Saint-Pierre et la Lanterne des morts sont les deux symboles de la ville, le marché est tout aussi prisé. En été, pas question de le rater ! Touriste et habitant se rejoignent sous les halles modernes pour faire le plein de produits frais, mais aussi fréquenter les étals des camelots qui s'installent autour du bâtiment. Futé, le 4e mardi de chaque mois se tient la foire mensuelle sur la place Gambetta qui devient alors un endroit se prêtant à la flânerie. Si vous aimez le poisson, direction la Cotinière et son marché de Victorine !

AU PUITS D'AMOUR

54, place de l'Eglise
✆ 05 46 47 02 46
Ouvert sauf le mercredi, de 8h à 12h30 et de 15h à 19h ; le dimanche de 8h à 12h30. Haute saison : 7j/7 de 8h à 19h.

Toujours alléchante et garnie de produits gourmands et colorés, la vitrine invite à la tentation de goûter au Puits d'Amour, la spécialité maison. Créée en 1980, cette coque de pâte à choux, garnie d'un fond de crème pâtissière à la vanille et en plus finement caramélisée. Un délice ! Déluge de couleurs, de formes et de saveurs : Tahiti (macaron pistache, vanilles et fraises), Pirouette (pâte sablée, caramel), Royal (ganache chocolat noir) ou encore Rose trémière (biscuit framboise). Avis à tous les amateurs de pâtisseries, ce lieu fera le bonheur de tous !

TARDET PRADERE - VIGNOBLE D'OLÉRON

53, Route des Châteliers
✆ 05 46 47 03 12
www.tardet-pradere-vigneron.com
Ouvert du lundi au samedi de 9h30 à 12h30 et de 15h à 19h. Dégustation des produits à toute heure. Dégustation.

Fondée en 1952 par les parents de Michel Tardet, la cave connaît un renouveau lorsque le fils s'associe à David Pradère. Les deux professionnels se tournent vers une production raisonnée, biologique, de proximité, et vers l'agroforesterie. Une viticulture durable, sans chimie de synthèse, dans le respect de la terre et du vignoble, voici ce qui anime ces deux épicuriens. Vous trouverez ici des pineaux, blancs rosés et rouges, et des cognacs issus des meilleurs crus.

LITTORAL HELICOPTÈRE

Aérodrome de Bois-Fleury
✆ 07 76 11 81 33
www.littoralhelicoptere.com
Ouvert toute l'année. Vols assurés 7j/7 en saison. Tous types de transport. Toutes missions photos et vidéos.

La Charente-Maritime est l'un des départements français possédant la plus grande façade littorale. On peut évidemment en profiter en naviguant, mais aussi en prenant de la hauteur. Littoral Hélicoptère vous propose une expérience unique : survoler l'île d'Oléron. Plusieurs circuits sont accessibles. Le premier, d'une durée de 10 minutes, est l'un des plus demandés : le survol des marais d'Oléron, du chenal de la Perrotine et bien sûr du célèbre Fort Boyard. L'occasion rêvée de découvrir de plus près ce monument popularisé par une émission de télévision.

SAINT-GEORGES-D'OLÉRON

La commune de Saint-Georges-d'Oléron est la plus vaste de l'île (elle couvre 4 700 hectares), mais aussi l'une des plus anciennes. Elle possède un riche patrimoine à l'image de son église, la première construite sur l'île, les halles édifiées en 1864 ainsi que la mairie avec son style néoclassique. La cité oléronaise est aussi caractérisée par ces villages typiques aux maisons basses peintes à la chaux avec escaliers extérieurs, à l'image de Chaucre, Domino ou Sauzelle. Boyardville occupe une place à part. La commune, qui doit son nom aux cabanes dans lesquelles étaient installés les ouvriers construisant Fort Boyard – est le point de départ de nombreuses promenades en mer et d'un moment de farniente sur sa vaste plage avec vue sur le célèbre monument. Située en bordure de littoral, la forêt des Saumonards est un havre de paix. Composée de pins maritimes et de chênes, elle constitue un cadre rêvé pour la promenade, à pied, à vélo et même... à cheval ! Et avec 16 kilomètres de plages de sable fin, Saint-Georges-d'Oléron est le paradis des amateurs de baignade : plage des Bonnes pour les sportifs, plage des Saumonards volontiers sauvage et appréciée pour son calme et l'inévitable plage des Sables-Vigniers, une des plus paisibles de la côte ouest. Nul doute, entre dunes, plages et forêts, la commune est vraiment un lieu de vacances idéal.

ÉGLISE ROMANE

28, rue des dames
Ouvert toute l'année.

Cet édifice, le plus ancien et sans doute le plus intéressant de l'île est classé monument historique. Construite aux XIe et XIIe siècles (elle trônait alors en plein centre du cimetière), l'église possède une belle façade caractéristique de l'art roman saintongeais. On pense qu'elle fut autrefois fortifiée pour servir de retraite aux habitants lors des incursions des pirates. Elle fut agrandie au XVIIe siècle, dans le style Renaissance cette fois. Après avoir été pillée, elle fut reconstruite sur des vestiges romans, dont elle a conservé de beaux restes.

HALLES

Ouvert toute l'année.

Construites en 1864 par Louis Vignal, un charpentier de l'île d'Oléron, les halles se situent à côté de l'Office de tourisme et de l'église, à la place de l'ancien cimetière. En bois et couvertes d'une toiture en bronze, elles forment une belle pyramide, où il fait bon s'arrêter pour découvrir des produits régionaux, ou simplement prendre un peu de repos, assis à l'ombre sur l'un des grands bancs. Cœur de ville et véritable vitrine pour les producteurs du terroir, ces Halles, situées dans un cadre privilégié, attestent de la prospérité du commerce à cette époque.

OFFICE DE TOURISME

28, rue des Dames
✆ 05 46 76 63 75
www.saint-georges-oleron-tourisme.com
Tous les horaires variables suivant la saison sont disponibles sur le site.

L'office de tourisme vous accueille toute l'année ! Vous y trouverez toute la documentation nécessaire à votre séjour, une large gamme de billetterie et la possibilité de réserver votre hébergement. Vos conseillers qui vivent dans cette belle région ont d'autant plus la légitimité de vous en parler ! Les bons plans restau, balades, patrimoine, etc. Ils maîtrisent à la perfection. Découvrez la multitude de villages typiques aux maisons basses, peintes à la chaux et les ruelles de carte postale sans oublier les églises romanes, de vrais joyaux dans leurs écrins.

LA CAMPIERE**** €€

Route de Chassiron
✆ 05 46 76 72 25
www.la-campiere.com

Ouvert du 4 avril au 27 septembre. L'emplacement à partir de 18 €. Lodge toilé équipé (4-5 pers) : dès 250 €/semaine.

Ce camping à taille humaine est idéal pour tous ceux voulant s'offrir une semaine au calme sur l'île d'Oléron. Les amateurs de camping traditionnel installeront leur tente sur des emplacements ombragés et spacieux. Pour plus de confort, on prendra plaisir à s'offrir une nuit ou plus dans un lodge toilé pour garder un esprit vacances ou bien dans un mobil-home et un chalet, accueillant 6 personnes. La piscine chauffée fera le bonheur de toute la famille, entre baignade, séances d'aquagym et farniente. Vous pourrez atteindre une belle plage surveillée à proximité.

LES DÉLICES D'ALICE €€

Chenal de la Perrotine ✆ 05 46 75 17 33

Ouvert toute l'année en continu du mardi au dimanche, de 10h à 22h. Menus de 16 € à 26 €. Terrasse. Accès PMR.

Impossible de passer par Boyardville sans faire une halte dans cette crêperie ! On apprécie la situation, le long du chenal de la Perrotine et la terrasse, agréable dès les beaux jours. On peut déguster des produits de la mer : des huîtres, une assiette de saumon fumé ou la migoure, une soupe de poisson « maison ». Simple, efficace et 100 % fraîcheur ! En été, on se plaira à déguster des salades repas XXL. Toute la famille se régalera autour de galettes de blé noir. Avant de vous offrir une balade le long du chenal, ne ratez pas les incontournables crêpes !

CAMPING LES 4 VENTS D'OLERON**** €€

✆ 05 46 76 65 47
www.camping-oleron-4vents.com

Du 1er mars au 1er décembre. Terrain de 20 ha. 300 emplacements. De 15 € à 25 €. Mobil-homes 4/6 pers. dès 290 €/sem.

Situé dans la commune de Saint-Georges-d'Oléron, ce camping n'est qu'à quelques kilomètres de la « capitale » de l'île, Saint-Pierre. Grâce à son parc de plus de 7 hectares et ses 300 emplacements, il attire tous ceux voulant y installer leur tente ou leur caravane. Les emplacements sont grands, délimités par de grandes haies, et offrent tout le confort. Des mobil-homes sont disponibles et accueillent de deux à six personnes. Ils disposent tous d'un séjour et d'une cuisine aménagée.

HÔTEL DE PLEIN AIR & SPA LES GROS JONCS***** €€€

850, route de Ponthézières ✆ 05 46 76 52 29
www.camping-les-gros-joncs.com

La Clef Verte. Qualité Tourisme. Ouvert toute l'année. Fermé en janvier. 253 emplacements. Hammam, bain bouillonnant...

Ce camping 5 étoiles constitue un lieu agréable pour tous ceux qui veulent découvrir l'île. Situé sur la côte Ouest, tout proche de Saint-Pierre, il profite d'un cadre naturel avec un parc de 5 hectares. Les campeurs disposent d'emplacements délimités par des haies et d'une foule de services : spa, location de vélos, piscine chauffée et surtout l'accès direct à la mer en passant par la dune. Le camping dispose d'un bar restaurant « la Jonchaie » où l'on déguste des plats traditionnels.

NEMEA RÉSIDENCES VACANCES €€

529, allée du Pirate Lazor ✆ 05 40 25 03 43
www.residence-nemea.com

Infos et réservation du lundi au samedi de 8h30 à 20h. Locations d'appartements et de villas dans résidences.

Bienvenue à Saint-Georges-d'Oléron pour vos vacances d'été sur l'île d'Oléron. Séjour idéal qui vous offre confort et douceur de vivre d'exception. 15 km de plage s'offrent à vous ! Surf, kitesurf, char à voile, jet ski ou kayak de mer seront vos meilleurs amis. Cette résidence dispose d'un accès direct à la plage des Sables Vignier à travers la dune. Chaque logement, du studio 2 pers. à la maisonnette 8 pers., dispose d'un coin cuisine, d'une terrasse et d'une grande piscine ouverte.

L'ÉCHOPPE €

34, rue des Hippocampes
✆ 09 87 70 76 82

Ouvert toute l'année. Haute saison : le lundi de 9h30 à 20h30 ; du mardi au dimanche de 9h30 à 23h30. Terrasse.

L'Échoppe bénéficie d'une situation idéale au cœur du port de Boyardville et c'est depuis sa belle terrasse que vous en profiterez au mieux ! Dans ce repaire de pirates, assis sur l'un des grands tonneaux, on dévore des hamburgers servis confectionnés avec du pain artisanal et des frites maison. Lors d'un concert ou entre amis, on optera pour des planches apéro bien garnies. Durant l'été, place aux moules frites et toute l'année on trouve ici de quoi se faire plaisir : sandwiches, paninis, hot dog... L'ambiance est conviviale, le service très agréable.

VILLA COCO €€

119, avenue de la Dura

✆ 05 46 85 60 48

Haute saison : 7j/7 de 10h30 à 2h. Carte/18,50 € environ. Tapas dès 5,50 €. Assiette de dégustation 16 €. Terrasse.

Ce restaurant, implanté au port du Douhet, dispose d'un emplacement idéal au cœur d'une place où il est facile de stationner. En entrant, vous serez surpris par la décoration, inspirée de la Thaïlande qui propose un véritable dépaysement. L'accueil et le service sont sympathiques renforçant le confort ressenti. On se plaît ici à venir entre amis pour déguster une cuisine exotique riche en saveurs ! Élaborées avec soin, les tapas sont aussi variées que délicieuses. Villa Coco c'est aussi un bar où l'on sirote un cocktail (Punch Coco, Mojito) durant les soirées DJ.

L'ÉCHOPPE

34, rue des Hippocampes

✆ 09 87 70 76 82

Fermé d´octobre à mars. Bar - snack - glacier. Ouvert tous les jours de 8h à 2h.

Lieu festif par excellence, ce bar à cocktails/ tapas et restaurant, situé face au port de Boyardville est devenu « *the place to be* » sur Boyardville. Thibault, maître des lieux, organise des concerts et animations. Les barmaids se feront un plaisir de vous expliquer la composition de leurs mixtures à base de whisky, cognac ou rhum, dont certaines aux noms évocateurs. Pour le courageux qui aura su résister à la très riche carte des liqueurs, il reste « le cocktail du conducteur » (sans alcool). La salle Pirate vous accueille également, dans une ambiance de taverne.

ALHOA CANOE

La Saurine - D126

✆ 07 71 81 69 24

www.aloha-canoe-oleron.com

Ouvert d'avril à octobre. Sur réservation au moins 1 jour avant, surtout en pleine saison. Balade de 2h à 4h.

Pour une balade en canoë, direction la base nautique, située à la Saurine, sur le bord du chenal de la Perrotine creusé par l'Homme et soumis à l'influence des marées. Le lieu est unique, idéal pour pratiquer des activités nautiques telles que le canoë et le stand-up paddle. Plusieurs balades sont proposées. Les néophytes profiteront de l'expérience des équipes pour partir en randonnée durant 2 h, encadrés par un moniteur diplômé. Les plus aguerris partiront seuls pour des promenades de 2 à 4 heures au cours des marais. Prévoir des chaussures fermées.

LA BRÉE-LES-BAINS

C'est une des plus petites communes d'Oléron et une station balnéaire d'un autre temps, avec des maisons basses que Pierre Loti décrivait comme étant aussi blanches de chaux que les casbahs d'Alger. Le petit village a longtemps vécu grâce à ces deux produits phares : le sel et le vin. D'ailleurs, pour que les vignes continuent à produire le précieux nectar, les Brénais récoltaient le varech pour le répandre comme engrais. Le village a conservé son authenticité et son patrimoine à l'image de l'église et surtout de son moulin. Si autrefois Oléron était surnommée « l'île aux 100 moulins », aujourd'hui seul celui de La Brée possède encore son mécanisme.

ÉGLISE DE LA BRÉE-LES-BAINS

Ouvert toute l'année.

Les habitants de ce petit village de bord de mer en sont fiers, et il y a de quoi ! Ce sont eux, ou plutôt leurs parents, qui ont construit ce monument à la fin des années 1950 utilisant les pierres en provenance du « Rocher de fer ». Édifiée dans le style architectural brénais avec son campanile et ses tuiles rondes, elle propose aux visiteurs la possibilité d'entendre et de voir l'unique orgue à tuyaux du genre, à gestion électronique. Saluons cette belle initiative !

OFFICE DE TOURISME DE LA BRÉE-LES-BAINS

20, rue des Ardillières

✆ 05 46 47 96 73

www.la-bree-les-bains-tourisme.fr

Tous les horaires variables suivant la saison sont disponible sur le site.

À 25 km du viaduc, La Brée-les-Bains a tous les attraits d'une petite station balnéaire : plage de sable fin, espaces réservés aux sports nautiques, parc de mouillage pour les petits bateaux et un fabuleux platin rocheux où se côtoient palourdes, bigorneaux, crabes et... pêcheurs. Ce village a conservé ses charmes authentiques entre marais salants et venelles colorées. L'équipe de l'Office de Tourisme est la mieux placée pour vous en parler et vous conseiller pour des « bons plans » !

LA CHAUDRÉE** €€

7, place Pasteur ✆ 05 46 47 81 85
www.hotel-la-chaudree.com

Chambres de 52 € à 97 €. Demi-pension (de 69 € à 110 € pour une personne). Animaux acceptés. Restauration.

C'est dans une bâtisse du siècle dernier, située à 100 m de la plage, que La Chaudrée a vu le jour. Entièrement rénové, il allie le charme des vieilles demeures au confort moderne. Ses dix-sept chambres sont toutes équipées. Celles exposées plein sud bénéficient d'une climatisation. L'établissement dispose aussi d'une terrasse donnant sur une piscine, le lieu idéal pour prendre son petit-déjeuner, son dîner, ou simplement son bain de soleil. À La Chaudrée, bien-être rime aussi avec petits plats gourmands et le restaurant est aussi ouvert aux clients de passage.

LES ÉCLUSES €€

Port du Douhet
✆ 05 46 76 56 37
www.lesecluses-oleron.com

Fermé d´octobre à mars. Haute saison : 7j/7. Service non-top midi-minuit. Galettes de sarrasin 4 €, crêpes 2,50 €.

Pour arriver jusqu'à cet établissement, passez le petit pont et garez-vous sur le parking situé juste en face du port du Douhet. Ce bar-crêperie, à l'ambiance décontractée, s'étend le long du chenal arborant une grande terrasse où il fait bon s'arrêter après la plage. On vient ici avant tout pour déguster des galettes de sarrasin. Le choix est vaste : Bretonne (œuf, jambon, oignons), Popeye (œuf, jambon, épinards) ou Islandaise (saumon fumé, crème fraîche, citron). On peut aussi déguster une salade composée et se faire plaisir autour d'une délicieuse crêpe...

LE RESTO DU MARCHÉ €€

31, route de Saint-Denis
✆ 05 46 75 91 60

Fermé de novembre à mars. Haute saison : 7j/7 midi/soir. Menu unique à 26,50 €. Plateau de fruits de mer : 27 €.

Ce restaurant, proche du marché, offre un stationnement aisé. L'accueil y est volontiers sympathique, permettant de s'installer dans l'un des deux espaces couverts et y déguster les inévitables fruits de mer. C'est la spécialité maison avec notamment une vitrine qui présente huîtres, langoustines et tourteaux en provenance du port de la Cotinière. La carte met aussi en avant les produits de l'océan en témoignent les entrées. En saison, on peut s'offrir un déjeuner d'un bon rapport qualité-prix en optant pour les moules cuisinées de manière locale avec le Pineau.

LE MARCHÉ

Place des Ardillières

Du 16 juin au 15 septembre : tous les matins. 7j/7 pendant les vacances.

Situé au nord de l'île d'Oléron, le petit village est un endroit prisé pour son caractère familial. Habitant et touriste sont nombreux à goûter à la douce atmosphère de cette petite station balnéaire. Et le marché, qui se déroule tous les matins en été, est sans doute un lieu où on la ressent le mieux. Pour faire la rencontre des commerçants, direction la place des Ardillières et la rue de Saint-Denis. Une quinzaine de commerçants y sont présents en hiver, et près d'une centaine durant la haute saison ! Pas de meilleure vitrine des savoir-faire de nos producteurs.

SAINT-DENIS-D'OLÉRON ★

Bienvenue chez les Dionysiens, les habitants de la pointe nord de l'île. Saint-Denis d'Oléron, en plus de son bourg, dorlote ses 6 villages : Chassiron, La Gautrie, La Morelière, La Michelière, La Bétaudière et Les Huttes. Si le premier village s'est construit autour de l'église, Saint-Denis s'est développé grâce à son port depuis lequel partaient des bateaux chargés en vins et eaux-de-vie. Au début du XXe siècle, la route et la voie de chemin de fer permettent d'accéder plus facilement au nord de l'île. La commune la plus septentrionale d'Oléron a un lien tout particulier avec l'océan et accueille tout naturellement les amateurs de bains de mer.

© PHB.CZ (RICHARD SEMIK) / SHUTTESTOCK.COM

Port des Salines sur l'île d'Oléron.

ÉGLISE DE SAINT-DENIS-D'OLERON

Ouvert toute l'année.

Dès 1047, elle fut propriété de l'Abbaye-aux-Dames de Saintes. Remarquable portail de style roman. Le trésor de l'église de Saint-Denis : une maquette de frégate, ex-voto d'un paroissien de Saint-Denis, suspendue dans la nef. Alors qu'elle est classée Monument historique depuis 1958, elle aurait pu être perdue ou mangée par les moisissures, mais cette maquette a été confiée à un restaurateur agréé par les affaires culturelles. Il a reconstruit patiemment le navire.

PHARE DE CHASSIRON ★★

Pointe de Chassiron

✆ 05 46 75 18 62

https ://chassiron.jimdo.com

ouvert tous les jours de 10h à 12h15 et de 14h à 17h/19h/20h selon la saison. Adulte phare + musée 5 €. Enfant : 2,50 €.

© SYLVAIN BREFFY

Emblème par excellence d'Oléron, le phare se dresse à la pointe nord de l'île depuis près de deux siècles. En plus de grimper en haut du phare, 46 mètres de haut, vous pourrez suivre dans le musée un parcours spectacle consacré aux « gens de la côte entre terre et mer ». Des visites guidées à marée basse sont également proposées, à la découverte de l'estran et de la pointe de Chassiron, et de tout l'environnement maritime préservé qui fait la richesse des lieux (prévoir des bottes ou des chaussures adaptées à l'eau et aux rochers). Visite nocturne l'été.

SAINT-DENIS CROISIÈRES

Port de plaisance

✆ 05 46 85 00 42

www.oleron-croisieres.fr

Embarquement au port de Saint-Denis selon les marées et jours. Circuit Découverte. Balade Découverte/coucher de soleil.

Impossible de se rendre au bout de l'île d'Oléron sans faire une balade en mer. Faites confiance à Saint-Denis Croisières. Cette compagnie, qui dispose d'un autre point de vente à la Cotinière, vous propose des circuits. Le premier, mène à la forteresse popularisée par un jeu télévisé. Le deuxième propose un aller vers La Rochelle pour découvrir le vieux port et les rues à arcades. Enfin, l'île d'Aix, territoire propice à la flânerie. Un circuit découverte permet même de faire escale sur l'île d'Aix le matin, via Fort Boyard, puis à La Rochelle l'après-midi.

SUCRE SABLÉ €

3, boulevard d'Antioche ✆ 05 46 75 19 80

www.sucre-sable.fr

Ouvert 7j/7 de 12h à 22h. Carte : 12 € environ. Moules de 10,50 € à 11,90 €, Galette à partir de 3 €. Terrasse.

Ce restaurant est installé au cœur du port de Saint-Denis dans une salle décorée avec soin, et aussi une terrasse agréable durant les beaux jours. La carte propose un large choix : des produits de la mer avec des moules cuisinées en différentes recettes mais aussi des huîtres. On peut également dévorer des bruschettas. Mais c'est avant tout pour les galettes de sarrasin que cette crêperie est connue. Elle propose un large choix : galette du fromager, du boucher, du pêcheur... En dessert, on ne manquera pas les crêpes de froment fabriquées à base de farine bio.

CHEZ LES PETITES €€

7, rue Pierre-Metayer

✆ 05 46 36 24 46

Ouvert toute l'année. Sauf novembre-décembre. En saison, soirées concerts 2 fois par semaine. Menus dès 19,90 €.

Petites par le nom, mais grandes par l'ambition avec une volonté de faire de cette brasserie un endroit agréable où l'on dévore de jolis plats ! Tout invite ici à passer un bon moment. Le lieu d'abord, une terrasse au cœur du port de Saint-Denis qui donne envie de s'y arrêter l'après-midi pour une pause café. Que dire de la cuisine ? Les plats, bistronomiques, mettent en avant des produits frais et de saison en témoignent le burger géant, des moules bien garnies et même des plats pour végétariens. Les desserts sont maison et ne manquent pas de ravir les gourmands.

PAYS DE MARENNES-OLÉRON

BOURCEFRANC-LE-CHAPUS

Cette petite ville occupe une position toute privilégiée sur le bassin de Marennes. A la vue de ses 5 000 ha de claires, ses cabanes de bois colorées montées sur pilotis et ses pittoresques parcs à huîtres, vous serez sûrement charmés ! Les habitants ont très tôt compris que l'océan était une terre de richesses, autrefois sauniers et pêcheurs, ils sont devenus marins et ostréiculteurs. Rien d'étonnant à ce que la commune abrite depuis plus de 30 ans le lycée de la Mer et du Littoral. Le voyageur se perdra volontiers dans les ruelles étroites du Vieux Chapus, admirera l'église Saint-Louis et le fameux Fort Louvois, dédié à la protection du littoral.

FORT LOUVOIS ★

Port ostréicole

✆ 05 46 85 23 22

www.fort-louvois.com

Ouvert Mars-Novembre. Accès à pied à marée basse, par bateau à marée haute (navette gratuite). Adulte 8 €. Enfant 4 €.

© OLIVE14 - FOTOLIA

C'est l'un des monuments à visiter lors de votre séjour. Bâti à partir de la fin du XVIIe siècle, au pied du pont de l'île d'Oléron, il a pour vocation de protéger les côtes charentaises. Il faut dire que sa position stratégique, entre l'île d'Oléron et le continent, verrouille l'accès sud de la rade de Rochefort. Chaque été, vous profiterez de visites commentées qui vous permettront d'en savoir davantage sur ce monument qui nous rappelle les châteaux du Moyen Age. A l'intérieur, les six salles de la caserne (lieu de vie de la garnison) complètent le voyage.

ÎLE D'OLÉRON-MARENNES TOURISME

MARENNES ✆ 05 46 85 65 23
www.ile-oleron-marennes.com
BS : ouvert de 9h30 à 12h30 et de 14h30 à 18h. BS : du lundi au samedi de 9h30 à 12h30 et de 14h30 à 20h.

Né de l'association des différents Offices de tourisme du territoire, cet organisme de promotion et de communication n'accueille pas physiquement le public, mais en les contactant vous disposerez d'indications variées. Sur la page d'accueil du site Internet, on peut visualiser de nombreuses webcams (port de la Cotinière, port des Salines, plages). Un onglet « Préparer mes vacances » regroupe toutes les informations à connaître afin de séjourner dans les meilleures conditions sur l'île.

CENTRE NAUTIQUE ET DE PLEIN AIR

Route touristique
✆ 05 46 85 35 09
Ouvert toute l'année. Du lundi au samedi de 9h à 18h. Horaires variables selon les stages.

Ce club familial, ouvert du mois de mars et jusqu'à la fin du mois de novembre est dédié à tous ceux qui aiment naviguer en mer. A vous de choisir le support de votre choix ! Il a en plus l'avantage d'être abrité par l'île d'Oléron et d'être ouvert à tous, aussi bien aux enfants, pour une première découverte du milieu marin qu'aux adultes confirmés qui souhaitent se perfectionner. Vous naviguerez, à l'année, sur de multiples supports : catamaran, planche à voile, kayak, paddle.

LA CABANE DU CHAPUS €€

Port de Bourcefranc-le-Chapus
✆ 05 46 47 21 91
Ouvert de mi-mars à mi-novembre. Ouvert du mardi au dimanche à partir de 12h15 et à partir de 19h15. Fruits de mer...

Ce restaurant est installé au bout d'un chemin chaotique qui mène au Fort Louvois. En arrivant, vous serez charmés par le cadre authentique et par la terrasse qui permet non seulement de déjeuner les cheveux au vent, mais en plus d'admirer un paysage unique : l'océan et ce fameux viaduc pour se rendre sur Oléron. La carte est au diapason, proposant des fruits de mer d'excellente qualité. La fraîcheur ne fait aucun doute, l'occasion de se régaler autour d'un plateau de fruits de mer comme le Chalutier qui comporte bulots, huîtres, crevettes, bigorneaux, moules...

SAINT-JEAN-D'ANGLE

Il n'est qu'à lever les yeux vers l'église, les halles, le château fort et les maisons cossues du village pour deviner qu'ici, l'histoire a été riche. La topologie des lieux permit l'exploitation du sel. Un commerce assidu s'établit avec de nombreux pays européens. Les deux paroisses venaient de trouver leur richesse. Aujourd'hui, le marais de Brouage se révèle un lieu exceptionnel pour l'élevage et l'observation des oiseaux d'eau. Le château fort datant du XIIe siècle se visite ainsi que son parc de loisirs. Réveillez le chevalier ou la princesse qui est en vous et que vous rêviez d'être durant 3h (de visite...) ! Avec 40 jeux installés dans le parc.

HUITRES SPÉCIALES ANCELIN

Route de Daire
✆ 05 46 85 07 06
https ://www.huitres-ancelin.fr
Ouvert du lundi au vendredi de 8h à 12h et de 13h30 à 17h. Boutique en ligne, livraison en 24/48h.

Producteurs-éleveurs d'huîtres depuis cinq générations, la maison Ancelin est réputée pour sa gamme de cinq huîtres spéciales et haut de gamme : la Royale, la Généreuse – très charnue –, la Gourmande – ferme et croquante –, la Délicate – plus petite et délicate – et la Cocktail – la favorite des événements. Vous pouvez bien sûr les déguster crues avec une touche de citron, mais pourquoi ne pas tenter de les cuisiner chaudes, à la crème de curry ou au foie gras ? Délicieux.

CHÂTEAU FORT DE SAINT JEAN D'ANGLE

2, route de Marennes
✆ 05 46 82 76 03
www.chateausaintjeandangle.fr
Ouvert de fin mars à fin octobre. Haute saison : 7j/7 de 10h30 à 19h. Petite restauration et paniers pique-nique.

Ce château a bien failli disparaître ! Mais c'était sans compter la passion d'une famille qui rachète l'édifice en 1994 et le rénove. Quel plaisir de venir visiter ce véritable château fort doté de mannequins de cire du musée Grévin ! Vous partez pour une visite surprenante, traversant le potager et le jardin des simples avant de passer devant la maison du paysan. Le château regorge d'activités ludiques. Au total, plus de 3h de visite animée vous attendent en famille.

PAYS ROYANNAIS

La richesse du littoral charentais, à travers seize de ses communes, permet d'assouvir des envies telles que détente sur les plages de sable fin, balade sur les falaises ou dans les immenses forêts de pin qui longent la côte sauvage, pratique d'activités sportives tout en profitant d'un patrimoine naturel, historique, gastronomique exceptionnel ! De la côte sauvage à la côte de beauté, depuis Ronce-les-Bains - La Tremblade, vous profitez d'un paysage sauvage avec des pistes de randonnée et voies cyclables. Jusqu'à Saint-Palais, Meschers-sur-Gironde où sont nichés des habitats troglodytes et Talmont-sur-Gironde, ancienne citadelle du Moyen Age. Royan, l'incontournable station balnéaire où certains quartiers ont échappé par miracle aux bombardements durant la Seconde Guerre mondiale. Richesses gastronomiques aussi entre ses fruits de mer, ses huîtres de Marennes et ses vins cuits et spiritueux. C'est cela, le charme du Pays Royannais !

Pays Royannais

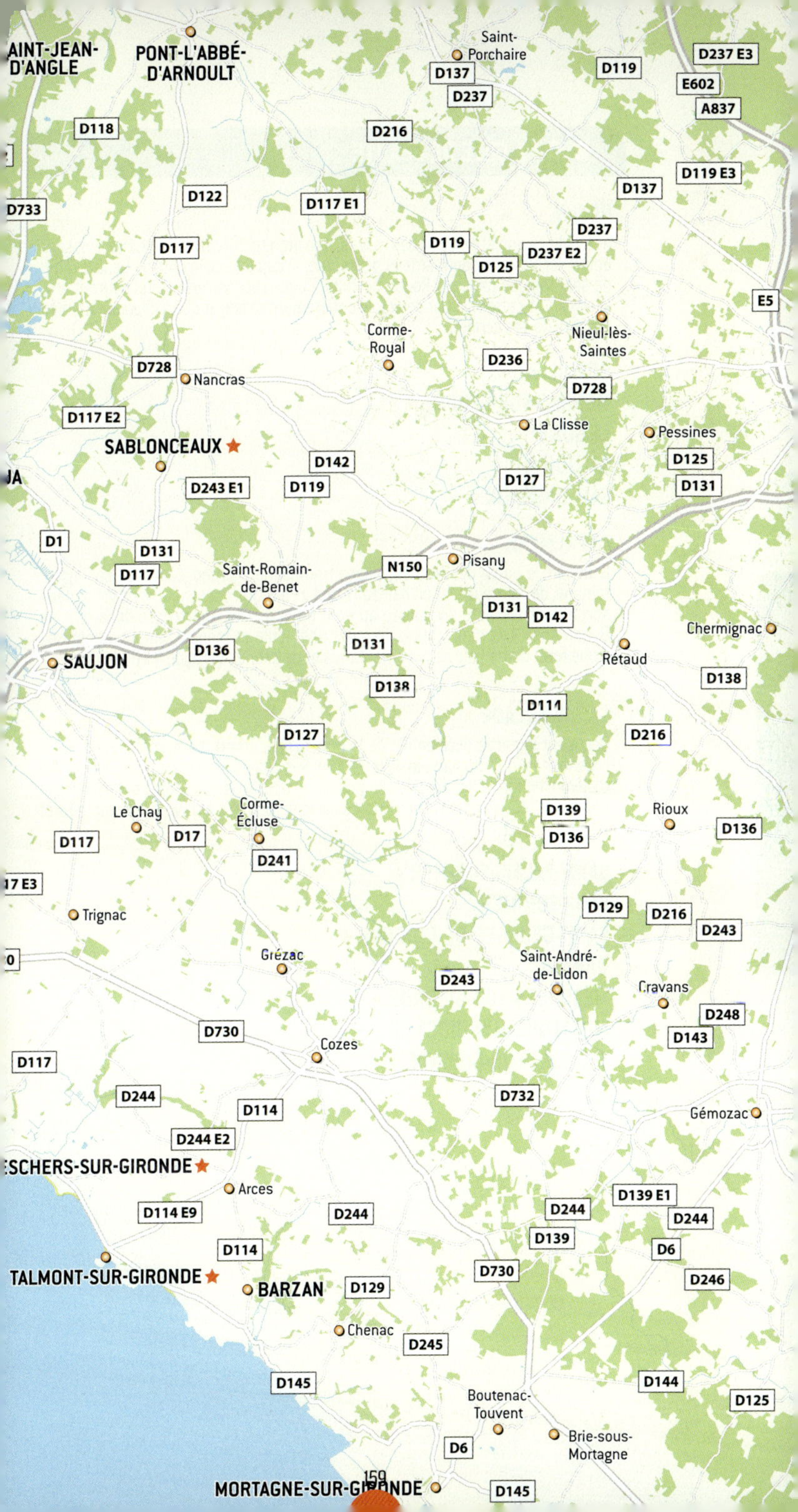
AINT-JEAN-
D'ANGLE
PONT-L'ABBÉ-
D'ARNOULT
Saint-
Porchaire
D237 E3
D119
E602
D137
D237
A837
D118
D216
D119 E3
D733
D122
D117 E1
D137
D237
D117
D119
D237 E2
D125
E5
Corme-
Royal
Nieul-lès-
Saintes
D728
Nancras
D236
D728
D117 E2
La Clisse
Pessines
SABLONCEAUX
D142
D125
D243 E1
D119
D127
D131
D1
D131
Pisany
D117
Saint-Romain-
de-Benet
N150
D131
D142
Chermignac
Rétaud
SAUJON
D136
D131
D138
D138
D111
D127
D216
Corme-
Écluse
Le Chay
D139
Rioux
D117
D17
D136
D136
D241
7 E3
Trignac
D129
D216
D243
Grézac
Saint-André-
de-Lidon
D243
Cravans
D730
D248
D143
Cozes
D117
D732
D244
D114
Gémozac
D244 E2
ESCHERS-SUR-GIRONDE
Arces
D139 E1
D114 E9
D244
D244
D244
D139
D114
D6
TALMONT-SUR-GIRONDE
D730
BARZAN
D129
D246
Chenac
D245
D145
D144
Boutenac-
Touvent
D125
Brie-sous-
Mortagne
D6
MORTAGNE-SUR-GIRONDE
D145

PAGES

LA CÔTE DE BEAUTÉ

161

161 **ROYAN ★★★**

Avec son casino et ses longues plages, une architecture d'après-guerre unissant béton, fer, verre, modernisme et géométrie, la capitale de la Côte de Beauté fait fi de son tragique passé. « Royan détruite, Royan reconstruite » : tel pourrait être le slogan de cette ville par deux fois entièrement rasée, et qui, à chaque fois, a su renaître de ses cendres.

171 **BREUILLET ★**

172 **MORNAC-SUR-SEUDRE ★**

173 **LE GUA**

173 **SAUJON**

175 **SABLONCEAUX ★**

175 **LA PALMYRE ★★★**

D'un côté le bourg des Mathes, village traditionnel saintongeais avec son église romane, de l'autre la station balnéaire de La Palmyre, construite dans les années soixante et soixante-dix, située au bord de la mer et à proximité de la baie de Bonne Anse. Les deux entités forment une seule et même commune entourée d'une forêt domaniale de pins maritimes et de chênes verts de 8 000 hectares.

178 **LA TREMBLADE ★**

Occupant la partie occidentale de la presqu'île d'Arvert, La Tremblade est liée à l'océan et la forêt domaniale de la Coubre. Ses plages abritées, protégées par l'île d'Oléron, en font le paradis des baigneurs. Chacune de ces plages est accessible soit par la route, soit par une piste cyclable serpentant à travers l'odorante forêt de pins.

181 **SAINT-PALAIS-SUR-MER ★**

182 **VAUX-SUR-MER**

184 **SAINT-GEORGES-DE-DIDONNE ★**

186 **BARZAN**

187 **MESCHERS-SUR-GIRONDE ★**

189 **MORTAGNE-SUR-GIRONDE**

190 **TALMONT-SUR-GIRONDE ★**

ROYAN ★★★

« Royan détruite, Royan reconstruite » : tel pourrait être le slogan de cette ville par deux fois entièrement rasée, et qui, à chaque fois, a su renaître de ses cendres. Royan se ranime au début du XIXe siècle grâce à une promotion des séjours en bord de mer et à la mode des bains venue d'Angleterre. En 1845, le premier casino est construit sur la butte de Foncillon. La ville connaît un grand essor et devient une des stations balnéaires les plus luxueuses et huppées du moment. La station avec ses jolies plages de sable, autrement appelées conches, et son architecture d'après-guerre désormais classée, s'est fièrement relevée de son tragique passé.

ÉGLISE NOTRE-DAME-DE-ROYAN ★

1, rue Foncillon

www.notre-dame-royan.com

Ouvert toute l'année. Visite en fonction des offices.

C'est la seule église de ce genre dans le monde (bien que reproduite par ailleurs à plus modeste échelle). Si l'extérieur vous laisse de marbre ou plutôt de béton, pénétrez quand même dans cet édifice spectaculaire (par sa véritable entrée, et non par celle du parvis). A l'intérieur, on ne peut qu'être impressionné par les proportions de ce gigantesque navire bétonné. Le style épuré, presque glacial, de ces piliers qui s'élancent à 28 m de hauteur (56 m à l'extérieur) est exceptionnel.

MARCHÉ CENTRAL DE ROYAN

72, rue Pierre Loti

Ouvert toute l'année. Du mardi au dimanche de 7h à 13h. Sauf jours fériés. Fait partie de la visite guidée de Royan.

Les bombardements de 1945 ont détruit, entre autres merveilles, l'ancien marché de Royan. Le nouveau marché, achevé en 1956, est très novateur : son toit ondulé évoquant un coquillage est formé d'un simple voile de béton, dont l'épaisseur n'excède pas 10 cm. Aucun pilier ne vient étayer son poids, réparti sur treize points de contact avec le sol – alors que l'édifice mesure 50 m de diamètre et 15 m de haut ! Une véritable prouesse, rendue possible par les ingénieurs. L'intérieur du marché profite d'une lumière zénithale créée par des pavés de verre au plafond.

MUSÉE DE ROYAN

31, avenue de Paris

✆ 05 46 38 85 96

www.ville-royan.fr/musee.html

Ouvert toute l'année. Horaires d'ouvertures variables (saison) sur le site. Label Tourisme & Handicap. Boutique.

Des fastes de la station de la Belle Epoque à la modernité des trente glorieuses, ce site permet de découvrir l'histoire d'une cité aux multiples vies. Installé dans l'ancien marché de Pontaillac, le musée propose une collection permanente selon un parcours chronologique avec une nouvelle scénographie : de l'émergence de la ville antique jusqu'aux années 70 en passant par le séjour de Pablo Picasso et bien sûr, la Seconde Guerre mondiale. Un espace est également dédié au phare de Cordouan dans le cadre dès sa candidature au Patrimoine mondial de l'UNESCO.

PLANET EXOTICA

5, avenue des Fleurs-de-la-Paix

✆ 05 46 38 00 99

www.planet-exotica.com

Haute saison ouvert 7j/7 de 10h à 20h. Adulte : 15,50 €. Enfant de 3 à 12 ans : 10,50 €. Visite guidée. Restauration.

Ce parc à thèmes de plus de 7 hectares est un lieu idéal pour les familles. Situé à moins de 10 min de la gare, il accueille tous les passionnés d'animaux et de nature. Marc Jaeger, son directeur, est un vrai passionné de reptiles. Il a créé ce lieu qui regroupe l'une des plus grandes collections de reptiles d'Europe, dont les fameux Mambas verts ou l'inévitable Anaconda. Planet Exotica, c'est aussi de nombreux jardins thématiques, on se détend dans le jardin japonais, on hume les parfums du jardin méditerranéen, on se laisse séduire par le jardin anglais...

OFFICE DE TOURISME DE ROYAN

1, boulevard de la Grandière ✆ 05 46 08 21 00

www.royan-tourisme.com

Basse saison : ouvert du lundi au samedi de 9h à 12h30 et de 14h à 18h. Haute saison : 7j/7 de 9h à 19h. Accès PMR.

L'office de Tourisme de Royan vous accueille toute l'année avec enthousiasme pour mieux vous montrer les nombreux attraits du Pays Royannais ! Vous y trouverez toute la documentation, les renseignements nécessaires à votre séjour, une large gamme de billetteries et la possibilité de réserver votre hébergement. Vos conseillers qui vivent ici ont d'autant plus la légitimité de vous en parler. Les bons plans restau, balades, patrimoines, etc. Ils maîtrisent leurs sujets à la perfection.

LE PETIT TRAIN DE L'OUEST

Front de mer © 06 16 70 00 32
www.lepetittraindelouest.com
Roule de février à fin octobre. Pour les horaires variables suivant la saison, consulter le site internet.

Ce petit train est idéal pour découvrir la station balnéaire et ses alentours. Circulant à partir de début février, il permet à tous les voyageurs de visiter paisiblement la Côte de Beauté, en appréciant paysage et architecture. Trois circuits commentés sont proposés, allant de 40 minutes à 1h30. A noter, il est conseillé d'être présent 15 min au minimum avant le départ. En famille, vous découvrez au rythme d'un piéton, tous les lieux et monuments emblématiques de la station balnéaire.

PORT DE PLAISANCE

Quai de la Vieille-Jetée
© 05 46 38 72 22
www.port-royan.com
Ouvert du lundi au vendredi de 9h à 12h30 et de 14h à 18h ; le samedi de 9h à 12h. A partir de 9,75 € la nuit.

Installé dans l'embouchure de la Gironde, le port de plaisance de Royan profite d'un emplacement idéal au cœur de la ville. Abrité des vents et protégé par le débarcadère des bacs, il est avec ses 1 000 anneaux, l'un des plus grands ports de plaisance de la Côte Atlantique. Les plaisanciers ont tout loisir d'y amarrer leur navire avant de partir à la visite de la ville. Nul besoin de voiture ou de bus, tout est facilement accessible. Au cœur du port, se trouvent de nombreux restaurants et à quelques minutes à pied, les rues commerçantes.

HOTEL ABACUS** €

23 bis, boulevard Aristide-Briand
© 05 46 05 84 22
www.hotel-abacus.com
Ouvert toute l'année. Accueil jusqu'à 20h. 23 chambres. De 46 à 120 € suivant saison. Animaux acceptés. Salon, terrasse.

Cet hôtel constitue une étape intéressante pour les voyageurs désireux de s'offrir une nuit au cœur de la cité balnéaire. Son principal atout est là, il est installé au centre de Royan à quelques pas seulement de la mer, mais aussi tout aussi proche du marché et des rues commerçantes. En posant vos valises ici, vous n'aurez qu'un pas à faire pour découvrir la ville. Vous apprécierez l'accueil, prendrez le temps de vous relaxer sur la terrasse, à la fois calme et ensoleillée. L'établissement, en partie rénové, propose des chambres confortables à la déco classique.

FLOWER CAMPING LES ÉTANGS MINA*** €€

17, route de Rochefort © 05 46 22 82 61
www.campingmina.com
Ouvert de fin mars à fin septembre. Réservation recommandée. Terrain de 7 ha. 110 emplacements de 15 € à 30 €/2 pers.

Ce camping installé au cœur d'un parc de 7 hectares est classé Natura 2000. Non seulement vous pourrez pêcher gratuitement la truite mais en plus vous aurez tout loisir d'installer votre tente ou caravane sur la centaine d'emplacements disponibles. A vous de choisir celui qui vous convient le mieux. Des animations pour petits et grands sont également assurées ainsi que des randonnées qui vous permettront de découvrir la faune et la flore de ce site exceptionnel.

HOTEL LES BLEUETS** €€

21, façade de Foncillon © 05 46 38 51 79
www.hotel-les-bleuets.com
Logis. Ouvert toute l'année. 16 chambres. Chambres de 60 à 120 €. Chambre quadruple : de 85 à 150 €. Animaux acceptés

Cet hôtel possède un emplacement idéal pour tous les voyageurs désireux de visiter la ville de Royan. En face de la plage de Foncillon, il permet de se rendre facilement dans le centre-ville. En entrant, vous serez séduits par une décoration bord de mer ainsi que par l'accueil chaleureux des propriétaires soucieux de votre bien-être. Ne vous fiez pas au nombre d'étoiles ! Les chambres sont propres, fonctionnelles, possédant une literie confortable et un équipement correct. 6 d'entre elles offrent une vue sur mer depuis la terrasse privative, 10 donnent côté patio.

HÔTEL LES EMBRUNS** €€

18, boulevard Frédéric-Garnier © 05 46 05 02 17
www.les-embruns.com
Ouvert du 21 février au 03 janvier 2022. Accueil 24h/24. 25 chambres. Animaux acceptés. Balnéothérapie.

Cet hôtel bénéficie avant tout d'un emplacement rêvé pour tous ceux qui veulent visiter Royan. Certes, il n'affiche pas de décoration luxueuse, mais il a le mérite d'être installé en face de la plage de la Grande Conche, un bon point pour les amateurs de bain de mer. Les voyageurs n'auront aucun mal à rejoindre restaurants et boutiques situés à quelques minutes à pied. On apprécie l'accueil des propriétaires, volontiers disponibles. Si vous le pouvez, louez une chambre double supérieure qui comporte un balcon permettant de ressentir pleinement l'atmosphère iodée.

HELLO ROYAN

SABLE FIN & VENT DE FRAÎCHEUR

CAMPING LES CHÈVREFEUILLES**** €€€

11, allée des Chèvrefeuilles ✆ 05 46 02 61 94
www.leschevrefeuilles.com

Ouvert du 2 avril au 3 octobre 2021. Accueil de 8h30 à 19h30. Terrain de 1,7 ha. 97 emplacements (100 m²). Animations.

Ce camping est toujours autant plébiscité par les voyageurs désireux de découvrir Royan. Il faut dire qu'il ne manque pas d'atouts ! Il est situé à quelques minutes seulement des plages et du centre-ville. Dans ce camping familial, vous disposez d'emplacements spacieux délimités. Si vous souhaitez un confort supplémentaire, vous aurez le choix entre les Cabanes Lodge, des mobil-homes mais aussi les Taos, des hébergements haut de gamme pour des vacances de rêve !

HÔTEL CORDOUAN THALASSO-THERAPIE ET SPA**** €€€

6, allée des Rochers ✆ 05 46 39 46 39
www.hotel-cordouan-royan.com

Ouvert toute l'année. Accueil de 12h à 14h et de 19h à 22h. 83 chambres. De 143 € à 327 €. Hammam, sauna, thalasso.

Cet hôtel offre la plus belle situation et vue de Royan, à deux pas de la conche du Chay et en bordure de corniche, idéale pour se rendre en ville ou s'offrir une promenade le long des plages. Intégré au centre de thalassothérapie, il dispose de 83 chambres, offrant une vue sur l'océan avec un balcon ou une terrasse. Chaque chambre, lumineuse, à la déco chic et sobre, offre suffisamment d'espace et de confort. Côté restaurant, le chef met en valeur des produits de la mer et de saison.

LE CIEL DE ROYAN €€

37, avenue des Congrès
✆ 06 77 13 08 34
www.lecielderoyan.com

Ouvert toute l'année. Appartement T3 (1er étage), 2 chambres, 3 lits, de 4 personnes : de 60 € a 120 €/pers/nuit.

Fans des années 50, cette location de vacances installée à deux pas de la cathédrale et du marché central est faite pour vous. Construit en 1957, le petit immeuble abrite aujourd'hui deux magnifiques appartements, un T3 et un duplex. Idéal pour ceux qui veulent profiter à la fois des plaisirs de la ville et de la plage. Entièrement rénovés, les deux espaces ont été décorés dans le plus pur style d'origine par la maîtresse des lieux. Des luminaires au mobilier, en passant par la vaisselle et les miroirs, tout vous garantit ici un étonnant voyage dans le temps.

LITTLE KITCHEN €€

49, boulevard Aristide-Briand
✆ 05 46 06 79 84
www.little-kitchen.fr

Ouvert toute l'année. Du mardi au samedi de 9h à 20h ; le dimanche midi de 9h à 14h. Carte : 13 € environ.

Ne pensez pas trouver là un simple restaurant, mais un lieu au concept unique. Installé au cœur de la rue commerçante, à deux pas du marché, ce bistrot-épicerie propose de découvrir entrées, plats et desserts dans des bocaux ! Munissez-vous d'un panier et regardez les étagères : c'est ici qu'ils sont stockés. Le mieux c'est encore de prendre son temps pour choisir celui que vous ferez réchauffer sur place ou que vous emporterez. Proposant une salle à la décoration vintage, Little Kitchen est ouvert en continu permettant à tous de venir se régaler à toute heure...

PIZZA ROMA €

5, rue du docteur Gantier
✆ 07 67 13 48 91

Livraison le soir uniquement à partir de 2 pizzas. Pizzas de 7,50 € à 17,90 €. Coin Snack de 5 € à 10 €.

Ce soir, pas question de cuisiner ! On se rend dans cette pizzeria facilement accessible puisque située dans le quartier de la gare, à 10 minutes à peine du front de mer. En entrant, vous serez charmés par l'accueil toujours sympathique, profitez-en pour y déjeuner ! Le midi, la Roma propose une offre snacking : burger, wrap, galette et l'inévitable barquette de frites. Le soir, une seule envie : dévorer une pizza ou l'emporter. Le choix est vaste, mais la pâte se veut traditionnelle. Deux tailles sont disponibles, ce qui fera le bonheur des gourmands.

LE LAMPARO €

11, route du Front-de-Mer
✆ 05 46 39 13 69

Ouvert toute l'année. Tous les jours le midi et le soir. Terrasse. Planchette apéro 10 €, huîtres, moules/frites.

Cette crêperie ouverte en 1963 est située sous les arcades du front de mer. Inévitablement, on vient ici déguster des galettes bretonnes, des classiques : Complète, Normande ou Bayonne aux spécialités maison comme la Cordouan ou la Lamparo. Les plus raisonnables préféreront les salades, servies en saison, tout comme les pizzas, bruschettas ou les planches charcuterie, fromage, ou encore les inévitables moules/frites (maison). Les desserts mêlent spécialités françaises, coupes de glace et les fameuses crêpes au froment. On peut se régaler autour des spécialités.

LE PAS SAGE €

250 bis, avenue de Pontaillac ✆ 05 46 39 00 31
www.lepassage-royan.fr

Ouvert toute l'année. 7j/7 de 8h à 2h. Menu unique à 19 €. Petit déjeuner : 8 €. Salades de 15 € à 21 €. Terrasse.

En découvrant ces murs de briques et ces chaises savamment dépareillées, on pourrait se croire dans un bar branché de Brooklyn. Mais vous êtes bien à Royan, dans l'un des quartiers les plus agréables de la ville : Pontaillac. A deux pas du casino, vous profiterez d'une terrasse avec vue sur l'océan. La carte, propice aux voyages, offre un large choix depuis les entrées jusqu'aux plats avec des salades Bo Bun et des poissons joliment cuisinés. On notera aussi la présence de viandes de qualité comme la noix d'entrecôte d'Argentine ou la côte de cochon du Limousin.

LE PETIT BOUCHON €

8, quai Amiral-Meyer
✆ 05 46 22 08 82
www.petit-bouchon-royan.com

Fermé du 15 novembre au 15 février. 7j/7 en saison. Menu unique à 25 €. Formule du midi : 18,50 €. Terrasse.

Ce restaurant, installé au cœur du port de Royan, est l'un de ceux qui proposent depuis des années une cuisine de qualité. Vous apprécierez l'accueil d'un personnel agréable, mais aussi le lieu, le décor vintage de la salle, la vue délicieuse depuis la terrasse. La carte change au fil des saisons, le chef se plaisant à cuisiner des produits frais avec une touche d'originalité. C'est la signature du Petit Bouchon, proposer une cuisine locale revisitée. On la déguste au déjeuner autour de la formule du midi et on l'apprécie le soir avec un menu de qualité.

PIZZA ROMA €

5, rue du docteur Gantier
✆ 07 67 13 48 91

Livraison le soir uniquement à partir de 2 pizzas. Pizzas de 7,50 € à 17,90 €. Coin Snack de 5 € à 10 €.

Ce soir, pas question de cuisiner ! On se rend dans cette pizzeria facilement accessible puisque située dans le quartier de la gare, à 10 minutes à peine du front de mer. En entrant, vous serez charmés par l'accueil toujours sympathique, profitez-en pour y déjeuner ! Le midi, la Roma propose une offre snacking : burger, wrap, galette et l'inévitable barquette de frites. Le soir, une seule envie : dévorer une pizza ou l'emporter. Le choix est vaste, mais la pâte se veut traditionnelle. Deux tailles sont disponibles, ce qui fera le bonheur des gourmands.

LA TABLE NOTRE DAME €

11, rue des Bains
✆ 05 46 05 89 75

Ouvert du lundi au samedi le midi. Menu unique à 19 €. Tous les vins sont déclinés au verre. Accueil des groupes.

Dès l'entrée, vous serez séduits par le cadre, une salle climatisée et son décor cosy, mais aussi par l'accueil toujours aussi ravissant. La musique jazzy alliée à un service professionnel permettent de passer un bon moment. Le chef, œuvrant dans la cuisine ouverte, fait la part belle aux produits frais, faisant évoluant la carte au gré des saisons. Le rapport qualité-prix est très satisfaisant, avec des assiettes colorées dans lesquelles sont présentés des produits frais. Les desserts sont gourmands à l'image de la déclinaison autour de la pomme.

LES VOILES BLANCHES €

17, quai Amiral-Meyer ✆ 05 46 38 08 88
www.lesvoilesblanches.fr

Ouvert du 23 mars au 3 novembre. Haute saison : 7j/7. Service continu en saison. Carte : 17 € environ. Planches apéro.

Cette adresse est idéale pour s'offrir une pause déjeuner en admirant les voiliers. Installé en face du port de plaisance, ce restaurant réputé possède une charmante terrasse et une carte alléchante qui s'adapte aux saisons. On s'offrira volontiers un des plats du moment. Les moules sont les stars de la carte ! Elles sont proposées pendant toute la saison d'ouverture du restaurant. Cuisinées au fur et à mesure, proposées en différentes versions. Le service est très agréable, les plats sont de qualité et les desserts Maison ne manquent pas d'attirer les gourmands.

L'ATELIER ROYAN €€

73, boulevard de la République
✆ 05 46 02 80 19
http ://latelier-royan.business.site

Ouvert toute l'année. Du mardi au samedi de 12h à 14h30 et de 19h à 21h30. Haute saison : 7j/7. Carte : 17 € environ.

Ce restaurant, idéalement situé sur le front de mer, permet de se régaler tout au long de l'année en variant les plaisirs. La carte est grande, proposant des plats préparés à base de produits frais qui s'adaptent à chaque saison. On vient à l'Atelier en été déguster des moules cuisinées de différentes manières, mais aussi de belles salades repas. En hiver, changement de décor ! L'ambiance est toujours aussi chaleureuse, le service souriant, mais on se fera plaisir autour d'une pierrade (volaille, canard, mer) et des inévitables burgers avec des frites « maison ».

LES BAIGNEUSES DE ROYAN €€

1, boulevard Frédéric-Garnier
✆ 05 46 05 01 20
www.lesbaigneusesderoyan.fr
Ouvert toute l'année. Haute saison : 7j/7 midi/soir. Menu unique à 36 €. Carte : 20 € environ. Assiettes apéros.

Ce restaurant dispose d'un emplacement rêvé au sein de la jolie station balnéaire. A 5 minutes à pied du centre-ville, il jouxte la plage de la Grande Conche. A n'en pas douter, vous aurez envie de vous installer en terrasse. La carte propose des plats joliment travaillés à base de produits frais. Le midi, on se régale autour du menu qui change au gré des semaines. Le choix est restreint, mais les assiettes sont de qualité et surtout on se fait plaisir à un prix intéressant. Le soir, on se plaît à choisir parmi une carte qui recèle quelques jolies surprises.

LA JABOTIÈRE €€

4, esplanade de Pontaillac
✆ 05 46 06 53 97
www.lajabotiere.com
Ouvert toute l'année. Haute saison : 7j/7 le midi et le soir. Menu unique à 45 €. Terrasse.

Ce restaurant dispose d'un cadre résolument charmant. Installé au cœur du quartier cossu de Pontaillac, à proximité immédiate du casino, il permet aux gourmets de déguster une cuisine raffinée tout en profitant d'une vue exceptionnelle. Jean-Marie Zimmermann, chef réputé des paquebots britanniques aux noms de rêve comme le Queen Mary II a créé un lieu rêvé pour un véritable moment de quiétude. La cuisine met en valeur des produits frais, de saison et de qualité que le chef sublime en y ajoutant une touche de créativité. Le soir, la carte enchantera vos papilles !

LE CHAY €€

Plage du Chay ✆ 05 46 06 21 07
www.lechay.com
Fermé de novembre à mars. Haute saison : ouvert du mardi au dimanche de 12h à 14h et de 19h30 à 21h30. Formule à 19,50 €

Bien plus qu'un simple bar de plage, ce restaurant est une étape incontournable pour tous ceux voulant s'offrir une pause déjeuner en profitant d'un cadre ravissant. Tout y est pour se faire plaisir : l'accueil souriant, la décoration branchée et cette vue ô combien délicieuse sur l'estuaire de la Gironde. On vient ici au déjeuner pour déguster les plats inscrits sur l'ardoise du jour, mais aussi le soir pour une pause gourmande entre amis devant une jolie assiette d'huîtres. Poissons et viandes sont cuits à la plancha et le résultat est tout simplement délicieux.

LITTLE KITCHEN €€

49, boulevard Aristide-Briand
✆ 05 46 06 79 84
www.little-kitchen.fr
Ouvert toute l'année. Du mardi au samedi de 9h à 20h ; le dimanche midi de 9h à 14h. Carte : 13 € environ.

Ne pensez pas trouver là un simple restaurant, mais un lieu au concept unique. Installé au cœur de la rue commerçante, à deux pas du marché, ce bistrot-épicerie propose de découvrir entrées, plats et desserts dans des bocaux ! Munissez-vous d'un panier et regardez les étagères : c'est ici qu'ils sont stockés. Le mieux c'est encore de prendre son temps pour choisir celui que vous ferez réchauffer sur place ou que vous emporterez. Proposant une salle à la décoration vintage, Little Kitchen est ouvert en continu permettant à tous de venir se régaler à toute heure...

L'INSTANT €€

26, Route du Front de mer
✆ 06 65 43 89 94
Ouvert 7j/7. Menus de 25,50 € à 27,50 €. Menu enfant : 9,90 €. Formule du midi : 14,90 € (menu complet 17,50 €).

Ce que l'on apprécie avant tout ici, c'est l'accueil d'une équipe sympathique au service du client. Installé sur le front de mer, l'Instant propose une carte suffisamment large pour que chacun y trouve son bonheur. Proximité avec l'océan oblige, les produits de la mer sont nombreux : poissons à la plancha, plateau de fruits de mer et les inévitables moules cuisinées à la commande de façon classique (marinière, crème) ou gourmande (Roquefort, Sud-Ouest). On peut aussi se régaler autour d'un tartare, d'un burger préparé avec un pain boulanger ou une belle salade !

LE PRÉAM'BULLES €€

56 bis, rue Pierre Loti
✆ 05 46 23 85 50
Ouvert du mercredi au samedi de 11h à 14h et de 18h à 23h ; le dimanche de 10h à 14h. Formule midi à partir de 15 €.

Isabelle et Nicolas ont créé un lieu unique à Royan : un bar à champagne ! Idéalement situé à proximité du marché central cet endroit est idéal pour déguster une coupe que ce soit à l'heure du déjeuner ou au dîner devant quelques jolis produits. Après avoir vécu à Reims, le jeune couple a décidé de faire mieux connaître son infinie variété. Car chez eux, pas de « stars » : la trentaine de crus proposés ici sont introuvables dans les circuits classiques. Des soirées dégustation sont organisées régulièrement dans le cadre particulièrement beau du Préam'bulles.

LE CARRELET €€

56 bis, route du Front-de-Mer
✆ 05 46 38 60 40
www.lecarrelet.com

Fermé d´octobre à février. Ouvert tous les jours le midi et le soir. Menus de 18 € à 27 €.

Sur le front de mer, ce restaurant invite tous ceux qui veulent déguster des fruits de mer à s'installer. A la carte, ceux qui n'aiment pas les huîtres vont être contents : ici, on peut composer son plateau de fruits de mer de A à Z parmi crevettes, langoustines, bulots, et demi-tourteaux. On peut aussi opter pour les traditionnelles moules frites, à la marinière, au roquefort ou même au cognac ! Parmi les plats, on retrouve également le dos de colin et des moules fraîches à la royannaise, le dos de merlu à la crème d'ail ou le pavé de saumon frais à la plancha.

LE CLOS MARTINETTI €€€

8, Front de Mer
✆ 06 76 07 63 92
Ouvert du mardi au dimanche de 12h à 15h et de 18h à 0h. Haute saison : tous les jours de 17h à 1h. Plat du jour : 9 €

Ce bar restaurant corse est idéalement installé sous les arcades du front de mer, à deux pas des rues commerçantes. En été, on s'installe en terrasse sur des bains de soleil pour profiter de l'instant. En hiver, on prend place dans la salle aux rez-de-chaussée avec vue sur la collection de vins ou à l'étage, pour un moment encore plus agréable dans une salle lumineuse avec des fauteuils confortables et une vue délicieuse sur la grande plage. L'accueil et le service sont chaleureux avec une description précise de la carte qui comporte des recettes corses.

FACE A NEW YORK BY JM ZIMMERMANN €€€

Esplanade de Pontaillac ✆ 05 46 06 53 97
www.lajabotiere.com
Ouvert toute l'année. 7j/7 de 12h à 14h30 et de 19h à 21h30. Bar lounge de 9h à 2h. Carte : 25 € environ. Terrasse.

Ne pensez pas apercevoir les gratte-ciel new-yorkais depuis la terrasse de ce restaurant, mais plutôt une vue délicieuse sur l'océan et les carrelets. Installé sur la jolie plage de Pontaillac, ce restaurant est dirigé par Jean-Marie Zimmermann, Maître cuisinier de France et ancien chef des paquebots britanniques Cunard. Le midi, on se fait plaisir avec un burger, club-sandwich... Le soir, on partage entre amis un assortiment de charcuteries ibériques et des huîtres d'Yves Papin.

LES FILETS BLEUS €€€

14, rue Notre-Dame
✆ 05 46 05 74 00
Ouvert toute l'année. Menus de 30 € à 65 € (autres menus à 39 € et 50 €). Formule du midi : 19 € (menu affaires à 21 €).

Ce restaurant est depuis longtemps l'une des adresses à recommander à Royan. Pour le trouver, il faut oser quitter le front de mer et se rapprocher de Notre-Dame. Niché dans une rue pentue, le lieu se veut discret, connu de ceux qui veulent se régaler autour d'une cuisine subtile. Vous serez charmés par l'accueil chaleureux, mais aussi par la décoration marine avec des tables dressées de nappes blanches. La carte met en lumière les produits de la mer que l'on déguste en choisissant l'un des menus proposés. Tous sont de qualité, y compris le menu Affaires.

CONFISERIE LOPEZ DE ROYAN

16, route du Front-de-Mer
✆ 05 46 05 78 11
Ouvert tous les jours. Ouvert de mars à novembre.

C'est une véritable institution à Royan ! Malgré ses 40 ans, elle ne cesse de charmer les gourmands. Après avoir créé un premier établissement à Cognac, Anastasio Lopez et Maria s'installent à Ronce-les-Bains. Un deuxième point de vente est ouvert à Pontaillac. Maxime Lopez fabrique toujours confiseries et glaces qui font le bonheur de tous. Quel plaisir de s'arrêter et de choisir parmi les nombreux parfums : cookies, chocolat bio, mojito, cerise... ou bien crêpes et gaufres.

LE FLOOR

8-9-10, Quai Amiral Meyer
✆ 05 46 39 01 10
Ouvert toute l'année du mercredi au dimanche de 17h à 2h. Juillet-août : 7j/7 de 16h à 2h. Terrasse. Animations.

A Royan, il y a décidément bien plus d'un lieu pour boire un verre ! Pas question de trop s'éloigner de l'océan, prenons la direction du Floor. Original et ouvert à l'année, l'endroit est surtout idéalement placé, au cœur du port, mais aussi à deux pas du centre-ville. Son point fort ? Une terrasse dominant le port de plaisance offrant une vue sur les bateaux. Ce lieu de fête propose un accueil agréable et une salle à l'ambiance cosy qui fait depuis longtemps le bonheur de la jeunesse royannaise. Des cocktails de qualité, travaillés avec des produits de qualité...

L'IGUANA CAFÉ

205, avenue de Pontaillac
✆ 05 46 02 78 81
Bar, glacier, sandwichs. Fermé en janvier. Basse saison : 7j/7 de 8h à 20h. Haute saison : 7j/7 de 8h à 2h.

Olivier est à la tête de cette institution royannaise. L'Iguana, ce n'est pas un simple bar, mais un établissement idéalement situé pour boire un verre entre amis. Installé en face de la plage de Pontaillac, à deux pas seulement du casino et des boutiques, il invite résolument à passer un joli moment. Et il suffit de s'installer en terrasse pour comprendre pourquoi de nombreux habitués y reviennent. La salle offre une ambiance moderne et Sébastien orchestre un service de qualité. On prend plaisir à prendre place dans ce bar, pour y siroter le fameux café du matin.

ROYAN VRAC

30, rue Gambetta
✆ 09 54 74 13 73

Fermé le lundi. Ouvert tous les jours de 9h à 13h et de 15h à 20h sauf le dimanche jusqu'à 19h

Cette boutique située en plein cœur de Royan proche du front de mer, nouvellement installée depuis mai dernier, propose un concept de produits en vrac : épices, thés, cafés, céréales, pâtes, riz, farines, huiles, vinaigres, produits d'entretien et d'hygiène, mais également des conserves, fruits et légumes, des produits frais, fromage à la coupe, en bio et en local. Vous pouvez également trouver des idées cadeaux cosmétiques et autres zéro déchet. Les produits végans ou sans gluten sont aussi à l'honneur. Une adresse à retenir pour son accueil et son côté tendance.

ART THÉ CAFÉ

7, boulevard Aristide-Briand
✆ 05 46 23 90 84
Ouvert du mardi au samedi de 9h à 19h ; le dimanche de 9h à 13h. Sélection de thés et de cafés torréfiés et moulus.

Installé au cœur d'une rue commerçante, le lieu est plébiscité autant par ceux qui veulent s'offrir un café au petit déjeuner que ceux qui souhaitent faire une pause. Deux espaces s'offrent à vous : la terrasse idéale aux beaux jours et la salle avec les effluves de café frais. Vous aurez la joie de déguster des cafés venus du monde entier : Colombie, Brésil, Costa Rica, Pérou... Pour faciliter votre choix, n'hésitez pas à demander conseil. La liste des thés est tout aussi grande à accompagner avec une part de pâtisserie maison pour les plus gourmands.

LE COMPTOIR IBERIQUE

41, Bd Aristide Briand ✆ 06 83 59 65 57
www.le-comptoir-iberique.fr
Ouvert du mardi au dimanche de 8h à 12h45 + mercredi, jeudi, samedi de 15h30 à 18h45. Fermé le lundi.

A 100 m du Marché Central de Royan, Le Comptoir Ibérique propose un large éventail de spécialités du Sud-Ouest, basques et ibériques de grande qualité. En passant par le jambon de Pata Negra Cinco Jotas qui fait partie des 5 meilleurs Pata Negra Bellota 100 % Ibérico au monde, La charcuterie du Porc noir de Bigorre et les fameuses salaisons et saucissons basques de porcs Ibaïama élevés exclusivement au Pays basque ou autres conserves et bocaux de fabrication artisanale rigoureusement sélectionnés de la maison ARGAUD, les fins palais trouveront leur bonheur.

RETOUR DE PLAGE

11, boulevard Aristide-Briand
✆ 05 46 06 20 60
Ouvert tous les jours de 9h30 à 19h.

Déjà présente sur l'île d'Oléron et à La Rochelle, cette enseigne a choisi de s'installer dans l'une des stations balnéaires les plus réputées de la Côte de Beauté. Au cœur des rues commerçantes, Retour de plage dispose d'une jolie vitrine dans laquelle trônent des bijoux originaux et locaux fabriqués de manière artisanale dans les ateliers oléronais. L'occasion idéale pour les voyageurs après une balade le long de la mer de s'offrir un souvenir. Vous y trouverez un large choix de bijoux aux formes et aux matières étonnantes, y compris des créations en cuir.

COOLONGALOOK PARC AVENTURE

9, allée des Chèvrefeuilles ✆ 09 83 48 61 94
www.coolongalook-parc-aventure.com
Haute saison : 7j/7 de 9h30 à 21h. Dernier départ à 18h30. Activités de 10 à 22 €. Pass Multi activités, de 20 à 33 €.

En route pour l'aventure ! Oubliez un instant la mer, Coolongalook est installé dans une forêt de 20 ha. Les enfants profitent de quatre pistes de difficultés croissantes et crapahutent entre les plates-formes situées à environ 3 m du sol. Les adultes emprunteront le parcours aventure proposant 8 voies aux difficultés croissantes, mais toujours sécurisées. Vous êtes adeptes de sensations fortes ? Alors tentez le grand saut de 15 m de haut ! Si vous avez le vertige, pas de panique.

MINI-GOLF DE PONTAILLAC

2 bis, square de la Trémoille
✆ 05 46 39 25 29
Haute saison : 7j/7 de 10h30 à 0h. Et tous les après-midi (14h - 19h) du 1er avril au 31 octobre. Entrée : 6 €.

Pontaillac est véritablement l'un des quartiers les plus agréables de Royan. On peut se promener le long de la plage, tenter sa chance au casino, dévorer une glace chez Lopez et même se lancer dans une partie de minigolf. L'endroit est magnifique, surplombant la conche ; l'accueil toujours chaleureux. On s'y rend l'après-midi pour une partie entre amis avant un bain de mer ou le soir pour une partie avec coucher de soleil. Depuis 1952, petits et grands se font plaisir sur ce parcours de 18 trous. Le mini-golf est éclairé durant l'été pour jouer dans la nuit !

MINI-GOLF DU PARC

Jardin du Parc - Côté Fronton
✆ 06 12 32 04 43
www.ville-royan.fr/mini-golf-du-parc
Ouvert en saison du 1er juillet au 31 août 2021 : 11h à minuit sans interruption (dernier départ à 23h).

Si Royan est connue pour ses plages de sable fin, elle dispose également de deux mini-golfs qui font le bonheur de toute la famille. Le plus célèbre est celui installé dans le ravissant quartier de Pontaillac. Ouvert en continu durant la période estivale, il ravit les petits et grands qui s'amusent tout en s'offrant une magnifique vue sur la célèbre conche. L'autre est plus secret, niché dans le jardin du parc et propose des trous aux nombreuses difficultés. Le mini-golf est éclairé l'été pour jouer tard dans la nuit et possède 18 trous..

PORT DE PLAISANCE ET DE PÊCHE

1, rue de la Vieille Jetée
✆ 05 46 38 72 22
www.port-royan.com

Ouvert du lundi au vendredi de 9h à 12h30 et de 14h à 18h ; le samedi de 9h à 12h. A partir de 9,75 €/nuit.

C'est un grand port de plaisance de la Côte Atlantique, doté de 1 000 anneaux au cœur de la ville. Abrité de tous vents, protégé par le débarcadère des bacs qui assurent la traversée de la Gironde. Surtout, il profite d'une position idéale au cœur de la ville. À peine débarqués, les plaisanciers rejoindront facilement le centre-ville et ses rues commerçantes et plus loin la fameuse cathédrale Notre-Dame. Le port de pêche et la criée sont sur le quai d'en face.

LE CASINO

2, esplanade de Pontaillac
✆ 05 46 39 03 31
www.casinosbarriere.com

Ouvert du dimanche au jeudi de 9h à 3h ; le vendredi et le samedi de 9h à 4h. Restauration.

C'est l'un des lieux incontournables de Royan. Construit dans les années 1930 - le seul qui n'ait pas été détruit pendant la guerre - il a accueilli les concerts de nombreuses stars. Bénéficiant d'un emplacement de rêve sur la plage de Pontaillac, le casino compte quelque 175 machines à sous et 6 tables de jeu (Boule, Roulette à l'anglaise, Roue de la chance....). Surtout, sa délicieuse terrasse invite les joueurs et les amateurs de beaux paysages à profiter d'un cadre résolument agréable. On peut siroter un cocktail maison à l'espace lounge du café Barrière.

L'IGUANA CAFÉ

205, avenue de Pontaillac
✆ 05 46 02 78 81

Bar, glacier, sandwichs. Fermé en janvier. Basse saison : 7j/7 de 8h à 20h. Haute saison : 7j/7 de 8h à 2h.

Olivier est à la tête de cette institution royannaise. L'Iguana, ce n'est pas un simple bar, mais un établissement idéalement situé pour boire un verre entre amis. Installé en face de la plage de Pontaillac, à deux pas seulement du casino et des boutiques, il invite résolument à passer un joli moment. Et il suffit de s'installer en terrasse pour comprendre pourquoi de nombreux habitués y reviennent. La salle offre une ambiance moderne et Sébastien orchestre un service de qualité. On prend plaisir à prendre place dans ce bar, pour y siroter le fameux café du matin.

BREUILLET ★

Sur la route de La Tremblade, cette commune abritait autrefois des ostréiculteurs et des cultivateurs. Entourée de bois, plaines, marais et canaux, Breuillet reste aujourd'hui encore une localité dynamique. C'est par la route du Cailleau que l'on rejoint la zone ostréicole autour de Coulonge. Parfait exemple de l'art roman saintongeais, l'église Saint-Vivien de Breuillet édifiée au XIIe siècle a fait l'objet d'un classement au titre des Monuments historiques. Ses abords sont toujours occupés par un cimetière conservant essentiellement des sépultures du XIXe siècle. L'église a été restaurée à plusieurs reprises et est agrandie en 1767.

LA SANTONINE €€

11, place de la Poste
✆ 05 46 22 12 12
www.lasantonine.com

Ouvert toute l'année. Haute saison : du mardi au dimanche le midi et le soir. Menu unique à 30 €-18 €. Terrasse.

Installé sur la place du village, ce restaurant est idéal pour s'offrir une jolie pause déjeuner. En entrant, vous serez charmés par l'accueil d'Amandine qui offre un service souriant. Niko est un chef passionné qui a exercé ses talents dans de grandes maisons. Il réalise des assiettes aussi copieuses que ravissantes en mêlant avec bonheur les produits frais et de saison. Au déjeuner, la formule du midi constitue un très bon rapport qualité prix. Les assiettes sont toujours bien présentées, la cuisine fraîche, le tout dans une ambiance ô combien délicieuse.

L'AQUARELLE €€€

71, a route du Montil ✆ 05 46 22 11 38
www.laquarelle.net

1 étoile Michelin. Haute saison : du mardi au dimanche le midi et le soir. Menus de 52 € à 120 €. Menu enfant : 25 €

Cet établissement, doté d'une étoile au Guide Michelin depuis 2010, vous charmera par la cuisine du chef Xavier Taffart. Fils d'ostréiculteur passé par les palaces, il est revenu dans sa région natale pour proposer une cuisine s'inspirant des nouvelles techniques. Découvrez des plats dressés dans des assiettes raffinées, pleines de couleurs. Les plats sont un déluge de saveurs à l'image du lieu jaune servi avec un pralin de noisette et un sabayon aux fruits de la passion. Les amateurs de chocolat saliveront devant la tarte accompagnée d'un sorbet au gingembre.

PAYS ROYANNAIS

LES CAFÉS DE GUILLAUMINE

13, rue du Centre
✆ 05 16 84 91 25
Ouvert du mardi au samedi de 9h à 12h30 et de 15h à 19h30 ; le dimanche de 10h à 12h30.

Les Français adorent le café et ce n'est un secret pour personne. Certains préfèrent le thé, mais tous se rejoignent dans cette jolie boutique ! Le lieu est accueillant et chaleureux, l'odeur enivrante donnant envie de découvrir quelques-unes des variétés proposées. Le choix est conséquent, l'occasion rêvée de tester des crus d'exception comme le café Bourbon rouge du Honduras ou le Cerise El Palomar. Bien sûr, la boutique met aussi en vente des machines, mais aussi de jolies tasses, des chocolats ou autres gourmandises. Difficile de repartir sans avoir succombé !

LES HALLES

Ouvert toute l'année.

C'est l'un des lieux incontournables de Mornac. Situées à proximité de la porte principale de la ville, les halles semblent avoir été bâties au Moyen Age. Cet édifice de structure octogonale est assez atypique. Propriétés du seigneur, elles étaient jadis un lieu de foire où les habitants se rendaient pour vendre leur production. Les halles se seraient parfois transformées en théâtre de rue pour les comédiens de passage. Aujourd'hui, elles sont un lieu de passage avant de se rendre sur le port et de se laisser bercer par l'atmosphère unique du village.

MORNAC-SUR-SEUDRE ★

Ancienne place forte du XVIIe siècle, aujourd'hui port de pêche ostréicole, Mornac-sur-Seudre est située sur la rive gauche de la Seudre, en plein marais. Cette commune fait partie des « Cent plus beaux villages de France », et a obtenu le label « Ville et Métiers d'Art ». On admire sa belle église du XIe siècle et ses étroites ruelles bordées de roses trémières. Remarquablement préservé, le village conserve un plan circulaire, typique des bourgs du Moyen Âge. On se plaît à arpenter le Quartier arabe, avec ses petites maisons basses et serrées desservies par des venelles – on dit qu'il fut appelé ainsi par les marins qui, lors de leurs voyages, avaient découvert les médinas. La visite de Mornac vous mènera d'ailleurs tout naturellement vers le port. Prenez le temps de vous promener le long du chenal bordé par les cabanes ostréicoles aux couleurs vives. Au fil des siècles, les marais de la Seudre ont été transformés par l'homme : convertis en salines dès l'époque romaine, ils deviennent à partir du XVIIIe siècle des bassins d'affinage pour les huîtres. C'est sur le port que sont regroupés de nombreux restaurants, qui mettent en valeur les produits locaux. Mornac est aussi un village qui aime les créateurs : de nombreux artistes et artisans exposent ici leur production (peinture, sculpture), contribuant pour beaucoup au charme et à l'animation de la cité.

L'ÉGLISE SAINT-PIERRE

Ouvert toute l'année.

Située à proximité des halles du XIVe siècle, l'église fortifiée de Mornac a été construite au XIIe siècle sur un ancien sanctuaire mérovingien. Bien que le temps ait emporté avec lui les traces du donjon et des fortifications, ce monument est encore le témoin de la prospérité du village à l'époque médiévale. L'église est aujourd'hui encore réputée pour son plan en forme de croix latine, son chevet semi-circulaire et une curieuse coupole barlongue, un plan extrêmement rare en Saintonge. Elle est aujourd'hui classée Monument historique.

LES BASSES AMARRES €€

5, rue des Basses-Amarres ✆ 05 46 22 63 31
www.restaurant-mornac.com
Ouvert du mercredi au dimanche de 12h à 14h et de 19h à 22h. Haute saison : 7j/7 de 12h à 14h et de 19h à 22h. Terrasse.

C'est l'un des restaurants à fréquenter pour tous ceux qui voyagent vers la Côte de Beauté. Franck Berthier a œuvré sur plusieurs continents avant de s'installer dans l'un des plus beaux villages de France. C'est ici, au cœur des marais ostréicoles qu'il cuisine pour le plus grand bonheur de ceux qui prennent place dans une salle lumineuse et en terrasse. Les produits de saison sont sélectionnés avec soin. Le chef marie à merveille les mets, permettant aux convives de déguster une cuisine aussi inventive que raffinée. Les desserts ne laissent pas indifférents.

PAYS ROYANNAIS

AUX CLAIRES DU GRAND TEGER €€

13, route du Marais © 06 73 39 36 30
www.clairesdugrandteger.fr

Fermé d´octobre à mars. Ouvert de 18h à 23h. 7j/7 en saison ; les vendredis et samedis hors saison. Vente d'huîtres.

Ce n'est pas un simple restaurant, mais un joyau caché au cœur des marais de la Seudre. Amateurs de fruits de mer et de beaux paysages se retrouvent ici pour un passer un joli moment au sein d'une cabane. Producteurs d'huîtres et de gambas, les propriétaires proposent non seulement d'acheter en direct leur production, mais aussi de les déguster en profitant d'une vue résolument charmante. On peut ici se faire plaisir avec les formules accompagnées un verre de vin charentais.

HÔTEL LE MOULIN DE CHÂLONS €€€

2, rue du Bassin-Châlons © 05 46 22 82 72
www.moulin-de-chalons.com

Maître Restaurateur. Ouvert toute l'année. Menus de 31 € à 58 €. Formule du midi 19 €. Menu carte blanche en 7 services.

Avant même d'entrer vous serez séduits par l'architecture du bâtiment un moulin à marée du XVIIIe siècle. L'intérieur ne manque pas de charme avec sa décoration chic, mais c'est bien dans le jardin et sur la terrasse que l'on ressent une atmosphère propice à la dégustation. Le chef Maxime Yoncourt propose une cuisine gourmande en mettant en avant les produits locaux et de saison. C'est au rythme d'un service attentif que l'on découvre des plats riches en saveurs.

LE GUA

Le village Le Gua s'étend en bordure de la Seudre et du chenal de Pelard. Il est entouré de marais, de terres agricoles et de bois aux noms évocateurs comme celui de Chantemerle, Grand-Bois du Colombier… Au cœur du village, au gré des ruelles sinueuses et fleuries, découvrez les jardins potagers, le vieux lavoir et revenez près de l'église Saint-Laurent (XIIe), de style roman dont le clocher est classé aux Monuments historiques. Des idées de promenades à pied ou à vélo au Gua entre le circuit court (1,15 km) avec un départ depuis l'Office de Tourisme ou long (7 km), dit « le chemin des Saloches » (petits abris de pierres appelés aussi « Tourettes »).

HÔTEL LE MOULIN DE CHÂLONS*** €€

2, rue du Bassin-Châlons © 05 46 22 82 72
www.moulin-de-chalons.com

Ouvert toute l'année. 10 chambres. Chambre double de 90 € à 150 €. Parking ouvert. Wifi gratuit. Restauration.

Plus qu'un simple hôtel, le moulin de Châlons c'est avant tout un lieu unique, installé proche d'une route qui vous mènera vers des destinations réputées. Faire une halte ici, c'est aussi l'occasion de ressentir une atmosphère particulière, celle d'un ancien moulin du XVIIIe siècle joliment rénové. On se plaît à poser ses valises dans des chambres confortables. L'hôtel dispose d'un restaurant de qualité dans lequel officie le chef, Maxime Yoncourt qui propose une cuisine gourmande.

SAUJON

Situé au fond de l'estuaire de la Seudre, Saujon est la porte d'entrée du Pays Royannais, et le point de rencontre des eaux douces et des eaux salées. La ville est habitée dès le début de l'époque gallo-romaine, quand la Seudre formait un vaste golfe marin. Grâce à sa position privilégiée au fond de l'estuaire, Saujon demeure une cité prospère au Moyen Âge et exporte sel, céréales et vin. Le port du Ribérou garde aujourd'hui encore la trace de ce riche passé. Créé au XIe siècle, il permet à la ville d'exporter ce fameux or blanc jusqu'au début du XIXe siècle, où elle ne peut plus accueillir de navires à cause de l'ensablement de la rivière. Il faut attendre 1842 pour que Jules Dufaure, ministre des Travaux publics originaire de Saujon, inaugure le nouveau port. Mais comme pour beaucoup d'autres villes en Charente-Maritime, l'arrivée du chemin de fer en 1876 met un terme aux activités portuaires. Ayant fait l'objet d'un programme de rénovation urbaine en 2011, le port est aujourd'hui un lieu de promenade. On vient flâner le long des sentiers bordant la Seudre, admirer les quais bordés d'immeubles bourgeois, emprunter des ruelles fleuries avant de rejoindre le centre-ville. La ville est connue pour abriter une station thermale créée par le docteur Louis Dubois en 1860. Les Thermes n'ont depuis cessé d'évoluer : école thermale du stress, centre de remise en forme, cures libres…

LE COMMERCE** €€

7, rue de Saintonge
✆ 05 46 02 80 50
www.hotel-saujon.com

Ouvert toute l'année. 20 chambres de 58 à 85 €. Label Tourisme & Handicap. Restauration. Parking fermé.

Ce petit hôtel constitue une adresse à retenir pour tous ceux qui s'arrêtent une nuit ou plus à Saujon. L'emplacement de cet ancien relais de poste du XVIIIe siècle est idéal, à proximité des thermes. Plus qu'un simple hôtel, le Commerce est une adresse que beaucoup se transmettent, notamment pour l'atmosphère familiale qui y règne. 20 chambres rénovées avec soin dans un style contemporain, confortables et spacieuses sont proposées. Le plus ? Un rapport qualité-prix tout à fait satisfaisant et la possibilité de déjeuner sur place grâce au restaurant.

DA ALESSANDRO €€

33, rue d'Aunis
✆ 05 46 05 31 01

Ouvert du mardi au samedi de 12h15 à 13h30 et de 19h15 à 21h30. Carte : 16 € environ. Terrasse.

Ce petit restaurant a tout d'un grand ! Paisiblement installé dans une venelle, à deux pas de la place principale, le lieu est idéal pour déguster des spécialités italiennes. On apprécie la petite terrasse, la salle et son ambiance intime et bien sûr la cuisine qui met en avant des produits d'une grande fraîcheur. Le soir, on se régalera avec des plats toujours joliment préparés comme les pizzas, nouveautés de la carte et l'inévitable assiette d'antipasti à partager qui regroupe de la charcutière italienne coupée à la minute, des légumes et du fromage.

LE RICHELIEU*** €€

Place Richelieu
✆ 05 46 02 82 43
www.hotel-lerichelieu-saujon.com

20 chambres. Chambres de 68 € à 165 €. Demi-pension : 36 € (minimum 3 jours). Animaux acceptés (10 €).

Cet établissement propose une belle étape dans une ville pleine de charme située au cœur du bassin de la Seudre et non loin de Royan. Une seule envie vous animera alors, poser vos valises dans l'une des 20 chambres avant peut-être de rejoindre les thermes pour votre cure. Chacune est confortable et d'une propreté irréprochable. Cet hôtel possède en plus un restaurant de renom qui propose une cuisine raffinée. Vous aurez la chance de déguster un rouget-grondin cuit façon bouillabaisse ou une escalope de foie gras de canard poêlée minute...

AU FIL DE L'Ô €€

11, Rue Eugène Mousnier
✆ 05 46 22 05 12

Ouvert du mardi au dimanche de 12h à 13h30 ; le vendredi et le samedi de 19h à 20h30. Menu unique à 21 €. Terrasse.

Ce restaurant, installé au cœur de la ville se situe proche de la place Richelieu. En entrant, vous serez ravis d'apercevoir la terrasse, lieu charmant où l'on déjeune aux beaux jours sous les voiles d'ombrage. La salle est tout aussi agréable, volontiers lumineuse et sobrement décorée de quelques œuvres d'art colorées. L'accueil est chaleureux, les plats joliment présentés. Le menu du jour est particulièrement attractif, mais le week-end ou le soir, l'autre menu ne manque pas d'atouts. Il séduira les amateurs de cuisine traditionnelle avec des produits frais.

LE RIBEROU €

2, rue de Peudrit
✆ 05 46 05 46 41

Ouvert toute l'année. Haute saison : 7j/7 à partir de 10h. Menu unique à 16 €. Terrasse. Animations.

Ce restaurant profite d'une situation agréable, sur le port du Ribérou. Depuis 2015, c'est la famille Doublet qui est à la tête et qui a donné un second souffle au lieu. En entrant, vous serez charmé par l'ambiance cosy avec une décoration qui contribue au charme du restaurant. Aux beaux jours, on s'offrira un moment sympathique sur la terrasse qui propose une vue sur le port. Côté gastronomie, vous dégusterez des plats bistrotiers : bavette, jambon braisé, magret de canard et burger accompagnés au choix de légumes du jour ou de frites. En été, place aux salades !

LE MENESTREL €€

Place Richelieu ✆ 05 46 06 92 35
www.restaurant-lemenestrel.com

Ouvert toute l'année. Haute saison : 7j/7. Menus de 40 € à 99 € (menu Prestige à 139 €, vins compris).

Ce magnifique restaurant est installé sur la place Richelieu. Accessible depuis Royan ou Saintes, il est une étape incontournable pour les voyageurs de passage dans la station thermale. Dans ce lieu dédié à la gastronomie officie le chef David Menestrel qui a travaillé dans de nombreux restaurants étoilés. Quel plaisir de prendre place dans une belle salle et de prendre le temps de choisir un menu. Chacun met en avant des plats raffinés qui offrent des saveurs inoubliables. On peut choisir le menu Dégustation, élaboré par le chef avec les produits du moment.

MAISON BARBOTIN PINEAU-COGNAC

68, rue de Saintonge - **MEURSAC**
✆ 05 46 96 20 00
www.natol-barbotin.fr
Ouvert toute l'année, du lundi au samedi, de 8h à 12h, et 14h à 18h (vendredi et lundi). Vente sur place et en ligne.

Viticulteurs depuis trois générations : fruit d'une passion et d'un savoir-faire reconnus par de nombreuses distinctions, la maison Barbotin est devenue l'une des plus anciennes de la région et ne commercialise que sa production. Élaborées de façon traditionnelle et familiale, mises en bouteilles à la propriété, les gammes de pineau, Cognac et cocktails sont issues exclusivement de la propriété. Véritable vin de liqueur, le Pineau des Charentes trouve ici ses lettres de noblesse !

SABLONCEAUX ★

La petite et charmante commune de Sablonceaux mérite une halte, notamment pour sa belle abbaye fondée en 1136 par le duc Guillaume X d'Aquitaine. Entourée de prairies et de forêts, elle est célèbre dans toute la région. La commune conserve également de nombreuses maisons traditionnelles saintongeaises, dites « charentaises », et un petit dolmen, dans le bois de la Fontaine-Jaune. Autre patrimoine, le Château du Mortier (XVIIe siècle), qui fut la propriété de l'écuyer Samuel Joubert. Le bâtiment conserve quelques éléments de cette époque, mais fut remanié au cours du XIXe siècle. Le Logis de la Chauvillère aussi qui est une ancienne métairie de l'abbaye...

ABBAYE DE SABLONCEAUX ✝ ★

Communauté du Chemin Neuf
✆ 05 46 94 41 62
www.chemin-neuf.fr
Ouvert toute l'année. Visite libre : 7j/7, toute l'année. Visites guidées : de juin à septembre, 7j/7 de 15h à 16h30.

L'abbaye a abrité les chanoines augustins pendant six siècles, mais les invasions anglaises, les guerres de Religion et plusieurs incendies la mutilèrent. Elle fait aujourd'hui partie de la communauté du Chemin Neuf, à la demande de l'évêque de La Rochelle. Les bâtiments, propriété de l'évêché de La Rochelle et de Saintes, sont partiellement accessibles toute l'année, en visite libre. Une boutique propose par ailleurs des livres et des objets religieux, ainsi que des produits alimentaires monastiques. Des retraites et des temps de méditation sont organisés ici.

LA PALMYRE ★★★

D'un côté le bourg des Mathes, village traditionnel saintongeais, de l'autre la station balnéaire de La Palmyre, située au bord de la mer. Les deux entités forment une seule et même commune entourée d'une forêt domaniale de pins maritimes et de chênes. La Palmyre est bordée de 30 km de sable fin, plages familiales avec ses spots. La station offre de nombreuses possibilités d'activités nautiques. Le parc zoologique de La Palmyre (le zoo privé le plus visité de France) reste un site incontournable pour les petits et les grands. Pour les amateurs de courses hippiques, l'hippodrome de la Côte de Beauté accueille courses de trot, de galop et d'obstacles.

LA BAIE DE BONNE ANSE

Ouvert toute l'année.

La Palmyre, c'est d'abord un milieu naturel préservé, entre mer et forêt. Et si la station balnéaire est réputée pour son zoo – l'un des sites touristiques les plus visités du département –, elle l'est aussi grâce à la baie de Bonne Anse. Ce site naturel, modelé par l'Homme et ses activités, est l'emblème de la station. Situé à proximité du port de plaisance et marqué par l'imposant phare de La Coubre, comptez 300 marches pour arriver à son sommet. La baie, connue pour sa longue flèche de sable a évolué au fil des siècles, marquée par l'activité ostréicole.

PAYS ROYANNAIS

LUNA PARK

Route de Dirée
✆ 05 46 22 30 60
www.lunapark-lapalmyre.com
Ouvert du 29 juin au 31 août. Haute saison : 7j/7 à partir de 20h. Tarif unique de 2,50 € sur tous les manèges.

Tous les soirs durant les deux mois d'été Luna Park est ouvert en accès libre. Le plus ? Le parking gratuit et surtout un feu d'artifice tiré chaque semaine ! Un seul tarif pour participer à de nombreuses attractions destinées à la fois aux enfants qui tenteront d'attraper une peluche, mais aussi d'autres, plus spectaculaires, pour ceux qui sont en mal de sensations fortes comme le Move in Top ou encore Boomerang Avengers et le Roller Coaster qui vous mettra la tête à l'envers ! A noter, à l'entrée se trouve le golf des Pirates et tout le monde peut se régaler.

ZOO DE LA PALMYRE ★★★★

6, avenue de Royan ✆ 05 46 22 46 06
www.zoo-palmyre.fr
Haute saison ouvert tous les jours de 9h à 19h. Adulte : 19 €. Enfant de 3 à 12 ans : 15 €. Restauration. Boutique.

Plus qu'un simple zoo, ce lieu qui dispose aujourd'hui d'une renommée internationale est l'œuvre d'un passionné, Claude Caillé. Chaque année quelque 600 000 visiteurs viennent admirer les 1 600 mammifères, oiseaux et reptiles. Tigres, éléphants d'Asie, petits pandas roux du Népal, lémuriens, calaos, ibis, girafes, rhinocéros blancs, hippopotames, zèbres, flamants du Chili, gorilles, orangs-outans... en tout, près de 110 espèces ! La Palmyre dispose d'un Espace Grands Singes.

TITI PIZZA €€

1, rue du Poitou
Haute saison : ouvert tous les jours de 11h45 à 13h30 et à partir de 18h. Pizza de 9 € à 14,50 €.

Rémy et Nathalie étaient déjà bien connus des Royannais qui pouvaient venir chercher des pizzas au kiosque et au camion installé à La Palmyre. On peut également se rendre à cette adresse pour venir déguster des pizzas réputées pour leur pâte artisanale pétrie chaque jour à la main. La carte décline une vingtaine de pizzas cuites à la minute et garnies de produits frais. On retrouve des recettes classiques comme la Roma ou la Primera, celles dédiées aux amateurs de légumes comme la végétarienne et des recettes plus étonnantes comme l'Hawaïenne ou la Western.

LA PAILLOTTE €

6 bis, boulevard de la Plage
✆ 05 46 22 32 24
Haute saison : 7j/7 de 12h à 22h. Service midi et soir, limonaderie le reste de la journée. Terrasse.

Située sur le port de La Palmyre, la terrasse de la Paillotte offre une vue à 180 degrés sur la baie de Bonne Anse. Idéal pour regarder le soleil descendre sur la mer, un soir d'été, en sirotant un verre. On comprend pourquoi l'endroit est souvent fréquenté tant par les locaux que les touristes qui viennent se rafraîchir et déguster des produits de la mer. Nul doute, les produits sont frais et ce n'est pas un hasard s'il faut réserver pour avoir une chance d'y dîner. Les desserts maisons feront sans aucun doute plaisir aux gourmands... Simple et efficace !

RN PIZZAS €

23, avenue de la Palmyre
✆ 06 30 33 03 50
Juillet/août : 7j/7 le midi dès 11h, et le soir dès 18h. Pizzas de 9 € à 14,50 €. Vente à emporter. Terrasse abritée.

Ici, Rémy et Nathalie – d'où le nom RN – fabriquent eux-mêmes leur pâte et la pétrissent à la main. Le tout donne une pâte fine et croustillante, agrémentée d'ingrédients frais. La carte se décline en une vingtaine de choix, de la pizza traditionnelle jusqu'à la plus originale, comme l'Hawaïenne et l'Andalouse ou la Roquette. Les amateurs de fromage jetteront sans doute leur dévolu sur la Big Fromages, associant différentes variétés. Venus de Haute-Savoie, les deux artisans se sont installés dans la région tout d'abord en camion puis dans ce sympathique kiosque.

CAMPING NATURISTE LE PETIT DAUPHIN*** €€

1696, route de la Fouasse ✆ 05 46 06 38 23
www.le-petit-dauphin.com
Ouvert de fin avril au 30 septembre. Naturiste. 99 emplacements dès 19 €. Mobil-homes/4 pers. dès 360 €. Restauration.

Le camping naturiste Le Petit Dauphin est reconnu pour son accueil particulièrement convivial. L'ambiance se veut volontiers familiale donnant envie d'y installer sa tente sur de vastes emplacements et profiter pleinement de la piscine chauffée et couverte. Les hébergements sont variés. À proximité vous pouvez bénéficier d'un parc d'attractions (un peu bruyant seulement en été) Luna Park ouvert tous les soirs en été. Le respect, la nudité et la convivialité sont l'éthique du camping !

PAYS ROYANNAIS

oyan
ZOO
La Palmyre
En Côte d'Ivoire nous aidons à sa protection !
Cercopithèque Roloway - Programme WAPCA
o & création : S. Meys, F. Perroux
www.zoo-palmyre.fr

LINSOLITE €€

10, avenue du Limousin
✆ 09 73 13 22 72

Ouvert toute l'année du mardi au dimanche de 11h30 à 15h et de 18h30 à 21h. Terrasse. Vente à emporter.

Linsolite porte bien et à juste titre son nom avec un cadre atypique, voir... insolite ! Le lieu est cosy, animé avec ses nappes à carreaux. Un food qui a tout d'un grand avec la fraîcheur, la qualité, l'originalité et un service efficace. D'ailleurs, depuis sa création, le succès ne se dément pas. Gourmets et gourmands sont ici ravis d'apprécier des salades et des burgers XXL avec frites « maison », des assiettes tellement complètes qu'il en reste même pour le soir... On peut aussi emporter et partager chez soi. Côté sandwichs et desserts, c'est la même signature !

© DR

© DR

LA PALMERAIE

6, avenue d'Angoumois
17570 La Palmyre (France)
✆ 05 46 23 64 22

Menus : entre 20 et 30 € en moyenne. Menu enfant : entre 8 et 10 €.

Le restaurant La Palmeraie se situe à quelques mètres du célèbre zoo (halte idéale avant ou après la visite du parc) et propose une ambiance agréable avec une grande et belle terrasse fleurie. Installé en plein cœur de La Palmyre, la carte est variée proposant de nombreuses spécialités régionales. A midi, on se fait plaisir autour des formules proposées. La proximité avec l'océan incite volontiers à la dégustation des produits de la mer. Futé, plusieurs menus sont disponibles permettant à chacun de se faire plaisir.

LA TREMBLADE ★

Occupant la partie occidentale de la presqu'île d'Arvert, La Tremblade est liée à l'océan et la forêt domaniale de la Coubre. Son nom reste mystérieux, même si plusieurs hypothèses sont avancées : la fièvre des marais qui faisait trembler les habitants, l'ancien nom de la commune citée par Claude Masse au XVIIe « La Damblade », les trembles – arbres qui semblent trembler au vent –, ou les poissons ramenés par les pêcheurs dans les filets. Une chose est sûre, La Tremblade et ses 20 kilomètres de sable fin attirent de nombreux vacanciers. En famille, on apprécie particulièrement le Mus de Loup, le Galon d'Or ou l'Embellie ; entre surfeurs, on s'offre quelques instants de plaisirs sur les déferlantes de la Côte sauvage. Chacune de ces plages est accessible soit par la route, soit par une piste cyclable serpentant à travers l'odorante forêt de pins. Plus au nord, les marins redoutent l'entrée du pertuis de Maumusson et ses puissants courants. Tristement célèbre, le lieu a été le théâtre de nombreux naufrages. La gare de La Tremblade propose aux voyageurs de monter dans la plus vieille locomotive à vapeur de France ! Au bord de la Seudre, vous rejoindrez l'un des plus beaux villages de France : Mornac-sur-Seudre. Le quartier nord de La Tremblade, Ronce-les-bains, a une place à part. Devenu station balnéaire en 1860, ce lieu ne cessera d'accueillir des touristes, depuis 1876 avec la mise en place de la ligne de chemin de fer Saujon-La Tremblade. Ses plages abritées, protégées par l'île d'Oléron, en font le paradis des baigneurs. Les joueurs se rapprocheront du casino inauguré en 2007.

FORÊT DOMANIALE DE LA COUBRE

Ouvert toute l'année.

Regroupant une faune variée, cette forêt est le paradis de bon nombre de promeneurs, marcheurs, cavaliers, mais aussi des cyclistes qui arpentent une piste de 20 kilomètres permettant d'accéder au phare de la Coubre. C'est l'occasion de passer à l'ombre des pins jusqu'à la plage, car la forêt est aussi littorale, bordant l'océan et le pertuis de Maumusson. Mais cette langue verte a bien failli disparaître en 1976 avec un terrible incendie qui ravagea une partie du massif.

LE TRAIN DES MOUETTES

Gare Touristique - Rue de la Résinerie
www.traindesmouettes.fr

À partir du 1er juillet, 7j/7 jusqu'au 30 août. 2 A/R par jour. Adulte : 14 € (A/R). Enfant (de 4 à 15 ans) : 7 €.

Les Rochelais mettent un peu moins de 2h30 pour rejoindre la capitale. Mais avec ce train, pas question de battre des records de vitesse ! Il procure bien d'autres sensations : la fumée, le bruit, le défilé des paysages et les escarbilles dans les yeux… l'escapade se veut authentique. La vieille dame se porte à merveille, se déplaçant fièrement sur une ligne qui servait autrefois au transport des huîtres. Au printemps, la plus ancienne locomotive de France reprend du service, amenant les voyageurs de La Tremblade à Saujon via Chaillevette et Mornac-sur-Seudre.

LE BATEAU PASSEUR

4, boulevard Victor-Hugo
✆ 05 46 36 37 71 (Office de Tourisme)
www.bateaupasseur17.fr

Haute saison : 7j/7. Gratuit jusqu'à 5 ans. Liaison La Tremblade-Saint-Trojan : 5 €. La Tremblade-Marennes : 2 €.

En pleine saison estivale, le département voit sa population grimper en flèche ! Pour éviter de rester bloqué dans des embouteillages tout en profitant pleinement des joies de la mer, optez pour le bateau ! Aussi original qu'agréable, ce mode de déplacement vous permettra de découvrir d'un autre regard le bassin de Marennes Oléron. Tout le monde peut prendre place sur ces bateaux, piétons comme cyclistes. Le Balusot vous transportera de la Tremblade jusqu'à Marennes et le Vauban à l'île d'Oléron depuis Bourcefranc pour un voyage iodé de 20 à 45 minutes.

HÔTEL LE HÉRON CENDRÉ** €€

71, avenue Général-de-Gaulle ✆ 05 46 36 09 19
www.hotelleheron.fr

Ouvert toute l'année. 17 chambres (dont 1 PMR). Chambres de 65 à 100 €. Parking fermé. Wifi gratuit. Canal +.

Cet hôtel familial bénéficie d'un emplacement tout à fait agréable sur la presqu'île d'Arvert. Une fois votre valise posée, vous pourrez ainsi rejoindre facilement l'île d'Oléron, mais aussi Royan. En entrant, vous serez séduits par un accueil chaleureux, le personnel se montre disponible, donnant des conseils pour agrémenter votre séjour. Il ne reste plus qu'à pousser les portes de l'une des 17 chambres. Toutes sont de plain-pied – l'une est accessible aux PMR et peuvent accueillir 4 personnes. Chacune dispose du confort nécessaire : TV/TNT, espace de travail…

La Tremblade.

BURGER AVENUE €

72, avenue Gabrielle
© 06 51 39 06 09
Ouvert du vendredi au mercredi de 12h à 15h et de 19h à 22h. Menus de 7 € à 11 €. Terrasse. Vente à emporter.

Installé à un coin de l'artère la plus commerçante de Ronce-les-Bains, et à proximité de l'océan, ce fast food est dédié à ceux voulant déjeuner à la mode américaine. Chez Candide et Mick on trouve à la fois des hamburgers à emporter, des classiques cheeseburgers aux plus surprenants bleu et raclette confectionnés avec un pain venant d'un artisan boulanger, un steak haché (français) et servi avec des frites maison. Vous pourrez aussi dévorer des paninis, des plats Tex Mex (nuggets, brochette, bouchée camembert), il y a même des plats réservés aux végétariens !

SQUARE €

64, avenue Gabrielle
© 06 75 40 97 40
Haute saison : 7j/7 de 8h à 22h30. Menu unique à 12 €. Terrasse. Vente à emporter.

Cette tarterie est l'adresse idéale, entre snack et restaurant. On aime la terrasse qui donne envie de s'installer autour des tables roses. On vient ici déguster des tartes concoctées avec soin par Alexis, un pâtissier qui vous accueille avec le sourire. Il fabrique lui-même sa pâte feuilletée pour des tartes salées. La carte varie selon les saisons. Les sandwichs cuits au feu de bois sont à tester. Un menu permet à tous de se faire plaisir avec une part de tarte, une salade et l'inévitable part de tarte sucrée ! Tout est fait maison avec des produits du marché.

L'HIPPOCAMPE - CHEZ AMY €€

Rue de la Corderie © 06 11 63 43 75
Ouvert toute l'année. Haute saison : 7j/7 de 12h à 14h et de 19h à 0h. Carte : 19 € environ. Terrasse.

Le cadre est agréable, l'ambiance tout autant ! Il est vrai qu'Amy est reconnue pour sa cuisine parfumée haute en couleur ! Quel plaisir de venir ici pour déguster des poissons d'une grande fraîcheur. Mais si beaucoup viennent dans ce restaurant, c'est surtout pour découvrir une cuisine relevée ! Originaire du Sénégal, Amy n'a pas son pareil pour utiliser les épices apportant aux assiettes une jolie touche de couleurs ! On passe un bon moment ici et le service, chaleureux, y est pour beaucoup ! Ne partez pas sans avoir dévoré un dessert, notamment le baba au rhum.

MARTIN PLAGE €€

2, avenue de Saint-Martin
© 05 46 36 06 15
Haute saison : 7j/7 le midi et le soir en continu le week-end. Burgers de 13,50 € à 15 €, Assiettes à partager.

Un peu à l'écart du centre, sur la route qui mène à la forêt de la Coubre, vous ne pourrez pas manquer cette jolie villa Art nouveau, un style architectural rare ici. A l'intérieur, une décoration à la fois élégante et simple laisse deviner la longue histoire du lieu, ainsi que les origines flamandes du patron. On peut aussi choisir de déjeuner ou dîner au calme sur la belle terrasse, le quartier étant fort tranquille. La carte évolue au gré des saisons. Entre amis, on ne manquera pas les assiettes à partager. Ajoutons un accueil chaleureux et un service souriant.

CHEZ ROBERTE €€

Le Port – La Grève
© 05 46 36 12 90
Ouvert toute l'année du mardi au dimanche. Salle panoramique ouverte le dimanche midi. Menus de 17,90 € à 32,90 €.

Pour trouver ce restaurant, vous devrez longer le chenal durant quelques minutes avant d'apercevoir sa devanture jaune. Chez Roberte est une véritable institution. Depuis 40 ans, l'ambiance est toujours aussi agréable et l'on se plaît à s'installer sur la terrasse ombragée en bordure de Grève, en plein cœur du bassin. Au menu, les inévitables produits de la mer. Au déjeuner, on n'hésitera pas à choisir le plat du jour à un prix attractif. Le soir, on prendra le temps de dîner en famille en débutant le repas de ravioles de romans ou d'une salade gourmande.

SO WHAT €€

Rue du Chenal-du-Putet
© 06 64 99 29 87
Haute saison : ouvert tous les jours. Assiette d'huîtres, de gambas, éclade de moules.

Cette adresse est dédiée à tous ceux qui veulent déguster des huîtres dans un environnement surprenant. La cabane est idéalement située pour déguster des coquillages, au bout d'une petite route et au pied du pont de la Seudre. En arrivant, vous serez charmés par l'accueil. Yann, ostréiculteur, producteur et éleveur a créé une cabane là où existaient un camping et un restaurant. Nul doute, les produits sont frais ! On vient ici déguster l'inévitable éclade servie avec du pain et du beurre salé, les huîtres tout droit sorties des claires, des palourdes farcies...

CASINO DE LA TREMBLADE

46, avenue de la Chaumière ✆ 05 46 76 88 86
www.casinolatremblade.com
Groupe Partouche. Ouvert du dimanche au jeudi de 12h à 1h ; le vendredi et le samedi de 12h à 3h. Restauration.

Ce petit casino à l'ambiance familiale et décontractée est idéal pour passer une soirée agréable. Installé au cœur de la station balnéaire, à seulement 10 minutes de Marennes, il permet aux joueurs de tenter leur chance sur l'une des 74 machines à sous ou aux jeux électroniques. Chacun peut tenter sa chance, il suffit d'être muni d'une pièce de 1 cts. Les machines acceptent les billets de banque ! Entre deux parties, profitez d'un moment de détente en prenant place dans l'espace lounge pour s'offrir un cocktail. Il est aussi possible de déjeuner à la brasserie.

SAINT-PALAIS-SUR-MER ★

Officiellement baptisée Bureau-les-Bains lorsque naît la vogue des bains de mer au début du XXe siècle, la commune en plein essor troque en 1920 ce nom pour celui, plus seyant, de Saint-Palais-sur-Mer. À la sortie de l'estuaire de la Gironde, la ville a un lien intime avec l'océan et propose aux voyageurs de s'offrir un moment de farniente sur l'une des cinq plages. Chacune a sa personnalité ! Celle du Bureau dédiée aux familles, la Grande Côte, la plus grande étendue de sable fin bordée par la forêt. Entre les deux conches, a été aménagé le Sentier des Douaniers, un chemin longeant la côte. Cette balade permet d'admirer les villas Belle Époque.

HOTEL-RESTAURANT PRIMAVERA*** €€€

12, rue du Brick ✆ 05 46 23 20 35
www.hotel-primavera.com
40 chambres (dont 28 avec balcon, 4 sans balcon et 8 avec grande terrasse) de 110 à 310 €. Vue panoramique sur l'océan.

Ce magnifique hôtel*** de charme a traversé les époques ! Simple demeure bourgeoise du bord de mer à la fin du XIXe siècle, elle a été restaurée. Aujourd'hui, la résidence, qui ressemble fort à un château, est composée de trois bâtiments qui vous accueillent avec son parc arboré de 2 hectares : la maison principale composée de 23 chambres dont 15 avec vue sur la mer, le cottage, 8 chambres familiales, et Le Pavillon d'Auby, tourné vers la mer, avec ses 7 chambres avec terrasses.

LES QUIMPEROISES €

3, place de l'Océan
✆ 05 46 23 28 41
www.les-quimperoises.com
Ouvert toute l'année. Fermeture le mercredi de fin novembre à janvier. Service continu toute la journée. Terrasse.

Cette crêperie s'inscrit depuis près de 30 ans dans le paysage de Saint-Palais. Certes, la salle n'est pas très grande, mais elle promet un moment authentique. L'hiver, c'est à l'intérieur que vous dégusterez de délicieuses crêpes 100 % bretonnes. Dès les beaux jours, on profitera volontiers de la jolie terrasse ensoleillée, abritée du vent. Les produits garnissent à merveille des crêpes au blé noir, avec aussi quelques spécialités. Offrez-vous un instant gourmandise avec les crêpes de froment et les fameuses coupes glacées, elles sont gigantesques !

CHEZ BOB €€

8, rue des Bains
✆ 05 46 23 11 10
www.chezbob.com
Haute saison : ouvert 7j/7. Moules de 10 € à 12,50 €. Plats de 14 € à 22 €, Pizzas de 12 € à 16 €. Terrasse.

Chez Bob, ce n'est pas seulement une villa aux accents basques installée en face de la plage du Bureau. C'est avant tout une institution, un passage obligé pour ceux qui viennent visiter la cité balnéaire. Ce que l'on aime ici ? C'est bien évidemment la terrasse ! Un lieu charmant face à l'océan. On se fait plaisir autour d'une carte qui nous emmène volontiers en Italie. Milano, Pepperoni, Bolo... les pizzas sont délicieuses, les plats ne manquent pas de saveurs à l'image du Bob's burger, mais aussi des travers de cochon laqué ou de l'onglet à l'échalote.

HOTEL-RESTAURANT PRIMAVERA €€€

12, rue du Brick ✆ 05 46 23 20 35
www.hotel-primavera.com
Fermé de mi-novembre à mi-mars. Fermé le lundi, mardi et mercredi midi. Menus de 28 € à 47 €. Terrasse.

Ce restaurant dispose avant tout d'un emplacement de choix, un site unique en bordure de mer. Installé au cœur d'une demeure pleine d'élégance, il permet de déguster un repas de qualité tout en s'offrant une vue idyllique sur l'océan. Quel plaisir de prendre place à l'une des tables proches de la grande baie vitrée ou sur la terrasse pour profiter d'une atmosphère iodée. Le chef se plaît à proposer une cuisine élaborée, tout à la fois inventive et équilibrée. Service professionnel !

L'ARROSOIR €€€

Plage de Nauzan
✆ 05 46 02 12 41
Haute saison : 7j/7. Menus de 35 € à 41 €. Huîtres : de 12 à 24 €. En saison : carte snacking. Terrasse.

Depuis 2010, Alexandre Lavigne préside aux destinées de ce restaurant bistronomique, qui dispose d'un emplacement de rêve : une vue délicieuse sur la plage de Nauzan. Non seulement le panorama est ravissant, mais en plus on déguste en ce lieu une cuisine moderne et inventive. Membre de l'association Saveurs d'ici, Alexandre Lavigne travaille uniquement des produits frais en témoignent les entrées. Des plats joliment présentés qui éveillent les papilles ! En saison, une carte côté bistrot permet de se régaler autour de produits de la mer et de la terre...

LE RESTAURANT DU GOLF €€€

7, avenue de La Palmyre
✆ 05 46 23 40 80
www.golfderoyan.com
Haute saison : 7j/7 de 8h30 à 19h. Menu unique à 39 €. Carte : 23 € environ. Terrasse.

En une dizaine d'années, le restaurant du golf de Royan est devenu une adresse incontournable, une référence tant pour les golfeurs que les simples gourmets. Le lieu est idéal pour s'offrir un repas au cœur du golf avec de larges baies vitrées donnant sur le green et son plan d'eau. Les assiettes du chef Pascal Moreau sont de véritables compositions esthétiques, pensées comme des tableaux colorés en trois dimensions où l'assiette serait le cadre. Tout est maîtrisé à la perfection, de la cuisson des viandes comme des poissons, jusqu'au léger croquant des légumes !

BISCUITERIE DE SAINT-PALAIS

4, avenue de Pontaillac
✆ 05 46 02 04 50
www.biscuiteriedesaintpalais.com
Ouvert du lundi au vendredi de 9h30 à 12h30 et de 14h à 19h30 ; le week-end de 9h30 à 19h30. En été, 7j/7 de 9h à 21h.

Les gourmands connaissent depuis longtemps cette biscuiterie installée au cœur de la station balnéaire. Reconnaissable par sa devanture vitrée, le magasin est grand et propose de nombreux produits confectionnés sur place ou en Bretagne. Les pâtisseries confectionnées avec du beurre de baratte sont plutôt agréables. A noter, il est possible d'acheter des bonbons de fabrication artisanale, de jolies boîtes représentant le département et même de commander via le site Internet.

GOLF DE ROYAN

Maine Gaudin
✆ 05 46 23 16 24
www.golfderoyan.com
Ouvert toute l'année. Haute saison : 7j/7 de 7h à 19h30. Abonnement : 1 470 €. Enfant : 440 €. Restauration. Boutique.

Ce magnifique parcours prend place au cœur de la forêt de la Coubre et permet de s'adonner au golf dans un cadre pour le moins unique : practice, parcours compact 6 trous, parcours pitch and putt 9-trous. Les amateurs de golf ne manqueront pas de s'arrêter quelques instants au trou n° 14 qui offre une vue unique sur l'océan ! À noter : si le parcours apparaît toujours aussi vert, c'est grâce à l'arrosage assuré par la station d'épuration de la ville. La réputation de cette structure n'est plus à faire d'autant qu'elle compte également un restaurant de qualité.

VAUX-SUR-MER

Vaux-sur-Mer est une petite station touristique familiale de choix. Entre l'église Saint-Étienne, le marché typique, le chemin des Fontaines pour une balade autour du lac et, surtout, un littoral superbe, Vaux-sur-Mer fait le bonheur des petits et grands. La ville possède un patrimoine singulier et une histoire riche avec des paysages contrastés, depuis les rochers de ses conches jusqu'aux champs de l'arrière-pays. Ces paysages portent les empreintes de l'histoire avec la puissante abbaye médiévale de Vaux. Station classée de Tourisme, la municipalité propose à l'année de nombreuses manifestations, souvent gratuites. Concerts, théâtre, spectacles...

ÉGLISE SAINT-ETIENNE

Visite guidée (en haute-saison).

Mutilée, cette église est tout de même l'un des plus beaux édifices romans de la région. C'est le dernier vestige de l'abbaye bénédictine fondée en 1075 par deux chevaliers de la maison de Mortagne. La grande peste de 1348 et la guerre de Cent Ans ruinèrent malheureusement les bâtiments conventuels. L'abbaye fut alors abandonnée pendant 50 ans avant de revenir aux mains des huguenots. Classée aux Monuments historiques en 1913, elle mérite incontestablement une visite. Vous pourrez y admirer son clocher voûté en berceau, ses vitraux modernes et ses tuiles romanes.

LOGIS DE MELISANDRE €€

46, avenue Malakoff
✆ 05 46 38 46 00
www.melisandre.fr
Ouvert toute l'année. Chambre de 59 à 148 €. 3 gîtes de 2 à 6 personnes de 410 € à 990 €/semaine. Animaux acceptés.

Si l'envie vous prend de passer une nuit ou plus à Royan, n'hésitez pas à vous rendre dans ce logis. Tout est pensé pour que votre escale se déroule dans les meilleures conditions : le parking privé gratuit, la proximité avec Royan et le calme des lieux. Vous serez charmés par l'accueil amical de Marie et Patrick, qui ne manqueront pas d'être attentifs à vos désirs. Quel plaisir de s'installer le temps d'une nuit ou plus dans des chambres très accueillantes. Toutes ont été rénovées avec soin, offrant tout le confort nécessaire pour passer un agréable séjour.

RESTAURANT LE 7367 - HÔTEL LE SENS*** €€

141, boulevard de la Côte de Beauté
✆ 05 46 85 83 49
www.le-sens-7367.com
Ouvert toute l'année. Pension complète. Demi-pension. Animaux acceptés. Wifi. Restauration.

Un emplacement idéal, face à la plage du Conseil, dans l'un des quartiers les plus connus de Royan : Pontaillac. L'occasion rêvée de s'offrir une nuit ou plus dans la station balnéaire et ainsi pouvoir déambuler sur la promenade, se rendre au casino ou flâner sur la plage toute proche. 12 chambres lumineuses et décorées avec goût qui donnent sur un patio à l'esprit zen. L'hôtel dispose d'un restaurant de qualité proposant une cuisine gastronomique opérée par le Chef Frédéric Loivel...

RESTAURANT LE 7367 - HÔTEL LE SENS €€

141, boulevard de la Côte de Beauté
✆ 05 46 85 83 49
www.le-sens-7367.com
Ouvert toute l'année. Terrasse.

Le restaurant constitue une halte très gourmande des plus agréables. Proche du casino et de la plage de Pontaillac, il dispose à la fois d'une petite terrasse mais aussi d'une magnifique grande salle lumineuse. Une cuisine gastronomique vous est proposée par le Chef Frédéric Loivel, tout droit venu d'Annecy, qui cuisine de manière originale des produits frais et locaux tout en légèreté avec un concept unique de développement de vos sens basé sur des chiffres et des lettres.

LE COTTAGE €€€

116, Avenue Frédéric Garnier
✆ 05 46 76 91 73
www.lecottagerestaurant.com
Ouvert le lundi/mardi/jeudi et vendredi de 12h à 13h30 et de 19h30 à 21h ; le week-end de 12h à 13h30 et de 19h à 21h.

Ce restaurant se situe à deux pas de Royan. Résidents et gourmets sont ravis de pouvoir profiter de l'ambiance feutrée de la salle, car le Cottage prend place dans une villa moderne aux larges baies donnant sur la verdure. La décoration élégante vise le haut de gamme. En salle, c'est la souriante Axelle Armstrong qui vous conseille, tandis que son époux Doug – Irlandais et fameux chef – concocte en cuisine des plats où la gastronomie française se teinte de saveurs celtiques. La carte évolue au gré des saisons, mais elle a toujours un petit air irlandais !

LA MAISON BLANCHE

Plage de Nauzan
✆ 05 46 38 01 06
http ://maisb.fr
Fermé d´octobre à mars. Ouvert 7j/7 de 12h à 2h. Terrasse.

Depuis plus de 20 ans, ce bar d'ambiance-restaurant, installé sur la plage de Nauzan propose toujours autant d'inattendu. Nombreux sont ceux qui viennent ici, touriste et habitué se croisent, avides de profiter d'un cadre pour le moins agréable. Le lieu est prisé, que ce soit pour s'offrir un repas prés de la piscine, boire un verre et bien sûr, profiter de la soirée. Le cadre est résolument agréable, entre piscine et océan, l'ambiance tout aussi sympathique. Le menu piscine servi uniquement le midi, est assuré par une équipe dynamique et souriante.

SAINT-GEORGES-DE-DIDONNE ★

Cette station balnéaire a un lien tout particulier avec l'océan. Au début du XIXe siècle, les maisons n'étaient pas construites face à la plage, mais groupées autour de l'église. Il y avait alors deux communes, Saint-Georges, qui abritait des marins qui pêchaient dans l'estuaire de la Gironde, et Didonne, peuplée de cultivateurs. La vogue des bains de mer a permis à la ville de se moderniser, devenant un lieu de villégiature de nombreux artiste et écrivain comme Jules Michelet. La station accueille de nombreux touristes avides de goûter au charme de la Grande Conche. Cette plage familiale est connue pour son sable blond et pour les activités proposées.

LA POINTE DE SUZAC ★

RD25

Ouvert toute l'année.

Située face à la Pointe de Grave et à Port-Médoc, la Pointe de Suzac est l'un des principaux espaces préservés de l'agglomération royannaise. Pour y accéder, il faut emprunter un sentier de promenade qui longe la falaise et qui propose une vue magnifique sur la Côte de Beauté. Espace naturel protégé, le lieu est aussi marqué par une forêt aux multiples espèces. La Pointe a toujours été un site stratégique d'importance, comme en témoigne la présence de fondations gallo-romaines, d'un fort napoléonien et de blockhaus en grande partie détruits par les bombardements.

LE PARC DE L'ESTUAIRE ★

47, avenue Paul-Roullet

✆ 05 46 23 77 77

www.leparcdelestuaire.com

Haute saison : 7j/7 de 10h à 18h30. De janvier à mars : visite de groupes possible uniquement sur réservation.

Le parc – qui fait partie du réseau des 14 sites labellisés « Echappées Nature » – a bénéficié de travaux de rénovation. Il invite les visiteurs à profiter d'un lieu unique, un vaste espace naturel installé à l'embouchure de l'Estuaire de la Gironde, dans la forêt de Suzac. Mais pour appréhender au mieux ce magnifique espace naturel, empruntez l'escalier en colimaçon de la tour de Guet. En haut, la vue est splendide sur l'océan, mais aussi des paysages familiers comme les plages de Royan et le Médoc. Ne ratez pas l'exposition « Ecoutez-voir la forêt de Suzac » !

LA VILLA 13&15 €€

13-15, impasse Raymond Doussinet

✆ 06 83 28 30 22

Ouvert toute l'année. Chambres de 65 € à 110 €. Lit supplémentaire : 20 €. Chèque Vacances. Wifi gratuit.

Située dans un quartier résidentiel et tranquille, cette maison d'hôtes flambant neuve peut d'abord surprendre par sa façade plus que discrète. Une fois entrés, vous serez séduits par le charme de cette demeure décorée avec goût. Au rez-de-chaussée se trouvent le coin salon aux fauteuils « vintage » et la grande salle à manger. Les 3 chambres, Alysée, Océan et Romantique se répartissent entre le rez-de-chaussée et l'étage. Très jolies, elles sont en outre hyper confortables. Sachez qu'une belle piscine vous attend dans le jardin à l'arrière de la maison.

PAYS ROYANNAIS

© TUNACH17 / ADOBE STOCK

Char à voile sur la plage de Saint-Georges-de-Didonne.

LA CAZUELA €€

97, boulevard Maréchal-de-Lattre-de-Tassigny
✆ 05 46 23 14 86
www.lacazuela.fr

Ouvert avril-novembre, mercredi-lundi soir ; jeudi-lundi midi. Menu unique 19,50 €. Menu enfant 10 €. Formule midi 15 €.

Voilà un restaurant idéalement situé pour un déjeuner les pieds dans le sable. Installée le long de la Grande Conche, La Cazuela propose de déguster quelques jolies spécialités hispaniques tout en s'offrant une vue unique sur l'estuaire. Qu'on se le dise, ici, c'est l'Espagne et le Sud-Ouest qui sont mis en avant. Le tout est servi frais et selon arrivage. Les desserts suivent la même ligne. Une mention spéciale pour le homard grillé au feu de bois, cuit entier à la braise, ouvert en deux, nappé de beurre citronné, monté à la crème fraîche et flambé au cognac...

LE TABLEAU €€

16, boulevard du Général-Frenal
✆ 05 46 06 59 63

Ouvert toute l'année. Haute saison : du lundi au samedi le midi et le soir. Carte : 18 € environ.

Ce petit restaurant offre un cadre pour le moins agréable. Proche de la Grande Conche, il propose aux voyageurs de s'installer sur une charmante terrasse en bois et de déguster des plats affichés. Impossible de se lasser, la carte évolue au fil des jours, mais propose toujours des produits frais. Il y en a pour tous les budgets : grandes planches de charcuterie ou de fromages, salades copieuses, mais aussi des plats plus consistants. La maison est surtout réputée pour son entrecôte grillée servie avec une petite sauce, le tout préparé en direct.

O GRAIN DE SEL €€

55, rue de la République
✆ 05 46 06 43 76

Maître Restaurateur. Haute saison : ouvert 7j/7 le midi et le soir. Basse saison : fermé le mardi soir et le mercredi.

Ce petit restaurant est situé dans le centre de la station balnéaire. Le Chef, Didier Amelot, Maître Restaurateur, se plaît à mettre en avant les produits de la mer. Installé à quelques pas de la grande plage, il constitue une étape de choix pour tous ceux qui souhaitent déguster des poissons frais. Les produits sont préparés avec soin et le service est efficace. Côté plats, c'est tout l'océan qui se retrouve dans des assiettes joliment présentées. Les desserts sont gourmands et il sera bien difficile de ne pas dévorer la spécialité maison : le baba charentais !

LE MARCHÉ

Centre-ville

Haute saison : ouvert tous les jours de 8h à 14h.

A Saint-Georges, nombreux sont les vacanciers à se prélasser sur la grande plage de sable fin. Mais la station balnéaire compte aussi un marché de qualité qui accueille des producteurs régionaux. Au marché couvert, on trouve des produits de qualité tandis que durant les mois de juillet et août, les touristes dénicheront des produits régionaux et une foule d'objets divers : bijoux, lunettes, serviettes, souvenirs... Les vendeurs ne manqueront pas d'attirer votre attention ! Cette ambiance, volontiers sympathique, est aussi celle qui anime le marché alimentaire.

PAYS ROYANNAIS

SPAGHO €€

7, rue Autrusseau
✆ 05 46 06 24 24

Haute saison : 7j/7 le midi et le soir. Terrasse. Vente à emporter. Menu enfant : 10 €. Pizzas de 13 € à 18 €.

Les gourmets ne s'y trompent pas, ils sont nombreux à venir dans ce restaurant italien. Idéalement situé au cœur de la station balnéaire, à deux pas de la plage, Spagho est tout simplement un incontournable. La cuisine est quant à elle subtile, délicieuse et... 100 % italienne, préparée par des Italiens ! Par contre, le repas débutera par de délicieux antipasti, en portion individuelle ou à partager à plusieurs comme le fameux carpaccio ou l'assortiment de charcuteries et fromages. Des pizzas cuites à la perfection avec une pâte fabriquée par Gino lui-même !

MINI GOLF MONTMARTRE

21, allée du Phare-aux-Lapins
✆ 05 46 06 56 43

Accessible à tous âges. Ouvert en saison. Se renseigner auprès de la mairie. Restauration sur place.

Ne pensez pas que ce mini golf se trouve à Paris ! Il est bien installé dans la station-village de Saint-Georges-de-Didonne réputée pour sa grande plage familiale. Le lieu est idéal pour passer un moment sympathique entre amis. C'est surtout le cadre qui rend cette activité intéressante. Le mini-golf se situe en plein cœur de la forêt de Suzac, à l'ombre des pins et à l'abri du vent. Une fois votre partie terminée, direction le restaurant. Fondé en 1974, c'est une véritable institution ! Ne pensez pas trouver des plats élaborés, mais plutôt un concept original.

BARZAN

Le village de Barzan et son pendant Barzan-plage qui est un petit complexe balnéaire réalisé dans les années 70, est situé dans le sud-ouest du département. Deux hameaux d'une certaine importance sont situés sur le territoire de la commune : le port des Monards, traversé par le chenal de Maque-souris et Les maison-Neuves qui marque la frontière avec la commune voisine d'Arces-sur-Gironde. Idée de randonnée avec la boucle Barzan-plage - Arces - Fontenille d'une distance de 32 km, située près de Meschers-sur-Gironde. Le sentier longe une rivière et sa difficulté est modérée. Le sentier est principalement utilisé pour l'observation de la nature.

SITE ARCHEOLOGIQUE GALLO-ROMAIN DU FA ★

25, route du Fa ✆ 05 46 90 43 66
www.fa-barzan.com

Qualité Tourisme. Ouverture au grand public de début avril à mi-novembre. Ouvert aux groupes de février à décembre.

Sous vos pieds, 2 000 ans d'histoire ! Claude Masse, ingénieur et géographe de Louis XIV, racontait déjà qu'il devait exister ici « une ville fameuse ». Mais il faudra attendre les années 1970 pour que des photographies aériennes dévoilent l'ampleur de l'agglomération gallo-romaine. Ce site était bien une ville d'importance à l'image des deux capitales régionales de Saintes et Bordeaux. Les chantiers de fouilles programmés permettent de découvrir un peu plus cette cité antique.

AUBERGE DES MONARDS €€

Le Port ✆ 05 46 90 44 44
www.aubergedesmonards.fr

Haute saison : tous les jours le midi et le soir. Menus de 28 € à 42 €. Formule du midi : 17 €. Terrasse.

Située à 20 minutes de Royan, cette Auberge offre une pause agréable aux voyageurs désireux de s'offrir un repas sur une terrasse ombragée. La cuisine est authentique, le service discret et rapide. On peut y déguster des plats régionaux et des plats inspirés par l'océan : soupe de poisson faite maison, escargots farcis, mouclade, cabillaud à la provençale, encornets farcis… Les menus donnent envie de naviguer : matelot, capitaine et bien sûr le menu de la mer. Une belle note pour le menu du jour, servi même le samedi midi, qui offre un bon rapport qualité-prix.

MESCHERS-SUR-GIRONDE ★

Surplombant l'estuaire de la Gironde, Meschers (prononcer Méché) est un site exceptionnel. Dans les falaises environnantes, des cavités naturelles, modelées et aménagées par l'homme, ont servi de refuge aux protestants persécutés. Équipés de cheminées, ravitaillées en eau courante par les eaux d'infiltration, ces abris devinrent plus tard des habitations comme les autres, juste un peu plus originales... Ici, l'océan est omniprésent, lors d'une promenade au port sur les quais bordés de restaurants, allongé sur le sable de l'une des cinq plages ou lors d'une promenade au square de la Guicharde. La vue est splendide, l'océan s'étire à perte de vue.

BALADE DANS MESCHERS

Ouvert toute l'année.

Surplombant l'estuaire de la Gironde, Meschers (prononcer Méché) est un site unique. Dans les falaises environnantes, des cavités naturelles, modelées et aménagées par l'homme, ont servi de refuge aux protestants persécutés. Équipés de cheminées, ravitaillés en eau courante par les eaux d'infiltration, ces abris devinrent plus tard des habitations comme les autres, juste un peu plus originales ! La promenade invite irrémédiablement à se rapprocher de l'océan, que ce soit au port, s'arrêtant à la terrasse d'un restaurant pour boire un café en humant l'air iodé.

GROTTES MUNICIPALES DU REGULUS ★

81, boulevard de la Falaise © 05 46 02 55 36
www.grottesduregulus.com

Ouvert 7j/7. Adulte 5,50 €. Enfant 3,80 €. Nocturne adulte 8 € et enfant 6 €. Déambulation : tarif unique 2,50 €.

C'est l'un des sites à visiter en Charente-Maritime. Situées au cœur de Meschers – station balnéaire au sud de Royan –, les grottes municipales du Régulus ont été aménagées par l'homme pour y servir d'habitat ou de refuge. Ces cavités naturelles ont notamment été habitées de manière durable aux XIXe et XXe siècles avec l'arrivée de la mode des bains de mer. Les enfants découvriront autrement ces grottes avec la petite crevette Minidik qui leur pose quelques questions.

PAYS ROYANNAIS

AU COEUR DU VRAC

41, rue paul massy
✆ 05 46 23 40 65
www.aucoeurduvrac.fr

Ouvert tous les jours de 9h à 18h.

Au Cœur du Vrac - Coffee Shop Barista & Epicerie Bio Vrac est un établissement spécialisé dans les boissons expresso thé & café du monde. Plus qu'une simple tendance, c'est désormais un phénomène « éco-responsable » qui s'inscrit durablement ! Dans cet espace, vous trouvez un large choix de produits d'épicerie et d'alimentation bio. Véritable « barista » aussi et surtout, car on est ici avec des spécialistes équivalents à des sommeliers du café avec leur savoir-faire et leur expérience. Plus de 50 cafés savoureux et des produits biologiques en vrac de Charente-Maritime.

© AU COEUR DU VRAC

© AU COEUR DU VRAC

GROTTES DE MATATA ★

67, boulevard de la Falaise ✆ 05 46 02 70 02
www.grottesdematata.com

Haute saison : 7j/7 de 10h à 19h. Gratuit jusqu'à 5 ans. Adulte 5 €. Enfant 3,50 €. Restauration - hôtel.

Les Grottes (Matata et Régulus) sont référencées parmi les sites les plus remarquables de Charente-Maritime. Dominant le plus grand estuaire d'Europe, elles constituent un lieu unique qui a servi durant des siècles de refuges aux hommes se protégeant des animaux féroces. Après une visite, vous ferez une halte à la crêperie et vous vous régalerez de délicieuses galettes de sarrasin garnies et de crêpes de froment. Et si vous n'arrivez pas à quitter cet endroit si particulier, prolongez votre séjour dans l'hôtel qui propose une vue panoramique sur l'estuaire.

PLAGES DE MESCHERS-SUR-GIRONDE ★

Ouvert toute l'année.

La côte atlantique est jalonnée de jolies stations balnéaires. Si Royan est sans doute la plus célèbre, Meschers-sur-Gironde, n'en demeure pas moins connue avec ses 5 plages. Les promeneurs peuvent même se rendre au port pour profiter de l'ambiance iodée. La plage des Nonnes est l'une des plus fréquentées ; la plage de Suzac est à la fois la plus grande et la plus sauvage. La Conche de Cadet est préservée tandis que l'Arnèche est intimiste et celle des Vergnes surveillée.

RESTAURANT BISTROT DU PORT €

39-40, sur le port
✆ 05 46 02 78 58

Haute saison : 7j/7 le midi et le soir. Menu unique à 29 €. Plateaux de fruits de mer de 25 € à 58 €. Vente à emporter.

Ce restaurant est situé au cœur du port de Meschers. Si vous avez envie de prendre place en terrasse pour vous laisser bercer par une ambiance marine, mieux vaut réserver, car l'adresse connue. Le personnel est attentif et souriant, les plats sont copieux joliment exécutés et les fruits de mer sont d'une grande fraîcheur. La carte est suffisamment grande pour que chacun se fasse plaisir, notamment avec la formule qui permet de s'offrir un déjeuner d'un très bon rapport qualité-prix.

MORTAGNE-SUR-GIRONDE

C'est l'un des endroits les plus beaux de la Charente-Maritime. La légende prétend même que Charlemagne serait venu se reposer dans cette cité jadis occupée par les Romains. Vous aussi, laissez-vous séduire par le charme et le calme de cette petite bourgade, située à seulement 20 km des premières plages. Pour découvrir le village, empruntez le « chemin creux », cette voie pédestre qui fait le lien entre le bourg et la rive. La ville basse offre un cadre enchanteur avec cette magnifique lumière qui apporte tant de chaleur aux maisons de pierres et au port, à l'abri des falaises, qui était autrefois l'un des plus importants du département. Pour admirer ce port entouré de marais, prenez de la hauteur ! Rendez-vous sur le belvédère qui, avec sa table d'orientation, propose une des plus belles vues sur l'estuaire de la Gironde. La ville haute est propice à la promenade à travers les ruelles et les maisons de pierres blanches. Le Petit Futé vous invite à parcourir la route qui relie cette jolie cité à celle, remarquable, de Talmont-sur-Gironde. Un peu moins de 14 kilomètres séparent ces deux lieux, mais le spectacle est garanti. La route s'élève au-dessus de l'estuaire de la Gironde et propose de fabuleux panoramas ! Inutile de rouler vite, prenez le temps de savourer ces paysages et même de vous arrêter, pourquoi pas, devant le port de Saint-Seurin-d'Uzet, autrefois capitale française du caviar.

JARDIN & CHÂTEAU DE BEAULON

25, rue Saint-Vincent
SAINT-DIZANT-DU-GUA
✆ 05 46 49 96 13
chateau-de-beaulon.fr/parcs-fontaines
Mai-septembre : tous les jours de 10-18h. Octobre-avril : lundi-vendredi, 9-12h/14-18h. Weekend sur rendez-vous. 6/8 €.

Situés à 30 minutes de Talmont sur Gironde, ces jardins ordonnancés sont composés de pelouses et de massifs colorés. Sur 13 hectares, le parc dispose d'essences rares et séculaires. Il se dessine à la française avant de prendre des atours anglais à l'approche et autour des sources. Impossible d'y flâner sans avoir un regard pour le jardin Bleu qui habille les vastes pelouses de plantes aromatiques. Au cœur de cette futaie romantique, se trouvent des fontaines à la couleur bleutée !

L'ERMITAGE MONOLITHE DU IIE SIÈCLE ★

Ville basse
✆ 05 46 90 62 95
Ouvert toute l'année. Tous les jours. Gratuit. Coordonnées téléphoniques de Madame Kerninon.

L'ermitage et la chapelle monolithe se dressent à environ 600 mètres au sud de la ville basse. Creusée aux flancs de la falaise morte, on devrait cette curiosité religieuse et historique à saint Martial. Ces grottes ont été aménagées et occupées par des moines au IVe siècle. La mer arrivant au pied des falaises, les navigateurs en détresse pouvaient, grâce à un « amer », se repérer et y trouver refuge. L'ermitage était un relais secondaire sur le chemin de Saint-Jacques-de-Compostelle.

JARDIN & CHÂTEAU DE BEAULON

25, rue Saint-Vincent
SAINT-DIZANT-DU-GUA
✆ 05 46 49 96 13
chateau-de-beaulon.fr/parcs-fontaines
Mai à septembre : 7j/7 de 10h à 18h. Octobre à avril : du lundi au vendredi de 9h à 12h et de 14h à 18h. Entrée : 8 €.

© CHRISTIAN THOMAS

Cette magnifique propriété a su se préserver des méfaits du temps. Le château a été construit en 1480, à la fin du règne de Louis XI. Entre influence du gothique flamboyant et premiers échos de la Renaissance, ce bijou d'architecture est le témoin de plus de cinq siècles d'histoire. Le pigeonnier, droit féodal et coutumier, compte 5 000 nids ; datant de 1740, il possède une architecture simple en adéquation avec le parc. Celui-ci est un véritable écrin classé sur 13 ha !

PAYS ROYANNAIS

TOUR DE BEAUMONT

Route de Port-Maubert

Accessible toute l'année.

Cette tour est installée au sommet d'une colline. Rien de mieux pour les marins que d'en faire un amer, un point de repère, pour se rendre avec une plus grande facilité vers le port de Mortagne. Mais qui a créé ce drôle d'édifice ? Le petit Futé aime les histoires et vous propose sa version. Décidée à boucher la Gironde, la mère de Gargantua aurait déversé des tas de cailloux dans l'estuaire. Les marins n'avaient alors d'autre choix que de les enlever, formant ainsi une tour... En fait, ce fanal a été reconstruit au XIXe siècle sur l'emplacement d'une tour...

TALMONT-SUR-GIRONDE ★

Ce site exceptionnel, niché sur un promontoire rocheux surplombant les eaux de la Gironde, se découvre au fil des pas. Figurant parmi les « Plus beaux villages de France », cette ancienne cité fortifiée se prête idéalement à la flânerie. Les jolies ruelles pavées, fleuries de roses trémières, mènent vers de jolies boutiques devant lesquelles le promeneur s'arrête, bercé par l'atmosphère marine. Le chemin mène naturellement vers l'église Sainte-Radégonde, véritable joyau construit au XIIe siècle et son cimetière marin. Derrière le monument, la promenade des remparts propose une vue ravissante sur l'estuaire et les falaises. Une étape incontournable.

ÉGLISE SAINTE-RADEGONDE ★★

Accès libre et gratuit. Ouvert toute l'année.

© PATLEEM - FOTOLIA

Cette église ponctue une jolie visite à travers les ruelles de l'un des plus beaux villages de France. En flânant le long des remparts, vous serez charmés par la silhouette d'un édifice construit au XIIe siècle par les bénédictins. Joyau de l'Art roman saintongeais, Sainte-Radegonde est autant magnifiée par la mer que fragilisée par ses assauts. Son clocher carré très sobre, les voussures restaurées de son portail nord orné d'anges et d'acrobates et le cimetière marin qui la borde – coloré par les traditionnelles roses trémières – lui confèrent tout son charme.

MUSÉE D'HISTOIRE LOCALE ET DE LA PÊCHE ★

Rue de l'Eglise

✆ 05 46 90 43 87

Horaires variables sur le site de la mairie.

Entrer dans ce lieu, c'est découvrir de façon vivante l'histoire de la « ville close » : sa création par les Anglais en 1284, sa destruction par les Espagnols en 1652... On apprend également que Talmont a failli devenir un port américain à la fin de la Première Guerre mondiale. Il aborde également l'économie locale, notamment où la pêche à l'esturgeon était autorisée dans l'estuaire. Réhabilité en 2002, il dispose d'une riche collection permettant au visiteur d'appréhender l'histoire.

DOMAINE LE TALMONDAIS

58, avenue de l'Estuaire

✆ 05 46 74 38 67

letalmondais.vignoblesarrive.eu

Ouvert toute l'année.

Ce domaine viticole ouvert à la visite appartient aux Vignobles Arrivé, avec Château Bellevue, Domaine du Taillant et Domaine Elisabeth. La famille Arrivé a fait le choix d'y replanter les 10 hectares de vignoble avec une sélection des plus prestigieux cépages français, et de travailler en agriculture biologique. La Falaise du Caillaud offre un site incroyable aux vignes, et vous pourrez vous y promener dans le cadre des visites qui y sont organisées. Une boutique de dégustation-vente vous permettra de découvrir l'ensemble des vins qui y sont produits.

LA SAINTONGE

La Saintonge est une province dont les limites ont varié plusieurs fois. Partie intégrante de la province romaine d'Aquitaine durant l'Antiquité, elle est placée par la suite et selon les époques dans la mouvance des rois et ducs d'Aquitaine, comtes d'Anjou et de Poitiers. La Saintonge est aujourd'hui une région naturelle aux multiples aspects économiques et géographiques, à cheval sur 3 départements : la Charente-Maritime, un quart sud-ouest de la Charente et l'extrême-sud des Deux-Sèvres. Le saintongeais est, au même titre que le basque, une véritable langue toujours vivante. Nombreux y sont les sites et édifices remarquables, sans parler de ceux construits avec sa pierre blanche caractéristique : vestiges gallo-romains à Saintes, nombreuses églises romanes que l'on trouve dans la plupart des villages, fortifications du littoral (Fort-Boyard, Brouage...), châteaux (Rochecourbon, Barbezieux, Taillebourg...), ponts de l'estuaire...

BREUIL-MAGNÉ
SAINT-LAURENT-DE-LA-PRÉE
PORT-DES-BARQUES
Tonnay-Charente
ROCHEFORT ★★★
Lussant
Tonnay-Boutonne
SAINT-COUTANT-LE-GRAND
Landes
SAINT-JEAN-D'ANGE
Les Nouillers
MOËZE
Bords
SAINT-SAVINIEN ★
BROUAGE
BEURLAY
CRAZANNES
PORT-D'ENVAUX
PONT-L'ABBÉ-D'ARNOULT
Le Breuil
Marennes
SAINT-JEAN-D'ANGLE
Bussac-sur-Charente
LA TREMBLADE ★
Corme-Royal
SAINT-CÉSAI
NIEULLE-SUR-SEUDRE
SAINTES ★★★
CHANIERS
Étaules
Les Mathes
Saint-Augustin
SAUJON
VAUX-SUR-MER
SAINT-PALAIS-SUR-MER ★
ROYAN
Rioux
Saint-Georges-de-Didonne
Océan Atlantique
Cozes
PONS ★
Gémozac
Le Verdon-sur-Mer
Talmont-sur-Gironde
Soulac-sur-Mer
MORTAGNE-SUR-GIRONDE
Saint-Genis-de-Saintonge
Talais
Grayan-et-l'Hôpital
Saint-Dizant-du-Gua
Jau
La Gironde
Saint-Ciers-du-Taillon
L'hôpital
Vensac
MIRAMBEAU ★
Queyrac
Bégadan
Saint-Christoly-Médoc
Soubran
Vendays-Montalivet
Bourgueyraud
Lesparre-Médoc
Saint-Seurin-de-Cadourne
Saint-Aubin-de-Blaye
Saint-Estèphe
Braud-et-Saint-Louis
La Saintonge
Vertheuil
Leyssac
Le Pouyalet
Anglade
Étauliers

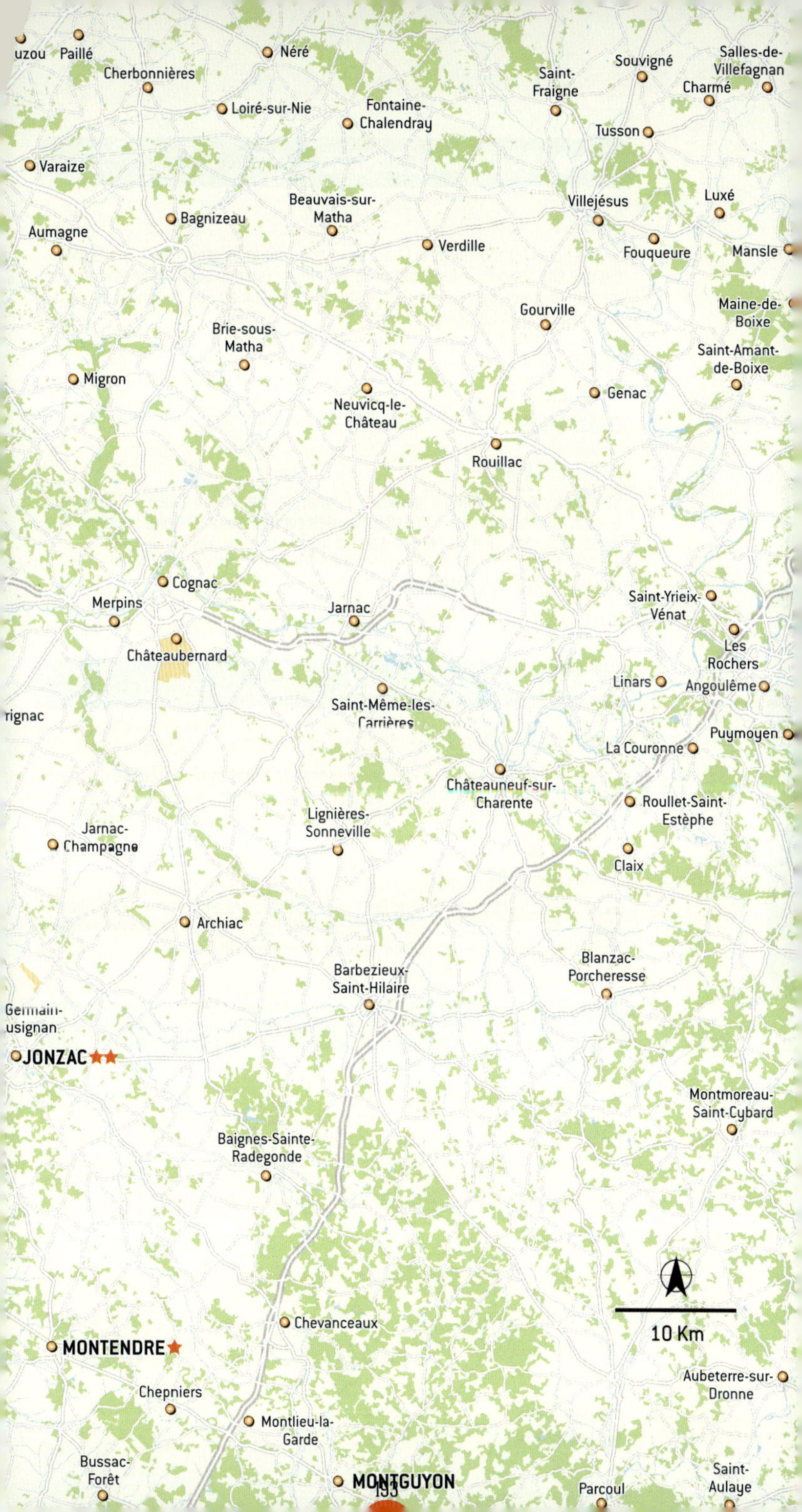

uzou
Paillé
Néré
Cherbonnières
Loiré-sur-Nie
Fontaine-Chalendray
Saint-Fraigne
Souvigné
Salles-de-Villefagnan
Charmé
Tusson
Varaize
Bagnizeau
Beauvais-sur-Matha
Villejésus
Luxé
Aumagne
Verdille
Fouqueure
Mansle
Gourville
Maine-de-Boixe
Brie-sous-Matha
Saint-Amant-de-Boixe
Migron
Neuvicq-le-Château
Genac
Rouillac
Cognac
Merpins
Jarnac
Saint-Yrieix-Vénat
Châteaubernard
Les Rochers
Linars
Angoulême
rignac
Saint-Même-les-Carrières
Puymoyen
La Couronne
Châteauneuf-sur-Charente
Roullet-Saint-Estèphe
Lignières-Sonneville
Jarnac-Champagne
Claix
Archiac
Blanzac-Porcheresse
Barbezieux-Saint-Hilaire
Germain-usignan
JONZAC
Montmoreau-Saint-Cybard
Baignes-Sainte-Radegonde
10 Km
Chevanceaux
MONTENDRE
Aubeterre-sur-Dronne
Chepniers
Montlieu-la-Garde
Bussac-Forêt
MONTGUYON
Parcoul
Saint-Aulaye

PAGES

195 ●● LA SAINTONGE ROMANE

195 SAINTES ★★★
Sur les bords tranquilles de la Charente, au cœur de la Saintonge Romane, Saintes est une cité historique exceptionnelle, escale sur l'un des quatre grands chemins menant à Saint-Jacques-de-Compostelle après Aulnay-de-Saintonge et Saint-Jean-d'Angély en Charente-Maritime.

197 BEURLAY

197 CHANIERS

198 CRAZANNES

198 SAINT-CÉSAIRE ★
Saint-Césaire, située entre Saintes et Cognac, au cœur de la vallée du Coran, est surtout connu pour son Paléosite, l'un des centres de préhistoire les plus modernes d'Europe. Une visite incontournable si vous êtes dans la région.

200 PONT-L'ABBÉ-D'ARNOULT

200 PORT-D'ENVAUX

201 ●● LA SAINTONGE DORÉE

201 SAINT-JEAN-D'ANGÉLY ★
Située au cœur du pays des Vals de Saintonge et à proximité immédiate d'un axe routier de première importance, Saint-Jean-d'Angély est une étape majeure sur la route de Saint-Jacques-de-Compostelle. La ville est aussi chargée d'histoire.

204 SAINT-SAVINIEN ★
Saint-Savinien détient le label de Petite Cité de Caractère ainsi que celui de Ville et Métiers d'Art. Cette cité de pierre les pieds dans l'eau, l'une des plus pittoresques de la Saintonge Dorée, est nichée dans un méandre de la Charente.

205 ●● LA HAUTE-SAINTONGE

205 JONZAC ★★
Pour découvrir Jonzac, commune labellisée Station Verte, rien de mieux pour le visiteur curieux que de regarder de tous côtés. Il remarquera ainsi la porte de ville (XVe siècle, classée aux Monuments historiques), la ruelle médiévale de Champagnac, le pont de pierre (XIXe siècle) qui relie le quartier des Carmes à celui du château, ou encore l'habitat en pierre du pays.

209 MIRAMBEAU ★

209 PONS ★
Cette cité médiévale est installée à mi-chemin entre Saintes et Cognac. Juchée sur un promontoire rocheux, cœur historique de la ville, Pons domine la Seugne qui dessine plus bas de nombreux méandres.

212 MONTENDRE ★

212 MONTGUYON

SAINTES ★★★

Deuxième plus grande ville de Charente-Maritime, Saintes est située au cœur de la Saintonge. Porte d'entrée vers le sud, traversée par la Charente, la cité est réputée pour sa douceur de vivre. Le voyageur vient goûter à cette douce atmosphère, mais aussi se plonger dans l'histoire en contemplant les hôtels particuliers baignés de lumière qui longent les quais et se blottissent dans le centre historique. Classée « Ville d'art et d'histoire » depuis plus de 30 ans, Saintes s'est engagée dans une démarche de conservation de son riche patrimoine qui est chaque année mis en avant. Comme sa grande sœur rochelaise, Saintes se prête idéalement à la flânerie !

L'ABBAYE AUX DAMES ✞ ★★

11, place de l'Abbaye ✆ 05 46 97 48 48
www.abbayeauxdames.org
Haute saison du 1er mai au 30 septembre.
Basse saison du 1er octobre au 30 avril.
Horaires et tarifs voir site internet.

La grande dame de pierre a été fondée par Agnès de Bourgogne et Geoffroy Martel, comte d'Anjou. Premier couvent pour femmes de la Saintonge, l'abbatiale Notre-Dame est un des joyaux de l'art roman saintongeais. Le clocher, en forme de pomme de pin et couvert d'écaille de pierre, se visite. Vous découvrirez les bâtiments conventuels où étaient jadis éduquées les jeunes filles nobles. L'Abbaye aux Dames est désormais la cité musicale. Le Festival de Saintes (50e édition en 2021), le Jeune Orchestre de l'Abbaye, un programme d'éducation artistique et le site historique de l'abbaye en sont les piliers. Surtout, l'abbaye propose une visite unique en France : Musicaventure. Il suffit de se munir d'un casque pour une découverte à la fois sensorielle et connectée ! Innovation technologique et histoire ne font qu'une et le son 3D vous permet une immersion complète. L'abbaye propose une autre expérience unique : le Carrousel musical, un surprenant manège abrité par une coque de miroirs. Prenez place devant l'un des 24 instruments géants et laissez-vous séduire par une mélodie originale. La musique se vit de multiples façons, en s'installant près du cloître, dans un transat, la Sieste Sonore vous permettra de revivre en musique les concerts emblématiques du Festival de Saintes. Mais l'abbaye accueille aussi tous ceux voulant passer une nuit dans les anciennes cellules des nonnes. 33 chambres sont disponibles. L'occasion rêvée de s'imprégner du charme des lieux et de s'accorder une nuit insolite au cœur de la cité.

CATHÉDRALE SAINT-PIERRE ★

Place du Synode

Accès libre de 9h à 19h.

© HCAST S- STOCK.ADOBE.COM

Au XIIe siècle existait déjà une cathédrale romane dont il subsiste la coupole du croisillon sud. La réédification, débutée au XVe siècle, fut interrompue par les guerres de Religion qui endommagèrent la nef ; reprise au XVIIe siècle, elle fut poursuivie jusqu'au XVIIIe, sans jamais être achevée. Résultat : un édifice étrange à l'imposant clocher recouvert d'un dôme de plomb, un intérieur lumineux avec à l'entrée ses poutres apparentes, dépouillé et composite où se côtoient le roman, le gothique et le style Renaissance, et pour finir un cloître du XIIIe siècle.

CHÂTEAU DE LA ROCHE COURBON ★★

SAINT-PORCHAIRE

✆ 05 46 95 60 10

www.larochecourbon.fr

Basse saison : ouvert lundi-samedi 10-12h / 14-18h. Haute saison : 10-19h. Visite libre des jardins, parcs et grottes.

C'est assurément l'un des châteaux les plus remarquables de Charente-Maritime. Et pourtant, il a bien failli disparaître ! C'est à Paul Chénereau que l'on doit sa sauvegarde et à Pierre Loti qui lance un appel dans le Figaro en 1908. Au fil des années, le château est remis en état à l'image du jardin à la française qui séduit toujours autant les quelque 35 000 visiteurs qui viennent l'admirer chaque année. L'ensemble des pièces qui se visitent retrace l'évolution de l'architecture intérieure au fil des siècles. On découvre ainsi la magnifique cuisine et salle à manger saintongeaise avec ses chaudrons en cuivre et son tournebroche à manivelle... Pour admirer cet ensemble harmonieux jalonné de statues et de parterres géométriques, un escalier monumental placé derrière la pièce d'eau principale offre au visiteur un panorama étonnant et magique. Déjà classé Monument historique (tout comme le château), ce parc a obtenu en 2004 le label « Jardin Remarquable ». Le château est le théâtre d'un grand nombre d'événements tout au long de l'année comme le rendez-vous aux Jardins le premier dimanche de juin. Futé, enfant et parents pourront s'amuser dans l'une des trois salles d'Escape Game. Chacune promet un vrai moment de plaisir. Le but : résoudre des énigmes pour parvenir à vous échapper ! La première vous invite à vous immerger dans le XVIIe siècle, la deuxième à vous plonger dans le temps et la troisième – nouveauté cette année – à dénicher une cachette.

L'AMPHITHÉÂTRE GALLO-ROMAIN ★

20, rue Lacurie ✆ 05 46 97 73 85

www.ville-saintes.fr

Octobre-avril : mardi-samedi 10-12h30 et 13h30-17h, dimanche 14–17h30. Mai-septembre : lundi-dimanche 10-19h. Adulte 4 €

Construit sous le règne de Claude vers 40 apr. J.-C. au cœur d'un vallon naturel, l'amphithéâtre de Saintes est l'un des plus anciens de Gaule. Ce lieu chargé d'histoire garde précieusement ses secrets. Après avoir servi de carrière de pierre au Moyen Age, les arènes ont été en voie de réhabilitation dès le XXe siècle et encore aujourd'hui. Malgré la disparition des superstructures, les vestiges rendent une image fidèle de ce que pouvait être cet amphithéâtre du temps de sa splendeur.

FERME DE CHEZ PICHÉ €

21 a, Chez Piché - **CHÉRAC**

✆ 0630181725

www.chambre-hotes-chezpiche.com

Chambre simple 55 € ; chambre double 60 € ; chambre triple 80 €. Petit déjeuner inclus. Lit supplémentaire : 15 €.

Au cœur des vignes, ce logis du XVIIIe siècle dans une ferme viticole propose trois chambres avec vue sur la ferme ou le vignoble. Vous trouverez là un cadre rustique, des chambres confortables et immaculées et la possibilité de déguster le pineau et le cognac produit ici même par les vignerons. Aux alentours, chemins de randonnée, balades à VTT, pêche... les activités de détente et les découvertes ne manquent pas. Martine vous servira un copieux petit déjeuner autour d'une grande table afin que les hôtes se retrouvent pour un moment de convivialité.

LE DALLAISON €€

89, avenue Gambetta
✆ 05 46 92 08 18
www.ledallaison.com
Mardi le soir, mercredi-samedi le midi et le soir. Menus 33 € à 45 €. Formule du midi : 20,50 € (mercredi-vendredi).

Ce restaurant 1 étoile Michelin, non loin de la Charente, est une adresse délicate propice à l'éveil des sens. Jérôme, qui s'est formé auprès de grands chefs, propose une cuisine gourmande et subtile servie avec le sourire par Coralie. La salle est cosy et chaleureuse avec de jolies tables en bois suffisamment espacées pour que chacun profite pleinement du moment. La carte met en avant des produits de saison, bien assaisonnés et prenant place dans des assiettes dressées avec soin. Le service est à l'image de la cuisine : maîtrisé et raffiné.

CHANIERS

Située au cœur de la Charente, Chaniers s'inscrit dans un territoire hautement touristique, entre terre et mer. Si Chaniers est parfois surnommée « la commune aux cent villages », elle bénéficie de nombreux atouts lui permettant d'être une commune attractive aux portes de Saintes. Bordée par la Charente, Chaniers est devenue une commune recherchée. Le centre-bourg, situé près du fleuve, s'organise autour de la place Saint-Pierre, où se trouve l'église. Les historiens insistent plutôt sur le passé historique de la commune en rapport étroit avec la poterie, car le village voisin, La Chapelle-de-Pots était un grand centre de production médiévale.

BEURLAY

Afin de valoriser davantage l'importance de la pierre dans le patrimoine local, le conseil général a mis en place en 2005 un parcours de découverte (le Chemin de la Pierre) entre les communes de Crazannes et Port-d'Envaux. À Crazannes, outre le Pôle Nature, vous découvrez le village et sa Maison des Pierreux (typiquement saintongeaise, elle présente des expositions sur les métiers de la pierre, des documents historiques et des outils originaux) et le port de la Touche (ancien lieu d'embarquement de la pierre de taille, il est aujourd'hui propice à la pêche et au pique-nique). Plusieurs sentiers ont été balisés permettant de relier les différents sites.

CABANE DANS L'ARBRE ET CHALETS SUR PILOTIS €€

65, rue Aliénor-d'Aquitaine
✆ 05 46 91 02 20
www.campingbelleriviere.fr
Ouvert d'avril à novembre. Cabane : 128 € la nuit pour 2 personnes. Restauration.

Le camping familial de Belle Rivière profite d'un bel environnement, à proximité de la Charente, et permet de dormir dans une cabane perchée à plusieurs mètres du sol. L'occasion de vivre une expérience unique. A vous de choisir si vous désirez dormir dans un chalet sur pilotis offrant une vue idyllique sur le fleuve ou prendre place dans une cabane nichée dans un platane centenaire à plus de 9 m de haut. D'autres logements sont disponibles comme les mobil-homes ou bungalows toilés.

LA SAINTONGE

LES GALETTES DE BEURLAY

Sur la N137 ✆ 05 46 95 62 15
www.patisseriebeurlay.fr
Haute saison : ouvert du lundi au vendredi de 9h à 12h30 et de 13h30 à 19h ; le samedi de 9h à 12h30 et de 14h30 à 19h.

« *J'aime la galette. Savez-vous comment ? Quand elle est bien faite. Avec du beurre dedans* ». Pour être sûr de déguster une galette de qualité, une seule destination : Beurlay. Il suffit de traverser la commune pour trouver le bâtiment dans lequel sont fabriquées ces pâtisseries depuis 1848. Depuis quatre générations, la galette n'a cessé d'être l'un des produits symboliques du département. Il faut dire qu'elle charme au premier regard. Ronde et dorée, elle était autrefois dégustée seulement lors de manifestations importantes comme les baptêmes ou les mariages.

LE MOULIN DE LA BAINE €€

14, rue Colbert
✆ 05 46 91 12 92
www.moulin-baine.com
Haute saison : 7j/7 midi et soir. Jardin. Terrasse. Formule du midi : 18,10 €

Ce restaurant dispose d'une situation unique, à proximité du fleuve Charente contre lequel il est lové et seulement à 15 minutes de Saintes. En venant ici, vous prendrez place dans un cadre surprenant, un moulin du XVIIe siècle qui fournissait la farine à la marine royale. En saison, la terrasse est idéale pour déjeuner en admirant la Charente. A l'intérieur, les salles proposent un décor typique. Le moulin de la Baine met en avant une cuisine traditionnelle avec plusieurs menus, dont la formule du midi. L'offre est suffisamment variée pour faire plaisir à tous

PINEAU - COGNAC BOSSUET

2, chemin des Terrières ✆ 05 46 91 51 90
www.logisdefolleblanche.fr

Ouvert toute l'année. La visite et la dégustation sont gratuites. Toute l'année, accueil des particuliers. Boutique.

Pour acheter et déguster le cognac, rendez-vous à Chaniers, au cœur des vignes où dresse une demeure charentaise du XVIIe siècle, le Logis de la Folle Blanche, propriété de la famille Bossuet. Vous y découvrirez des produits artisanaux : cognac, pineau des Charentes, crèmes et liqueurs... Vous tomberez sous le charme d'un superbe alambic en cuivre et du chai de garde au beau milieu des fûts où l'on vous contera le vieillissement de « la liqueur des dieux » avant de finir par la dégustation des différents produits récompensés par 67 médailles en plus de 37 ans !

CHÂTEAU DE CRAZANNES ★

24,, rue du Château
✆ 05 46 90 15 94
www.crazannes.com

Ouvert du 1er avril au 31 décembre. Haute saison : 7j/7 de 10h à 19h. Adulte : 9 € (5 € pour les jardins).

Plus qu'un simple édifice historique, le château de Crazannes est l'un des trésors de la Saintonge. Classé Monument historique, il est aussi appelé « le château du Chat botté », car il a inspiré à Charles Perrault son célèbre conte. Château féodal au XIe siècle, il surveillait le village et la Charente. La nuit tombée, le château se transforme en chambre d'hôtes pour offrir aux visiteurs un séjour dans une atmosphère unique. Cinq chambres lumineuses et restaurées avec soin sont accessibles avec mobilier d'époque et une vue ravissante sur le parc.

CRAZANNES

Célèbre village de Charente-Maritime grâce à ses carrières et à son château, classé Monument historique en 1913 et qui est l'un des châteaux les plus anciens de la Saintonge. Depuis la carrière de Crazannes, d'énormes blocs de pierre étaient transportés en gabare sur la Charente pour être exportés vers l'Europe tout entière : la cathédrale de Cologne est bâtie avec de la pierre de Crazanne. On raconte que le socle de la statue de la Liberté en serait également constitué... Les carrières voient leur exploitation stoppée à partir de la Seconde Guerre mondiale, ce matériau n'étant alors que peu utilisé. Un pôle nature et un musée y sont créés.

SAINT-CÉSAIRE ★

Partez à la rencontre de l'Homme de Néandertal ! Saint-Césaire est surtout connu pour son Paléosite, l'un des centres de préhistoire les plus modernes d'Europe avec la découverte du site de Pierrette, un squelette de femme Néandertal ! C'est aussi durant la Première Guerre mondiale que le village a payé un lourd tribut avec un grand nombre de jeunes soldats de la commune, victimes de ce conflit... Cette commune est située entre Saintes et Cognac, au cœur de la vallée du Coran. L'église de style roman, les fontaines et lavoirs, la pisciculture du Moulin neuf sont parmi les sites à voir. Déjeunez au restaurant Les Bujoliers, une adresse sympathique.

LES CARRIÈRES DE CRAZANNES ★

A 837 ✆ 05 46 91 48 92
www.pierre-de-crazannes.fr

Tous les horaires variables sont sur le site. Visites guidées ou non. Atelier initiation sculpture : 7 €/personne.

Inexploitées depuis plusieurs décennies, les Carrières de Crazannes offrent aujourd'hui un paysage insolite d'arches perdues. Grâce à un sentier sécurisé, vous pourrez parcourir ce site entre abrupts de pierre et gorges étroites envahies par une végétation luxuriante. Vous êtes invités à découvrir l'histoire de ce site surprenant grâce aux visites guidées au cœur des carrières. Durant les 600 mètres de cette plongée le long des parois abruptes vous pourrez observer la faune locale.

LE PALÉOSITE ★★

Route de la Montée Verte
✆ 05 46 97 90 90 - www.paleosite.fr

Tous les horaires et tarifs sur le site. Restauration. Boutique.

À 15 minutes de Saintes, ce centre de préhistoire est l'un des plus modernes d'Europe. Le visiter, c'est s'offrir une immersion dans un lieu unique et partir sur les traces de Pierrette dont le squelette a été découvert sur ces terres en 1979. A la fois espace muséographique et centre d'interprétation, le Paélosite est entièrement consacré à l'Homme de Néandertal. Petit et grand se lanceront à la découverte de celui qui fut le descendant des premiers groupes humains. Toutes les zones sont accessibles aux PMR et la durée de la visite est d'environ 3h30.

Saint-Césaire (17)
PALÉ SITE
SUR LES TRACES DE NEANDERTAL
EN 2021
SCÉNOGRAPHIE RENOUVELÉE
ESCAPE GAME INÉDIT
la Charente Maritime
LE DÉPARTEMENT
SAINTES.AGGELOS.FR © Ubisoft. Mars 2021

PONT-L'ABBÉ-D'ARNOULT

Lèvres de mer, c'est ainsi qu'à la période gallo-romaine Pont-L'Abbé se nommait, en latin « Ponti-labium », alors situé sur le large estuaire de l'Arnoult. En 1047, les terres pontilabiennes ont été cédées par Geoffroy Martell à l'Abbaye Sainte-Marie de Saintes. Entre le XIIe et le XIVe siècle, les conflits entre les abbesses de Saintes et l'occupant anglais furent pour le moins mouvementés comme en témoignent l'église Saint-Pierre, le prieuré, la belle porte de ville, les douves et les souterrains. Aujourd'hui, Pont-l'Abbé est réputé pour ses terres maraîchères et ses fameuses mojhettes, produit phare de la gastronomie saintongeaise.

AUBERGE DE L'ARNOULT - L'ELOISE €€

Avenue Maréchal-Leclerc
✆ 05 46 97 12 50

Ouvert toute l'année. Le dimanche et le lundi le midi ; du mardi au samedi le midi et le soir. Menus de 25 € à 41 €.

Cette auberge, créée en 1931, est un lieu connu de ceux qui traversent la commune de Pont-l'Abbé. Vous serez charmés par le cadre et par l'accueil. On apprécie prendre place autour de jolies tables en bois en écoutant le bois crépiter dans la cheminée où sont grillées les viandes. Le service est irréprochable, la présentation des assiettes recherchée et les produits de qualité. La cuisine, traditionnelle mêlée à quelques pointes d'inventivité, est préparée à base de produits frais.

PORT-D'ENVAUX

Ce village est un bourg plein de charme. L'ancien port batelier fut actif jusqu'au XIXe siècle, avant l'arrivée du chemin de fer qui marque le déclin de la commune. On y transportait la fameuse pierre de Crazannes, utilisée dans de nombreuses constructions comme le fameux Fort Boyard ou la cathédrale de Cologne, mais aussi du sel, du vin et les fameuses poteries de La Chapelle-des-Pots. Ne manquez pas la chaussée de Saint-James, construite sur une ancienne voie romaine. Avec ses 22 arches, dont 3 voûtées d'origine, elle permettait de rejoindre Taillebourg par un pont sur la Charente. Elle constitue un axe de circulation utilisé en temps de crue.

CHÂTEAU DE PANLOY ★

3, domaine de Panloy
✆ 05 46 91 73 23

Haute saison : 7j/7 de 10h à 19h. Avril, septembre et octobre : Tous les jours sauf le lundi de 14h à 18h. Adulte : 9 €

Situé dans la jolie commune de Port-d'Envaux, sur les bords de la Charente, cet ancien château de style Renaissance a conservé les deux pavillons (entre lesquels fut élevé le corps du logis) et offre un exemple d'architecture Louis XV. Voulu par le baron de Saint-Dizant, dont la fille épousa le Comte de Grailly, le château appartient à leurs descendants. A l'intérieur, on admire les boiseries de la salle à manger, les tapisseries de Beauvais et la galerie de chasse. La visite guidée dure près d'une heure et permet à tous de s'imprégner de l'histoire du château.

LES LAPIDIALES ★

✆ 06 76 82 11 02
www.lapidiales.org

Ouvert tous les jours. Gratuit.

Ce lieu, unique en France, doit son importance à Alain Tenenbaum qui souhaitait « créer un espace d'art en perpétuelle évolution ». En 2001, les Lapidiales investissent l'ancienne carrière des Chabossières, à Port-d'Envaux. Depuis, les équipes de sculpteurs se succèdent pour donner vie aux parois de calcaire blanc, comme un témoignage pour les générations futures. En été, quand le soleil décline, la lumière embrase la terre, l'air, l'eau et le feu pétrifiés. Ce site artistique, en constante évolution, embarque le promeneur dans un monde de créativité.

CHÂTEAU MOUILLEPIED*** €€

Mouillepied ✆ 05 46 90 49 88
www.chateaumouillepied.com

11 chambres. Chambre double de 90 € à 150 €. Animaux acceptés. Équipement sur place d'un tivoli

Ce château, datant des XVe et XVIIIe siècles, propose un cadre unique pour une halte d'une nuit ou plus. En arrivant, vous serez charmés par un monument atypique, par des extérieurs bien entretenus. Vous logerez dans le Logis Principal, une grande bâtisse construite au début du XVIIIe siècle par l'ingénieur en chef de l'Arsenal de Rochefort. Pour vous rendre jusqu'à votre chambre, vous emprunterez un ravissant escalier de chêne et d'orme. Les chambres – dont trois suites – possèdent au choix un grand lit ou des lits jumeaux, salles de bains neuves.

SAINT-JEAN-D'ANGÉLY ★

Située au cœur du pays des Vals de Saintonge et à proximité immédiate d'un axe routier de première importance, Saint-Jean-d'Angély est une étape majeure sur la route de Saint-Jacques-de-Compostelle. La ville est aussi chargée d'histoire, en témoigne son rôle stratégique durant le Moyen Age. Au XIIe siècle, Aliénor d'Aquitaine donna, en guise de dot, la Saintonge à son second mari, Henri II Plantagenêt, roi d'Angleterre. Sous Louis XIV, la ville renoue avec la richesse grâce au commerce des eaux-de-vie avant d'être frappée par le phylloxera. Aujourd'hui, la cité – labellisée « deux fleurs » – séduit les promeneurs qui arpentent les ruelles pavées.

FONTAINE DU PILORI ET VIEILLES RUES ★

Centre-ville

Ouvert toute l'année.

Vous apercevrez ce joyau de la Renaissance en plein centre de la cité sur la place du même nom. Au Moyen Âge, le lieu avait mauvaise réputation. Il n'accueillait pas de touristes, mais des condamnés attachés au pilori et tournés en dérision. La fontaine émane de l'ancien château Renaissance de Brizambourg qui tombait en ruines. Les habitants se sont mobilisés pour la sauver en 1819 afin qu'elle soit démontée, parvenant pierre après pierre jusqu'à son emplacement actuel.

ASINERIE DU BAUDET DU POITOU ★

Route de la Tillauderie

DAMPIERRE-SUR-BOUTONNE ✆ 05 46 24 68 94

www.asineriedubaudet.fr

Haute saison ouvert tous les jours de 10h à 12h et de 14h à 18h30. Adulte : 6 €. Enfant : 3 €.

Créée en 1980, l'Asinerie du Baudet du Poitou est un site des Echappées Nature du Département de la Charente-Maritime. Cette maison de site œuvre pour la sauvegarde et la mise en valeur de la plus ancienne race d'âne du monde : le Baudet du Poitou. L'Asinerie s'applique à présenter avec pédagogie son cheptel exceptionnel, évoluant dans un espace naturel et préservé de 55 ha. Plusieurs activités (sur réservation) peuvent être proposées en complément de la visite libre ou guidée.

MUSÉE DES CORDELIERS

9, rue Régnaud

✆ 05 46 25 09 72

Horaires sur le site. Visite-atelier pour les 6-12 ans tous les mercredis de 15h à 17h. Boutique.

Fondé en 1935, ce musée est aménagé dans l'hôtel d'Hausen. L'architecte Hervé Beaudouin a magnifiquement rénové l'ancien Hôtel de la sous-préfecture. Collections de la ville et de la société d'archéologie prennent place dans cet édifice du XIXe siècle qui offre des espaces muséographiques modernes et accueillants. Le parcours du musée invite à découvrir les expéditions Citroën léguées par Louis Audouin-Dubreuil, Angérien d'origine, le chef d'expédition en personne et Maurice Penaud, le chef mécanicien. Un témoignage exceptionnel de la première traversée du Sahara.

CHAPELLE DES BENEDICTINES ✝

Rue Porte-de-Niort

Ouvert toute l'année.

Construite en 1823, cette chapelle était autrefois rattachée au couvent des bénédictines Notre-Dame-des-Anges. L'architecture intérieure présente plusieurs éléments caractéristiques de l'art roman et de l'art gothique. Devenue propriété de la ville en 1992, la Chapelle des Bénédictines, comme la salle d'Aliénor d'Aquitaine, constitue un site de premier choix pour découvrir des expositions qui mettent en avant l'histoire de la ville (se renseigner auprès de l'office du tourisme).

TOURS ET ABBAYE ROYALE DE SAINT-JEAN-D'ANGÉLY ✝

1, rue Louis-Audouin-Dubreuil

✆ 05 46 32 60 60

Visite libre de l'abbaye et des tours 7j/7 de 15h à 18h du 20 juin au 22 septembre. Visite guidée pour les groupes.

Fondée en 817 par Pépin, roi carolingien d'Aquitaine, l'abbaye royale attire une foule de fidèles qui souhaitent se recueillir devant le chef (la tête) de saint Jean-Baptiste, auquel on attribuait des miracles. Pillée par les Vikings en 861, mise à mal par les guerres, l'abbaye est détruite en 1568. Visitez les tours, ouvertes à tous durant la période estivale. L'Abbaye Royale est classée au Patrimoine mondial de l'Unesco au titre des chemins de Saint-Jacques-de-Compostelle.

TOUR DE L'HORLOGE ★

36-42, rue de la Grosse-Horloge

Fermé d´octobre à mai. Ouvert du mardi au dimanche de 10h30 à 12h30 et de 14h30 à 19h. Accès libre. Gratuit.

© JENNY THOMPSON / ADOBE STOCK

Symbole du pouvoir municipal au Moyen Âge, cette tour édifiée au XIIIe siècle se trouve aujourd'hui au cœur de la cité. Entourée de maisons à pans de bois, elle est installée à côté d'un autre monument bien connu des Angériens : la fontaine du pilori. A l'époque, c'est l'une des trois portes assurant la défense d'une ville qui n'a cessé de s'agrandir. La tour est reconstruite au début du XVe siècle symbolisant les libertés et abritant la première charte accordée par Jean sans Terre en 1199. Une cloche à ban servait à convoquer bourgeois et échevins.

OFFICE DE TOURISME DES VALS DE SAINTONGE

8, rue de la Grosse Horloge

✆ 05 46 32 04 72

www.destinationvalsdesaintonge.com

Retrouvez les périodes d'ouverture des 4 bureaux d'information touristique sur le site Internet.

Bienvenue à l'office de tourisme en Vals de Saintonge ! Nichés entre la vallée de la Boutonne et celle de la Charente, en Charente-Maritime, les Vals de Saintonge vous invitent à profiter de la douceur de vivre charentaise. À l'office de tourisme qui vous accueille avec enthousiasme toute l'année, l'équipe vous fera valoir les nombreux attraits de cette région, entre patrimoines historiques et culturels, sites géographiques et « bons plans » restaurants et balades, artisanat, etc.

LA GOULE BENEZE** €

21, avenue du Port-Mahon ✆ 05 46 32 57 67

www.lagoule-beneze.com

Ouvert toute l'année. 10 chambres. Chambres de 64 € à 84 €. Demi-pension : 90 €. Soirée étape : 78 €. Restauration.

Si vous souhaitez faire une halte dans le nord de la Saintonge, cet hôtel plein de charme est sans aucun doute une adresse à retenir. Installé au cœur la cité angérienne, le lieu est réputé non seulement pour l'accueil chaleureux de Dominique et Catherine, mais aussi pour son restaurant. Cette ancienne maison bourgeoise, comporte dix chambres rénovées et décorées avec soin et goût. Les voyageurs bénéficient d'un confort appréciable, avec de beaux volumes. Situé à proximité du centre-ville, l'hôtel dispose d'un restaurant réputé qui fait le bonheur des gastronomes.

L'ÉTOILE DU PORT €€

14, quai de Bernouet

✆ 05 46 32 08 93

www.letoileduport.com

Chambre simple à partir de 65 € ; chambre double à partir de 85 € ; chambre triple à partir de 105 €.

Cet ancien magasin de Cognac datant du XVIIe siècle est ravissant. Chaque chambre, organisée autour du salon, offre un cadre rêvé pour une nuit à deux. Elles combinent joliment cadre authentique avec murs en pierre, poutres apparentes et confort avec notamment des draps en coton égyptien, literie de qualité et une décoration soignée. Les parties communes offrent une ambiance cosy avec des canapés moelleux, une grande cheminée et même une cuisine équipée. Claire est très attentionnée et mettra tout en œuvre pour vous combler durant votre séjour.

LE CABANON €€

2, rue de l'Hôtel-de-Ville

✆ 05 46 32 12 54

Ouvert le lundi et du jeudi au samedi le midi et le soir ; le mardi midi. Menu unique à 24 €. Carte : 20 € environ.

On aime ce petit restaurant de type bistronomique installé au cœur de Saint-Jean-d'Angély. L'accueil est chaleureux, le personnel se montrant attentif tout au long du service. La salle est agréable, la lumière est partout grâce aux baies vitrées, les senteurs joliment présentes avec la cuisine ouverte. Il fait bon prendre place dans de confortables fauteuils autour de petites tables en bois pour découvrir une carte très courte, fraîcheur oblige ! Les plats éveilleront vos papilles avec le risotto à la moelle, pleurotes et truffe noire ou les noix de joues de porc.

HOTEL-RESTAURANT DE LA PLACE €€

Place de l'Hôtel-de-Ville ✆ 05 46 32 69 11
www.hoteldelaplace.net

Ouvert du lundi au samedi de 12h à 14h et de 19h à 21h45. Menus de 28 € à 35 €. Formule du midi : 17,90 €.

Ce restaurant profite d'un emplacement idéal, en plein centre. Ici, on vient profiter d'un accueil charmant et se faire plaisir après avoir fait son marché avec une formule du midi particulièrement alléchante. Le soir, prenez votre temps pour déguster les spécialités de la maison dans un cadre cosy, une pièce aérienne et un comptoir en planches recyclées de chais de cognac vous accueillent à l'entrée. Depuis 20 ans, ce restaurant est entre de bonnes mains avec une cuisine novatrice !

LES JACOBINS €€

26 rue Jacobins
✆ 05 46 32 54 89
www.restaurant-les-jacobins.fr

Ouvert toute l'année du lundi au samedi midi et soir. Menus de 16,90 € à 25 €. Terrasse. Vente à emporter.

Ce restaurant en plein centre-ville, propose de découvrir la cuisine italienne. L'accueil y est volontiers agréable donnant envie de prendre place dans une salle au décor sobre. Aux beaux jours, on s'installera volontiers en terrasse, qui bien que petite, offre un cadre sympathique. L'avantage ici ? Un large choix de menus permettant à toute la famille de se faire plaisir. Au déjeuner, vous aurez accès à la formule Presto, accessible même le samedi midi ! Rester en France en dévorant une salade, une grillade ou partir en Italie avec des pizzas.

LE MAREYEUR €€

7, place André-Lemoyne
✆ 05 46 59 01 20

Haute saison : tous les jours le midi et le soir. Menus de 16,50 € à 32 €. Plateau de fruits de mer. Terrasse.

Ce restaurant profite d'une situation tout à fait agréable, sur une place paisible non loin de l'Abbaye. Les jeunes propriétaires proposent un accueil charmant et le service se déroule de façon dynamique. Côté décoration, le restaurant se refait une beauté, de bon augure pour tous les amateurs de fruits de mer qui connaissent depuis longtemps cette adresse. La carte, toute de bleu vêtue, évoque évidemment l'océan et ses richesses. Anaïs et sa brigade féminine travaillent des produits d'une grande fraîcheur qui prennent place dans des assiettes colorées.

LE SCORLION €€

5, rue de l'Abbaye
✆ 05 46 32 52 61
www.restaurant-le-scorlion.fr

Haute saison : ouvert du mardi au samedi de 12h à 13h30 et de 19h à 21h30 ; le dimanche de 12h à 13h30. Terrasse.

Le Scorlion est l'une des tables qui comptent en Charente-Maritime. Installée dans une aile de l'Abbaye Royale, cette institution offre un cadre résolument agréable, à l'image d'un accueil toujours irréprochable et d'une salle à la décoration très pure. Depuis plus de 10 ans, Claire et Thomas poursuivent leur envie de faire plaisir invitant les gourmets à prendre place sur la terrasse ombragée ou dans la salle et ses vieilles pierres. Les plats sont raffinés, les assiettes dressées avec soin et les desserts ne manqueront pas de ravir les gourmands.

LA ROSIÈRE

16, rue des Bancs
✆ 05 46 32 00 89

Ouvert du mardi au samedi de 9h à 12h30 et de 14h à 19h. Sans interruption mercredi et samedi.

C'est la plus ancienne boutique de la ville ! Installée depuis plus de 30 ans dans une petite rue du centre-ville, la Rosière est entre les mains de Noëlla et Jérôme Joguet. Impossible de la rater avec sa façade rose bonbon, cette boutique lumineuse est autant un plaisir pour les yeux que pour les papilles. En entrant, vous serez charmés par la décoration raffinée et par l'accueil chaleureux. Vous trouverez le fameux bois cassé, emblématique de Saint-Jean-d'Angély depuis près d'un siècle. Ces petits morceaux feuilletés sont doucement caramélisés, un pur plaisir.

CENTRE AQUATIQUE ATLANTYS

Avenue de Marennes ✆ 05 46 59 21 50
www.piscineatlantys.fr

Ouvert toute l'année. Voir les horaires, jour par jour, sur le site Internet. Espace forme et détente, sauna, hammam...

Ce centre aquatique est idéal pour passer un moment en famille ! Depuis plus de 20 ans, il accueille petits et grands qui s'adonnent aux joies de la baignade. Installée non loin de la Boutonne, à seulement 5 minutes du centre-ville, cette piscine est composée de plusieurs espaces : un bassin de natation de 25 m qui séduira les plus sportifs, un grand toboggan pour les enfants et bain à remous, banquette à bulles et sauna pour ceux voulant s'offrir un moment de bien-être.

L'ANGELY'S CLUB-SAUNA

660, avenue de Jarnac ✆ 06 58 99 53 50
www.angelysclub.fr
Mixte dim 15h-23h, lun, jeu, ven 14h30-19h, jeu, ven 22h-2h, sam 22h-3h. Tarifs : HS 35 à 50 € ; Cpl 25 € à 40 €.

Ici, que ce soient les clients fidèles ou les nouveaux qui viennent parfois de bien au-delà des Charentes, tous apprécient l'âme libertine que Véronique et Jean-Do ont su donner à leur club. Sur 300 m² d'une propreté irréprochable, il y a la jolie partie balnéo avec des douches, un sauna, un hammam, deux bains à bulles et une table de massage. Dans la partie discothèque, que ce soit pour le bar ou le dancefloor, l'ambiance se débride très vite. À l'étage, dans une ambiance des mille et une nuits, nous découvrons d'autres salons câlins pensés et décorés avec goût.

SAINT-SAVINIEN ★

Cette cité de pierre les pieds dans l'eau, l'une des plus pittoresques de la Saintonge Dorée, est nichée dans un méandre de la Charente. Le village a une histoire particulière avec ce fleuve qui lui a permis de grandir et qui en fait encore aujourd'hui un agréable lieu de balade. Partie intégrante du pays des Vals de Saintonge et occupant le nord-est du département, la ville offre le charme paisible des cités pittoresques qui vivent au rythme de l'eau. Le nom de la commune est issu de l'église paroissiale bâtie au XIIIe siècle sur les hauteurs de la ville. Les voyageurs s'arrêtent le long du fleuve admirant les maisons « les pieds dans l'eau ».

ÉGLISE SAINT-SAVINIEN

Ouvert toute l'année.

C'est l'un des lieux les plus mythiques de la cité de caractère qui propose une vue admirable sur les toits des vieux quartiers et bien sûr la Charente contre laquelle la ville est blottie. Bâti entre le XIIe et le XIIIe siècle en pierre du pays, le monument offre un mélange de styles gothique et roman saintongeais. Endommagée durant la guerre de Cent Ans, l'église se distingue par la sobriété de sa façade qui se compose d'un grand portail à cinq voussures encadré de deux baies aveugles. L'endroit est incontournable pour son architecture et son belvédère.

FALAISE ET MAISONS SEMI-TROGLODYTES

Ouvert toute l'année.

Village pittoresque, Saint-Savinien est niché au cœur de la Saintonge Dorée. Il tire sa renommée de la pierre sur laquelle se reflète la douce lumière qui baigne ce territoire et de sa position dans un méandre de la Charente. La petite cité de caractère a tiré bénéfices de cette position, se dotant d'un port de commerce. Exportant vins, pierres calcaires et bois, le village a un lien particulier avec le fleuve. Aujourd'hui, les voyageurs ont tout loisir de se promener sur les quais.

LE FLEUVE ET SES QUAIS

Ouvert toute l'année.

Cette petite cité de caractère, l'une des plus authentiques de la Saintonge Dorée, est intimement liée à la Charente contre laquelle elle est lovée. L'histoire de ce village de pierres et d'eau nous rappelle que le fleuve a longtemps participé à son expansion, il n'était pas rare au XVIIIe siècle de voir des bateaux y voguer ! Les habitations au bord du fleuve « Les pieds dans l'eau » sont typiques de la ville, elles abritaient autrefois les marins et commerçants. Aujourd'hui, il fait bon flâner dans les rues du vieux quartier, mais aussi le long de la Charente.

LE MARCHÉ

Place Bonnet
✆ 05 46 90 20 03
Le samedi matin dès 7h.

Le samedi matin, il y a ceux qui se prélassent sous la couette, ceux qui enfilent les baskets et ceux qui filent au marché. Le panier sous le bras, direction la place Bonnet pour faire la connaissance des producteurs installés jusqu'à 14h. Laissons de côté la Charente et ses quais, la promenade se déroule entre les étals pour faire le plein de produits frais : au côté des fruits et légumes, vous trouverez de la viande, de la charcuterie, des produits biologiques. Durant la saison estivale, un marché d'été a lieu le mardi et le dimanche matin.

JONZAC ★★

Jonzac apparaît pour la première fois dans l'histoire au milieu du XIe siècle, mais la ville a toujours été peuplée, en témoignent les nombreux vestiges retrouvés : villa gallo-romaine, nécropole mérovingienne. La région de Jonzac est située en plein « pays de frontière » pendant les conflits franco-anglais (1337-1453) et ne prend véritablement son essor qu'au XVe siècle. Elle fait partie de la route des cent plus beaux détours de France, la ville fleurie est aussi connue pour son environnement naturel, avec la Seugne qui la traverse. De la rivière au centre-ville, en passant par la ruelle médiévale, les promeneurs ont un cadre propice à la balade.

BASE DE LOISIRS DE JONZAC

Domaine d'Heurtebise
✆ 05 46 48 14 07
Ouvert de fin avril à fin septembre.

Située à proximité des Antilles, cette base de loisirs est un lieu plébiscité par tous ! Dès la fin du mois d'avril, nombreux sont les habitants à s'y rendre pour un moment de relaxation. Les chemins attirent autant les sportifs qui pratiquent le footing que les promeneurs qui flânent le long du lac. En été, on peut autant se prélasser sur la plage de sable fin que se baigner et pratiquer une foule d'activités : nautisme, mini-navires, trampolines, parcours aventure dans les arbres...

LE CLOÎTRE DES CARMES ★

✆ 05 46 48 49 29
Ouvert toute l'année. Se renseigner auprès de l'office de tourisme. Visite guidée de la ville.

Il ne reste pas grand-chose du monument d'origine (XVe-XVIIe siècle). Vendue comme bien national à la Révolution, l'église accueille les services de la justice tandis que le cloître est transformé en prison jusqu'en 1947. Le couvent sera restauré en 1976 et deviendra un centre culturel. Des expositions régulières s'y déroulent toute l'année. Le cloître abrite le musée archéologique. La place des Carmes a fait l'objet d'un embellissement pour le plus grand plaisir des visiteurs. Sur la place des Carmes, la Médiathèque de Haute Saintonge, est un lieu de rencontre.

CHÂTEAU DE JONZAC ★

Place du château
Haute saison : Visite guidée 7j/7 à 16h au départ de l'office de tourisme, place du château. Concerts, animations.

© SUE WRIGHT - SHUTTERSTOCK.COM

Symbole de la ville, ce château, installé sur un éperon rocheux qui s'élève à 22 m au-dessus de la Seugne, reçut d'illustres invités tels Louis XIII, Louis XIV ou Mazarin. Le quartier du Château, sur la butte, constituait au XVIIe siècle le véritable Jonzac. A l'intérieur de l'édifice, la cour d'honneur s'ouvre, au nord, sur les bâtiments de l'actuel Hôtel de Ville réaménagés au XIXe siècle et, au sud, sur ceux de la sous-préfecture de Jonzac. A voir également à l'intérieur, le petit théâtre Napoléon III et à proximité immédiate la ruelle médiévale de Champagnac.

ÉGLISE SAINT-GERVAIS-SAINT-PROTAIS

Visite guidée proposée au cours de la visite de la ville : 2,20 €, le mardi à 16h15 de mars à novembre.

L'église Saint-Gervais-Saint-Protais a probablement été fondée au premier millénaire. Elle est habillée d'une façade romane carrée avec un portail flanqué d'arcades aveugles, mise en valeur par des colonnettes terminées par de curieux pinacles logeant des têtes. L'édifice fut très éprouvé pendant la guerre de Cent Ans puis pendant les guerres de Religion, dont il porte encore les stigmates. Au XIXe siècle, on la dotera d'un clocher. Une nécropole mérovingienne a été découverte en 2008.

JARDIN MÉDIÉVAL

Office de tourisme
✆ 05 46 48 49 29
Visites commentées de mai à septembre. Se renseigner auprès de l'office de tourisme pour le reste de l'année.

Jonzac cultive aujourd'hui encore ce lien si étroit qui l'unit à la Seugne. En longeant la rivière et en remontant vers le château, vous découvrirez un jardin pas comme les autres : le jardin médiéval des Douves. Installé sur l'ancien chemin de ronde, cet espace est organisé en carrés, chacun abritant l'une des 118 espèces de plantes. Toutes ont un point commun, elles sont capables de nourrir, soigner et vêtir les hommes ! Chantal, une vraie passionnée, vous guidera dans cet univers à part autrefois dédié aux plantes ayant d'étonnantes vertus.

LA MAISON DE L'ÉNERGIE

Heurtebise ✆ 05 46 04 84 51
www.eie-alpc.org/
Fermé en janvier et en février. Ouvert du mardi au samedi de 10h à 12h et de 14h à 18h. Gratuit. Visite guidée.

Installée à proximité des thermes et labellisée Espace Info Énergie, cette Maison se veut avant tout un lieu d'échanges et de pédagogie. Elle permet au public d'en apprendre davantage sur les économies d'énergie, les énergies renouvelables et la performance thermique de nos maisons. Vous découvrirez, de façon ludique, les différentes sources d'énergie comme la géothermie, la biomasse, les énergies solaire et éolienne. La ville de Jonzac a acquis une expérience importante en matière de valorisation des énergies renouvelables avec le réseau de chaleur de la ville.

LE MARCHÉ COUVERT

Place du marché
Marché : mardi, vendre et samedi matin. La foire se tient le deuxième vendredi de chaque mois.

Chaque marché de Charente-Maritime constitue un lieu d'échanges où l'on peut, non seulement discuter avec les producteurs locaux, mais aussi faire le plein de produits frais. Les Halles de Jonzac ne dérogent pas à la règle, mais en plus elles permettent aux acheteurs de contempler un joli monument. Situées non loin de l'église, elles accueillent producteurs et acheteurs depuis 1889 ! Le pavillon de fer et de fonte abrite les étals des commerçants venus des villages pour faire battre le cœur de la cité. En été les marchés nocturnes prolongent ce moment de plaisir.

LE MOULIN À EAU DE CHEZ BRET

Val de Seugne
✆ 05 46 48 29 29
Pour les horaires, se renseigner à l'Office de tourisme. Visite guidée : 6,10 € adulte, 2,30 € enfant -15 ans. Boutique.

Restauré et remis en activité en 2007, le moulin à eau raconte à lui seul une partie de l'histoire de Jonzac. Créé en 1706, sur un canal qui amène l'eau de la Seugne, il abrite aujourd'hui une scénographie dédiée à 50 000 ans d'histoire d'implantation de l'homme dans la vallée. Il est possible d'accéder gratuitement à l'exposition dédiée aux vestiges gallo-romains trouvés à proximité du site retraçant 13 années de fouilles archéologiques d'une villa gallo-romaine aristocratique.

LE MOULIN À VENT DU CLUZELET

Office de tourisme
✆ 05 46 48 49 29
Haute saison : mercredi, jeudi et dimanche de 14h30 à 18h ; vendredi : 10h-12h et 14h30-18h. Adulte : 5,20 €.

Installé sur une colline en face du parc aquatique des Antilles, ce moulin à vent est situé sur le coteau de la rive droite de la Seugne. Venez l'admirer de l'extérieur et profiter d'une jolie vue. Construit au XVIIIe siècle, il est proche du moulin à eau : en période de sécheresse, le meunier pouvait le rejoindre pour continuer à fabriquer la précieuse farine. Délaissé, le moulin du Cluzelet a bénéficié d'une restauration. Y entrer, c'est se laisser conter les secrets du meunier.

LA RUE DE CHAMPAGNAC

Prendre cette rue par celle du Château d'eau, jusqu'à la place du Château
Ouvert toute l'année.

Les flâneurs ont le choix à Jonzac. Ils peuvent s'offrir une balade nature le long de la Seugne ou bien emprunter cette ruelle pour le moins insolite. Située à deux pas du château et de l'office de tourisme, elle surprend par son étroitesse, proposant une promenade unique à la découverte de demeures anciennes et de beaux jardins en terrasse. Quasi secrète, elle invite le voyageur à comprendre son rôle défensif, car elle était autrefois l'un des uniques accès menant à l'extérieur de la cité. On vous invite à y déambuler pour humer une atmosphère unique.

SORTIES DÉCOUVERTE

Office de tourisme
✆ 05 46 48 49 29

Fermé de décembre à février. 3 à 4 sorties chaque semaine. Programme hebdomadaire à l'office de tourisme.

Dès les prémices du printemps, plus question de rester chez soi ! A Jonzac, débutent les sorties découvertes. L'occasion est belle de partir dans les villages de Haute-Saintonge pour des visites de 1h30 à 2h. Vous rencontrerez les producteurs du terroir, découvrirez des savoir-faire locaux et le patrimoine historique. Vous pourrez notamment faire la rencontre des artisans, visiter des distilleries ou encore découvrir les métiers de la vigne et les spécificités des villages Charentais. Pour plus d'informations, prenez contact avec l'office de tourisme.

LES THERMES ★

Domaine d'Heurtebise ✆ 05 46 48 59 59
www.chainethermale.fr

De février à décembre. Du lundi au samedi. Cures rhumatologie, voies respiratoires, phlébologie, remise en forme.

Cette station thermale a été créée dans un site troglodytique séculaire unique en Europe. L'établissement propose trois orientations de cure pour soigner toute la famille : rhumatologie, voies respiratoires et phlébologie ainsi que quatre cures spécifiques. Une zone de soins est spécialement dédiée à la phlébologie avec piscine et cabines de soins et des programmes complémentaires ciblés sur le sommeil et la minceur avec l'arrivée d'une diététicienne et même une cure nocturne. Ce lieu vous permettra de bénéficier d'un programme de soins adaptés et personnalisés.

OFFICE MUNICIPAL DE TOURISME DE JONZAC

22, place du Château
✆ 05 46 48 49 29
www.jonzac-tourisme.com

Qualité Tourisme. Tous les horaires variables sur le site.

Bienvenue à Jonzac et ses thermes ! Il y a toujours quelque chose à faire, à voir, à pratiquer, à vivre. Pour quelques heures, un week-end ou un séjour plus long, l'Office propose les ingrédients de la recette des bons souvenirs en couple ou en famille. Santé, détente, visites et découverte du patrimoine, dégustation aussi... Une équipe motivée vous informe toute l'année sur les activités, événements, spectacles, hébergements, billetterie et agenda mis à jour.

BALADE EN BARQUE A MOTEUR ELECTRIQUE

Office de tourisme
✆ 05 46 48 49 29

Fermé de novembre à avril. Départs hebdomadaires. Du dimanche au jeudi : départs 11h, 14h30, 15h30, 16h30.

Ville thermale, Jonzac a un lien tout particulier avec l'eau qui, puisée dans le sol, fait le bonheur de ceux qui se rendent aux thermes ou aux Antilles. Mais touristes et habitants peuvent également profiter du charme de la Seugne en s'offrant une balade sur une barque à moteur électrique. Magalie vous conduira sur l'un des deux parcours. L'occasion de découvrir autrement le paysage urbain de Jonzac et de se rappeler l'histoire d'une cité autrefois fréquentée par les tanneurs...

SORTIES DÉCOUVERTE

Office de tourisme
✆ 05 46 48 49 29

Fermé de décembre à février. 3 à 4 sorties chaque semaine. Programme hebdomadaire à l'office de tourisme.

Dès les prémices du printemps, plus question de rester chez soi ! A Jonzac, débutent les sorties découvertes. L'occasion est belle de partir dans les villages de Haute-Saintonge pour des visites de 1h30 à 2h. Vous rencontrerez les producteurs du terroir, découvrirez des savoir-faire locaux et le patrimoine historique. Vous pourrez notamment faire la rencontre des artisans, visiter des distilleries ou encore découvrir les métiers de la vigne et les spécificités des villages Charentais. Pour plus d'informations, prenez contact avec l'office de tourisme.

LE COQ D'OR €€

18, place du Château ✆ 05 46 48 00 06
http ://lecoqdor.eu

L'hôtel est ouvert 7j/7 mais le restaurant ferme le dimanche soir et le lundi. 5 chambres. Chambre double dès 90 €.

Cet hôtel est idéalement situé pour tous les voyageurs qui veulent non seulement visiter Jonzac, mais aussi flâner dans le centre-ville. Autrefois Café Suisse, le Coq d'Or est depuis quelques années entre les mains d'Alexis et Séverine. On se laissera volontiers charmer à la fois par un accueil agréable et une atmosphère toute singulière. Une seule envie : déposer notre valise dans l'une des chambres. Chacune est spacieuse et profite d'une literie confortable. Vous pourrez vous faire plaisir autour de la formule du midi, mais aussi en profitant de l'un des menus.

CHÂTEAU DES ÉNIGMES ★

Route de Fléac-sur-Seugne ✆ 05 46 91 09 19
www.chateau-enigmes.com

Ouvert tous les jours du 4 avril au 2 novembre. Location de cabanes dans les bois sur Internet, restauration.

Ce château a de quoi surprendre autant par les énigmes qu'il propose que par son histoire, étonnante. Construit à l'origine à Echebrune par Jean de Rabaine, il est partiellement détruit durant les guerres de Religion avant que ses pierres ne soient transportées à Pons ! Ce joyau de la Renaissance ne connaîtra une troisième vie qu'avec son rachat par Philippe Lapouyade. Rebaptisé Château des énigmes, il devient parc de loisirs et propose un jeu de piste agrémenté d'énigmes et d'un labyrinthe. C'est une occasion unique de découvrir toute la richesse de ce château.

LE DONJON DES SIRES DE PONS

Ville-Haute
✆ 05 46 96 13 31

Le dernier accès au Donjon s'effectue 30 min avant la fermeture. Ouvert tous les jours de 14h à 18h.

Place forte du Moyen Age, halte sur la route de Saint-Jacques de Compostelle, Pons dispose d'un riche patrimoine bâti. Avec l'Hôpital de Pèlerins, le Donjon constitue le monument le plus symbolique de la cité. C'est aussi le seul vestige du château fort et l'un des donjons les mieux conservés de Saintonge. En arrivant sur la place de la République, vous découvrirez ce monument d'exception et c'est bien au sommet que la vue est idyllique. Certes, il faut gravir 136 marches !

ÉGLISE SAINT-VIVIEN

Ville-Basse

Accessible toute l'année et gratuit. En fonction des offices religieux.

Si la ville médiévale est connue pour son donjon, le plus imposant de la région, elle compte aussi sur son territoire un patrimoine religieux. Outre l'hôpital des Pèlerins qui accueillera en 2020 le musée archéologique, le voyageur peut aussi admirer cette jolie église romane avec sa façade unique, classée au titre des Monuments historiques. Installée non loin du rond-point représentant les pèlerins sur le chemin de Compostelle et le long de la Seugne, elle a été érigée au XIIe siècle et accueillait les fidèles empruntant la fameuse route.

L'HÔPITAL DES PÈLERINS ET SON JARDIN MÉDIÉVAL ★

Rue Georges-Clemenceau
✆ 05 46 96 13 31

Ouvert du 13 avril au 30 juin et du 1er au 30 septembre. Haute saison : ouvert 7j/7 de 14h à 18h30. Gratuit.

Inscrit au patrimoine de l'Unesco, ce fameux ensemble hospitalier date du XIIe siècle et a été entièrement rénové dans le cadre d'un vaste programme visant à mettre en valeur les étapes du chemin de Saint-Jacques de Compostelle. Désormais, il accueille dans ses murs le musée archéologique Louis Lassarde. Le jardin, d'inspiration médiévale, installé à l'intérieur des murs du XIIIe siècle est un véritable havre de paix, autrefois caché du regard des voleurs...

MUSÉE ARCHÉOLOGIQUE

70, rue Georges Clémenceau
✆ 05 46 96 13 31

Visite possible sur rdv pour les groupes ou scolaires. Haute saison : ouvert du mercredi au samedi de 14h30 à 18h30.

Autrefois installé dans une chapelle privée, le Musée Archéologique Louis Lassarade se trouve depuis le printemps 2020 dans l'Hôpital des Pèlerins. Facilement accessible et disposant d'un parking, le lieu est particulièrement agréable, à la fois spacieux et lumineux. Le musée présente dans une quinzaine de vitrines de nombreux objets retraçant l'histoire de la ville et de la région : du paléolithique à la Révolution française, en passant par le néolithique et le gallo-romain : amphores romaines, poteries, hache en fer forgé... Une visite passionnante en famille !

LA CAGOUILLE QUI PIGOUILLE

1, Rue du Pontils
✆ 06 85 35 01 23
lacagouillequipigouille.com

Balades à l'aube et au crépuscule tous les jours sur réservation sauf le lundi. Visite guidée.

C'est au printemps que cette base de loisirs s'éveille pour recevoir tous les amoureux de nature. Une fois arrivés, vous ferez la connaissance de Mathieu Marquais qui propose non seulement de profiter d'un cadre bucolique mais aussi de voguer sur la Seugne. L'occasion est belle de s'offrir une balade sur une barque traditionnelle dirigée par la pigouille locale, une grande perche en bois. La zone est classée Natura 2000, et vous apprendrez quelques anecdotes sur l'histoire de la ville.

BALCONS DE LA SEUGNE €€

33, rue Charles-de-Gaulle
✆ 05 46 97 01 12
www.balcons-de-la-seugne.com

Ouvert toute l'année. 2 chambres. Chambre simple 70 € ; chambre double 80 €. Séjour minimum de 2 jours en juillet août.

Cette maison d'hôtes fait référence à la rivière qui parcourt la ville et ses environs. Il faut dire que la bâtisse, édifiée à la fin du XIXe siècle, est idéalement située aux abords immédiats de la Seugne. Avant même de pousser les portes de cette demeure, vous serez séduits par un cadre enchanteur. L'accueil de Sue et Peter est au diapason, le couple est chaleureux avec tous les voyageurs venus s'offrir une nuit. Les chambres sont spacieuses et lumineuses à l'image de la Rivière, confortablement meublée ou de la Lias. A noter, le généreux petit déjeuner.

AU PAYS DE COCAGNE €€

2 -4, rue Denfert-Rochereau
✆ 09 79 52 24 10
www.aupaysdecocagne.com

Chambre simple de 57 € à 76 € ; chambre double de 66 € à 79 € ; chambre triple de 75 € à 87 €. Petit déjeuner inclus.

Au Pays de Cocagne est une magnifique bâtisse datant du XIXe siècle dans laquelle Katia et Fabrice ont installé trois chambres et une suite. Cette maison a beaucoup d'atouts : maison de caractère, vitraux, décoration raffinée et authentique, coin détente et lecture, jardin fleuri... Les chambres, avec salles d'eau et toilettes privatives, peuvent accueillir jusqu'à trois personnes et la suite familiale peut en accueillir jusqu'à quatre. Pour la table d'hôtes, Fabrice cherche les produits et recettes du terroir et fait tout lui-même.

SUR UN ARBRE PERCHÉ €€

Château d'Usson ✆ 06 42 11 86 76
www.sur-un-arbre-perche.com

Ouvert toute l'année. Il y a 3 cabanes de couple et 2 cabanes familiales où on peut loger jusqu'à 5 personnes.

Ces cabanes vous promettent un moment de dépaysement. Les couples prendront plaisir à loger dans ces petits nids douillets installés à plusieurs mètres de hauteur, observant les arbres depuis la terrasse. Deux cabanes sont spécialement aménagées pour accueillir des familles jusqu'à 5 personnes et des enfants à partir de 2 ans. Perchée à 11 m de hauteur, la cabane des énigmes est idéale pour ceux souhaitant passer une soirée romantique et s'offrir une vue ravissante sur le château d'Usson. On peut agrémenter la soirée en optant pour les paniers pique-nique.

AIRE DE LOISIRS €€

Cours Jean-Jaurès
✆ 05 46 94 09 06

Ouvert 7j/7 d'avril à septembre. Menus de 13 € à 23 €. Menu enfant : 7 € (moins de 12 ans). Pizzas de 7,80 € à 13,30 €.

L'aire de loisirs de Pons constitue un lieu agréable fréquenté par de nombreuses familles aux premiers jours de printemps. Volontiers convivial, le lieu permet de pratiquer plusieurs activités (pédalo, mini golf, tir à l'arc) et dispose d'un restaurant. Au menu, rien que du classique avec cette brasserie ouverte même l'après-midi. On peut dévorer un des sandwichs proposés, mais aussi des omelettes, emporter une pizza ou déguster des plats charentais : moules frites, escargots à la charentaise. L'endroit est prisé des habitués, notamment durant la période estivale.

LE DONJON A PIZZ' €€

2, rue Barthélémy-Gautier ✆ 05 46 94 52 97
www.donjon-restaurant-pizzeria.com

Ouvert toute l'année. Haute saison : 7j/7 de 11h30 à 14h et de 18h à 22h. Restaurant. Terrasse. Vente à emporter.

Ce restaurant séduit toujours autant les amateurs de pizzas et de burgers. Idéalement situé au niveau du rond-point des Pèlerins et proche d'un parking, il permet à tous de venir chercher une commande ou de s'installer en terrasse. Les pizzas sont délicieuses ! On trouve évidemment les grands classiques de la gastronomie italienne mais également des recettes plus originales à l'image de la Douceur qui mêle plusieurs sortes de fromages. On peut aussi s'arrêter au Donjon pour dévorer des burgers servis avec des frites maison, des salades et quelques desserts.

LE MARCHÉ

Aux halles (place du Minage) le mercredi et le samedi matin. Foire le 1er samedi du mois sur la place du Minage.

Les habitants peuvent non seulement faire le plein de produits frais dans le grand centre commercial situé aux abords de la cité, mais ils ont aussi la possibilité de fréquenter le marché qui s'installe aux Halles ou au rond-point des Pèlerins. L'occasion est belle d'y rencontrer les producteurs locaux. En été, place aux marchés nocturnes qui se déroulent chaque vendredi soir sur l'esplanade du château. On y découvre l'artisanat local, on déguste des produits... en musique ! Quelle plus belle vitrine que ces produits et autres savoir-faire des producteurs.

MONTENDRE ★

Montendre c'est un centre-ville aux rues tortueuses où il fait bon prendre le temps de vivre. Lors de vos flâneries, prenez le temps d'observer les imposantes maisons de maître et villas de style « néo-chalet » bâties par des familles bourgeoises qui ont fait fortune, après la destruction du vignoble par le phylloxéra, en se lançant dans le commerce de bestiaux. Plus haut, dressés sur sa colline, les vestiges du château fort du XIIe siècle rappellent le caractère stratégique du site. Et pour en savoir plus, direction l'office du tourisme qui se trouve en plein cœur du petit village, dans les vieilles halles de style Second Empire.

LE CHÂTEAU DE MONTENDRE ★

Centre-ville ✆ 05 46 49 46 45

www.montendre.fr

Visite libre toute l'année. Visite guidée : se renseigner auprès du bureau d'information touristique de Montendre.

Le vieux château de Montendre se dresse fièrement sur les hauteurs de la ville dont il rappelle le passé glorieux. Montendre a en effet joué un rôle d'ampleur dans l'histoire de ce territoire. Sa position stratégique en faisait une cible de choix lors des invasions et des conflits. Dévasté par les combats durant la guerre de Cent Ans, les guerres de Religion l'ont plongé au cœur des événements les plus sombres. Le vieux château connaît diverses fortunes. Dans les années 1950, la commune hérite du site et désormais restauré, le château offre une vue exceptionnelle.

MONTGUYON

Véritable fief du tourisme rural, Montguyon est situé au sud du département, si bien que, à l'écart de la cohue du tourisme côtier, la ville accueille chaque année des vacanciers en mal de nature. Ils trouvent dans cette station verte, tous les ingrédients indispensables pour réussir un séjour inoubliable : une pincée de patrimoine historique, deux doigts d'animations culturelles et quelques grammes de balades. Commençons avec les vestiges du château féodal et le dolmen de la Pierre Folle, qui raviront les amateurs. Poursuivons avec le festival « Mondiofolk » qui a lieu chaque été dans la ville depuis 1979 et qui célèbre le folklore du monde entier.

CHÂTEAU FEODAL DE MONTGUYON

Rue du Collège

Ouvert tous les jours. Visite libre. Gratuit. Se renseigner auprés de l'office du tourisme.

Aujourd'hui en ruines, ce monument médiéval se fait remarquer par son donjon et le corps de logis encore fièrement debout. Pourtant, le château a une longue histoire qui débuterait au XIIIe siècle. Passé entre les mains de la famille de La Rochefoucauld et de Rohan, il est aussi le lieu de séjour de Louis XIII. Des travaux ont permis de dégager certains vestiges : douves, base des murs, etc. Le château sert désormais de toile de fond au Festival de musiques et danses populaires.

LE DOLMEN DE LA PIERRE FOLLE ★

Ouvert toute l'année.

Cette construction mégalithique daterait du IIe ou du IIIe millénaire avant notre ère. Selon la légende, certains l'auraient même vu tourner sur lui-même un soir de Noël ! Ce monument funéraire est en tous cas le plus imposant de la Charente-Maritime. Classé au titre des Monuments historiques en 1889 après avoir échappé à la destruction, il mesure 16 m de long et si l'on en croit les experts, les dalles en grès ont toutes été extraites à proximité immédiate du site.

ÉGLISE SAINT-VINCENT-DE-VASSIAC ✞

Pas de visite libre. Se renseigner à l'office de tourisme. Visite guidée.

Cette église mérite assurément un détour. Située dans un vallon ombragé, au lieu-dit « Vassiac », elle n'est qu'à quelques centaines de mètres du centre. La restauration sur les maçonneries et les sculptures ont permis de mettre en valeur l'architecture de l'édifice. Construite en pierre de pays, elle garde en elle un côté rustique. Si sa façade a été dégradée, ce monument garde tout de même quelques richesses comme la nef ancienne, les chapelles et un joli clocher latéral au sud.

INDEX

A

À L'EMPORTER 64
ABBAYE DE SABLONCEAUX ... 175
ABBAYE DE TRIZAY........... 116
ABBAYE DES CHÂTELIERS 65
ACCOSTAGE HOTEL** 20
AIRE DE LOISIRS............. 211
AIRE MUNICIPALE D'ACCUEIL POUR CAMPING CARS........ 140
ALHOA CANOE............... 152
ALTITUDES.................... 43
AMR LOCATION 43
ANCIENNE AUMONERIE SAINT-GILLES 98
ANCIENNE ÉCOLE DE MÉDECINE NAVALE 107
AQUARIUM LA ROCHELLE 17
ARNAUD RITZ : LES PINEAUX D'ARNAUD................... 68
ART THÉ CAFÉ................ 170
ASINERIE DU BAUDET DU POITOU.................. 201
AU BORD DU LAC 97
AU CALME DES FIGUIERS..... 145
AU COEUR DU VRAC.......... 188
AU FEU DE BOIS 147
AU FIL DE L'Ô................ 174
AU GRAND CARAQUE.......... 39
AU PAYS DE COCAGNE........ 211
AU POT D'ÉTAIN............... 77
AU PUITS D'AMOUR 148
AU SPA 44
AUBERGE DE JEUNESSE 110
AUBERGE DE L'ARNOULT - L'ELOISE.................... 200
AUBERGE DES MONARDS..... 186
AUBERGE DU LAC............ 117
AUBERGE PAYSANNE DE LA MER 77
AUBERGE PAYSANNE DES MARAIS 35
AUX'TOURS DE LA VILLE....... 16
AUX CLAIRES DU GRAND TEGER...................... 173
AUX DÉLICES DU MAIL 41
AUX FRÈRES DE LA CÔTE...... 85

B

BALADE DANS MESCHERS ... 187
BALADE EN BARQUE A MOTEUR ELECTRIQUE 207
BALCONS DE LA SEUGNE..... 211
BAR LE BUS STOP............ 148
BARBECANE CHAMBRES D'HÔTES..................... 96
BASE DE LOISIRS DE JONZAC . 205
BEACH BAR ILE DE RÉ 71
BEN HUR - CHAR À HUÎTRES ... 76
BIÈRE SCIENCE INFUSE 41
BIÈRES DE RÉ................. 64
BIOCOOP ROCHEFORT........ 115
BISCUITERIE DE RÉ 65
BISCUITERIE DE SAINT-PALAIS............ 182
BISTROT ST TRO 132
BLÉ NOIR.................... 132
BOON SAVEURS THAI......... 113
BOWLING DE LA ROCHELLE ... 47
BRASSERIE JEAN............. 26
BRASSERIE LA-HAUT.......... 26
BRASSEURS CUEILLEURS : BIÈRE PLOUF 100
BRIN D'ILE.................. 142
BUREAU D'ACCUEIL ET DE TOURISME 143
BURGER AVENUE............ 180
BUS DE MER 14

C

CABANE DANS L'ARBRE ET CHALETS SUR PILOTIS 197
CACAO ET MACARONS......... 36
CAFÉ DE LA PAIX 37
CALÈCHES DE L'ÎLE D'AIX..... 125
CAMPING LE BEAULIEU**** ... 20
CAMPING LE SOUS-BOIS***... 146
CAMPING LES 4 VENTS D'OLERON**** 150
CAMPING LES CHÈVREFEUILLES**** 164
CAMPING LES FLORALIES*** . 143
CAMPING LES FOUGÈRES*** .. 59
CAMPING LES GRENETTES**** 61
CAMPING MUNICIPAL DE L'ESPERANCE*........... 121
CAMPING MUNICIPAL LE CADORET*** 122
CAMPING MUNICIPAL LES REMPARTS** 139
CAMPING NATURISTE LE PETIT DAUPHIN***......... 176
CASINO BARRIÈRE DE LA ROCHELLE............. 47
CASINO DE CHÂTELAILLON 53
CASINO DE FOURAS.......... 124
CASINO DE JONZAC.......... 209
CASINO DE LA TREMBLADE... 181
CASINO DE SAINT-TROJAN 136
CATHÉDRALE SAINT-LOUIS 18
CATHÉDRALE SAINT-PIERRE.. 196
CAVE A MOUSSE.............. 37
CAVE DES VIGNERONS D'OLÉRON 148
CAVE LUC CHOGNOT 100
CENTRAL PARK - HÔTEL & SPA**** 20
CENTRE AQUATIQUE ATLANTYS 203
CENTRE AQUATIQUE DE CHÂTELAILLON............ 53
CENTRE AQUATIQUE PALMILUD 44
CENTRE NAUTIQUE ET DE PLEIN AIR............. 156
CHAI NOUS COMME CHAI VOUS 67
CHAPELLE DES BENEDICTINES.......... 201
CHÂTEAU DE CRAZANNES 198
CHÂTEAU DE JONZAC 205
CHÂTEAU DE LA ROCHE COURBON 196
CHÂTEAU DE MIRAMBEAU***** 209
CHÂTEAU DE PANLOY 200
CHÂTEAU DES ÉNIGMES...... 210
CHÂTEAU FEODAL DE MONTGUYON............. 212
CHÂTEAU FORT DE SAINT JEAN D'ANGLE 156
CHÂTEAU MOUILLEPIED*** ... 200
CHEZ ALBERT 36
CHEZ AUGUSTE............... 36
CHEZ AWA 34
CHEZ BOB 181
CHEZ LAURENT 123
CHEZ LES PETITES 154
CHEZ MÉLIE 41
CHEZ RÉMI 86
CHEZ ROBERTE 180
CHEZ STEPH................... 67
CHRISTOPHER COUTANCEAU... 26
CITADELLE DU CHÂTEAU D'OLÉRON ★.............. 140
CNPA ÎLE DE RÉ 68
COFEE N CO.................. 68
COMME UNE ÉVIDENCE 140
CONFISERIE LOPEZ DE ROYAN 168
COOLONGALOOK PARC AVENTURE 170
COOPÉRATIVE DES SAUNIERS DE L'ÎLE DE RÉ 86
COOPÉRATIVE MARITIME - LE COMPTOIR DE LA MER...... 60
COQUILLAGES ET CRUSTACÉS.. 49
CRÊPERIE AU BON GRAIN...... 34
CRÊPERIE BAINS DES FLEURS................. 50
CREPERIE GWEL KAER....... 122
CRÊPERIE L'OCÉANE.......... 85
CRÊPERIE LA GALICRÊPE 143
CRÊPERIE LA SARRASINE 77
CRIÉE DE LA COTINIÈRE 144
CROISIÈRE CAP SUR FORT BOYARD ET L'ILE D'AIX........ 109
CUBA NOCHE LOUNGE BAR ... 136
CYCLAIX LOCATION DE VELOS.................. 126
CYCLES DEMION.... 134, 137, 139
CYCLO-SURF ... 61, 66, 70, 75, 81

D

D'JOLLY...................... 38
DA ALESSANDRO 174
DÉCOUVERTE DU MARAIS...... 95
DELICACY 38
DOMAINE LE TALMONDAIS.... 190

E

EAU P'TIT BOIS 71
ÉCOLE DE SURF (RÉ SURF) ... 68
ÉCOLE DE SURF MOANA...... 136
ECOMUSÉE DE LA PRESQU'ÎLE........... 118
ÉCOMUSÉE DU MARAIS SALANT 82
EDEN OUEST.................. 21
ÉGLISE DE LA BRÉE-LES-BAINS.................. 152
ÉGLISE DE SAINT-DENIS-D'OLERON 154
ÉGLISE DE SAINT-PIERRE-D'OLÉRON 144
ÉGLISE NOTRE-DAME-DE-ROYAN 161
ÉGLISE NOTRE-DAME 95, 98
ÉGLISE ROMANE 149
ÉGLISE SAINT-ANDRÉ 142
ÉGLISE SAINT-ÉTIENNE 84, 182
ÉGLISE SAINT-GERVAIS-SAINT-PROTAIS.............. 205
EGLISE SAINT-MARTIN 125
ÉGLISE SAINT-SAVINIEN...... 204
ÉGLISE SAINT-VINCENT-DE-VASSIAC................. 212
ÉGLISE SAINT-VIVIEN 210
ÉGLISE SAINTE-RADEGONDE.. 190
EMBARCADÈRE DU MARAIS POITEVIN..................... 96
EMBARCADÈRE LA POINTE DE LA FUMÉE 171
ENTRE HÔTES................. 22
ERNEST LE GLACIER.......... 38
ESCAPE YOURSELF LA ROCHELLE................ 47
ESPRIT DU SEL............83, 87
ESPRITVOILES 42

F

FACE A NEW YORK BY JM ZIMMERMANN........ 168
FALAISE ET MAISONS SEMI-TROGLODYTES......... 204
FAROL........................ 42
FERME DE CHEZ PICHÉ 196
FLOWER CAMPING LES ÉTANGS MINA*** 162
FONTAINE DU PILORI ET VIEILLES RUES 201
FORÊT DOMANIALE DE LA COUBRE 179
FORT BOYARD............... 126
FORT DE L'ÎLE MADAME 118
FORT LAPOINTE (OU VASOU).. 119
FORT LIÉDOT................ 125
FORT LOUVOIS 155
FORT VAUBAN............... 119
FORTIFICATIONS MARITIMES DE LA ROCHELLE............. 16
FUN GOLF – MINI-GOLF TROPICAL.................. 124

G

GARDEN CAFÉ ... 39
GAYA CUISINE DE BORDS DE MER PIERRE GAGNAIRE ... 52
GOLF DE ROYAN ... 182
GOLF DE TROUSSE-CHEMISE .. 90
GOLF LA ROCHELLE SUD ... 43
GRAND HÔTEL DES BAINS*** . 122
GROTTES DE MATATA ... 188
GROTTES MUNICIPALES DU REGULUS ★ ... 187

H

H DE SURGÈRES ... 99
HALLES ... 149
HOTEL-RESTAURANT DE LA PLACE ... 203
HÔTEL-RESTAURANT LA CHALOUPE** ... 118
HÔTEL-RESTAURANT LA CHALOUPE ... 119
HOTEL-RESTAURANT PRIMAVERA*** ... 181
HOTEL-RESTAURANT PRIMAVERA ... 181
HÔTEL-RESTAURANT SPA DE L'OCÉAN*** ... 71
HÔTEL-RESTAURANT SPA DE L'OCÉAN ... 72
HOTEL ABACUS** ... 162
HÔTEL ACADIE SAINT-VICTOR** ... 49
HÔTEL BEST WESTERN MASQHOTEL**** ... 22
HÔTEL CORDOUAN THALASSOTHERAPIE ET SPA**** ... 164
HÔTEL D'ORBIGNY*** ... 50
HÔTEL DE L'ECU – RESTAURANT DE LA SEUGNE** ... 208
HÔTEL DE L'ECU – RESTAURANT DE LA SEUGNE ... 208
HÔTEL DE LA MARÉE - ILE DE RÉ*** ... 59
HÔTEL DE PLEIN AIR & SPA LES GROS JONCS***** ... 150
HÔTEL DE RÉ*** ... 62
HÔTEL DE TOIRAS***** ... 76
HÔTEL DES REMPARTS*** ... 110
HÔTEL FLEUR DE RÉ*** ... 83
HÔTEL FRANÇOIS 1ER** ... 22
HÔTEL ILE DE LUMIÈRE*** ... 146
HÔTEL KYRIAD LA ROCHELLE CENTRE ... 21
HÔTEL LA FABRIQUE ... 21
HÔTEL LA GALIOTE EN RÉ*** .. 66
HÔTEL LA MONNAIE ART & SPA**** ... 22
HÔTEL LAFAYETTE*** ... 110
HÔTEL LE CHAMPLAIN*** ... 22
HÔTEL LE GALET BLEU** ... 122
HÔTEL LE GALION*** ... 75
HÔTEL LE GRAND LARGE**** . 143
HÔTEL LE HÉRON CENDRÉ** . 179
HÔTEL LE MOULIN DE CHÂLONS*** ... 173
HÔTEL LE MOULIN DE CHÂLONS ... 173
HÔTEL LE PEU BRETON*** ... 61
HÔTEL LE RIVAGE** ... 50
HÔTEL LE VERT BOIS*** ... 143
HOTEL LES BLEUETS** ... 162
HÔTEL LES BRISES*** ... 21
HÔTEL LES CLEUNES*** ... 132
HÔTEL LES CLEUNES OLERON*** ... 132
HÔTEL LES EMBRUNS** ... 162
HÔTEL LES GRENETTES*** ... 62
HÔTEL LES VIGNES DE LA CHAPELLE**** ... 62
HÔTEL NAPOLÉON-RESTAURANT L'INSULAIRE*** ... 126
HÔTEL RESTAURANT & SPA PLAISIR*** ... 71
HÔTEL SAINT-NICOLAS LA ROCHELLE*** ... 21
HUITRES SPÉCIALES ANCELIN 156
HUVELIN ... 39

I

IL GABBIANO ... 67
ÎLE D'OLÉRON-MARENNES TOURISME ... 156
ÎLE DE RÉ CHOCOLATS ... 80

J

JARDIN & CHÂTEAU DE BEAULON ... 189, 189
JARDIN MÉDIÉVAL ... 206
JARDINS DU MAIL ... 18

K

KER ZEN ... 111
KILUCRU ... 147

L

L'ABBAYE AUX DAMES ★★ ... 195
L'ACCRO-MÂTS DE ROCHEFORT ... 107, 115
L'AILE DE RÉ ... 72
L'ALBATROS*** ... 132
L'ALIBI ... 36
L'AMBIANCE CABANE ... 51
L'AMPHITHÉÂTRE GALLO-ROMAIN ... 196
L'ANGELY'S CLUB-SAUNA ... 204
L'AQUARELLE ... 171
L'ARBRE À MOTS ... 115
L'ARDOISE DES CLOUTIERS ... 24
L'ARMATEUR ... 24
L'ARROSOIR ... 182
L'ARSENAL DES MERS ... 107
L'ATELIER DE LA PIZZA ... 111, 112
L'ATELIER DES COUSINS ... 52
L'ATELIER DU COLOMBIER ... 209
L'ATELIER ROYAN ... 165
L'ATELIER ... 51
L'AUBERGE DU MOULIN ... 208
L'ÉCAILLER ... 68
L'ÉCHOPPE ... 150, 152
L'ÉCUME ... 135
L'ÉGLISE NOTRE-DAME-DE-L'ASSOMPTION ... 117
L'ÉGLISE SAINT-PIERRE ... 172
L'ÉGLISE SAINT-SAUVEUR ... 18
L'EIFFEL ... 51
L'ENDROIT ... 29, 38
L'ERMITAGE MONOLITHE DU IIE SIÈCLE ... 189
L'ESTRAN ... 140, 141
L'ÉTOILE DU PORT ... 202
L'HERMIONE ... 108
L'HIPPOCAMPE - CHEZ AMY ... 180
L'HÔPITAL DES PÈLERINS ET SON JARDIN MÉDIÉVAL ... 210
L'HUÎTRE Y EST ... 119
L'HUITRIÈRE DE RÉ ... 86
L'HYSOPE ... 31
L'IGUANA CAFÉ ... 168, 171
L'ÎLE D'O ... 132
L'INSTANT THÉ ... 124
L'INSTANT ... 166
L'OXFORD ... 46
L'R DE RÉ ... 62
LA BAIE DE BONNE ANSE ... 175
LA BALEINE BLEUE ... 77
LA BARONNIE HÔTEL & SPA**** ... 76
LA BARONNIE HÔTEL & SPA ... 78
LA BAZENNE ... 90
LA BELLA DONNA ... 34
LA BELLE DU GABUT ... 46
LA BELLE POULE*** ... 110
LA BELLE POULE ... 114
LA BONNE ÉTOILE ... 34
LA BRÛLERIE DU MARCHÉ ... 52
LA CABANE DE LA PATACHE ... 90
LA CABANE DE LAUZIÈRES ... 35
LA CABANE DU CHAPUS ... 156
LA CABANE OCEANE ... 66
LA CABANE ... 87
LA CABINE DE BAIN ... 82
LA CAGOUILLE QUI PIGOUILLE . 210
LA CAMARADERIE ... 147, 147
LA CAMPIERE**** ... 150
LA CAVE 34 ... 37
LA CAVE DU CHÂTEAU D'ALON .. 52
LA CAZUELA ... 185
LA CERVOISERIE PUILBOREAU ... 37
LA CERVOISERIE ROCHEFORT . 115
LA CHALOUPE ... 60
LA CHAPELLE ... 136
LA CHARMAIE GITES & SPA ... 97
LA CHAUDRÉE** ... 153
LA CHOCOLATIÈRE ... 69
LA CORDERIE ROYALE ... 107
LA CÔTE RÔTIE ... 29
LA COURSIVE ... 46
LA CRÊPERIE DU MOULIN ... 208
LA CRÊPERIE ... 99
LA CROIX DU SUD ... 140
LA DARONNE ... 38
LA FERME DE SIDONIE ... 146
LA FLEUR DE SEL ... 29
LA FUMÉE ... 123
LA GOULE BENEZE** ... 202
LA GRAND'RIVE ... 27
LA GROSSE BOÎTE ... 47
LA GROSSE HORLOGE ... 18
LA GUIGNETTE ... 39
LA JABOTIÈRE ... 166
LA K-BANE ... 141
LA LIBRAIRIE DES THÉS ... 100
LA MAIN À LA PÂTE ... 40
LA MAISON BLANCHE ... 183
LA MAISON DE L'ÉNERGIE ... 206
LA MAISON DES CRÊPES ... 112
LA MAISON DU PALMIER ... 22
LA MARINIÈRE ... 30
LA MARTINIÈRE ... 80
LA MÈRE TOMINE ... 30
LA MOUETTE RIEUSE** ... 97
LA PAILLOTTE ... 176
LA PALMERAIE ... 176
LA PAMPA ... 134
LA PASSERELLE ... 34
LA PATINOIRE DE NOËL ... 115
LA PERGOLA ... 82, 82
LA PIERREVUE ... 35
LA PLAGE ... 60
LA POINTE DE SUZAC ... 184
LA PORTE VERTE ... 96
LA PRESQU'ILE ... 83
LA RENAISSANCE ... 32
LA RÉSERVE NATURELLE DE LILLEAU DES NIGES ... 88
LA ROSIÈRE ... 203
LA ROTONDE ... 124
LA ROUTE DES EPICES ... 114
LA ROUTE DU SEL ... 83
LA RUE DE CHAMPAGNAC ... 206
LA SALLE À MANGER ... 32
LA SANTONINE ... 171
LA SAVONNERIE DE L'ÎLE DE RÉ ... 61, 72, 80, 87
LA SICILIA ... 114
LA SIRÈNE ... 47
LA STATION DE LAGUNAGE ... 110
LA TABLE D'AS ... 100
LA TABLE NOTRE DAME ... 165
LA TARTENTIÈRE ... 68
LA TERRASSE ... 40
LA TOQUE CUIVRÉE - CANELÉS DE BORDEAUX ... 39
LA VILLA 13&15 ... 184
LA VILLA DES DEMOISELLES .. 111
LA YOLE DE CHRIS ... 32
LABEL FABRIQUE ... 29
LE BAIN MARIE ... 138
LE BALAOU ... 81
LE BATEAU PASSEUR ... 179
LE BEL'M ... 123
LE BISTROT D'LA CHAÎNE ... 25
LE BISTROT DE MÉMÉ ... 24
LE BISTROT DES BONNES FEMMES ... 25
LE BISTROT DU BAR A QUAI ... 64
LE BISTROT DU MARIN ... 77
LE BOUILLON ... 25
LE BOUTE-EN-TRAIN ... 26
LE BUGATTI ... 50
LE BUNKER DE LA ROCHELLE . 17
LE CABANON ... 202
LE CADRE ... 37
LE CAFÉ DE LA MER ... 35
LE CARRÉ 1705 ... 20
LE CARRELET ... 167
LE CASINO ... 171

LE CERVANE 78
LE CHAI 64, 70
LE CHASSE-MARÉE 90
LE CHAT'REN'THÉ 37
LE CHAT BOTTÉ*** 87
LE CHAT QUI LIT 52
LE CHÂTEAU DE MONTENDRE . 212
LE CHAY 166
LE CIEL DE ROYAN 164
LE CLOCHER DE L'ÉGLISE SAINT-MARTIN 74
LE CLOCHER SAINT-BARTHÉLEMY 17
LE CLOÎTRE DES CARMES 205
LE CLOS MARTINETTI 168
LE CLOS RHÉA 75, 76, 79
LE COMMERCE** 174
LE COMPTOIR DE WALTER 26
LE COMPTOIR DU MARCHÉ 208
LE COMPTOIR IBERIQUE 170
LE CONSERVATOIRE DU BÉGONIA 107
LE COQ D'OR 207, 208
LE COTTAGE 183
LE CUBANA 80
LE DALLAISON 197
LE DIWAN 99
LE DOLMEN DE LA PIERRE FOLLE 212
LE DONJON A PIZZ' 211
LE DONJON DES SIRES DE PONS 210
LE FLEUVE ET SES QUAIS 204
LE FLOOR 168
LE FORT ENET 120
LE GALWAY 114
LE GRAIN DE SABLE 51
LE JARDIN DE LYDIE 77
LE JARDIN DES RETOURS 109
LE LAGON DE LA PREE**** ... 122
LE LAMPARO 164
LE MAIL 30
LE MAINE**** 137
LE MARAIS AUX OISEAUX 142
LE MARAIS DES BRIS 131
LE MARCHÉ COUVERT 206
LE MARCHÉ DES BOUCHOLEURS 53
LE MARCHÉ .... 98, 115, 138, ... 144, 148, 153, 185, ... 204, 211
LE MAREYEUR 203
LE MARTRAY*** 85
LE MARYDIANE 113
LE MENESTREL 174
LE M 60
LE MOULIN À CAFÉ 71
LE MOULIN À EAU DE CHEZ BRET 206
LE MOULIN À VENT DU CLUZELET 206
LE MOULIN DE LA BAINE 197
LE MOULIN DU PUITS SALÉ 80
LE MUSÉE DU PLATIN 65
LE P'TIT BONHEUR 51
LE P'TIT BOUCHON 147
LE P'TIT NICOLAS 30
LE P'TIT TRAIN DE SAINT-TROJAN 131
LE PALÉOSITE ★★ 198
LE PARC DE L'ESTUAIRE 184
LE PARC DU CHÂTEAU DE SURGÈRES 99
LE PAS SAGE 165
LE PASSEUR 14
LE PETIT BOUCHON 165
LE PETIT BOUCHOT 96
LE PETIT COIVRE 147, 148
LE PETIT TRAIN DE FOURAS ... 120
LE PETIT TRAIN DE L'OUEST ... 162
LE PETIT TRAIN DU CHÂTEAU-D'OLÉRON 139
LE PETIT VILLAGE** 62
LE PHARE DE CHAUVEAU 59
LE PHARE DES BALEINES 86
LE PHARE 78, 122
LE PORT DE LA FLOTTE 65
LE PORT DES SALINES 136
LE PRÉAM'BULLES 166
LE QUEMAO 138
LE RADE DE LA MEDUSE - FOOD BOX 112
LE RELAIS DES SALINES 138
LE RESTAURANT DU GOLF 182
LE RESTO DU MARCHÉ 153
LE RIBEROU 174
LE RICHELIEU*** 174
LE RICHELIEU 67
LE SCORLION 203
LE TABLEAU 185
LE TI'SABLE 123
LE TOUT DU CRU 78
LE TRAIN DES MOUETTES 179
LE TRIOLET 46
LE VIEUX GREEMENT*** 81
LE VIEUX PUITS 100
LE WINCH (RESTAURANT DU DOMAINE DES GRENETTES) ... 64
LEROUGE AUX LÈVRES 29, 40
LES 4 SERGENTS 24
LES ÂNES EN CULOTTE 80
LES ANTILLES 209
LES ARCADES 17
LES BAIGNEUSES DE ROYAN .. 166
LES BASSES AMARRES 172
LES BÉATILLES 112
LES BOIS FLOTTAIS*** 70
LES CABANES URBAINES 43
LES CAFÉS DE GUILLAUMINE . 172
LES CARRIÈRES DE CRAZANNES 198
LES CARS RÉGIONAUX DE NOUVELLE-AQUITAINE 14
LES CONFITURES DU CLOCHER 85
LES COPAINS D'ABORD 26
LES CROISIÈRES FOURASINES 120
LES CROISIÈRES INTER-ILES ... 16
LES DÉLICES D'ALICE 150
LES ÉCLUSES 95, 153
LES ÉCURIES DU MOULIN MOREAU 70
LES EMBRUNS 77
LES ENFANTS DU ROCK 38
LES FILETS BLEUS 168
LES FLOTS 29, 49
LES FOIRES ET MARCHÉS ET LA FÊTE FORAINE 124
LES FORTIFICATIONS 74
LES GALETTES DE BEURLAY .. 197
LES GÎTES DU PERTUIS*** 62
LES HALLES 172
LES HEDONISTES 28
LES HUÎTRES DE TROUSSE-CHEMISE 90
LES JACOBINS 203
LES JARDINS DE COMPOSTELLE 116
LES JARDINS DE LA BOIRIE ... 144
LES JARDINS DU LAC 117
LES JONCHÈRES 137
LES LAPIDIALES 200
LES LITS MARINS 146
LES LOGIS DES PAILLOTES 126
LES LONGITUDES 112
LES P'TITS LOUPS 32
LES PAILLOTES 126
LES PIEDS DANS L'EAU 67
LES PIRATES ET LA PIGOUILLE 135
LES PORTES CHAMBRES D'HOTES*** 90
LES POTOS FEU 113
LES PUCES 42
LES Q SALES 72
LES QUATRE SAISONS 113
LES QUIMPEROISES 181
LES THERMES DE ROCHEFORT 116
LES THERMES 207
LES TILLEULS 64
LES TONTONS BINOUZ 40
LES TRÉMIÈRES ALTHAEA 146
LES VIVIERS DE NADEGE 123
LES VIVIERS 60
LES VOILES BLANCHES 165
LIBRE-SERVICE VELOS 14
LINSOLITE 178
LITTLE KITCHEN 164, 166
LITTLE WOUDE 124
LITTORAL HELICOPTÈRE 149
LOCATION DE BATEAUX : PZ SAILING 44
LOGIS DE MELISANDRE 183
LUNA PARK 176

M

MADAME SARDINE 78
MAHA PRANA 143
MAISON BARBOTIN PINEAU-COGNAC 175
MAISON DE LA NACRE 125
MAISON DU FIER 88
MAISON TRANSBORDEUR ROCHEFORT - ÉCHILLAIS 117
MARCHÉ CENTRAL DE ROYAN 161
MARCHÉ COUVERT ET GRAND MARCHÉ 53
MARCHÉ DU BOIS-PLAGE-EN-RÉ 72
MARCHÉ NOCTURNE 53
MARTIN PLAGE 180
MATLAMA 42
MEGA CGR LES MINIMES 47
MÉMOIRES D'OCEANS : BOUTIQUE DE L'AQUARIUM 41
MER ET FORÊT*** 133
MER ET FORÊT 134
MERCURE ROCHEFORT - LA CORDERIE ROYALE**** 111
MERCURE ROCHEFORT - LA CORDERIE ROYALE 113
MINI-GOLF DE PONTAILLAC ... 170
MINI-GOLF DU PARC 170
MINI GOLF MONTMARTRE 185
MINIGOLF 18 TROUS 142
MINIGOLF DU MAIL 44
MINIGOLF 53
MOLY 30
MOULE SHOP 34
MOULES BROTHERS 25, 35
MOULIN DE BEAUREGARD 95
MUSÉE ARCHÉOLOGIQUE 210
MUSÉE D'HISTOIRE LOCALE ET DE LA PÊCHE 190
MUSÉE DE FOURAS-LES-BAINS – FORT VAUBAN 120
MUSÉE DE L'ÎLE D'OLÉRON ... 144
MUSÉE DE ROYAN 161
MUSÉE DES COMMERCES D'AUTREFOIS 109
MUSÉE DES CORDELIERS 201
MUSÉE DU NOUVEAU MONDE 18
MUSÉE ERNEST COGNACQ – HÔTEL DE CLERJOTTE 74
MUSÉE HÈBRE DE SAINT-CLÉMENT 109
MUSÉE MARITIME DE LA ROCHELLE 19
MUSEE NATIONAL DE LA MARINE DE ROCHEFORT 109
MUSÉE ROCHELAIS D'HISTOIRE PROTESTANTE 19
MUSÉES NAPOLÉONIEN ET AFRICAIN 125
MUSEUM D'HISTOIRE NATURELLE ★★ 17

N

NATURE & VACANCES 146
NEMEA RÉSIDENCES VACANCES 150
NOMAD 30

O

O'BISTRO DU SUD 113
O'GABIER 112
O DE MER 85
O GRAIN DE SEL 185
O PARLOIR 78
OFFICE DE TOURISME ARS-EN-RÉ 84
OFFICE DE TOURISME DE LA BRÉE-LES-BAINS 152
OFFICE DE TOURISME DE ROYAN 161
OFFICE DE TOURISME DES PORTES-EN-RÉ 88
OFFICE DE TOURISME DES VALS DE SAINTONGE 202
OFFICE DE TOURISME LA COUARDE-SUR-MER 81
OFFICE DE TOURISME LA FLOTTE-EN-RÉ 66

EDITION

Directeurs de collection et auteurs : Dominique AUZIAS et Jean-Paul LABOURDETTE

Responsable d'édition : Laetitia BOILOT BRUNET

Avec la collaboration de Linda CASTAGNIE

Auteurs : Emmanuel PERAUD, Frédéric CARRE, Xavier CARPENTIER-TANGUY, Anne-Lise DURIF-VAREMBONT, Alexandra LENOIR-DEBOVE, Eric LAJAURIE, Charlotte LAROCHE, Fabienne COSSO, Hélène Sophie COURCELLE, Lætitia BRUNET, Florence MAITRE, Anne BERT, Jean-Paul LABOURDETTE, Dominique AUZIAS et alter

Directeur Editorial : Stéphan SZEREMETA

Rédaction France : Elisabeth COL, Tony DE SOUSA, Mélanie COTTARD, Audrey VEDOVOTTO

Rédaction Monde : Caroline MICHELOT, Morgane VESLIN, Pierre-Yves SOUCHET, Natalia COLLIER

FABRICATION

Responsable Studio : Sophie LECHERTIER assistée de Romain AUDREN

Maquette et Montage : Julie BORDES, Delphine PAGANO

Iconographie et Cartographie : Anne DIOT, Julien DOUCET

WEB ET NUMERIQUE

Directeur Web : Louis GENEAU DE LAMARLIERE

Développeurs : Adeline CAUX et Kiril PAVELEK

Intégrateur Web : Mickael LATTES

Webdesigner : Caroline LAFFAITEUR

Community Traffic Manager : Alice BARBIER, Mariana BURLAMAQUI et Vincent PHAM

DIRECTION COMMERCIALE

Directeur commercial : Guillaume VORBURGER assisté de Manon GUERIN

Responsable Régies locales : Michel GRANSEIGNE

Responsables Développement régie inter : Jean-Marc FARAGUET et Guillaume LABOUREUR

Chefs de Publicité : Camille ESMIEU

Chefs de Publicité Régie nationale : Caroline AUBRY, François BRIANCON-MARJOLLET, Perrine DE CARNE MARCEIN

DIFFUSION ET PROMOTION

Directrice des Ventes : Bénédicte MOULET assistée d'Aissatou DIOP

Responsable des ventes : Jean-Pierre GHEZ assisté de Nelly BRION

Relations Presse-Partenariats : Jean-Mary MARCHAL

ADMINISTRATION

Président : Jean-Paul LABOURDETTE

Directrice des Ressources Humaines : Dina BOURDEAU assistée de Sandra DOS REIS et Eva BAELEN

Directrice Administrative et Financière : Valérie DECOTTIGNIES

Comptabilité : Jeannine DEMIRDJIAN

Recouvrement : Fabien BONNAN assisté de Sandra BRIJLALL et Vinoth SAGUERRE

Responsable informatique : Elie NZUZI-LEBA

PETIT FUTÉ CHARENTE-MARITIME

LES NOUVELLES EDITIONS DE L'UNIVERSITE
18, rue des Volontaires - 75015 Paris.
✆ 01 53 69 70 00 - Fax 01 42 73 15 24
Internet : www.petitfute.com
SAS au capital de 1 000 000 € - RC PARIS B 309 769 966
Couverture : Phare de Chassiron
© Mairie de Sait-Denis
Impression : IMPRIMERIE CHIRAT - 42540 Saint-Just-la-Pendue
Achevé d'imprimer : août 2021
Dépôt légal : 22/09/2021
ISBN : 9782305059457

Pour nous contacter par email, indiquez le nom de famille en minuscule suivi de @petitfute.com
Pour le courrier des lecteurs : info@petitfute.com

IMPRIMÉ EN FRANCE

OFFICE DE TOURISME LE BOIS-PLAGE-EN-RÉ 70
OFFICE DE TOURISME LOIX-EN-RÉ 82
OFFICE DE TOURISME RIVEDOUX PLAGE 59
OFFICE DE TOURISME ROCHEFORT OCÉAN À FOURAS 120
OFFICE DE TOURISME ROCHEFORT OCÉAN 109
OFFICE DE TOURISME SAINT-CLÉMENT-DES-BALEINES 87
OFFICE DE TOURISME SAINT-MARTIN-DE-RÉ 75
OFFICE DE TOURISME SAINTE-MARIE-DE-RÉ 61
OFFICE DE TOURISME 49, 95, 99, 131, 138, 145, 149
OFFICE MUNICIPAL DE TOURISME DE JONZAC 207

P

PARC CHARRUYER 19
PARC MYOCASTORS 142
PARCS À HUÎTRES 48
PAZZA NOTTE 33
PHARE DE CHASSIRON 154
PINEAU – COGNAC BOSSUET 198
PISTACHE ET CHOCOLAT 114
PIZZ' AZZURRA 123
PIZZA ROMA 164, 165
PIZZERIA GAMBETTA 96
PLAGE DE CHÂTELAILLON 48
PLAGE DE LA CIBLE 74
PLAGE DE SAINT-CLÉMENT-DES-BALEINES 87
PLAGE DES PORTES-EN-RÉ 88
PLAGES DE LA COUARDE 81
PLAGES DE MESCHERS-SUR-GIRONDE 188
PLANET EXOTICA 161
PORT DE PÊCHE DE LA ROCHELLE 19
PORT DE PLAISANCE ET DE PÊCHE 171
PORT DE PLAISANCE 84, 96,. 110, 119, 162
PORT LAUZIÈRES 35
PRAO CAFÉ 40
PRAO 32

R

RALLYES DECOUVERTE 126
RÉ GLISSE 59, 60
REDOUTE DITE FORT DE L'AIGUILLE 120
RESTAURANT BISTROT DU PORT 188
RESTAURANT HANGAR 27 32
RESTAURANT LE 7367 - HÔTEL LE SENS*** 183
RESTAURANT LE 7367 - HÔTEL LE SENS 183
RETOUR DE PLAGE 170
RN PIZZAS 176
ROUTE VIGNOBLE DE L'ÎLE D'OLÉRON 145
ROYAN VRAC 169

S

SAFARI JUNIOR DANS LE MARAIS D'YVES 48
SAINT-DENIS CROISIÈRES 154
SARL LES VAGABONDS 141
SAVEUR CAFÉ 42
SERVICE MARITIME FOURAS-AIX 121
SITE ARCHEOLOGIQUE GALLO-ROMAIN DU FA ★ 186
SITE OSTRÉICOLE ET NATUREL DE FORT ROYER 145
SO WHAT 180
SOCIÉTÉ DES RÉGATES ROCHELAISES : SRR 44
SORTIES DÉCOUVERTE 207, 207
SPAGHO 185
SQUARE 180
ST TRO'PIZZ 135
SUCRE SABLÉ 154
SUR UN ARBRE PERCHÉ 211

T

TARDET PRADERE - VIGNOBLE D'OLÉRON 148
TITI PIZZA 176
TONTON MABOULE 40
TOUR DE BEAUMONT 190
TOUR DE L'HORLOGE 202
TOURS DE LA ROCHELLE 19
TOURS ET ABBAYE ROYALE DE SAINT-JEAN-D'ANGÉLY 201
TRÉSOR DES DUNES 71

U

UN HÔTEL EN VILLE 21

V

VERTIGO PARC - PARC AVENTURE LA JARNE 44
VERTIGO 42
VIGNERONS DE L'ÎLE DE RÉ 73
VILLA COCO 152
VISITE THÉÂTRALISÉE À FOURAS-LES-BAINS 121
VIVRE S 114

Z

ZOO DE LA PALMYRE ★★★★ 176